Manual da

AUDIÊNCIA TRABALHISTA

Teoria e prática

PAULO MONT'ALVERNE FROTA

Manual da AUDIÊNCIA TRABALHISTA

Teoria e prática

2ª edição

Revista, atualizada e ampliada

2021

EDITORA JusPODIVM

www.editorajuspodivm.com.br

EDITORA JusPODIVM
www.editorajuspodivm.com.br

Rua Território Rio Branco, 87 – Pituba – CEP: 41830-530 – Salvador – Bahia
Tel: (71) 3045.9051
• Contato: https://www.editorajuspodivm.com.br/sac

Capa: Marcelo S. Brandão (*santibrando@gmail.com*)

Diagramação: Lupe Comunicação e Design (*lupecomunicacao@gmail.com*)

F941m Frota, Paulo Mont´Alverne.
Manual da Audiência Trabalhista – teoria e prática / Paulo Mont´Alverne Frota – 2. ed. – Salvador: Editora JusPodivm, 2021.
480 p.

Inclui bibliografia
ISBN 978-65-5680-184-1

1. Organização Judiciária do Trabalho. 2. Direito Processual do Trabalho. 3. Audiência. I. Frota, Paulo Mont´Alverne. II. Título.

CDD 342.681

"O bem que praticares em algum lugar
será o teu advogado em toda parte."
(Chico Xavier)

Esta obra é dedicada:

Ao meu saudoso pai, JOSÉ AGUIAR FROTA, paradigma de empresário ciente da função social de sua empresa.

À Dona LEDA MONT'ALVERNE FROTA, minha querida mãe, símbolo de amor e ternura.

E ao meu filho LUCAS JOSÉ, que me incentivou a redigir este trabalho, contagiando-me com a sua vibração de jovem advogado.

AGRADECIMENTOS

Aos queridos Ticiana, esposa, Camila, Lucas e Matheus, meus filhos, e irmãs Fernanda e Marfisa, pelo inestimável apoio de sempre.

Ao Desembargador James Magno Araújo Farias, do TRT da 16ª Região, e ao Ex-Conselheiro do CNJ e Juiz do Trabalho da 10ª Região, Francisco Luciano de Azevedo Frota, pela amizade e por me honrarem, respectivamente, com a apresentação e o prefácio deste livro.

Aos Desembargadores do TRT da 16ª Região Américo Bedê Freire, José Evandro de Souza, Luiz Cosmo da Silva Júnior, Ilka Esdra Silva Araújo, Solange Cristina Passos de Castro Cordeiro, Gerson de Oliveira Costa Filho e Márcia Andrea Farias da Silva, com os quais muito tenho aprendido.

Aos juízes Francisco Tarcísio Almeida Araújo, amigo-irmão, Gabrielle Amado Boumann, Lucas Silva de Castro e Vanessa Donato Siqueira, e aos servidores Roberto Linhares, Nayra, Emerson, Danielle, Otávio, Lídia, Marília, Freitas, Nilziane e Sheyla, queridos companheiros da 7ª VT de São Luís, por me honrarem com a sua amizade, o seu conhecimento e por me encorajarem a publicar este trabalho.

E aos meus alunos, os de hoje e os de sempre, que têm me feito vivenciar a cátedra como um prazer, muito mais do que um ofício.

NOTA DO AUTOR À SEGUNDA EDIÇÃO

Sem a pretensão de esgotar as matérias aqui tratadas, delas cuido arrimado na minha vivência de advogado, ao longo de oito anos, defensor público e, por fim, como juiz do trabalho do TRT da 16ª Região há 26 anos, além de professor de Direito do Trabalho e Direito Processual do Trabalho em diversas instituições de ensino superior e instrutor na Escola Judicial do TRT16 e na Escola Nacional de Formação e Aperfeiçoamento de Magistrados do Trabalho (ENAMAT).

Registro que, a despeito do tema, o livro apresenta conteúdo que desborda dos ensinamentos acerca da audiência trabalhista. Traz informações pertinentes às alterações levadas a efeito na legislação do trabalho pela Lei da Reforma Trabalhista, além de oportuno acréscimo quanto à legislação e à jurisprudência supervenientes à primeira edição desta obra.

Muito além de tratar sobre a performance do operador do direito em audiência, esta edição, assim como a anterior, contempla a fase de cumprimento de sentença, incluindo a liquidação, a constrição judicial de bens e a sua alienação, com valiosas informações sobre como obter uma execução rápida e bem sucedida, mormente com informes sobre pesquisa patrimonial.

Por fim, nesta edição foram acrescentados subsídios importantes para uma eficiente atuação profissional do leitor, destacando-se os relativos à produção de provas; às audiências telepresenciais e a outros temas que despertam o interesse e sérias controvérsias nos litígios trabalhistas, sendo exemplo os capítulos dedicados à Lei nº 14.020/2020 (conversão da MP 936/2020) – medidas trabalhistas para o enfrentamento da crise gerada pela pandemia do novo coronavírus; ao estudo do acidente de trabalho em suas diversas modalidades; à terceirização de serviço; aos assédios moral e sexual no ambiente de trabalho; à responsabilidade civil nesses casos; além do utilíssimo guia sintético acerca da fase de conhecimento no processo do trabalho, apresentado ao final deste manual.

De forma simples e objetiva, em linguagem bem acessível, espero contribuir para a formação e boa atuação de todos os que me honrarem com a leitura destes apontamentos.

PAULO MONT'ALVERNE FROTA

APRESENTAÇÃO

Manual da Audiência Trabalhista: Teoria e Prática, novo livro do magistrado e professor Paulo Mont'Alverne Frota, contém uma análise preciosa sobre aquele que é um dos momentos mais importantes para o Processo do Trabalho.

Chama a atenção na obra o cuidado do autor com o detalhismo didático na apresentação da temática, que não se restringiu a estudar apenas o ato processual em si, pois trouxe todos os elementos técnicos que precedem a realização da audiência, como a exceção de suspeição e impedimento do juiz, exceção de incompetência territorial ou os documentos essenciais para serem apresentados com a inicial; da mesma forma, foram analisados os desdobramentos futuros, como os incidentes na fase de execução e algumas soluções dadas pelo autor para otimizar o cumprimento dos acordos judiciais, extrajudiciais e das decisões de primeiro grau.

A sua larga experiência como magistrado e professor contribuiu para uma minudente apresentação das técnicas de conciliação, essenciais para aumentar o percentual de soluções consensuais na Justiça do Trabalho. A conciliação, que, historicamente, é um dos primados desse ramo do Judiciário, tem recebido muita atenção do CSJT – Conselho Superior da Justiça do Trabalho, o qual editou a Resolução nº 174/2016, para mostrar que a justiça trabalhista também tem de dar respostas à exigência de celeridade processual.

Merece destaque no livro a análise detalhada de temas como técnicas de interrogatório das partes e de testemunhas, a distribuição estática e dinâmica do ônus da prova, prova emprestada, prova documental, prova técnica, honorários periciais, inspeção judicial, entre outros.

A obra tampouco ficou limitada ao direito processual, cuidando das novidades trazidas pela Lei nº 13.467/2017, responsável pela última reforma trabalhista no Brasil. E, nesse sentido, o conteúdo de direito material também não passou despercebido ao autor. Consta nesta obra estudo comparativo da realidade do Direito do Trabalho antes e depois da reforma.

Manual da audiência trabalhista: teoria e prática revela-se, pois, essencial para os magistrados, procuradores, advogados, sendo recomendada, também, para os estudantes de graduação e pós-graduação em Direito Processual do Trabalho, ramo este repleto de nuances técnicas e procedimentais, a exigir estudo contínuo sobre o fascinante tema.

Paulo Mont'Alverne Frota nitidamente vislumbra o processo em um irrestrito contexto fundamental ao sistema de justiça, na melhor tradição histórica de processualistas como Eduardo Couture e Giuseppe Chiovenda. Completa, prática e atualizada, esta obra deverá tornar-se obrigatória para todos os juristas que enveredarem pelo Direito Processual do Trabalho.

A todos, que colham bons frutos dessa leitura!

JAMES MAGNO ARAÚJO FARIAS

Desembargador do Tribunal Regional do Trabalho da 16ª Região.
Foi Presidente do TRT da 16ª Região e do Colégio Nacional
de Presidentes e Corregedores do
Tribunal Regional do Trabalho – COLEPRECOR.

PREFÁCIO

O autor, Paulo Mont'Alverne Frota, sempre foi um atento observador do mundo que o cerca. Inteligente e crítico, não se submete ao senso comum e é um contestador inquieto dos comportamentos irrefletidos.

Magistrado há 25 anos, depois de uma militância profícua na advocacia, Paulo Mont'Alverne tem a visão dos dois lados do mundo forense, condição que lhe credencia a escrever, com profundidade técnica e conhecimento prático, sobre o processo do trabalho no seu cotidiano, compartilhando, com generosidade, a sua experiência com os mais jovens na carreira jurídica, mas também ensinando aos mais vividos que não há pensamento estanque.

A obra *Manual da audiência trabalhista: teoria e prática* é um guia extraordinário para o militante da Justiça do Trabalho, porque desnuda o que de fato é essencial para que o processo alcance a sua finalidade de realização da justiça.

O processo do trabalho tem peculiaridades que o distinguem do processo comum, pois lida com o desequilíbrio dos litigantes, nascido a partir do conflito material entre o capital e o trabalho. Por isso que, desde a sua gênese, privilegiou a celeridade, a simplicidade das formas, a concentração dos atos e a pacificação pela conciliação, servindo hoje de fonte de inspiração para o novo processo civil.

Essa índole pragmática do Direito Processual do Trabalho não o torna menos técnico e informal. Apenas o faz especial, objetivo e infenso a erudições pernósticas e artimanhas procrastinatórias, visto que, por trás dos atos ordenados que lhe formam, urge uma necessidade alimentar que clama por uma resposta rápida do Estado.

E não passaram despercebidas pelo autor essas nuances que especializam o processo do trabalho. De forma didática, como é próprio de um bom professor, o autor navega por todos os atos do processo, com informações próprias de bastidores, inéditas na bibliografia nacional, dicas de comportamento em audiência, técnicas para um bom interrogatório, regras para distribuição do ônus da prova, sem olvidar das vantagens da conciliação para um bom desfecho do litígio.

Considerando que o acesso à justiça, em sua dimensão qualitativa, não se esgota na possibilidade do ingresso em juízo, mas requer, sobretudo, a garantia de uma ordem jurídica que seja justa e efetiva, o autor complementa a sua obra com uma incursão pelas principais alterações de direito material trazidas pela Lei n. 13.467/2017, a chamada Reforma Trabalhista, e assim o faz sem perder o foco central do trabalho, que é o de auxiliar o operador do direito na sua atuação perante a Justiça do Trabalho.

Oportuna a inserção desses apontamentos, considerando que as mudanças legislativas impostas pela nova lei construíram um cenário novo na relação de trabalho, com reflexos diretos na dinâmica dos novos processos trabalhistas. Não bastasse, o autor compartilha com os leitores preciosas informações sobre como proceder de modo a agilizar o cumprimento do comando emergente da sentença.

Enfim, este livro vai muito além de uma contribuição técnica para a formação de bons profissionais do Direito do Trabalho. É também o resgate de valores, como o da conciliação, da brevidade do rito e da simplicidade das formas, que sempre fizeram da Justiça do Trabalho o mais humano e democrático dos ramos do Judiciário.

Vale muito a pena a leitura dessa preciosa obra, que é também uma homenagem à Justiça do Trabalho e ao que ela representa, como espaço institucional de efetivação de justiça, na construção de uma sociedade mais humana e menos desigual.

Francisco Luciano de Azevedo Frota

Juiz do Trabalho

Ex-Conselheiro do CNJ

SUMÁRIO

Capítulo I

RECLAMAÇÃO TRABALHISTA: A PETIÇÃO INICIAL

1.1 OBSERVAÇÕES ACERCA DA PETIÇÃO INICIAL DA RECLAMAÇÃO TRABALHISTA

1.1.1 Mais objetividade

Há anos travo uma batalha tentando convencer advogados e advogadas a primarem pela objetividade nos seus escritos. Lamentavelmente, a cada dia vejo petições mais longas, com transcrições de conceitos doutrinários e de jurisprudência sobre matérias que nunca foram controvertidas ou que são de elementar sabença. Essa resistência à concisão não se justifica. Nos dias atuais, quando as pessoas se comunicam via redes sociais, com as conhecidas restrições de caracteres do *twitter* e até mesmo usando apenas *emojis*, mostra-se inconcebível tanto apego à prodigalidade e à verborragia. É urgente mudar isso!

A seguir, apresento um artigo que escrevi em 2010, já repudiando as petições intermináveis. Continua atual. Convido o leitor a engrossar as fileiras dos que lutam pela objetividade nas peças jurídicas, a qual, insisto, não se opõe ao zelo. Muito pelo contrário.

"É POSSÍVEL SER CONVINCENTE SENDO SUCINTO! – O ESQUECIDO IDEAL DE SIMPLICIDADE DO PROCESSO DO TRABALHO".

A ideia da simplificação do procedimento vem sendo buscada em todos os ramos da ciência processual e sempre orientou o processo do trabalho. O *jus postulandi* conferido ao empregado e ao empregador (capacidade de ingressar em juízo sem advogado), a notificação via postal, a adoção de audiência una e do rito sumaríssimo são, sem dúvida, exemplos cabais de que sempre foi preocupação do legislador tornar o processo trabalhista o menos embaraçado possível, até porque os litígios trabalhistas, em sua grande maioria, envolvem discussão sobre verba de natureza alimentar.

Aliás, a busca da informalidade e da simplificação do procedimento se mostrara mais notável com a adoção, pioneira, do princípio da oralidade na seara processual trabalhista.

O princípio da oralidade, sem dúvida, é um dos que mais concorrem para a eficácia do processo juslaboral e, por conseguinte, para uma mais célere prestação jurisdicional. Inspirado nesses princípios – com ênfase no da oralidade dos atos processuais – o legislador previu no artigo 840 da CLT que a reclamação trabalhista poderia ser verbal ou escrita. E no art. 847, estabeleceu que "não havendo acordo, o reclamado terá vinte minutos para aduzir a sua defesa".

Por muito tempo foi assim, até que se percebeu que a apresentação de contestação escrita agilizava a pauta de audiências. De fato, o recebimento da defesa, seguido da apresentação de sua cópia ao reclamante e a leitura dessa peça processual pelo juiz se fazia em tempo bem inferior a vinte minutos.

Porém, com o passar dos anos, novos direitos foram sendo conquistados pela classe operária; novas competências foram atribuídas à justiça do trabalho; o acesso às informações foi significativamente ampliado e, por conseguinte, as lides trabalhistas passaram a envolver discussão de matérias mais complexas, exigindo a elaboração de petições e defesas técnicas, mas sem perda de objetividade.

Todavia, o esperado tecnicismo objetivo vem sendo relegado. Hoje são cada vez mais frequentes as petições desnecessariamente longas e afrontosas aos princípios da simplicidade e da oralidade. São inicias com inúmeras transcrições doutrinárias para fundamentar direito reiteradamente deferido nos tribunais e acerca dos quais não remanesce polêmica. Vemos, amiúde, contestações intermináveis. Há até aquelas contendo a transcrição da petição inicial ou de parte dela, como se a exordial não estivesse nos autos. É uma pena!

O computador, grande aliado dos operadores do direito, ao invés de servir à objetividade, tem no famoso "copiar e colar" uma porta aberta para o esbanjamento na transcrição de excertos doutrinários e jurisprudenciais.

Para combater pedidos cujo combate não exige mais do que duas linhas, folhas e folhas são apresentadas. Sentenças de poucas laudas são atacadas por embargos declaratórios com o dobro de páginas ou mais. Recursos quilométricos. Sem contar a famigerada contratação de serviços advocatícios "por peça", e sua extrema capacidade de gerar textos longos, nem sempre persuasivos.

Estou convicto de que, malgrado as relações de trabalho hodiernas façam eclodir disputas trabalhistas merecedoras de tratamento o mais zeloso por parte dos advogados, isso não significa que as peças por eles produzidas devam ser prolixas.

O que quero dizer é que é possível ser convincente sendo sucinto! A objetividade não se opõe ao zelo. A qualidade do argumento vale muito mais do que a quantidade de laudas preenchidas com palavras vãs. Valorizemos a petição enxuta!

A propósito, enalteço que a Associação Nacional dos Magistrados da Justiça do Trabalho – ANAMATRA preparou um documento intitulado "Sugestões dos Juízes do Trabalho para a Elaboração do Anteprojeto do Novo Código de Processo Civil", do qual pincei e adiante transcrevo parte da fundamentação utilizada visando a adoção do "PRINCÍPIO DA CONCISÃO".

Penso está diante de argumentos oportunos e ponderosos, razão pela qual os compartilho com os leitores. Vejamos:

> **DO PRINCÍPIO DA CONCISÃO**
>
> A instituição do princípio da concisão busca sinalizar que o mínimo pode ser o máximo, quando por meio de economia de verbalização possamos destacar o ponto central da demanda e, através de objetividade na linguagem, promover a restauração do direito que foi violado ou prevenir a sua ofensa.
>
> Melhor fala sobre o princípio da concisão o autor da proposta, José Eduardo Rezende Chaves Jr:
>
> *"Tenho duas sugestões na matéria. A primeira importa em cortar na própria carne. Petições de advogados devem ter um limite máximo de páginas. (...)*
>
> *Einstein gastou uma página para expor a teoria da relatividade. É a qualidade do argumento, e não o volume de palavras, que faz a diferença.*
>
> *A segunda sugestão corta em carne alheia. A leitura de votos extremamente longos, ainda quando possa trazer grande proveito intelectual para quem os ouve, torna os tribunais disfuncionais. – Luis Roberto Barroso*
>
> *A Emenda Constitucional n. 45/2004 instituiu o princípio da duração razoável do processo judicial (inciso LXXVIII do artigo 5º). Esse princípio, em essência, é muito mais um objetivo final a se alcançar, que propria-*

mente um princípio originário, ou seja, é muito mais teleológico do que principiológico.

O problema do Judiciário não é mais nem tanto de acesso, senão de saída. O processo tem sua resolução sempre diferida e retardada por inúmeros estratagemas. Em relação a isso, as várias modificações processuais, levadas a efeito desde que se deu início à reforma processual fatiada, são necessárias, mas não suficientes.

Além do aprimoramento e simplificação dos mecanismos e procedimentos processuais, é preciso simplificar também as próprias peças processuais. Em regra, a manifestações dos sujeitos do processo ricocheteiam entre tecnicalidades e eruditismo, perdendo muitas vezes o sentido prático para as partes envolvidas.

Nessa linha, a proposta visa a fomentar a transformação da própria formalização dos fundamentos jurídicos no processo, para imprimir-lhes um sentido de objetividade e concisão, imprescindíveis à duração razoável do processo.

Necessitamos com urgência de um minimalismo jurídico. A liberdade de expressão é sagrada, por isso mesmo deve ser preservada da banalização e do excesso.

O processo contemporâneo clama pelo princípio da concisão, pela revolução da brevidade de Luis Roberto Barroso, o jurista carioca que nos lembra que a teoria da relatividade foi redigida e apresentada apenas em uma lauda. A logorreia bacharelesca é uma nova forma de assédio processual.

Na contemporaneidade, o processo justo é o processo sucinto, organizado e célere. Nenhum direito é absoluto e sem medida. E a medida da moderação linguística nos autos não é tão subjetiva. O bom senso é uma medida eminentemente coletiva. O critério de adequação das atitudes é uma nota distintiva do próprio ser humano.

Além disso, a lógica jurídica é incapaz de processar o turbilhão de fundamentos e (des)arrazoados que impunemente são despejados nos autos.

Para o poeta Ezra Pound, por exemplo, poesia é condensação. Alguém tem dúvida da potência transformadora da poesia?"

Portanto, se o legislador previu o prazo de vinte minutos para a produção de defesa oral em audiência é porque não se ajustam ao processo do trabalho as defesas lavradas em infinitas laudas, as quais consomem horas na sua elaboração e exigem vários minutos na sua leitura pelo juiz e pela parte *ex adversa*, concorrendo para a frustração do propósito da audiência una.

Lembremos que o tempo despendido pelos juízes na leitura de peças recheadas de citações e palavras disfuncionais poderia e deveria ser mais bem utilizado no estudo e julgamento de outros processos, ensejando, destarte, maior celeridade na prestação jurisdicional.

Aliás, produzindo textos concisos os nobres advogados estimulam os juízes a igualmente primarem pela objetividade, muitas vezes esquecida até mesmo por este escriba.

(Artigo do autor, publicado no *site* do TRT-16, em 23 de agosto de 2010)

1.1.2 A destacar na petição inicial: procedimentos ordinário e sumaríssimo

Bezerra Leite leciona que *"Não se confundem, pelo menos do ponto de vista conceitual, processo e procedimento. O processo constitui-se de um conjunto de atos processuais que vão se sucedendo de forma coordenada dentro da relação processual, até atingir a coisa julgada. Já o procedimento, ou rito, é a forma, o modo, a maneira como os atos processuais vão se projetando e se desenvolvendo dentro da relação jurídica processual. Procedimento, pois, é o* modus faciendi *do processo".*

O renomado jurista também nos ensina que, "No processo do trabalho de conhecimento, há dois tipos de procedimento: (a) procedimento comum, que se subdivide em ordinário, sumário e sumaríssimo; (b) procedimento especial, que é adotado para as ações especiais previstas na própria CLT, como o inquérito judicial para apuração de falta grave, o dissídio coletivo e a ação de cumprimento".

1.1.3 Reclamação sujeita ao procedimento ordinário

À vista do disposto no art. 852-A, da CLT, ficam submetidos ao procedimento ordinário os dissídios individuais cujo valor da causa exceda a quarenta vezes o salário mínimo vigente na data do ajuizamento da reclamação, assim como as demandas, de qualquer valor, nas quais seja parte a Administração Pública direta, autárquica e fundacional. Eis a literalidade do texto legal:

> *Art. 852-A. Os dissídios individuais cujo valor não exceda a quarenta vezes o salário mínimo vigente na data do ajuizamento da reclamação ficam submetidos ao procedimento sumaríssimo.*
>
> *Parágrafo único. Estão excluídas do procedimento sumaríssimo as demandas em que é parte a Administração Pública direta, autárquica e fundacional.*

A Reforma Trabalhista modificou o artigo da CLT que dizia como a reclamação deveria ser apresentada. Passou a exigir que toda reclamação trabalhista apresente os pedidos com os respectivos valores que o trabalhador espera receber.

Ou seja, o empregado, ou o seu advogado, deverá apontar especificamente as parcelas que ele entende como não pagas e deverá, ainda, indicar o valor que pretende receber relativamente a cada uma delas. Se não apontar o correspondente valor, o processo, no tocante à parcela ilíquida, será extinto.

Diz-se, tecnicamente, que a reclamação deverá apresentar pedidos certos, determinados **e líquidos**. Vejamos a literalidade da lei:

> *CLT – Art. 840. A reclamação poderá ser escrita ou verbal.*
>
> *§ 1º Sendo escrita, a reclamação deverá conter a designação do juízo, a qualificação das partes, a breve exposição dos fatos de que resulte o dissídio, o pedido, que deverá ser certo, determinado e com indicação de seu valor, a data e a assinatura do reclamante ou de seu representante.*

A exigência de valor certo e determinado significa propriamente a sua liquidação, com planilha de cálculos?

O TST nos dá a resposta, via Instrução Normativa nº 41, de 21.06.2018:

> *Art. 12, § 2º Para fim do que dispõe o art. 840, §§ 1º e 2º, da CLT, o valor da causa será estimado, observando-se, no que couber, o disposto nos arts. 291 a 293 do Código de Processo Civil.*

Vale ressaltar que o CPC estabelece, no seu art. 291, que *"A toda causa será atribuído valor certo, ainda que não tenha conteúdo econômico imediatamente aferível"*. E, no art. 293, prevê que *"O réu poderá impugnar, em preliminar da contestação, o valor atribuído à causa pelo autor, sob pena de preclusão, e o juiz decidirá a respeito, impondo, se for o caso, a complementação das custas"*.

1.1.4 Reclamação sujeita ao rito sumaríssimo – Lei nº 9.957/2000

Segundo o art. 852-A da CLT, *"Os dissídios individuais cujo valor não exceda a quarenta vezes o salário mínimo vigente na data do ajuizamento da reclamação ficam submetidos ao procedimento sumaríssimo"*. Deve ser observada, também, a regra do seu parágrafo único, a qual destaca que *"Estão excluídas do procedimento sumaríssimo as demandas em que é parte a Administração Pública direta, autárquica e fundacional"*.

O art. 852-B, também da CLT, dispõe que, "Nas reclamações enquadradas no procedimento sumaríssimo: I – o pedido deverá ser certo ou determinado e indicará o valor correspondente; II – não se fará citação por edital, incumbindo ao autor a correta indicação do nome e endereço do reclamado".

É importante ressaltar que, desde o advento da Lei n. 9.957/2000, que introduziu o procedimento sumaríssimo no processo do trabalho, até 11.11.2017, quando teve início a vigência da Lei 13.467/2017 (Lei da Reforma Trabalhista), somente se exigia reclamação com pedidos líquidos se ela estivesse sujeita ao rito sumaríssimo. Com a vigência da Lei da Reforma Trabalhista, essa exigência também passou a ser feita em relação às reclamações sujeitas ao rito ordinário, como se viu, por força do § 1°, do art. 840, da CLT, transcrito no tópico anterior deste capítulo.

Já no tocante à vedação à notificação editalícia da parte reclamada para a audiência inaugural (que o inciso II, do art. 852-B, da CLT, trata como citação), houve quem sustentasse a sua inconstitucionalidade, por afronta ao regramento do art. 5°, XXXV, da Constituição Federal, o qual consagra o princípio da inafastabilidade/indeclinabilidade jurisdicional ("a lei não excluirá da apreciação do Poder Judiciário lesão ou ameaça a direito"). Contudo, o STF, no dia 01 de agosto de 2018, no julgamento conjunto das Ações Diretas de Inconstitucionalidade (ADIs) 2139, 2160 e 2237, tratou do tema. Colhi no seu site, notícia com o seguinte teor:

> *Quanto à alegada inconstitucionalidade do artigo 852-B, inciso II, também incluído pela Lei 9.958/2000 e questionado na ADI 2160, a ministra Cármen Lúcia não verificou ofensa ao princípio da isonomia. Citando a decisão tomada no julgamento da liminar concedida nas ADIs 2139 e 2160, a presidente do STF destacou que, se o jurisdicionado não for encontrado, nesse caso haverá a transformação para procedimento ordinário. (Notícias STF – 01 de agosto de 2018)*

1.1.5 Acerca do rito sumário

Rito sumário é o procedimento previsto na Lei n° 5.584/70, para ações cujo valor da causa não exceda a 2 salários mínimos (art. 2°, §§ 3° e 4°). Também é conhecido como rito de alçada.

Diante de possível questionamento acerca da constitucionalidade do referido dispositivo, adianto que o Tribunal Superior do Trabalho editou súmula esclarecedora:

> *Súmula 356 TST - O art. 2°, § 4°, da Lei n. 5.584, de 26.06.1970 foi recepcionado pela CF/1988, sendo lícita a fixação do valor da alçada com base no salário mínimo.*

Nesse procedimento, a teor do § 3° do art. 2° da Lei n° 5.584/70, será dispensável o resumo dos depoimentos, devendo constar da ata de audiência a conclusão do juízo quanto à matéria de fato.

E, salvo se versarem sobre matéria constitucional, nenhum recurso caberá das sentenças proferidas nos dissídios da alçada, ressalvada a hipótese de interposição de embargos de declaração, nos casos de omissão, obscuridade, contradição e erro de fato na prolação da sentença, à vista do disposto nos artigos 535 do CPC e 879 -A, da CLT.

Importante observar que o artigo 2°, § 1°, da citada Lei n. 5.584/70, prevê a possibilidade de, *"Em audiência, ao aduzir razões finais, poderá qualquer das partes impugnar o valor fixado e, se o juiz o mantiver, pedir revisão da decisão, no prazo de 48 (quarenta e oito) horas, ao Presidente do Tribunal Regional".*

Como se vê, não é recurso contra a sentença. O denominado "pedido de revisão" é uma espécie extravagante de recurso contra decisão interlocutória.

Com efeito, fixado pelo autor valor da causa inferior a 2 salários mínimos, a parte contrária poderá impugná-lo. Isso pode ocorrer, por exemplo, no caso de as verbas pleiteadas ensejarem obter um valor consideravelmente superior ao atribuído à causa. Quando a pretensão equivale a um valor maior do que o que foi dado à causa. Se, a despeito da impugnação ao valor da causa, o juiz o mentem, caberá o pedido de revisão ao Tribunal.

O pedido de revisão deverá ser instruído com cópia da petição inicial e da ata da audiência que rejeitou a impugnação e deve ser interposto diretamente no Tribunal Regional do Trabalho, no prazo de 48 horas.

Trata-se de recurso de competência do Presidente do Tribunal, o qual deverá apreciá-lo em 48 horas.

Ainda consoante o § 2° do art. 2° da lei em foco, o pedido de revisão não terá efeito suspensivo.

1.1.6 Documentos importantes a serem apresentados com a inicial

É dever do advogado zelar pela boa instrução processual. E ela começa com a juntada de documentos essenciais à prova dos fatos por ele articulados na inicial ou na defesa por ele formuladas. A seguir, relaciono alguns documentos de grande importância para a dirimência da maioria das controvérsias levadas à Justiça do Trabalho:

- Contrato de trabalho
- Carteira de Trabalho – CTPS
- Cartões de ponto
- Recibos de pagamentos
- Termo de Rescisão do Contrato de Trabalho – TRCT
- Convenção Coletiva de Trabalho – CCT
- Acordo Coletivo de Trabalho – ACT
- Legislação municipal e estadual relativas ao direito postulado
- Regulamento da empresa

Capítulo II

ACERCA DA DEFESA DO RECLAMADO

2.1 A APRESENTAÇÃO DE DOCUMENTOS NO PJE

O Conselho Superior da Justiça do Trabalho editou a sua Resolução CSJT nº 185, de 24 de março de 2017, a qual, revogando a Resolução CSJT nº 136, trouxe novas disposições acerca da padronização do uso, governança, infraestrutura e gestão do Sistema Processo Judicial Eletrônico (PJe) instalado na Justiça do Trabalho.

Segundo o art. 13, da aludida Resolução 185, *"Os usuários externos poderão juntar quantos arquivos se fizerem necessários à ampla e integral atividade probatória, observado o art. 12 desta Resolução e demais atos normativos referentes à matéria".*

No § 1º do citado art. 13, a Resolução prevê que *"Os arquivos juntados aos autos devem utilizar descrição* ***que identifique, resumidamente, os documentos neles contidos e, se for o caso, os períodos a que se referem, e, individualmente considerados, devem trazer os documentos da mesma espécie, ordenados cronologicamente."*** Esse dispositivo, lamentavelmente, vem sendo ignorado por alguns advogados.

Já no seu § 2º, o enfocado art. 13 regulamenta que "*O campo "descrição" deve ser automaticamente preenchido pelo Sistema com o mesmo nome do "tipo de documento", mas sempre passível de edição pelo usuário, exceto quando o tipo de petição for "manifestação" ou o tipo de documento for "documento diverso", porquanto, nestes casos, o preenchimento do campo descrição deverá ser feito pelo usuário. (Redação dada pela Resolução n. 241/CSJT, de 31 de maio de 2019)*

Aos senhores advogados que procedem à juntada de arquivos em desacordo com a Resolução nº 185 aqui enfocada, advirto-lhes de que o art. 15, do citado regulamento, prevê que *"As petições e os documentos enviados sem observância às normas desta Resolução* ***poderão ser excluídos por expressa determinação do magistrado, com o registro respectivo, assinalando-se, se for o caso, novo prazo para a adequada apresentação da petição, e em se tratando de petição inicial, será observada a regra prevista no art. 321 e parágrafo único do CPC"*** (Redação dada pela Resolução n. 241/CSJT, de 31 de maio de 2019), estabelecendo o § 1° do aludido artigo que *"Na exclusão de petição incidental dever-se-á tornar indisponível todo o documento a ela anexado".*

Para melhor compreensão do que configura uma juntada de arquivo em desobediência à Resolução n° 185, apresento uma foto que a retrata com perfeição:

Documentos

Id	Origem	Juntado em	Documento	Tipo de documento	Anexos	Certidão	Validação
55488	1° Grau	15/04/13 19:07	Documentos	Documento Diverso			Validado
50686	1° Grau	15/04/13 19:07	Documentos	Documento Diverso			Validado
50685	1° Grau	15/04/13 19:07	Documentos	Documento Diverso			Validado
49618	1° Grau	15/04/13 19:07	Documentos	Documento Diverso			Validado
49142	1° Grau	15/04/13 19:07	Documentos	Documento Diverso			Validado
45670	1° Grau	15/04/13 19:07	Documentos	Documento Diverso			Validado
44584	1° Grau	15/04/13 19:07	Documentos	Documento Diverso			Validado
39988	1° Grau	15/04/13 19:07	Documentos	Documento Diverso			Validado
39989	1° Grau	15/04/13 19:07	Documentos	Documento Diverso			Validado
38904	1° Grau	15/04/13 19:07	Documentos	Documento Diverso			Validado
38207	1° Grau	15/04/13 19:07	Documentos	Documento Diverso			Validado
38203	1° Grau	15/04/13 19:07	Documentos	Documento Diverso			Validado
38200	1° Grau	15/04/13 19:07	Documentos	Documento Diverso			Validado
38208	1° Grau	15/04/13 19:07	Documentos	Documento Diverso			Validado
38206	1° Grau	15/04/13 19:07	Documentos	Documento Diverso			Validado
38204	1° Grau	15/04/13 19:07	Documentos	Documento Diverso			Validado

1 84 2 Foram encontrados: 1344 resultados

Como visto, arquivos foram juntados aos autos do referido processo PJe em clara afronta às Resoluções n°s 185 e 241 do CSJT. Não houve a identificação resumida dos documentos neles contidos. Não foram informados os períodos aos que se referiam. Não se sabe quais documentos foram juntados. Todos constam como "documentos" e "documentos diversos", mas, individualmente considerados, também não trouxeram indicação de que eram de uma mesma espécie, ou se eram de espécies diversas, além de não possibilitarem saber se ordenados cronologicamente.

Em outras palavras, era um típico caso em que o juiz deveria ter ordenado a exclusão de todos os arquivos e documentos juntados irregularmente, assinalando novo prazo para a adequada apresentação da petição, sob pena de extinção do processo, sem resolução do mérito.

É fato que muitos juízes têm relevado esse tipo de equívoco na juntada de arquivos pelas partes. Contudo, o advogado diligente, cuidadoso, não incorre nesse tipo de equívoco, o qual pode custar caro para o seu cliente. Não identificar os arquivos juntados dificulta, em muito, o julgamento da causa. Se o arquivo vem identificado, basta clicar sobre o referido arquivo no sumário do processo no PJe que se chega, fácil, ao seu conteúdo. Quando não há a correta identificação, conforme exigido nas Resoluções nºs 185 e 241 do CSJT, tanto o juiz, quanto todos os que atuam no processo, sejam servidores da JT ou mesmo advogados das partes, todos têm imenso e fatigante trabalho na identificação e consulta às peças do processo. Sem contar o desgaste que o uso do PJe vem causando a nossa visão.

Portanto, é dever do advogado protocolar, corretamente, os arquivos e documentos nos autos do PJe. A foto que segue dá bem uma ideia de como é uma juntada de arquivos respeitosa às citadas Resoluções 185 e 241 do CSJT.

SUMÁRIO

Documentos			
Id.	Data de Juntada	Documento	Tipo
84bd804	27/09/2016 16:07	Petição em PDF	Petição em PDF
26a740d	27/09/2016 16:07	PETIÇÃO INICIAL	Petição Inicial
4871f3b	27/09/2016 16:07	PROCURAÇÃO	Procuração
5127e51	27/09/2016 16:07	DOC. PESSOAIS	Documento Diverso
66b7d2e	27/09/2016 16:07	CTPS	CTPS
81a564f	27/09/2016 16:07	CONTRATO DE HONORARIOS	Documento Diverso
efd52bb	27/09/2016 16:07	CONTRA CHEQUE	Documento Diverso
4784baa	27/09/2016 16:07	TRCT	Documento Diverso
a7b9f66	30/11/2016 12:13	Notificação	Notificação
af0124c	05/05/2017 12:34	NOT AUD REALIZADA	Certidão
ca94aec	13/06/2017 13:31	SUBSTABELECIMENTO	Petição (outras)
fd7bcb4	13/06/2017 17:35	Habilitação em processo	Contestação
7132136	13/06/2017 17:35	Contrato social	Contrato Social
3fe8462	13/06/2017 17:35	Contrato social	Contrato Social
092ae14	13/06/2017 17:35	Procuração empresa	Procuração

2.2 DO INTERSTÍCIO MÍNIMO PARA A PREPARAÇÃO DA DEFESA

Prevê o art. 841 da CLT que, *"Recebida e protocolada a reclamação, o escrivão ou secretário, dentro de 48 (quarenta e oito) horas, remeterá a segunda via da petição, ou do termo, ao reclamado, notificando-o ao mesmo tempo, para comparecer à audiência do julgamento, que será a primeira desimpedida, depois de 5 (cinco) dias"*.

Contudo, tratando-se de reclamação ajuizada contra a União Federal, os Estados, Municípios, Distrito Federal e Autarquias ou Fundações de direito público que não explorem atividade econômica, o prazo previsto no art. 841 da CLT é contado em quádruplo, haja vista o disposto no art. 1°, inciso II, do Decreto-Lei n° 779, de 21 de agosto de 1969.

Tendo sido realizada a audiência inaugural sem observância do disposto no art. 841 da CLT, a parte reclamada poderá alegar a nulidade processual, além do cerceamento do seu direto à ampla defesa. Essa alegação poderá ser feita por simples petição, antes de prolatada a sentença. Uma vez prolatada a sentença, a arguição deverá ser feita via recurso ordinário, devendo o TRT reconhecer a nulidade e determinar que os autos do processo retornem à Vara de origem, para que seja designada uma nova audiência inaugural, assegurando, destarte, contraditório e ampla defesa à reclamada. Nesse sentido aponta a jurisprudência mais avisada:

> *REVELIA. DO PRAZO ESTIPULADO NO ART. 841 DA CLT. INOBSERVÂNCIA. NULIDADE PROCESSUAL. Tendo sido realizada a sessão inaugural sem a observância do disposto no art. 841 da CLT, que consigna que a audiência de julgamento será a primeira desimpedida, depois de 5 (cinco) dias, imperativo declarar a nulidade processual a partir da audiência de fl. 21 a fim de que seja marcada nova audiência inaugural, com a devida intimação das partes, momento em que a reclamada poderá apresentar sua defesa, como entender de direito. (Tribunal Regional do Trabalho da 1ª Região – 2ª Turma – 0001691-61.2010.5.01.0223 – DOERJ 12-08-2011)*

Por fim, é importante levar em conta que a Lei 13.467/2017, conhecida como Lei da Reforma Trabalhista, alterou a sistemática de contagem dos prazos processuais. O art. 775, da CLT, veio prevendo que *"Os prazos estabelecidos neste Título serão contados em dias úteis, com exclusão do dia do começo e inclusão do dia do vencimento"*.

Ou seja, os prazos previstos desde o artigo 763 até o artigo 922 da CLT devem ser contados em dias úteis. E não só as pontas do prazo (início/término) devem ser contadas em dias úteis, mas também todos os dias do prazo.

Sendo assim, penso que o prazo de 5 (cinco) dias ao qual alude o art. 841 da CLT, também há que ser contado na forma retro mencionada.

2.2.1 O prazo para apresentação da contestação oral e da contestação escrita

No passado, a apresentação de defesa oral era a regra. Contudo, há anos é exceção. Com a adoção do PJe, ainda menos comum ela se tornou, em que pese tivesse, a seu favor, a objetividade, não se ocupando, os advogados que as produziam, senão com o essencial à defesa. Hoje, injustificadamente, vemos contestações escritas intermináveis, recheadas de citações inúteis e redundantes, sem que haja a devida reflexão quanto à sua eficácia, à vista do que se conseguia de êxito, no passado, com uma sucinta defesa oral.

Acreditando no bom senso dos senhores advogados, que haverão de primar pela objetividade na elaboração de suas petições, fazendo-as o mais sucinto possível, destaco que a CLT, no seu art. 847, redação atual, assim disciplina:

> *Art. 847. Não havendo acordo, o reclamado terá vinte minutos para aduzir sua defesa, após a leitura da reclamação, quando esta não for dispensada por ambas as partes.*
>
> ***Parágrafo único. A parte poderá apresentar defesa escrita pelo sistema de processo judicial eletrônico até a audiência.***

Contudo, também devo realçar que, dispondo acerca da matéria em liça e sobre a padronização do uso, governança, infraestrutura e gestão do Sistema Processo Judicial Eletrônico (PJe) instalado na Justiça do Trabalho, o Conselho Superior da Justiça do Trabalho editou, em 24 de maio de 2019, a Resolução CSJT nº 241, alterando dispositivos da Resolução nº 185, cujo art. 22 passou a ter a seguinte redação:

> *Art. 22. A contestação ou a reconvenção e seus respectivos documentos deverão ser protocolados no PJe até a realização da proposta de conciliação infrutífera, com a utilização de equipamento próprio, sendo automaticamente juntados, facultada a apresentação de defesa oral, na forma do art. 847, da CLT. (Redação dada pela Resolução n. 241/CSJT, de 31 de maio de 2019)*

> *§ 1º No expediente de notificação inicial ou de citação constará* ***recomendação*** *para que a contestação ou a reconvenção e os documentos que as acompanham sejam protocolados no PJe com pelo menos 48h de antecedência da audiência. (Redação dada pela Resolução n. 241/CSJT, de 31 de maio de 2019)*

Portanto, aconselho o advogado da reclamada a não deixar para protocolar a defesa minutos antes da audiência. Melhor não correr riscos e protocolar a contestação e/ou reconvenção de seu cliente com a antecedência de 48 horas acima recomendada. Cautela é sempre bom!

2.3 SIGILO E SEGREDO DE JUSTIÇA – DIFERENÇAS

A CLT não trata de sigilo, nem de segredo de justiça. Contudo, as referenciadas Resoluções nº 185 e 241, do CSJT, disciplinam a matéria no âmbito do processo trabalhista.

> *§ 2º O autor poderá atribuir segredo de justiça ao processo no momento da propositura da ação, cabendo ao magistrado, após a distribuição, decidir sobre a manutenção ou exclusão dessa situação, nos termos do art. 189 do CPC e art. 770, caput, da CLT.*
>
> *§ 3º Com exceção da petição inicial, as partes poderão atribuir sigilo às petições e documentos, nos termos do parágrafo único do art. 773 do CPC.*
>
> *§ 4º Com exceção da defesa, da reconvenção e dos documentos que os acompanham, o magistrado poderá determinar a exclusão de petições e documentos indevidamente protocolados sob sigilo, observado o art. 15 desta Resolução.*
>
> *§ 5º O réu poderá atribuir sigilo à contestação e à reconvenção, bem como aos documentos que as acompanham, devendo o magistrado retirar o sigilo caso frustrada a tentativa conciliatória.*

Com efeito, a regra é a de que os atos processuais são públicos. Todavia, o reclamante poderá atribuir segredo de justiça ao processo no momento da propositura da ação. No entanto, isso só deverá ocorrer quando observadas as hipóteses previstas nos arts. 189 do CPC e art. 770, *caput*, da CLT. São elas:

> *I – quando o exija o interesse público ou social;*
>
> *II – quando versarem sobre casamento, separação de corpos, divórcio, separação, união estável, filiação, alimentos e guarda de crianças e adolescentes;*
>
> *III – em que constem dados protegidos pelo direito constitucional à intimidade;*

> *IV – quando versarem sobre arbitragem, inclusive sobre cumprimento de carta arbitral, desde que a confidencialidade estipulada na arbitragem seja comprovada perante o juízo.*

Saliente-se que *"O direito de consultar os autos de processo que tramite em segredo de justiça e de pedir certidões de seus atos é restrito às partes e aos seus procuradores"* (§ 1° do art. 189, CPC).

Por outro lado, cabe ao juiz, após a distribuição da petição inicial, decidir sobre a manutenção ou exclusão do segredo de justiça atribuído pelo autor ao processo. Aliás, é bom não esquecer que segredo de justiça diz respeito ao processo. Já sigilo, a determinadas peças e/ou documentos.

A Resolução 241 do CSJT também elucida que não pode o autor marcar como sigilosa a petição inicial. Embora tanto ele, quanto o réu possam atribuir sigilo às demais petições e documentos protocolados, "nos termos do parágrafo único do art. 773 do CPC". Vejamos o que estabelece esse dispositivo:

> *Art. 773. (...)*
>
> *Parágrafo único. Quando, em decorrência do disposto neste artigo, o juízo receber dados sigilosos para os fins da execução, o juiz adotará as medidas necessárias para assegurar a confidencialidade.*

Com exceção da contestação, da reconvenção e dos documentos que as acompanham, o magistrado poderá determinar a exclusão de petições e documentos indevidamente protocolados sob sigilo, observado o art. 15 desta Resolução. Ou seja, no caso de petição inicial ou petições intermediárias protocolada em desacordo com a Resolução 241/2019, ela e os documentos que a acompanham *"poderão ser excluídos por expressa determinação do magistrado, com o registro respectivo, assinalando-se, se for o caso, novo prazo para a adequada apresentação da petição, e em se tratando de petição inicial, será observada a regra prevista no art. 321 e parágrafo único do CPC".*

Também é importante observar que o réu poderá atribuir sigilo à contestação e à reconvenção, bem como aos documentos que as acompanham. Mas o juiz deverá retirar o sigilo após frustrada a primeira tentativa de conciliação.

2.3.1 Sigilo na resposta do réu e seus documentos

Como visto no tópico anterior, o réu poderá atribuir sigilo à contestação e à reconvenção, bem como aos documentos que as acompanham. Mas o juiz deverá retirar o sigilo após frustrada a primeira tentativa de conciliação. Caso não retirado o sigilo nesse momento, configura-se ofensa ao princípio do contraditório, consoante revelado na decisão abaixo emantada:

> *CONTESTAÇÃO EM SIGILO. IMPOSSIBILIDADE DE MANIFESTAÇÃO DO AUTOR. OFENSA AO PRINCÍPIO DO CONTRADITÓRIO. O sistema eletrônico permite à parte protocolar petição fazendo uso da ferramenta de "sigilo", quando assim entender, para impossibilitar que o ato seja visualizado pela parte contrária. No caso da contestação, o sigilo deve ser retirado na audiência inaugural, com a consequente disponibilização da defesa e dos documentos para ciência do autor, sob pena de ofensa ao princípio do contraditório. (Tribunal Regional do Trabalho da 3ª Região – Turma Recursal de Juiz de Fora – acordão: 0010189-15.2017.5.03.0040 – data: 2019-06-07)*

2.4 SOBRE A EXCEÇÃO

2.4.1 Procedimento do incidente de exceção

O art. 799 da CLT estabelece que, *"Nas causas da jurisdição da Justiça do Trabalho, somente podem ser opostas, com suspensão do feito, as exceções de suspeição ou incompetência. § 1º As demais exceções serão alegadas como matéria de defesa"*.

Verifica-se atecnia do legislador celetista quando cogita apenas de exceção de suspeição, esquecendo-se da possibilidade de arguição de impedimento, portanto, do cabimento, também, de exceção de impedimento do juiz.

Por outro lado, embora art. 799, acima transcrito, indique a possibilidade de arguição de incompetência mediante exceção, doutrina e jurisprudência são assentes no sentido de que apenas a incompetência relativa, em razão do lugar *(ratione loci)*, é que pode ser apresentada por essa via. As incompetências absolutas (em razão da matéria e da pessoa ou funcional), devem ser arguidas como preliminares de contestação.

Com efeito, a exceção pode ser de suspeição, de impedimento ou mesmo de incompetência relativa *(ratione loci)*.

As exceções de impedimento e de suspeição visam garantir ao jurisdicionado que a demanda seja resolvida por um juiz imparcial.

Na exceção de incompetência relativa, almeja-se um julgamento por um outro juízo.

Importante ressaltar que a competência territorial, na Justiça do Trabalho, é relativa e sujeita, portanto, à convenção das partes. Em caso de incompetência em razão do lugar, é preciso que a parte demandada provoque o juízo por meio da exceção de incompetência. Se não o faz, ocorre a prorrogação da competência do juízo onde a demanda foi distribuída, por força do art. 65 do CPC. Ou seja, prorroga-se a competência em razão do lugar, quando não excepcionada no momento processual correto, precluindo o direito da parte de se insurgir *a posteriori*.

Outro detalhe importante é que, nos termos da Súmula n° 33 do STJ e da Orientação Jurisprudencial n° 149 da SDI-II, do TST, não há possibilidade de o juiz, de ofício, declarar-se incompetente em razão do lugar. Eis o teor da referida OJ:

> *OJ 149. CONFLITO DE COMPETÊNCIA. INCOMPETÊNCIA TERRITORIAL. HIPÓTESE DO ART. 651, § 3º, DA CLT. IMPOSSIBILIDADE DE DECLARAÇÃO DE OFÍCIO DE INCOMPETÊNCIA RELATIVA. (DEJT divulgado em 03, 04 e 05.12.2008). Não cabe declaração de ofício de incompetência territorial no caso do uso, pelo trabalhador, da faculdade prevista no art. 651, § 3º, da CLT. Nessa hipótese, resolve-se o conflito pelo reconhecimento da competência do juízo do local onde a ação foi proposta.*

Convém ficar atento à nomenclatura dos envolvidos no incidente de exceção de incompetência em razão do lugar:

Excipiente é aquele que apresenta a exceção, o demandado.

Excepto é aquele contra quem a exceção é apresentada, ou seja, o demandante/reclamante.

O juiz, contra o qual se apresenta exceção, também é denominado de excepto.

2.4.2 Acerca da suspeição do juiz – na CLT

A CLT prevê, no seu art. 801, que:

> *O juiz, presidente ou vogal, é obrigado a dar-se por suspeito, e pode ser recusado, por algum dos seguintes motivos, em relação à pessoa dos litigantes:*
>
> *a) inimizade pessoal;*
>
> *b) amizade íntima;*
>
> *c) parentesco por consanguinidade ou afinidade até o terceiro grau civil;*
>
> *d) interesse particular na causa.*
>
> *Parágrafo único. Se o recusante houver praticado algum ato pelo qual haja consentido na pessoa do juiz, não mais poderá alegar exceção de suspeição,*

> *salvo sobrevindo novo motivo. A suspeição não será também admitida, se do processo constar que o recusante deixou de alegá-la anteriormente, quando já a conhecia, ou que, depois de conhecida, aceitou o juiz recusado ou, finalmente, se procurou de propósito o motivo de que ela se originou.*

Além de obsoleta, a redação do citado dispositivo celetista é imprecisa e precária. É obsoleta, porque, malgrado a CLT tenha sido alvo de uma reforma em 2017, ainda conserva menção a *juiz vogal,* também conhecido como juiz classista, figura extirpada da Justiça do Trabalho, em 1999, por força da EC nº 24. Daí se vê que não era sincero o propósito modernizador, apregoado pelos arautos da Reforma Trabalhista.

E digo que a CLT é imprecisa e precária no tocante ao tema em liça, haja vista que ela não cuidou de suspeição e impedimento, como ocorreu ao legislador que nos deu o CPC de 2015.

Portanto, quando estiver uma causa submetida a um juiz impedido ou suspeito, é necessário que o advogado não se atenha ao art. 801 da CLT, podendo e devendo lançar mão dos dispositivos do CPC, o qual, *in casu,* se apresenta como fonte subsidiária.

2.4.2.1 Impedimentos do juiz – no CPC

Como já destacado, o CPC tem aplicação subsidiária no direito processual do trabalho. E mais ainda no tocante às hipóteses de impedimento do juiz, para instruir e julgar a causa.

Com efeito, assim estabelece o CPC de 2015:

> *Art. 144. Há impedimento do juiz, sendo-lhe vedado exercer suas funções no processo:*
>
> *I – em que interveio como mandatário da parte, oficiou como perito, funcionou como membro do Ministério Público ou prestou depoimento como testemunha;*
>
> *II – de que conheceu em outro grau de jurisdição, tendo proferido decisão;*
>
> *III – quando nele estiver postulando, como defensor público, advogado ou membro do Ministério Público, seu cônjuge ou companheiro, ou qualquer parente, consanguíneo ou afim, em linha reta ou colateral, até o terceiro grau, inclusive;*
>
> *IV – quando for parte no processo ele próprio, seu cônjuge ou companheiro, ou parente, consanguíneo ou afim, em linha reta ou colateral, até o terceiro grau, inclusive;*

V – quando for sócio ou membro de direção ou de administração de pessoa jurídica parte no processo;

VI – quando for herdeiro presuntivo, donatário ou empregador de qualquer das partes;

VII – em que figure como parte instituição de ensino com a qual tenha relação de emprego ou decorrente de contrato de prestação de serviços;

VIII – em que figure como parte cliente do escritório de advocacia de seu cônjuge, companheiro ou parente, consanguíneo ou afim, em linha reta ou colateral, até o terceiro grau, inclusive, mesmo que patrocinado por advogado de outro escritório;

IX – quando promover ação contra a parte ou seu advogado.

2.4.2.2 Suspeição do juiz – no CPC

Embora a CLT trate do tema, já foi asseverado neste opúsculo que as hipóteses da mencionadas no art. 801 da Consolidação não são exaustivas. Ou seja, o CPC pode e deve ser utilizado como fonte supletória.

Art. 145. Há suspeição do juiz:

I – amigo íntimo ou inimigo de qualquer das partes ou de seus advogados;

II – que receber presentes de pessoas que tiverem interesse na causa antes ou depois de iniciado o processo, que aconselhar alguma das partes acerca do objeto da causa ou que subministrar meios para atender às despesas do litígio;

III – quando qualquer das partes for sua credora ou devedora, de seu cônjuge ou companheiro ou de parentes destes, em linha reta até o terceiro grau, inclusive;

IV – interessado no julgamento do processo em favor de qualquer das partes.

§ 1º Poderá o juiz declarar-se suspeito por motivo de foro íntimo, sem necessidade de declarar suas razões.

§ 2º Será ilegítima a alegação de suspeição quando:

I – houver sido provocada por quem a alega;

II – a parte que a alega houver praticado ato que signifique manifesta aceitação do arguido.

2.4.2.3 Do procedimento da exceção de suspeição ou de impedimento

Compete ao TRT decidir acerca da exceção de impedimento ou de suspeição, salvo se o juiz se declarar impedido ou suspeito ante a exceção. Vejamos como disciplina o CPC:

Art. 146. No prazo de 15 (quinze) dias, a contar do conhecimento do fato, a parte alegará o impedimento ou a suspeição, em petição específica dirigida ao juiz do processo, na qual indicará o fundamento da recusa, podendo instruí-la com documentos em que se fundar a alegação e com rol de testemunhas.

§ 1º Se reconhecer o impedimento ou a suspeição ao receber a petição, o juiz ordenará imediatamente a remessa dos autos a seu substituto legal, caso contrário determinará a autuação em apartado da petição e, no prazo de 15 (quinze) dias, apresentará suas razões, acompanhadas de documentos e de rol de testemunhas, se houver, ordenando a remessa do incidente ao tribunal.

2.4.3 Sobre a exceção de incompetência relativa – em razão do lugar

A "competência territorial, também conhecida como competência em razão do lugar ou *ex ratione loci*, é aquela que cuida dos limites geográficos do exercício da jurisdição" (PINTO, José Augusto Rodrigues. *Processo trabalhista de conhecimento*. 7. ed. São Paulo: LTr, 2005. p. 159).

Definir qual o juiz dotado de competência territorial é "[...] definir, dentre as muitas varas identicamente competentes pelo critério objetivo em todo o Brasil [...], aquela a qual efetivamente caberá processar e julgar o feito. É por isso que se afirma que a competência territorial é critério de distribuição de competência entre órgãos do mesmo tipo" (MACHADO, Antônio Cláudio da Costa. *Código de Processo Civil interpretado*: artigo por artigo, parágrafo por parágrafo. 9. ed. Barueri: Manole, 2010. p. 125).

Importante ressaltar que a competência territorial, na Justiça do Trabalho, é relativa e sujeita, portanto, à convenção das partes. Por conseguinte, em caso de incompetência em razão do lugar, é preciso que a parte demandada provoque o juízo por meio da exceção de incompetência. Se não o fizer, ocorre a prorrogação da competência do juízo onde a demanda foi distribuída, por força do art. 65 do CPC. Ou seja, prorroga-se a competência em razão do lugar, quando não excepcionada no momento processual correto, precluindo o direito da parte de se insurgir *a posteriori*.

Outro detalhe a merecer registro é que, nos termos da Súmula nº 33 do STJ e da Orientação jurisprudencial nº 149 da SDI-II, do TST, não há possibilidade de o juiz, de ofício, declarar-se incompetente em razão do lugar. Eis o teor da referida OJ:

OJ 149. CONFLITO DE COMPETÊNCIA. INCOMPETÊNCIA TERRITORIAL. HIPÓTESE DO ART. 651, § 3º, DA CLT. IMPOSSIBILIDADE DE DECLARAÇÃO

> *DE OFÍCIO DE INCOMPETÊNCIA RELATIVA. (DEJT divulgado em 03, 04 e 05.12.2008). Não cabe declaração de ofício de incompetência territorial no caso do uso, pelo trabalhador, da faculdade prevista no art. 651, § 3º, da CLT. Nessa hipótese, resolve-se o conflito pelo reconhecimento da competência do juízo do local onde a ação foi proposta.*

Excipiente é aquele que apresenta a exceção, o demandado.

Excepto é aquele contra quem a exceção é apresentada, ou seja, o demandante/reclamante. O juiz, contra o qual se apresenta exceção, também é denominado de excepto.

A regra geral, que norteia a competência da Justiça do Trabalho, está lavrada no *caput* do art. 651, da CLT, *in verbis*:

> *Art. 651. A competência das Varas do Trabalho é determinada pela localidade onde o empregado, reclamante ou reclamado, prestar serviços ao empregador, ainda que tenha sido contratado noutro local ou no estrangeiro.*

Já as exceções a essa regra, encontram-se nos parágrafos do art. 651 da CLT, e se referem apenas às hipóteses de: 'agente ou viajante comercial', em que 'a competência será da Junta da localidade em que a empresa tenha agência ou filial e a esta o empregado esteja subordinado e, na falta, será competente a Junta da localização em que o empregado tenha domicílio ou a localidade mais próxima'; nisto incluídos os 'dissídios ocorridos em agência ou filial no estrangeiro', sendo brasileiro o empregado e não havendo convenção internacional em contrário e quando o 'empregador que promove atividades em lugar diverso do de contratação, situação em que é facultado ao empregado postular no foro da celebração do contrato ou no da prestação dos serviços.

O colendo Tribunal Superior do Trabalho, por longo tempo, consagrou entendimento que comprometia, decisiva e gravemente, o princípio da proteção à parte vulnerável da relação de emprego e, por via transversa, a cidadania e a dignidade do trabalhador. A seguir, transcrevo decisões que bem demonstram isso:

> *O preceito consolidado franqueia a possibilidade de ajuizamento da ação no foro do domicílio do empregado, ou da localidade mais próxima, quando for parte no dissídio agente ou viajante comercial. Nas demais situações, o reclamante somente poderá ajuizar a reclamação trabalhista no seu domicílio se este coincidir com o local da prestação dos serviços ou da celebração do contrato. (CC – 10230-89.2014.5.14.0004 Data de Julga-*

mento: 05/08/2014, Relator Ministro: Alberto Luiz Bresciani de Fontan Pereira, Subseção II Especializada em Dissídios Individuais, Data de Publicação: DEJT 08/08/2014).

RECURSO DE REVISTA. COMPETÊNCIA TERRITORIAL. Verifica-se que a tese do Recorrente, de a competência firmar-se pelo domicílio do autor ou pelo lugar que lhe seja mais conveniente, não encontra amparo, já que tanto o artigo 651 da CLT como a jurisprudência dominante nesta Corte preceituam a faculdade de opção pelo ajuizamento da ação no local da prestação laboral ou no da contratação dos serviços. Saliente-se que o Tribunal Regional do Trabalho não abordou a questão pertinente ao local da celebração do contrato de trabalho. Por outro lado, a parte não opôs Embargos de Declaração, a fim de exigir pronunciamento acerca desta particularidade. Por isso, incide, à espécie, a orientação expressa na Súmula 297 do TST. Para se chegar à conclusão diversa do Regional, nos termos em que assentada a decisão, necessário seria o revolvimento do conjunto fático-probatório pertencente aos autos, o que é defeso em sede recursal extraordinária, em face do disposto na Súmula 126 do TST. Recurso de revista conhecido e não provido. (Processo: TST- RR – 54400-16.2007.5.10.0001, Data de Julgamento: 25/5/2011, Relator: Ministro: Augusto César Leite de Carvalho, 6.ª Turma, Data de Publicação: DEJT 3/6/2011.).

CONFLITO NEGATIVO DE COMPETÊNCIA. COMPETÊNCIA EM RAZÃO DO LUGAR. ART. 651, CAPUT E § 3.º, DA CLT. AJUIZAMENTO DA RECLAMAÇÃO TRABALHISTA NO FORO DO DOMICÍLIO DO RECLAMANTE, SEM A COMPROVAÇÃO DE SER ESTE O LOCAL DA CELEBRAÇÃO DO CONTRATO DE TRABALHO E EM LOCAL DIVERSO DAQUELE EM QUE OCORREU A PRESTAÇÃO DE SERVIÇOS. 1 – Discussão acerca do juízo competente para processar e julgar reclamação trabalhista proposta em local diverso daquele em que ocorreu a prestação de serviços. 2 – A SBDI-2 já consolidou posicionamento no sentido de que prevalecem os critérios objetivos na fixação de competência territorial, nos termos do art. 651, caput e § 3.º, da CLT, sendo admitido o ajuizamento da reclamação trabalhista no domicílio do trabalhador somente se este coincidir com o local da prestação de serviços ou da contratação. 3 – Hipótese em que não se comprova que o local do domicílio seja o mesmo onde firmado o contrato de trabalho, exsurgindo, assim, a competência do foro da prestação de serviços. 4 – Precedentes. 5 – Ressalva de entendimento pessoal da relatora. Conflito de competência que se julga improcedente. (CC – 712-97.2012.5.24.0091 Data de Julgamento: 11/11/2014, Relatora Ministra: Delaíde Miranda Arantes, Subseção II Especializada em Dissídios Individuais, Data de Publicação: DEJT 14/11/2014).

COMPETÊNCIA. CRITÉRIO DE FIXAÇÃO. JUSTIÇA DO TRABALHO. ART. 651 DA CLT. LOCAL DA PRESTAÇÃO DE SERVIÇOS. O critério para a fixação da competência territorial do juízo é eminentemente objetivo e se fixa a partir do local da prestação de trabalho ou de sua contratação, na forma prevista

> *no art. 651, caput e § 3º, da CLT. (RR – 134800-64.2008.5.23.0051 Data de Julgamento: 11/10/2011, Relator Ministro: João Batista Brito Pereira, 5ª Turma, Data de Publicação: DEJT 21/10/2011).*

Com todas as vênias, não comungo dessa interpretação. Imagine-se o caso em que o trabalhador que, premido pela carência de emprego na região onde mora e visando escapar da miséria, busca emprego em outros estados, sina de muitos nordestinos e, especialmente, de um número infindável de maranhenses. Encontrando posto de trabalho longe de sua terra e tendo laborado por algum tempo, de repente ele se vê despedido e sem receber as rescisórias. Ante a pouca oferta de trabalho, retorna para o nordeste, para o seu domicílio. Tão miserável ou mais do que quando de lá saiu em busca de melhor sorte.

Conheço muito essa realidade porque fui, por mais de cinco anos, juiz titular da Vara do Trabalho de Pinheiro/MA, a qual contempla, em sua jurisdição, 36 municípios da chamada "baixada maranhense", a maior exportadora de mão de obra para o restante do país. E considero que negar jurisdição a um trabalhador nessa situação é consagrar malferimento ao seu direito à tutela do Estado-Juiz.

Data venia, à vista dos princípios da indeclinabilidade do controle jurisdicional, consagrado no art. 5°, XXXV, da Constituição Federal, e do mui exaltado (mas, lamentavelmente, às vezes esquecido) princípio da proteção, peculiar ao direito do Trabalho e ao Direito Processual do Trabalho, não vejo como sustentar esse entendimento. Ao contrário, vislumbro nesses julgados um verdadeiro atentado aos citados dogmas.

Com efeito, o polo ativo da lide trabalhista, via de regra, é ocupado por um trabalhador desempregado, quase sempre hipossuficiente, para não dizer miserável. Justamente por isso, o legislador de 1943, ao editar a CLT, propiciou proteção ao trabalhador (parte economicamente frágil da relação processual), compensando, destarte, o desequilíbrio econômico, considerando-se que o demandado é, de hábito, a parte economicamente poderosa da relação jurídica havida.

Portanto, se as regras do processo do trabalho têm como destinatário principal o empregado, na sua presumida qualidade de hipossuficiente econômico e se o processo do trabalho se orienta por princípios que visam lhe dar dignidade, a partir do amplo acesso à jurisdição, não se pode conceber que nele – processo do trabalho – as respostas dadas ao jurisdicionado estejam em conflito e não se harmonizem com esses princípios. A propósito, caberia indagar: os juízes do trabalho estão, de fato, observando esses princípios tutelares quando apreciam exceções de incompetência em razão do lugar?

Para responder a essa indagação, nada melhor do que a análise de um caso concreto.

Uma empresa de Minas Gerais apresentou exceção de incompetência *ratione loci,* em síntese invocando o caput do art. 651 da CLT, alegando que o reclamante/excepto fora contratado para laborar em Itabirito-MG e jamais prestara serviço para a excipiente na cidade de São Luís. Pugnou no sentido de que o juiz da 7ª VT de São Luís declinasse da competência em favor de uma das varas de Ouro Preto-MG, em cuja jurisdição se inseria a cidade de Itabirito.

O empregado/excepto pediu fosse a exceção rejeitada, alegando que, embora tenha laborado em Itabirito, fizera exames médicos admissionais em São Luís, além de ter viajado em transporte subsidiado pela excipiente. Também alegou que estava sem emprego e pleiteando verbas contratuais e rescisórias, de modo que não tinha meios para viajar até o estado de Minas Gerais.

Considero que não há como bem solucionar o incidente acerca da competência territorial sem levar em conta as respostas para duas outras perguntas: (1) Se o juízo se der por competente e rejeitar a exceção, qual prejuízo teria a reclamada? (2) E caso venha a acolher a declinatória de foro, remetendo os autos para a VT de Ouro Preto, adviria algum prejuízo ao reclamante?

Se o juízo se considerasse incompetente para instruir e julgar a reclamação e a remetesse para Ouro Preto, sem dúvida estaria fechando as portas da Justiça do Trabalho ao empregado/excepto. Afinal, ele tem domicílio muito distante do local da prestação de serviço, circunstância que inviabilizaria o acompanhamento da reclamação trabalhista no estado de Minas Gerais. Marcada a audiência lá, ausente o obreiro, a reclamação seria inevitavelmente arquivada.

Portanto, não lhe permitir que a reclamação trabalhista tramitasse em São Luís seria o mesmo que lhe negar a garantia constitucional do mais amplo acesso ao Judiciário (art. 5º, XXXV, da CF/88). Seria lhe negar a proteção que, em tese, haveria de decorrer do mui propalado princípio tutelar, amiúde festejado pela doutrina e jurisprudência. Mais grave: o juiz estaria olvidando que assegurar amplo acesso à jurisdição é garantir dignidade ao empregado, sendo que a dignidade foi alçada ao patamar de fundamento da República Federativa do Brasil, como se vê insculpido no inciso III, do art. 1°, da CF.

Nessa mesma linha sustenta Luiz Guilherme Marinoni, *in verbis:*

> *Cabe agora ao jurista, seja qual for a área de sua especialidade, em primeiro lugar compreender a lei à luz dos princípios constitucionais e dos direitos fundamentais. [...] A obrigação do jurista não é mais apenas a de revelar as palavras da lei, mas sim a de projetar uma imagem, corrigindo-a e adequando-a aos princípios de justiça e aos direitos fundamentais* (MARINONI, Luiz Guilherme. *Teoria geral do processo.* São Paulo: RT, 2006. p. 45.).

Não podemos esquecer que o reclamante tem a seu favor a presunção de hipossuficiência. Como ele estava pleiteando verbas contratuais e rescisórias por haver perdido o emprego, é de se supor que estivesse sem renda. Sem renda, era pobre na forma da lei. Sendo pobre e sem renda, como poderia se deslocar até Ouro Preto?

Já a reclamada, que prejuízo sofreria se a ação fosse instruída e julgada em São Luís?

Por força da Reforma Trabalhista, desde 11/11/2017, o empregador não mais precisa se deslocar até o fórum da Justiça do Trabalho onde tramita a reclamação para apresentar a exceção de incompetência *ratione loci*. Pode fazê-lo de onde estiver. Basta protocolar a exceção no sistema PJe, o que pode ser feito de qualquer lugar, basta ter certificado digital e um computador com internet.

É possível que o trabalhador e/ou a empresa queiram ouvir o depoimento um do outro ou mesmo ouvir testemunhas. Se o juiz entender necessária a produção desse tipo de prova, os depoimentos do representante da empresa e os das suas testemunhas acontecerão no fórum da Justiça do Trabalho da cidade que empresa considera como o local adequado para o julgamento da causa (o chamado juiz territorialmente competente para o julgamento).

O juiz também poderá ouvir o trabalhador e as testemunhas dele. Mas também poderá simplesmente dispensar a ouvida das partes e das testemunhas e, de logo, decidir se ele será o juiz a julgar a causa ou se irá remeter o processo para a Vara do Trabalho apontada pela empresa.

Caso decidida por ouvir o representante da empresa e suas testemunhas, o juiz, ao receber a ata da audiência vinda da Vara do Trabalho onde essas pessoas foram ouvidas, decidirá acerca da exceção de incompetência territorial. Ou seja, decidirá se o processo permanece na Vara onde ele atua e onde o processo está tramitando ou se o processo será encaminhado para a Vara do Trabalho que a empresa indicou como sendo a competente para o julgamento da causa (a Vara do local onde o trabalhador prestara serviço). Se ele se considerar o competente para julgar a causa, o processo retomará seu curso, com a designação de audiência, a apresentação de defesa, a instrução processual e a prolação de sentença.

Como se vê, se prejuízo haverá para a reclamada, mostra-se incomparável ao que sofreria o reclamante, caso o juiz se desse por incompetente em razão do lugar e enviasse o processo para outro estado da federação. Portanto, não há motivo ponderoso para o acolhimento de exceção de incompetência territorial em casos que tal.

A propósito, devemos lembrar que, malgrado a CLT seja inspirada no CPC, foi redigida e deve ser interpretada sem que se perca de vista os princípios que tutelam o hipossuficiente. Portanto, ao prever o legislador, no caput do art. 651 da CLT, que "A competência das JCJ é determinada pela localidade onde o empregado, reclamante ou reclamado, prestar serviço ao empregador...", assim o fez como que advertindo o intérprete de que, diferentemente do admitido no CPC, não prevaleceria foro de eleição eventualmente estabelecido pelo empregador quando da celebração do contrato de trabalho.

Ou seja, quando do advento da CLT, a esmagadora maioria dos trabalhadores prestava serviço na mesma localidade em que tinha domicílio. Visando a proteção do hipossuficiente (repito: visando a proteção do trabalhador) e para impedir que a dirimência da lide trabalhista ocorresse em foro distante do seu domicílio, o legislador celetista estabeleceu que, ordinariamente, a competência para o julgamento da lide seria do juiz da localidade onde o empregado, reclamante ou reclamado, prestara serviço.

Aqui, recorro novamente à verve de Ney Maranhão, que, comentando acerca do art. 651 da CLT, adverte:

> *Perceba-se, ademais, que esse enunciado legal é claramente marcado pelo princípio protetivo, porquanto a intenção do legislador celetista, às claras, foi a de ofertar uma regra que favoreça ao trabalhador, facilitando-lhe o acesso*

> *ao Poder Judiciário. Exatamente por isso, a compreensão desse dispositivo não pode desprezar essa veia tuitiva que lhe marca: trata-se de uma regra que, iniludivelmente, destina-se a favorecer o empregado e não o empregador, devendo ser esse um forçoso vetor hermenêutico a influenciar o intérprete em qualquer discussão a respeito do assunto.*

Justamente por isso, concordamos in totum com o magistério de Cleber Lúcio de Almeida, quando, decerto fulcrado em uma visão constitucional, afirma:

> *A regra disposta no caput do art. 651 da CLT tem por finalidade facilitar o acesso do trabalhador à Justiça do Trabalho e, com isso, à defesa de seus direitos. Por força do escopo do legislador ao adotar a regra enunciada no art. 651, caput, da CLT, a facilitação do acesso do trabalhador à justiça deve informar a resposta a qualquer indagação a respeito da competência para conhecer de sua demanda ou da demanda contra ele proposta* (ALMEIDA, Cleber Lúcio de. *Direito processual do trabalho*. 3. ed. Belo Horizonte: Del Rey, 2009. p. 151).

Portanto, acolher a exceção de incompetência territorial no caso paradigma aqui adotado seria desprestigiar a vontade do legislador e, por conseguinte, os princípios reitores da CLT, embora a interpretação meramente literal possa sugerir outra coisa.

Sucede que a interpretação literal e gramatical da legislação é, sabidamente, a mais pobre e perigosa das interpretações. Não raro, leva o intérprete a se desviar da *mens legis* (verdadeiro objetivo do comando normativo), com desastrosas consequências. É o que ocorre quando o juiz, em casos como o aqui trazido a comento, esquece os fins sociais aos quais a norma se dirige, máxime a proteção que se deve dar ao trabalhador, e acolhe a exceção de incompetência *ex ratione loci*.

Ademais, a questão aqui debatida deve ser interpretada em consonância com os métodos de interpretação advindos do direito constitucional, aplicáveis analogicamente ao caso em espécie. Não foi outra senão essa a conclusão do e. TRT da 16ª Região, quando do julgamento do RO nº 560-2001-005-16-00-8. O desembargador, hoje aposentado, Alcebíades Dantas, redator do memorável acórdão, foi enfático ao sustentar que o artigo 651 da CLT e seus parágrafos – e em especial o §3º – deveriam ser interpretados de acordo com os novos conteúdos históricos, sociais e políticos vigentes, os quais não foram pensados pelo legislador quando da redação da norma, isto sem lhe modificar a estrutura extrínseca formal. No dizer de S.Excelência:

> *É o que em Direito Constitucional se chama de 'mutação constitucional', assim definida por Luís Roberto Barroso, apud Mauro de Azevedo Menezes, como consistente "na atribuição de novos conteúdos à norma constitucional, sem modificação do seu teor literal, em razão de mudanças históricas ou de fatores políticos e sociais que não estavam presentes na mente do constituinte" (Constituição e reforma trabalhista no Brasil: interpretação na perspectiva dos direitos fundamentais/Mauro de Azevedo Menezes. São Paulo: LTr, 2003, p. 192).*

Portanto, é de se analisar a questão trazida a comento em face da nova realidade social, histórica e jurídica, a qual não é a mesma de 1943, quando a CLT veio à lume. Hoje, mais do que nunca, impõe-se supervalorizar os direitos fundamentais do indivíduo trabalhador, de modo a assegurar, efetivamente, a sua dignidade, possibilitando-o exercer a sua cidadania na plenitude.

Com efeito, não tendo o empregado condições financeiras de se deslocar para o local onde prestara serviços para a reclamada, é de se interpretar o artigo 651 da CLT de forma sistemática e integrada aos preceitos normativos do artigo 1°, II e III e 5°, XXXV, ambos da CF, e reconhecer a competência da vara do trabalho do local onde ele se encontra, onde poderá ter acesso à Justiça do Trabalho de forma fácil e digna, podendo exercer assim a sua cidadania de forma plena.

Para melhor compreensão do que estou a defender, basta que o leitor imagine a seguinte hipótese: um empregado maranhense é aliciado por um "gato" e vai trabalhar no corte de cana no interior do São Paulo. Lá é reduzido à condição análoga à de escravo e, a muito custo e coragem, consegue escapar desse jugo terrível. Vagando na estrada, consegue retornar ao Maranhão, graças à caridade de uns poucos. Todavia, para obter o reconhecimento de seus direitos e cobrar indenização pelo dano moral sofrido, exige o juiz que ele retorne à terra onde foi escravizado, para propor a sua reclamação. Que sentido há nisso, à vista dos princípios da proteção ao hipossuficiente, da dignidade da pessoa humana e da indeclinabilidade da jurisdição?

Nunca é demais citar o douto Kazuo Watanabe, o qual, após nos lembrar que *"a lei não excluirá da apreciação do Poder Judiciário lesão ou ameaça a direito"*, o adverte que o *"[...] princípio da inafastabilidade do controle jurisdicional, inscrito no art. 5º, XXXV, da CF, não assegura, apenas, o acesso formal aos órgãos judiciários, mas sim o acesso à justiça que propicie a efetiva e tempestiva proteção contra qualquer forma de denegação da justiça e também o acesso à ordem jurídica justa*" (WATANABE, Kazuo. Tutela antecipada e tutela específica. In: TEIXEIRA, Sálvio de Figueiredo (Coord.). *A reforma do CPC*. São Paulo: Saraiva, 1996. p. 20).

Contudo, é auspicioso constatar que a jurisprudência do TST vem evoluindo quanto ao tema em comento. Graças, sem dúvida, à chegada de ministros de vanguarda como Aloysio Corrêa da Veiga, Kátia Magalhães Arruda e José Roberto Freire Pimenta, os quais referendam o entendimento esposado por juízes que, como eu, há anos proclamamos uma obviedade ululante, ou seja, "a finalidade precípua das regras de competência territorial, no âmbito da Justiça do Trabalho, é beneficiar a parte hipossuficiente, sob pena de negar-se acesso à Justiça". A propósito, vale transcrever recentíssimas decisões do TST, *in verbis:*

> *COMPETÊNCIA DA JUSTIÇA DO TRABALHO EM RAZÃO DO LUGAR. AJUIZAMENTO DA AÇÃO NO DOMICÍLIO DO RECLAMANTE. No processo do trabalho, ao contrário do processo civil, as regras de competência relativa têm como destinatário principal o empregado, na sua presumida qualidade de hipossuficiente econômico. O legislador visou a garantir o pleno acesso do obreiro ao Judiciário Trabalhista, consoante o teor do artigo 5º, inciso XXXV, da Constituição Federal, assegurando-lhe o princípio da proteção, ínsito ao Direito do Trabalho. Dessa forma, é possível aplicar à hipótese a exceção prevista no § 1º do artigo 651 da CLT, que atribui competência à Vara do Trabalho do domicílio do reclamante, quando inviabilizado o ajuizamento da reclamação trabalhista no foro da celebração do contrato ou da prestação dos serviços. Essa interpretação, além de melhor corresponder à letra e ao espírito do artigo 651, caput e parágrafos, da CLT, mostra-se mais consentânea com o princípio constitucional de acesso à Justiça e com a constatação prática de que, em muitos casos, a exigência legal de que o trabalhador que ajuizasse a reclamação no lugar em que prestou serviços acabaria por onerar, excessivamente, o exercício do direito de ação pela parte hipossuficiente. Por outro lado, em se tratando de arguição de incompetência relativa, era necessário que a reclamada demonstrasse manifesto prejuízo a justificar o deslocamento da competência para a Vara do Trabalho de Uberlândia, local da contratação do reclamante e sede da reclamada, o que não ficou comprovado nos autos, como afirmado pelo Tribunal a quo. Conclui-se, portanto, que o Regional, ao rejeitar a exceção de incompetência para processar e julgar esta demanda trabalhista, atendeu aos fins sociais a que a norma se dirige e garantiu o livre acesso do reclamante ao Judiciário, previsto no artigo 5º, inciso XXXV, da Constituição Federal, permanecendo incólume o artigo 651, § 3º, da CLT. (Processo: RR – 134700-12.2008.5.23.0051 Data de Julgamento: 11/12/2013, Relator Ministro: José Roberto Freire Pimenta, 2ª Turma, Data de Publicação: DEJT 19/12/2013).*

RECURSO DE REVISTA. EXCEÇÃO DE INCOMPETÊNCIA TERRITORIAL. ART. 651 DA CLT. RECLAMAÇÃO AJUIZADA NO DOMICÍLIO DO RECLAMANTE. POSSIBILIDADE. O eg. TRT manteve a r. sentença que não acolheu a exceção de incompetência territorial arguida pela reclamada, ao fundamento de que, em face da situação de hipossuficiente do autor, é perfeitamente possível o ajuizamento da ação no local de domicílio (Mafra), distinto daquele onde prestou serviços (Rio Negro). Registrou que São José dos Pinhais (Unidade Judiciária de Rio Negro) é distante do local de domicílio do autor e que houve notícia de fechamento do Posto de Rio Negro e, ainda que assim não fosse, seu funcionamento tem sido como Posto Itinerante, o que dificulta o acesso à Justiça. Ressaltou, por fim, que, apesar de pertencerem a estados diferentes, as cidades Rio Negro e Mafra são circunvizinhas. Em estrita observância às normas de proteção do empregado, basilar no direito do trabalho, deve-se privilegiar o juízo da localidade que seja mais acessível ao trabalhador, beneficiando a parte mais hipossuficiente economicamente. Isso porque a finalidade precípua das regras de competência territorial, no âmbito da Justiça do Trabalho, é beneficiar o empregado, parte hipossuficiente, sob pena de negar-se acesso à Justiça. Daí, a observância literal do artigo 651 da CLT, pode possibilitar, em determinados casos, a denegação do próprio acesso à justiça, como se denota no caso em apreço. Ora, se o reclamante reside atualmente na cidade de Mafra/SC, local distante de São José dos Pinhais e, como alega em sua petição inicial (a fl. 7), não tem condições de arcar com as custas e despesas processuais, impor a fixação da competência para o local em que foi contratado e prestou serviços (Rio Negro/PR), é fixar como competente local de difícil acesso para o reclamante, tornando inexequível o seu acesso à Justiça. Arestos inespecíficos. Recurso de revista não conhecido. (Processo: RR – 839-96.2012.5.12.0017 Data de Julgamento: 12/02/2014, Relator Ministro: Aloysio Corrêa da Veiga, 6ª Turma, Data de Publicação: DEJT 14/02/2014).

RECURSO DE REVISTA. EXCEÇÃO DE INCOMPETÊNCIA EM RAZÃO DO LUGAR. DOMICÍLIO DO EMPREGADO. Esta Corte, em respeito aos princípios constitucionais do amplo acesso à Justiça, da razoabilidade, da eficiência, e, mais, considerando a característica comum de hipossuficiência do trabalhador, vem admitindo a possibilidade de fixação da competência à Vara do Trabalho do domicílio do reclamante, quando inviabilizado o ajuizamento da reclamação trabalhista no foro em que firmado o contrato ou no da prestação dos serviços. Precedentes. Recurso de revista de que não se conhece. RECURSO DE REVISTA. RITO SUMARÍSSIMO. DURAÇÃO DO TRABALHO. HORAS IN ITINERE. LIMITAÇÃO POR NORMA COLETIVA. POSSIBILIDADE, DESDE QUE OBSERVADA A RAZOABILIDADE. Conforme recente entendimento da SBDI-1 do TST, seguido por esta Turma, em atendimento ao princípio da razoabilidade, a limitação do direito ao pagamento da hora in itinere *ao período fixado na norma coletiva é possível, mas deve ser condizente com a realidade. No caso, o reclamante gastava duas horas e meia por dia no deslocamento casa/trabalho/casa, e a norma coletiva limitou o pagamento*

> *das horas in itinere apenas a uma hora diária, o que não se considera razoável. Precedentes da SBDI-1 do TST. Recurso de revista de que não se conhece. (Processo: RR – 903-93.2012.5.18.0129 Data de Julgamento: 12/02/2014, Relatora Ministra: Kátia Magalhães Arruda, 6ª Turma, Data de Publicação: DEJT 14/02/2014).*

Aliás, o Informativo TST de nº 185 traz decisão da Subseção I Especializada em Dissídios Individuais emblemática dessa evolução:

> *Competência territorial. Término das atividades da filial da empresa na localidade da contratação e da prestação dos serviços. Reclamação trabalhista ajuizada no foro do domicílio da reclamante. Possibilidade. Garantia de acesso à justiça. Preservação do direito de defesa. É possível reconhecer a competência territorial do foro do domicílio da reclamante quando a atribuição da competência ao juízo do Trabalho da contratação ou da prestação dos serviços inviabilizar a garantia do exercício do direito de ação. As regras do art. 651 da CLT não devem ser interpretadas de forma literal, mas sistematicamente, de modo a concretizar os direitos e garantias fundamentais insculpidos na Constituição da República. Na hipótese, a autora foi contratada e prestou serviços em Altamira/PA, mas ajuizou a ação na cidade de Uberlândia/MG, local para onde se mudou após a dispensa. Além disso, a filial da empresa, na cidade de Altamira/PA, encerrou suas atividades, mantendo-as apenas na cidade do Rio de Janeiro/RJ. Assim, para a autora, o processamento do feito no município em que reside atualmente garante-lhe o acesso à justiça, sem causar prejuízo ao direito de defesa da ré, pois o deslocamento do Rio de Janeiro até Uberlândia é mais viável que até Altamira, principalmente porque suas atividades nesta cidade foram encerradas, pressuposto que legitimava a competência deste local. Sob esses fundamentos, a SBDI-I, por unanimidade, conheceu dos embargos interpostos pela reclamante, por divergência jurisprudencial, e, no mérito, por maioria, deu-lhes provimento para declarar a competência territorial de uma das Varas do Trabalho de Uberlândia/MG e determinar a remessa dos autos para essa localidade, a fim de que julgue os pedidos como entender de direito. Vencidos os Ministros Guilherme Augusto Caputo Bastos, Maria Cristina Irigoyen Peduzzi, Alberto Luiz Bresciani de Fontan Pereira e Márcio Eurico Vitral Amaro. TST-E-RR-11727-90.2015.5.03.0043, SBDI-I, rel. Min. Cláudio Mascarenhas Brandão, 18.10.2018.*

No âmbito do TRT da 16ª Região, já há algum tempo vem prevalecendo a tese que sustentamos como a mais acertada:

> *INCOMPETÊNCIA EM RAZÃO DO LUGAR. ART. 651, CAPUT, DA CLT. HIPOSSUFICIÊNCIA. PRORROGAÇÃO DA COMPETÊNCIA. A fixação da competência territorial se define, no Processo do Trabalho, pela regra geral do art. 651, caput, da CLT, isto é, no local onde ocorreu a prestação de serviços.*

> *Contudo, os critérios para a fixação da competência devem visar facilitar o acesso do empregado à Justiça, já que ele é a parte economicamente mais frágil na relação formada entre os litigantes, vez que esta justiça laboral não deve incidir em conduta incongruente com os princípios que são seus pilares, excluindo do reclamante o direito de ver seus pedidos julgados. Estando o reclamante impossibilitado de se deslocar à Comarca em que prestou serviços, em face da sua hipossuficiência, deve ser declarada a competência do Juízo em que reside para julgar seus pedidos. REMUNERAÇÃO POR PRODUÇÃO. ADICIONAL DE HORAS EXTRAS. O recebimento de salário por produção não retira do empregado o direito à jornada normal de trabalho. Se a jornada legal é ultrapassada, é assegurado ao trabalhador o direito a receber o adicional sobre as horas excedentes, conforme entendimento consubstanciado na orientação jurisprudencial SDI1-235 do TST. (Tribunal Regional do Trabalho da 16ª Região/MA – 2ª Turma – ACORDÃO TRT 16ª / 2ª Turma / RO 0062300-70.2007.5.16.0005 – 09/03/2010)*

De resto, anoto que, ao contrário do disposto no art. 64, do CPC, a CLT, no seu art. 800, prevê que a incompetência relativa não deve ser alegada em contestação.

2.4.3.1 Exceção de incompetência relativa – CLT reformada

Imagine um maranhense que é contratado em São Luís para trabalhar no interior de São Paulo. Despedido, retorna a São Luís e, aqui, ingressa na Justiça do Trabalho pleiteando direitos que diz não terem sido pagos pelo seu ex-empregador paulista. O comum, nesses casos, é a empresa entender que a causa deve ser julgada no local em que o empregado prestou serviço. A CLT aponta nesse sentido (art. 651), embora, como já ressaltado há pouco, a Constituição Federal assegure o amplo acesso à Justiça, quando o cidadão considera que o seu direito foi desrespeitado.

Mas o certo é que, se o empregador entende que a causa deve ser julgada na cidade em que o empregado prestou serviço, deverá alegar isso para o juiz. Essa alegação tem o nome técnico de exceção de incompetência em razão do lugar ou territorial.

Para fazê-la, o representante da empresa antes tinha de comparecer à audiência do processo na cidade em que o trabalhador deu entrada na sua reclamação. Ora, viajar até a cidade onde o trabalhador protocolara a sua reclamação trabalhista implicava em gastos. Teria que ir até lá um representante da empresa e esse, quase sempre, viajava com um advogado. Ou a empresa contratava um advogado com atuação na cidade onde estava a causa. Portanto, isso não saía barato. E se o empregador não comparecia à audiência, praticamente perdia a causa, porque era declarado revel e confesso (ou seja, era como se ele concordasse com tudo o que o trabalhador alegara na reclamação).

A Lei da Reforma mudou isso. Desde 11/11/2017, o empregador não mais precisa se deslocar até o fórum da Justiça do Trabalho onde corre a reclamação. Pode, de onde estiver, alegar que o juiz que deve julgar a causa é o do local onde o reclamante trabalhou. Basta protocolar a alegação no sistema PJe, o que pode ser feito de qualquer lugar, basta ter certificado digital e um computador com internet.

Porém, a manifestação do empregador (a chamada exceção de incompetência territorial) deverá ser protocolada no PJe no prazo de cinco dias, contados da notificação que a Justiça do Trabalho encaminhou para o reclamado, dando-lhe ciência da reclamação.

Outra coisa importante: a petição do empregador deverá conter em destaque que se trata de uma exceção de incompetência territorial. E isso deve ser marcado no Sistema PJe.

Daí pra frente, o juiz suspende o andamento do processo e cancela a audiência que estava marcada até que ele (ou outro juiz da Vara) decida onde a ação correrá e será julgada.

Em seguida, mandará intimar o trabalhador para que ele, em cinco dias, se manifeste sobre as alegações da empresa.

É possível que o trabalhador e/ou a empresa queiram ouvir o depoimento um do outro ou mesmo ouvir testemunhas. Se o juiz entender necessária a produção desse tipo de prova, os depoimentos do representante da empresa e os das suas testemunhas acontecerão no fórum da Justiça do Trabalho da cidade que a empresa considera como o juízo competente para instruir e julgar a lide (o chamado juiz territorialmente competente para o julgamento).

O juiz também poderá ouvir o trabalhador e as testemunhas dele. Mas também poderá simplesmente dispensar a ouvida das partes e das testemunhas e, de logo, decidir se ele será o juiz a julgar a causa ou se irá remeter o processo para a Vara do Trabalho apontada pela empresa.

Caso tenha decidido por ouvir o representante da empresa e suas testemunhas, o juiz, ao receber a ata da audiência vinda da Vara do Trabalho onde essas pessoas foram ouvidas, decidirá acerca da exceção de incompetência territorial.

Ou seja, decidirá se o processo permanece na Vara onde o juiz atua e onde o processo está tramitando ou se o processo será encaminhado para a Vara do Trabalho que a empresa indicou como sendo a competente para o julgamento da causa (a Vara do local onde o trabalhador prestara serviço).

Se ele se considerar o competente para julgar a causa, o processo retomará seu curso, com a designação de audiência, na qual acontecerão a apresentação de defesa e a instrução processual, ficando os autos conclusos, para a prolação de sentença.

LEGISLAÇÃO:

> *Art. 800. Apresentada exceção de incompetência territorial no prazo de cinco dias a contar da notificação, antes da audiência e em peça que sinalize a existência desta exceção, seguir-se-á o procedimento estabelecido neste artigo.*
>
> *§ 1º Protocolada a petição, será suspenso o processo e não se realizará a audiência a que se refere o art. 843 desta Consolidação até que se decida a exceção.*
>
> *§ 2º Os autos serão imediatamente conclusos ao juiz, que intimará o reclamante e, se existentes, os litisconsortes, para manifestação no prazo comum de cinco dias.*
>
> *§ 3º Se entender necessária a produção de prova oral, o juízo designará audiência, garantindo o direito de o excipiente e de suas testemunhas serem ouvidos, por carta precatória, no juízo que este houver indicado como competente.*
>
> *§ 4º Decidida a exceção de incompetência territorial, o processo retomará seu curso, com a designação de audiência, a apresentação de defesa e a instrução processual perante o juízo competente.*

Ainda sobre incompetência territorial e exceção *ratione loci,* recomendo a leitura de artigo sobre o tema, de minha lavra, publicado no site do TRT da 16ª Região. Eis o *link* que leva ao texto:

<https://www.trt16.jus.br/site/index.php?acao=conteudo/publicacoes/artigos.php>.

2.5 ACERCA DA CONTESTAÇÃO

2.5.1 A contestação

Segundo o art. 336 do CPC, "*Incumbe ao réu alegar, na contestação, toda a matéria de defesa, expondo as razões de fato e de direito com que impugna o pedido do autor e especificando as provas que pretende produzir*".

Já a CLT traz, no seu art. 847, o seguinte comando:

> *Não havendo acordo, o reclamado terá vinte minutos para aduzir sua defesa, após a leitura da reclamação, quando esta não for dispensada por ambas as partes.*
>
> *Parágrafo único. A parte poderá apresentar defesa escrita pelo sistema de processo judicial eletrônico até a audiência.*

Quem é demandado na Justiça, não só na Trabalhista, deve ficar atento ao **Princípio da Impugnação Específica,** segundo o qual aquele que tem ação contra si deverá impugnar, detalhadamente, os fatos apresentados na inicial, sob pena de eles serem presumidos verdadeiros. Ou seja, cabe ao réu manifestar-se precisamente sobre os fatos alegados pelo autor, sob pena de se presumir a sua veracidade. Esse princípio veda a contestação por negação geral, genérica. Os fatos que não forem rebatidos, serão presumidos como verdadeiros.

A CLT é omissa quanto à matéria. Por isso, arrimado no art. 769 celetista, ao operador do direito processual do trabalho cumpre recorrer ao CPC, *in verbis:*

> *CPC/Art. 341. Incumbe também ao réu manifestar-se precisamente sobre as alegações de fato constantes da petição inicial, presumindo-se verdadeiras as não impugnadas, salvo se: (...)*

Mas não basta o demandado se preocupar com o referido princípio. Deve também observar o **Princípio da Eventualidade,** também chamado princípio da concentração da defesa, segundo o qual o demandado deverá apresentar todas as suas matérias de defesa naquele momento, sob pena de não poder alegá-los posteriormente, ante a preclusão consumativa. Deve arguir toda a defesa possível na mesma oportunidade, tanto as processuais, quanto as de direito material. Nesse sentido, assim prevê o art. 336 do CPC subsidiário:

> *Art. 336. Incumbe ao réu alegar, na contestação, toda a matéria de defesa, expondo as razões de fato e de direito com que impugna o pedido do autor e especificando as provas que pretende produzir.*

2.5.2 Contestação e defesa processual

A contestação pode ser estruturada em duas partes: primeira parte, na qual o réu fará a sua defesa processual (ou indireta). E uma segunda parte, na qual ele fará uma defesa de mérito (ou direta). Nem sempre a contestação terá as duas defesas, processual e de mérito. Vai depender da pretensão do autor, do que vem posto na petição inicial. Defesas processuais são as chamadas preliminares de mérito e, de regra, são matérias das quais o juiz poderá conhecer de ofício. Uma vez acolhida a defesa processual, a consequência é a extinção do processo, sem resolução do mérito (art. 485, CPC).

As defesas processuais devem ser arguidas como matéria preliminar e estão previstas no art. 337 do CPC. Não se dirigem ao combate aos pedidos do autor. Almejam, como dito, a extinção da relação jurídico-processual, ou seja, que o processo seja extinto sem resolução do mérito. A CLT é silente, de modo que o CPC é utilizado, subsidiariamente, no processo do trabalho. Vejamos o disposto no art. 337, do CPC:

> *Art. 337. Incumbe ao réu, antes de discutir o mérito, alegar:*
>
> *I – inexistência ou nulidade da citação;*
>
> *II – incompetência absoluta* ***e relativa;***
>
> *III – incorreção do valor da causa;*
>
> *IV – inépcia da petição inicial;*
>
> *V – perempção;*
>
> *VI – litispendência;*
>
> *VII – coisa julgada;*
>
> *VIII – conexão;*
>
> *IX – incapacidade da parte, defeito de representação ou falta de autorização;*
>
> *X – convenção de arbitragem;*
>
> *XI – ausência de legitimidade ou de interesse processual;*
>
> *XII – falta de caução ou de outra prestação que a lei exige como preliminar;*
>
> *XIII – indevida concessão do benefício de gratuidade de justiça.*

Aqui, é conveniente destacar que a importação de regra do CPC para o processo do trabalho requer certo cuidado.

Com efeito, segundo o dispositivo retro, *"Incumbe ao réu, antes de discutir o mérito, alegar: (...) II – incompetência absoluta e relativa"*. Quanto à alegação de incompetência absoluta, de fato deverá ser formulada como preliminar de contestação. Todavia, no âmbito trabalhista, a incompetência relativa, ou seja, a incompetência em razão do lugar (*ratione loci*), por força da nova redação dada pela Lei nº 13.467/17 ao art. 800, da CLT, haverá de ser apresentada via exceção e **no prazo de cinco dias a contar da notificação para a audiência inaugural do processo.** Eis o texto legal:

> *Art. 800. Apresentada exceção de incompetência territorial no prazo de cinco dias a contar da notificação, antes da audiência e em peça que sinalize a existência desta exceção, seguir-se-á o procedimento estabelecido neste artigo.*

Também merece ser mencionado um equívoco frequente, cometido pelos advogados, ao elaborarem as suas contestações. Refiro-me à arguição de preliminar de carência de ação, escorada no argumento de falta de legitimidade passiva, hipótese prevista no inciso XI, do art. 337 do CPC, retrotranscrito.

Aludido equívoco é usualmente cometido nos casos em que a contestação veicula tese negativa da existência de vínculo empregatício ou quando a inicial cogita de terceirização de serviço e o tomador do serviço terceirizado é demandado na condição de responsável subsidiário ou mesmo solidário.

Nos casos de negativa de liame de emprego, na maioria das contestações se vê preliminar na qual o contestante se diz parte ilegítima porque não houve contrato de trabalho, o reclamante não foi seu empregado, a prestação de serviço do reclamante se dera na condição de eventual ou o reclamante atuara como autônomo. E o pior é que a mesma tese negativa de vínculo empregatício, que embasa a preliminar, é repetida no tópico "do mérito" da contestação.

Data venia, ou a matéria é digna de ser apresentada em sede de preliminar, ou não cabe como preliminar e, portanto, é matéria pertinente ao mérito da causa. Então, o que justifica uma mesma matéria ser alegada tanto em preliminar, quanto "no mérito"? Nada. Trata-se de um rematado equívoco!

Com efeito, se a matéria é propícia a ser alegada como preliminar (ou seja, antecedente ao mérito), evidentemente não cabe em alegação de mérito, de fundo. Ou o tema é meritório ou não é. Então, por que alegá-lo em dois momentos distintos e de consequências distintas? Erro grosseiro!

Em outras palavras, para dirimir incerteza acerca da condição de empregado ou não do reclamante; para saber se ele fora ou não empregado do reclamado, evidentemente se haverá de adentrar o mérito da causa. E se carece adentrar o mérito da causa, não se poderá extinguir o processo sem resolver o mérito. Ou seja, eventual reconhecimento da inexistência de relação jurídica de emprego ensejará uma sentença de natureza declaratória negativa *(a sentença dirá que o reclamante não foi empregado do reclamado)* e, não, a extinção do processo sem resolução do mérito, com fulcro no art. 485, VI, do CPC, porquanto o direito à ação não está atrelado ao direito material afirmado em juízo.

O mesmo ocorre em relação à discussão sobre se o alegado tomador de serviço terceirizado é, ou não, solidária ou subsidiariamente responsável pelo pagamento das verbas originariamente devidas pela empresa de terceirização (empresa prestadora de serviço a terceiro, na dicção do art. 4º-A da Lei nº 13.429/2017).

Ora, para saber se a tomadora/cliente deve ou não suportar responsabilidade solidária ou subsidiária, evidentemente que se terá de adentrar o mérito dessa controvérsia. O juiz buscará saber se a alegada tomadora/cliente efetivamente contratara a empresa de terceirização; se o empregado reclamante efetivamente trabalhara a serviço da tomadora demandada; por quanto tempo a prestação de seu serviço perdurou, enfim, adentrará o mérito no tocante a alegada prestação de serviço terceirizado do reclamante em prol da empresa tomadora de serviço/cliente. Cuidará, portanto, dessa matéria e a resolverá. E se é assim, é evidente que o processo não poderá ser extinto sem resolução do mérito, nesse tocante.

Portanto, discussão acerca da possibilidade de o tomador de serviço terceirizado vir a ser responsabilizado subsidiaria ou solidariamente é, necessariamente, matéria pertinente ao mérito, levando, evidentemente, a uma decisão que, no tocante a esse tema, resolverá o mérito. Por conseguinte, não é matéria a ser veiculada em preliminar, haja vista que preliminar, quando acolhida, leva à extinção do processo sem resolver o mérito da controvérsia (e, no caso, a controvérsia acerca da responsabilidade da tomadora/cliente, repito, é resolvida).

Destarte, também se apresenta equivocada a decisão do juiz que, em caso que tal, entendendo que a tomadora não pode ser subsidiária ou solidariamente responsabilizada pelas dívidas da empresa de terceirização, no tocante a ela extingue o processo, sem resolução do mérito. A decisão correta seria, relativamente à tomadora/cliente, desacolher o pedido do reclamante (ou, como preferem muitos juízes, julgar a reclamação improcedente). Proferir, portanto, uma sentença de natureza declaratória negativa suscetível de fazer coisa julgada material.

A propósito do tema, vale transcrever ementa do Acórdão RO 0003700-20.2011.5.16.0004, da 1ª Turma do Egrégio TRT 16ª, *in verbis:*

> *LEGITIMIDADE PASSIVA* AD CAUSAM *– VÍNCULO EMPREGATÍCIO – CONTROVÉRSIA – QUESTÃO MERITÓRIA. Se o reclamante postula verbas trabalhistas decorrentes da condição de empregado da demandada e esta, por sua vez, erige como matéria de defesa a tese da inexistência da alegada relação de emprego, caracterizada está a sua legitimidade para figurar no polo passivo da ação,* ***segundo a teoria da asserção adotada pelo direito positivo pátrio****. Eventual reconhecimento da inexistência de tal relação jurídica ensejará a obtenção de uma sentença de natureza declaratória negativa e não a extinção do processo sem resolução do mérito, com fulcro no art. 267, VI, do CPC, porquanto o direito à ação não está atrelado ao direito material afirmado em juízo. VÍNCULO DE EMPREGO – CUMULAÇÃO DE PEDIDO DECLARATÓRIO COM CONDENATÓRIO – PRESCRIÇÃO. A pretensão quanto ao reconhecimento o vínculo empregatício e pertinentes anotações da CTPS são imprescritíveis, por se revestirem de carga eminentemente declaratória (CLT art. 11, § 1º), ao passo que os créditos resultantes dessa relação encontram-se sujeitos às disposições do artigo 7º, inciso XXIX, da CF/88. RELAÇÃO DE EMPREGO – CONFIGURAÇÃO. Em se tratando de reconhecimento de vínculo empregatício, de início, o ônus probatório é do autor, conforme explica o art. 818 da CLT. Porém, negando tal vínculo, e admitindo a existência de outro tipo de relação entre as partes, a reclamada atrai para si o ônus da prova, nos termos do art. 333, II, do CPC. Recurso ordinário conhecido e parcialmente provido. (*Essa decisão é anterior ao advento do CPC de 2015, daí se referir ao art. 267, VI. No CPC atual, a matéria é tratada no art. 485, VI).*

Por fim, anoto que a convenção de arbitragem, citada no inciso X, do art. 337, do CPC, como matéria arguível em sede de preliminar de contestação, passou a ter relevância no âmbito trabalhista por força de outra inovação, trazida pela Lei nº 13.467/17. Refiro-me ao art. 507, da CLT, o qual prevê:

> *Art. 507-A. Nos contratos individuais de trabalho cuja remuneração seja superior a duas vezes o limite máximo estabelecido para os benefícios do Regime Geral de Previdência Social, poderá ser pactuada cláusula compromissória de arbitragem, desde que por iniciativa do empregado ou mediante a sua concordância expressa, nos termos previstos na Lei nº 9.307, de 23 de setembro de 1996.*

Na arbitragem, os conflitos são resolvidos sem que haja a participação do Poder Judiciário, ou seja, dos juízes. A solução fica a cargo de árbitros. O árbitro é uma pessoa de confiança dos signatários da cláusula compromissória de arbitragem e por eles escolhido para direcionar a discussão e chegar a uma solução. O árbitro analisa os argumentos das partes e profere uma decisão, conhecida como sentença arbitral, a qual não se sujeita a recurso ou apreciação pelo Poder Judiciário. Mas caso descumprida aludida decisão, a busca de seu cumprimento se dará no Judiciário. A propósito do tema, assim estabelece a Lei nº 9.307/96:

> *Capítulo II*
>
> *Da Convenção de Arbitragem e seus Efeitos*
>
> *Art. 3º As partes interessadas podem submeter a solução de seus litígios ao juízo arbitral mediante convenção de arbitragem, assim entendida a cláusula compromissória e o compromisso arbitral.*
>
> *Art. 4º A cláusula compromissória é a convenção através da qual as partes em um contrato comprometem-se a submeter à arbitragem os litígios que possam vir a surgir, relativamente a tal contrato.*
>
> *§ 1º A cláusula compromissória deve ser estipulada por escrito, podendo estar inserta no próprio contrato ou em documento apartado que a ele se refira.*
>
> *(...)*
>
> *Capítulo III*
>
> *Dos Árbitros*
>
> *Art. 13. Pode ser árbitro qualquer pessoa capaz e que tenha a confiança das partes.*
>
> *§ 1º As partes nomearão um ou mais árbitros, sempre em número ímpar, podendo nomear, também, os respectivos suplentes.*
>
> *§ 2º Quando as partes nomearem árbitros em número par, estes estão autorizados, desde logo, a nomear mais um árbitro. Não havendo acordo, requererão as partes ao órgão do Poder Judiciário a que tocaria, originariamente, o julgamento da causa a nomeação do árbitro, aplicável, no que couber, o procedimento previsto no art. 7º desta Lei.*
>
> *§ 3º As partes poderão, de comum acordo, estabelecer o processo de escolha dos árbitros, ou adotar as regras de um órgão arbitral institucional ou entidade especializada.*
>
> *§ 4º Sendo nomeados vários árbitros, estes, por maioria, elegerão o presidente do tribunal arbitral. Não havendo consenso, será designado presidente o mais idoso.*

Portanto, tratando-se de empregado contratado com remuneração superior a duas vezes o limite máximo estabelecido para os benefícios do Regime Geral de Previdência Social, é possível que ele ajuste, com o seu empregador, cláusula compromissória de arbitragem. Havendo tal pactuação, eventual controvérsia relativa ao seu contrato haverá de ser levada à comissão de arbitragem, que a solucionará.

Portanto, caso o trabalhador venha a ingressar em juízo com reclamação trabalhista visando resolver conflito atinente ao seu contrato de trabalho, o reclamado poderá, em sua contestação, suscitar preliminar informando ao Juiz que fora celebrada cláusula compromissória de arbitragem. É dizer: arguirá essa preliminar para que o juiz reconheça que, à vista da pactuação da cláusula compromissória de arbitragem, não é a Justiça do Trabalho quem dirimirá a controvérsia motivadora daquela reclamação mas, sim, uma comissão arbitral.

2.5.3 Importante: alegação de compensação e dedução

A CLT, no seu art. 767, prescreve que *"A compensação, ou retenção, só poderá ser arguida como matéria de defesa"*.

A compensação leva à extinção da obrigação e se mostra possível quando duas pessoas reúnem, reciprocamente, as qualidades de credor e devedor. Nesse sentido, estabelece o art.368, do Código Civil, que "Se duas pessoas forem ao mesmo tempo credor e devedor uma da outra, as duas obrigações extinguem-se, até onde se compensarem".

Importante ressaltar que a compensação, ou retenção, só poderá ser deferida se alegada e comprovada em sede defensiva (art. 767, CLT). Portanto, se o reclamado não alegou, ou alegou e não comprovou o pagamento que deseja compensado, não poderá fazê-lo em outra oportunidade, estando, assim, preclusa a matéria. Nesse sentido orienta a Súmula nº 48, do colendo do TST.

Aliás, é importante ter presente que, segundo o entendimento consolidado no TST, *"A compensação, na Justiça do Trabalho, está restrita a dívidas de natureza trabalhista" (Súm. 18)*. A título de exemplo, pode-se mencionar o caso em que o aviso prévio é compensado quando há pedido de demissão.

Devo alertar o leitor que compensação e dedução não se confundem.

A compensação consiste em defesa indireta de extinção das obrigações, quando duas pessoas reúnem reciprocamente as qualidades de credor e devedor (art. 368, CC), somente podendo ser deferida se alegada e comprovada em sede defensiva (art. 767, CLT c/c Súmulas 18 e 48 do C. TST). Por sua vez, a dedução se refere a parcelas já quitadas a idêntico título daquelas constantes do comando exequendo, podendo, inclusive, ser determinada *ex officio*, com o desiderato de evitar o enriquecimento ilícito do credor, vedado pelo ordenamento jurídico, em observância ao princípio do *non bis in idem* (TRT3ª Região – Acórdão 2011-10-04;0006500-32.2008.5.03.0022).

Por fim, observe-se que o requerimento formulado pela executada, de dedução de valores já quitados, não se sujeita à preclusão. Isso porque a dedução pode ser deferida em qualquer fase processual, ao contrário da compensação, que é matéria de defesa, como já salientado. Nesse sentido, o elucidativo julgado que segue, também do e. TRT de Minas Gerais:

> *COMPENSAÇÃO X DEDUÇÃO. Enquanto a compensação supõe crédito do executado para com o exequente e deve ser arguida e prevista no comando exequendo, a dedução supõe apenas que algo já foi pago* ***por conta da condenação****, pela que sua observância pode ser determinada enquanto não pago o crédito, sob pena de enriquecimento ilícito. (3ª Turma – Acórdão 2018-12-09;0010777-90.2016.5.03.0158).*

2.5.4 Estrutura formal de uma contestação

A seguir, é apresentada a estrutura formal de uma contestação apta ao combate da grande maioria das reclamações ajuizadas na Justiça do Trabalho. Evidentemente que o conteúdo da contestação irá depender do conhecimento jurídico do operador do direito que a redigirá e variará, também, conforme a matéria trazida na reclamação a ser combatida.

1.ENDEREÇAMENTO.

Assim como a petição que inaugura o processo (uma reclamação, por exemplo), a contestação tem como destinatário o juízo no qual a ação tramita. Deverá, portanto, trazer a indicação do juízo ao qual será endereçada, ou seja, deverá indicar, claramente, o juízo da Vara do Trabalho ao qual é destinada. Eis um modelo:

Exmo. Sr. Dr. Juiz do Trabalho da 7ª Vara do Trabalho de São Luís/MA.

2. QUALIFICAÇÃO SINTÉTICA E REMISSIVA DAS PARTES.

Se a peça inaugural de um processo traz a qualificação completa das partes, no caso da contestação essa qualificação poderá ser mais singela, mais sintética, remissiva, até porque, como já salientado, a inicial já traz a qualificação minudente dos litigantes. Adiante será mostrado um exemplo de qualificação remissiva.

3. INDICAÇÃO DO PROPÓSITO DE CONTESTAR A INICIAL E REFERÊNCIA AO FATO DE QUE O CONTESTANTE ESTÁ SENDO ASSISTIDO POR ADVOGADO.

No início da contestação, junto à qualificação das partes, deve haver uma indicação do propósito de quem a apresenta. Ou seja, o litigante deverá dizer que o seu propósito é apresentar uma contestação ao pedido inaugural do processo. Segue um modelo

COMPANHIA SOBRALENSE DE MATERIAL DE CONSTRUÇÃO, já qualificada nos autos da reclamação trabalhista contra si movida por OSVALDO CHAVES, por seu advogado que esta subscreve, respeitosamente, vem à presença de V.Exa., com respaldo nos arts. 847 da CLT e 337, do CPC subsidiário, apresentar a sua CONTESTAÇÃO, amparada nos motivos de fato e de direito a seguir expostos:

*No trecho acima transcrito e negritado constam tanto a qualificação sintética e remissiva das partes, como a indicação do propósito de contestar a inicial e a referência ao fato de que a contestante se encontra assistida por advogado.

4. MATÉRIAS ARGUÍVEIS A TÍTULO DE PRELIMINAR (ART. 337, DO CPC).

Desde que a inicial assim o possibilite, deverá o contestante prosseguir na formulação de sua defesa arguindo as preliminares que se apresentem cabíveis. E o fará atento ao que dispõe o art. 337, do CPC.

Preliminares são matérias que devem ser arguidas antes da defesa de mérito.

CPC/Art. 337. Incumbe ao réu, antes de discutir o mérito, alegar:

I – inexistência ou nulidade da citação;

II – incompetência absoluta e relativa;

(Obs: a incompetência relativa, no proc. do trabalho, é matéria arguível via exceção de incompetência em razão do lugar);

III – incorreção do valor da causa;

IV – inépcia da petição inicial;

V – perempção;

VI – litispendência;

VII – coisa julgada;

VIII – conexão;

IX – incapacidade da parte, defeito de representação ou falta de autorização;

X – convenção de arbitragem;

XI – ausência de legitimidade ou de interesse processual;

XII – falta de caução ou de outra prestação que a lei exige como preliminar;

XIII – indevida concessão do benefício de gratuidade de justiça.

IX – incapacidade da parte, defeito de representação ou falta de autorização;

X – convenção de arbitragem;

XI – ausência de legitimidade ou de interesse processual;

A propósito de conexão, assim orienta o art. 55, do CPC:

> *Art. 55. Reputam-se conexas 2 (duas) ou mais ações quando lhes for comum o pedido ou a causa de pedir.*
>
> *§ 1º Os processos de ações conexas serão reunidos para decisão conjunta, salvo se um deles já houver sido sentenciado.*

Quanto à inépcia da inicial, esclarece o CPC, no seu art. 330:

> *Art. 330. A petição inicial será indeferida quando:*
>
> *I – for inepta;*
>
> *§ 1º Considera-se inepta a petição inicial quando:*
>
> *I – lhe faltar pedido ou causa de pedir;*
>
> *II – o pedido for indeterminado, ressalvadas as hipóteses legais em que se permite o pedido genérico;*
>
> *III – da narração dos fatos não decorrer logicamente a conclusão;*
>
> *IV – contiver pedidos incompatíveis entre si.*

Já no tocante à litispendência e coisa julgada, elucida o antes mencionado art. 337, do CPC, usado, subsidiariamente, no processo do trabalho:

> *§ 1º Verifica-se a litispendência ou a coisa julgada quando se reproduz ação anteriormente ajuizada.*
>
> *§ 2º Uma ação é idêntica a outra quando possui as mesmas partes, a mesma causa de pedir e o mesmo pedido.*
>
> *§ 3º Há litispendência quando se repete ação que está em curso.*
>
> *§ 4º Há coisa julgada quando se repete ação que já foi decidida por decisão transitada em julgado.*

5. MATÉRIAS ARGUÍVEIS A TÍTULO DE PREJUDICIAL.

Como anunciado alhures, não se pretende tratar de toda matéria passível de ser arguida em contestação. O objetivo é mostrar a estrutura de uma contestação apta ao combate a uma reclamação que siga o modelo e tenha o grau de complexidade compatíveis com a maioria das reclamações verificados na Justiça do Trabalho.

Com efeito, nesse estágio da elaboração de sua peça de defesa, o contestante, desde que isso se mostre cabível, tratará de prescrição, total ou parcial. Apresentará prejudicial arguindo as prescrições bienal e quinquenal; somente a prescrição bienal ou apenas a prescrição quinquenal, conforme o caso, o que fará com arrimo no inciso XXIX, do art. 7º, da CF, *in verbis:*

> *Art. 7º São direitos dos trabalhadores urbanos e rurais, além de outros que visem à melhoria de sua condição social:*
>
> *XXIX – ação, quanto aos créditos resultantes das relações de trabalho, com prazo prescricional de cinco anos para os trabalhadores urbanos e rurais, até o limite de dois anos após a extinção do contrato de trabalho;*

Quanto à prescrição total, também chamada de bienal, a sua arguição dependerá da data do ajuizamento da reclamação. Caso ele ocorra há mais de dois anos do término do contrato de trabalho, cabível se mostrará a arguição de prescrição bienal, à vista do disposto no art. 7º, XIX, da Constituição Federal. Importante salientar que, a teor das OJs nº 82 e 83, da SDI-1, do colendo TST, respectivamente, "a data de saída a ser anotada na CTPS deve corresponder à do término do prazo do aviso prévio, ainda que indenizado" e "a prescrição começa a fluir no final da data do término do aviso prévio".

Detalhe a ser considerado diz respeito à prescrição relativa ao trabalhador que sofreu acidente de trabalho típico ou mesmo é portador de doença ocupacional e ajuíza reclamação visando indenização por danos morais e materiais. O entendimento jurisprudencial predominante tem o seguinte norte:

> *DANOS MORAIS E MATERIAIS DECORRENTES DE ACIDENTE DE TRABALHO. PRESCRIÇÃO. MARCO INICIAL. Em face da aplicação da teoria da actio nata, consubstanciada no art. 189 do Código Civil, bem como na Súmula n. 278 do STJ, o marco inicial da prescrição da pretensão do trabalhador de receber indenização por danos oriundos de acidente de trabalho começa a fluir a partir de quando ele tem ciência inequívoca da incapacidade funcional. Consoante entendimento do TST, a ciência inequívoca da lesão normalmente ocorre com a concessão da aposentadoria (Tribunal Regional do Trabalho da 3ª Região. 6ª Turma. Acórdão Proc. 0010798-87.2016.5.03.0054; Data: 30.07.2018).*

Já no tocante à prescrição quinquenal, caberá a sua arguição se a reclamatória trouxer pedido(s) cuja exigibilidade remonte a período anterior aos cinco anos contados a partir da data do protocolamento da reclamação.

O reclamado contestante também poderá arguir decadência do direito invocado pelo reclamante, como sugere o art. 487, II, do CPC, cabendo ressaltar que decadência é a extinção de um direito por não ter sido exercido no prazo legal. Ou seja, ocorre quando o autor/reclamante não observou o prazo fixado por lei para o exercício de determinado direito, o que leva à perda do direito de exercê-lo. Em resumo, perda do próprio direito pela inércia do seu titular.

No caso da prescrição, todavia, embora o direito material da parte autora ainda possa existir, falta-lhe o veículo de exigibilidade judicial, o qual lhe é retirado pela demora em acionar a Justiça.

Com efeito, no caso de direitos rescisórios não pagos pelo empregador, se o trabalhador se mantém inerte por mais de dois anos e, ultrapassado o biênio (p.ex, três anos após a rescisão), busca a Justiça do Trabalho, caso o seu empregador alegue a prescrição bienal da pretensão do reclamante, o juiz haverá de acolher referida prejudicial e extinguirá o processo, com resolução do mérito. O reclamante não poderá ter acesso aos seus créditos rescisórios através da referida ação, haja vista que, incidente a prescrição bienal prevista no art. 7º, XXIX, da Constituição Federal, falta-lhe o direito de exigibilidade.

Já na decadência, o que se perde não é o direito de exigir, mas o próprio direito que haveria de ser exercido em determinado prazo e o seu titular tardou em fazê-lo. A propósito e para maior elucidação do tema, vale citar a Súmula nº 403, do c. TST, *in verbis*:

> Súmula nº 403 – É de decadência o prazo de trinta dias para instauração do inquérito judicial, a contar da suspensão, por falta grave, de empregado estável.

6. MÉRITO.

Neste momento da elaboração da contestação, o contestante tratará dos pedidos formulados na inicial no tocante ao mérito de cada um deles, ou seja, formulará combate aos pleitos formulados na inicial, alegando as razões pelas quais eles não são devidos. É claro que se o demandado optar por reconhecer que deve um ou mais dos pedidos formulados pelo reclamante, poderá fazê-lo na sua contestação. No tocante a eles será, portanto, confesso. Todavia, tomando-se a contestação como veículo da manifestação da irresignação do demandado, de combate às pretensões do demandante, aquele que a formula não poderá se descurar de dois princípios fundamentais:

> PRINCÍPIO DA IMPUGNAÇÃO ESPECÍFICA: O reclamado deverá impugnar, detalhadamente, os fatos apresentados na inicial, sob pena de eles serem presumidos verdadeiros. Veda a contestação por negativa geral, genérica.
>
> PRINCÍPIO DA EVENTUALIDADE: Também chamado princípio da concentração da defesa, segundo o qual o reclamado deverá apresentar todas as suas matérias de defesa naquele momento, sob pena de não poder alegá-los posteriormente, ante a preclusão consumativa.

De resto, é conveniente que se faça o combate a cada pedido em tópicos distintos. Ou, pelo menos, em parágrafos distintos. Se a causa direta motivadora do indeferimento for a mesma, nada impede que sejam apreciadas, num mesmo tópico, as verbas cujo indeferimento decorram da mesma causa.

7. PEDIDOS FORMULADOS AO FINAL DA CONTESTAÇÃO:

SE HOUVER ALEGADO ALGUMA PRELIMINAR, deverá o contestante pugnar pela extinção do processo, SEM resolução do mérito, no tocante ao pedido alvo da preliminar (art. 485, CPC);

SE HOUVER ARGUÍDO ALGUMA PREJUDICIAL, deverá pugnar pela extinção do processo, COM resolução do mérito, no tocante à pretensão atingida pela prejudicial (art. 487, CPC).

NO TOCANTE AO MÉRITO, PEDIR A IMPROCEDÊNCIA OU O DESACOLHIMENTO DOS PEDIDOS FORMULADOS PELO RECLAMANTE. Se, porventura, o contestante reconhecer como devido ou mesmo não contestar algum pedido de verba(s) rescisória(s), saiba que haverá de ser pago o valor cobrado ainda na audiência inicial, sob pena de pagá-lo com multa de 50% (art. 467, CLT).

8. DOS "PROTESTOS" – TAMBÉM AO FINAL DA CONTESTAÇÃO:

- Protestar por todo tipo de prova em direito admitido;
- Protestar pela compensação do que houver sido comprovado como pago;

- Protestar no sentido de que, caso o reclamante seja vencedor em algum pleito e a contestante condenada a lhe pagar verba de natureza salarial, que seja deduzido do crédito do reclamante o valor referente à contribuição previdenciária do empregado;
- Protestar contra a aceitação, como prova, de documentos juntados pelo reclamante que não esteja, autenticados ou que não contenham o timbre da reclamada;
- Pedir a condenação do reclamante ao pagamento de honorários advocatícios sucumbenciais;
- Pugnar, enfim, pela improcedência total da reclamação.

9. LOCAL – DATA – NOME DO ADVOGADO – nº OAB

2.6 A RECONVENÇÃO

2.6.1 O que é a reconvenção?

Em determinadas situações, contudo, o réu poderá aproveitar o mesmo processo para, além de se defender, assumir uma posição ativa perante o autor, formulando pretensões que devam ser por este satisfeitas.

Portanto, a reconvenção é mera faculdade do demandado. Ou seja, no caso mais frequente na Justiça do Trabalho, caso o reclamado opte por não formular a resposta reconvencional, poderá, ainda assim, ajuizar pedido contra o reclamante objetivando o mesmo proveito que poderia ter sido buscado na reconvenção.

Tem-se, portanto, que a reconvenção nada mais é do que um "contra-ataque" do demandado em face do demandante. É dizer, uma ação do réu, em face do autor, no mesmo processo.

2.6.2 Acerca da reconvenção – legislação

A CLT não trata de reconvenção. Daí ser necessário recorrer ao CPC como fonte supletória.

Referido diploma legal prevê, no seu art. 343, que, *"Na contestação, é lícito ao réu propor reconvenção para manifestar pretensão própria, conexa com a ação principal ou com o fundamento da defesa"*.

Sobre o que sejam ações conexas, o mesmo CPC esclarece, no art. 55, *verbis: "Reputam-se conexas 2 (duas) ou mais ações quando lhes for comum o pedido ou a causa de pedir".*

Aquele que apresenta reconvenção é chamado de reconvinte. Aquele em face de quem se apresenta a reconvenção é o reconvindo. No processo do trabalho, onde a reconvenção costuma ser apresentada em meio a uma reclamação, diz-se que o reclamado é o reclamado/reconvinte. E o reclamante, o reclamante reconvindo.

Embora a CLT seja omissa quanto à reconvenção, é pacífico o seu uso no âmbito processual trabalhista. Aliás, o TST tem admitido que a contestação e a reconvenção sejam apresentadas na mesma peça, em homenagem ao princípio da instrumentalidade das formas e à celeridade, por aplicação subsidiária da regra do CPC (arts. 769 da CLT e 15 do CPC).

Como se sabe, no processo do trabalho, a defesa é apresentada em audiência, caso infértil a primeira tentativa de conciliar os litigantes (embora possa ser protocolada antes, no PJe – art. 847 da CLT). Se o reclamado resolve, além de contestar a reclamação, apresentar reconvenção, deverá fazê-lo no mesmo momento em que apresenta a sua contestação. E é evidente que o juiz haverá de assegurar, ao reclamante/reconvindo, o direito de resposta à reconvenção, ou seja, o direito de contestar a reconvenção, dessa forma garantindo o seu direito ao contraditório e à ampla defesa relativamente à reconvenção. Nesse sentido, o§ 1°, do art. 343 do CPC, estabelece que *"Proposta a reconvenção, o autor será intimado, na pessoa de seu advogado, para apresentar resposta no prazo de 15 (quinze) dias".*

No âmbito trabalhista, há certa polêmica no tocante ao prazo para o oferecimento de defesa em face de reconvenção. Há quem sustente a aplicação do art. 343, do CPC, acima referido. Há outros, a defenderem que a reconvenção deve ser apresentada em prazo menor. E há, ainda, aqueles que sustentam ser possível a apresentação da resposta à reconvenção até a audiência designada em continuação (a anterior fora adiada, em razão do oferecimento da reconvenção).

O que se observa na prática, em alguns casos, é o reclamante/reconvindo optar por renunciar ao prazo da resposta à reconvenção e contestá-la na própria audiência, de forma oral, buscando a celeridade processual. Há até casos em que a contestação não é posta em sigilo e o reclamante, dela conhecendo e verificando haver reconvenção, protocolar a resposta à reconvenção antes mesmo da audiência, de modo a que não haja adiamento da audiência. Contudo, na grande maioria dos casos, o advogado do reclamante pugna pelo adiamento da audiência – e o juiz defere o seu pleito- de modo a que ele possa analisar, com mais vagar, a reconvenção e se aparelhar para a formulação de uma resposta consistente, até mesmo amparada em provas documentais. A meu ver, essa é a conduta mais acertada.

Mas qual seria, nessa hipótese, o prazo para o protocolamento da contestação à reconvenção no PJe?

Entendo que o reclamante/reconvindo poderá apresentar a sua contestação/resposta à reconvenção, na forma escrita, pelo sistema de processo judicial eletrônico, até a audiência que fora designada em continuação à inaugural ou mesmo poderá produzir defesa oral, para o que disporá de vinte minutos, aplicada, assim, por analogia, a regra do parágrafo único do art. 847, da CLT.

Se o reclamante (reconvindo) não apresentar resposta à reconvenção, aplica-se-lhe a pena de revelia e confissão.

Quanto ao número de testemunhas, juristas como Mauro Schiavi e Cléber Lúcio de Almeida sustentam que, *"se o reclamado optou por formular a reconvenção, não poderá ouvir três testemunhas para comprovar a tese de defesa e outras três para a reconvenção. Acreditamos que, nessa hipótese, o reclamado renuncia ao direito de ouvir outras testemunhas que não as próprias da defesa. Desse modo, o número máximo de testemunhas para comprovação dos fatos da contestação e reconvenção é três".* Ou seja, seriam três, no caso de ação sujeita ao rito ordinário. E duas, sendo o rito sumaríssimo.

Devo acrescentar que a desistência da ação ou a ocorrência de causa extintiva que impeça o exame de seu mérito não obstam o prosseguimento do processo quanto à reconvenção. É essa a dicção do art. 343, § 2°, do CPC.

A reconvenção pode ser proposta contra o autor e terceiro (§ 3°).

A reconvenção também pode ser proposta pelo réu em litisconsórcio com terceiro (§ 4°).

Se o autor for substituto processual, o reconvinte deverá afirmar ser titular de direito em face do substituído, e a reconvenção deverá ser proposta em face do autor, também na qualidade de substituto processual (§ 5°).

Consoante o §6°, do art. 343, do CPC subsidiário, o réu poderá propor a reconvenção independentemente de oferecer contestação, embora seja essa uma hipótese não muito vista na Justiça do Trabalho.

Também merece registro o fato de que os honorários advocatícios são cabíveis na ação e na reconvenção, conforme art. 791-A, *caput* e § 5°, da CLT, com a redação dada pela Lei 13.467/17.

Por fim, menciono que a discussão acerca do cabimento de reconvenção ou pedido contraposto em ação submetida ao rito sumaríssimo é de pouco significado prático. A decisão a seguir transcrita deixa isso bem claro:

> *PEDIDO CONTRAPOSTO E RITO ORDINÁRIO COMPATIBILIDADE. Não se percebe incompatibilidade entre o pedido contraposto e o rito ordinário, porquanto impera no Processo do Trabalho o princípio da simplicidade, da celeridade e da garantia da razoável duração do processo. (art. 5º, inciso LXXVIII, da CR/88). Ademais, verifica-se que o pedido foi realizado na própria contestação, podendo ser recebido como reconvenção, nos moldes do art. 343 do CPC. (Tribunal Regional do Trabalho da 3ª Região – Turma Recursal de Juiz de Fora – Décima Primeira Turma –Acórdão 0011692-60.2017.5.03.0173).*

Do aludido o acórdão extraio trecho elucidativo:

> *(...) Isso porque impera no Processo do Trabalho o princípio da simplicidade, da celeridade e da garantia da razoável duração do processo. (art. 5º, inciso LXXVIII, da CR/88). No mesmo sentido é o posicionamento do TST:*
>
> *RECURSO DE REVISTA. PEDIDO CONTRAPOSTO. RITO ORDINÁRIO. CABIMENTO. O pedido contraposto, previsto no art. 278, § 1º, do CPC de 1973 e no art. 31 da Lei 9.099/95, é perfeitamente compatível com o rito ordinário do processo do trabalho, o qual é regido, dentre outros, pelo princípio da simplicidade. Assim, na seara trabalhista, o cabimento do pedido contraposto não se restringe ao procedimento sumaríssimo. Recurso de revista conhecido e provido. (Processo: RR – 336-30.2013.5.03.0037 Data de Julgamento: 06/12/2017, Relator Ministro: Augusto César Leite de Carvalho, 6ª Turma, Data de Publicação: DEJT 15/12/2017.*

Capítulo III

DA AUDIÊNCIA

3.1 AUDIÊNCIA – HORÁRIOS E ATRASOS

A CLT estabelece, no seu art. 815, que:

> *Art. 815. À hora marcada, o juiz ou presidente declarará aberta a audiência, sendo feita pelo secretário ou escrivão a chamada das partes, testemunhas e demais pessoas que devam comparecer.*

No parágrafo único do aludido artigo, acrescenta:

> *Parágrafo único. Se, até 15 (quinze) minutos após a hora marcada, o juiz ou presidente não houver comparecido, os presentes poderão retirar-se, devendo o ocorrido constar do livro de registro das audiências.*

Mas é bom tomar cuidado. Essa tolerância se aplica somente ao juiz, não beneficiando as partes. E se refere ao atraso para a primeira audiência da pauta. A propósito, vejamos o entendimento do colendo TST:

> *OJ SDI – 1 DO TST: 245. REVELIA. ATRASO. AUDIÊNCIA – Inexiste previsão legal tolerando atraso no horário de comparecimento da parte na audiência.*

Contudo, não se justifica o apego exagerado à literalidade da Orientação Jurisprudencial. O juiz de bom senso deve tolerar pequenos atrasos, que não comprometam seriamente a realização das audiências designadas para o mesmo dia. A propósito, vale transcrever decisão sensata do egrégio TRT de Minas Gerais:

> *AUDIÊNCIA. ATRASO DA PARTE. Prevalece no TST, como se verifica na Orientação Jurisprudencial n. 245 da SDI-1, o entendimento de que "inexiste previsão legal tolerando atraso no horário de comparecimento da parte à audiência". Nada impede, no entanto, que o juiz tolere pequenos atrasos,*

que não comprometam seriamente a realização das audiências designadas para o mesmo dia. Observe-se, inclusive, que existe lacuna da lei em relação à eventual tolerância de atrasos das partes e, diante de uma lacuna, o juiz pode lançar mão da analogia para a solução da situação concreta a ser resolvida, o que permite aplicar ao atraso das partes o disposto no art. 815 da CLT, desde que, como dito, não se trate de atraso que comprometa seriamente a realização das audiências, o que não é a hipótese dos autos, posto que o atraso foi de apenas dois minutos. (Tribunal Regional do Trabalho da 3ª Região – 1ª Turma – RO 01082-2010-110-03-00-9).

3.2 DO COMPARECIMENTO DAS PARTES EM AUDIÊNCIA

Estabelece o art. 843 da CLT que:

Art. 843. Na audiência de julgamento deverão estar presentes o reclamante e o reclamado, independentemente do comparecimento de seus representantes salvo, nos casos de Reclamatórias Plúrimas ou Ações de Cumprimento, quando os empregados poderão fazer-se representar pelo Sindicato de sua categoria.

(...)

§ 2º Se por doença ou qualquer outro motivo poderoso, devidamente comprovado, não for possível ao empregado comparecer pessoalmente, poderá fazer-se representar por outro empregado que pertença à mesma profissão, ou pelo seu sindicato.

3.3 REPRESENTAÇÃO DO EMPREGADOR: PREPOSIÇÃO – PREPOSTO

Na verdade, a CLT não previa que o representante da empresa na audiência, o chamado preposto, deveria ser empregado do reclamado. O TST é que entendia que o preposto deveria ter esse qualificativo, exceto quando se tratasse de empregadores domésticos e de micro ou pequeno empregadores. Eis o teor da Súmula nº 377, do TST:

Súmula nº 377 do TST

PREPOSTO. EXIGÊNCIA DA CONDIÇÃO DE EMPREGADO (nova redação) – Res. 146/2008, DJ 28.04.2008, 02 e 05.05.2008

Exceto quanto à reclamação de empregado doméstico, ou contra micro ou pequeno empresário, o preposto deve ser necessariamente empregado do reclamado. Inteligência do art. 843, § 1º, da CLT e do art. 54 da Lei Complementar nº 123, de 14 de dezembro de 2006.

Contudo, a Lei nº 13.467/2017, a chamada Lei da Reforma Trabalhista, pôs um fim à polêmica que existia sobre o assunto. E isso é bom. O § 3º introduzido no art. 843 da CLT agora é muito claro:

> *Art. 843. (...)*
>
> *§ 1º É facultado ao empregador fazer-se substituir pelo gerente, ou qualquer outro preposto que tenha conhecimento do fato, e cujas declarações obrigarão o proponente.*
>
> *(...)*
>
> *§ 3º O preposto a que se refere o § 1º deste artigo não precisa ser empregado da parte reclamada.*

É conveniente que o preposto compareça à audiência referendado por uma autorização do empregador. Ou seja, munido da chamada carta de preposto ou carta de preposição. Esse instrumento deverá, de preferência, ser juntado previamente aos autos ou levado à audiência. Também se permite o comparecimento do preposto sem aludida carta preposicional. Contudo, nesse caso, é importante que o advogado da empresa, ou mesmo o preposto (se desacompanhado de advogado) solicite prazo para juntar a referida carta aos autos.

A propósito, caberia uma pergunta: uma vez comparecendo o preposto sem a carta preposicional e não tendo a reclamada feito a sua juntada no prazo que lhe fora deferido, deveria o juiz declarar a reclamada revel e confessa?

A jurisprudência noticia que alguns juízes chegam a declarar a reclamada revel e confessa quando isso ocorre. Contudo, decisões do colendo TST consideram que a ausência da carta preposicional não autoriza o decreto de revelia e confissão. A título de amostragem, vejamos como decidiu a 2ª Turma do aludido tribunal decidiu, no Recurso de Revista nº TST-RR-506-31.2015.5.17.0008:

> *RECURSO DE REVISTA INTERPOSTO NA VIGÊNCIA DA LEI Nº 13.015/2014. IRREGULARIDADE DA REPRESENTAÇÃO. AUSÊNCIA DE JUNTADA DA CARTA DE PREPOSIÇÃO NO PRAZO DETERMINADO PELO JUÍZO. APLICAÇÃO DA REVELIA E CONFISSAO. A juntada da carta de preposição decorre da prática forense, uma vez que não há imposição legal para que seja exigida a sua apresentação. Desta forma, a não apresentação do referido documento não acarreta os efeitos da revelia e confissão ficta de que trata o art. 844 da CLT. Precedentes. Recurso de revista conhecido e provido.*

No mesmo sentido se posicionaram outras turmas do Tribunal Superior do Trabalho, como apontam os arestos que seguem, *in verbis:*

> *AGRAVO DE INSTRUMENTO. RECURSO DE REVISTA. PROCESSO SOB A ÉGIDE DA LEI 13.015/2014. 1. ARGUIÇÃO DE IRREGULARIDADE DE REPRESENTAÇÃO DA RECLAMADA. REVELIA. VALIDADE DA CARTA DE PREPOSIÇÃO. NULIDADE INEXISTENTE. A juntada da carta de preposição decorre da prática forense, uma vez que não há imposição legal para que seja exigida a sua apresentação. No caso sob exame, portanto, não se divisa a irregularidade da representação da Reclamada em Juízo, na medida em que, além de se fazer representar por preposto, também apresentou a carta de preposição, que sequer é exigida por lei, sendo fruto da praxe forense. Eventuais vícios na carta de preposição não maculam de nulidade a representação da parte Reclamada. Julgados desta Corte. Agravo de instrumento desprovido. [...] (AIRR – 742-63.2014.5.19.0007 Data de Julgamento: 08/02/2017, Relator Ministro: Mauricio Godinho Delgado, 3ª Turma, Data de Publicação: DEJT 17/02/2017).*

> *RECURSO DE REVISTA. LEI Nº 13.015/2014. FORAM PREENCHIDAS AS EXIGÊNCIAS DO ART. 896, § 1º-A, DA CLT. RECLAMADA. PRELIMINAR DE NULIDADE DO PROCESSO POR CERCEAMENTO DO DIREITO DE DEFESA. CARTA DE PREPOSIÇÃO. REVELIA E CONFISSÃO FICTA. FORAM PREENCHIDAS AS EXIGÊNCIAS DO ART. 896, § 1º-A, DA CLT. 1 – Recurso de revista interposto na vigência da Lei nº 13.015/2014 e foram preenchidos os requisitos do art. 896, § 1º-A, da CLT. 2 – A partir dos trechos indicados da decisão recorrida, é possível entender que, mesmo apresentando carta de preposição, foram aplicadas à reclamada a revelia e confissão ficta. 3 – De acordo com a jurisprudência desta Corte, não há no ordenamento jurídico brasileiro norma que imponha o dever de comprovar formalmente a condição de preposto. 4 – Registre-se que não foi impugnado, nos autos, o fato de a preposta ser ou não empregada da reclamada, ocorrendo preclusão a respeito desse fato. 5 – Com efeito, o art. 843, § 1º, da CLT, que faculta ao empregador fazer-se substituir por preposto na audiência de julgamento, nada dispõe sobre a exigência de apresentação de carta de preposição. 6 – Nesse contexto, a não apresentação da carta de preposição, ou mesmo a apresentação irregular de carta de preposição, não acarreta, por si só, a aplicação dos efeitos previstos pelo art. 844 da CLT. Precedentes. 7 – Recurso de revista a que se dá provimento. Prejudicada a análise dos demais temas". (RR – 237200-66.2009.5.15.0077, Relatora Ministra: Kátia Magalhães Arruda, Data de Julgamento: 18/11/2015, 6ª Turma, Data de Publicação: DEJT 04/03/2016)*

Contudo, embora minoritárias, é possível encontrar decisão de Turma do TST reputando cabível a declaração de revelia e confissão, se, deferido o prazo para a juntada da carta pela reclamada, ela deixa de fazê-lo. Vejamos:

> *AGRAVO DE INSTRUMENTO EM RECURSO DE REVISTA. CERCEAMENTO DE DEFESA. CARTA DE PREPOSIÇÃO. OBRIGATORIEDADE. Não há, no ordenamento jurídico brasileiro, norma que imponha o dever de comprovar formalmente a condição de preposto, pois o § 1.º do artigo 843 da CLT faculta ao empregador fazer-se substituir pelo gerente ou por qualquer preposto que tenha conhecimento dos fatos, cujas declarações obrigarão o preponente, não exigindo a apresentação de carta de preposição. Em razão do silêncio normativo a respeito da necessidade de apresentação da carta de preposição, "a praxe trabalhista consagrou tal obrigatoriedade em razão das consequências que a atuação do preposto em audiência pode acarretar ao empregador". À luz dessas premissas, entende a doutrina que o comparecimento do preposto à audiência sem o respectivo documento que o habilite a atuar em nome do empregador enseja a suspensão do processo, a fim de que, no prazo assinalado pelo Juízo, seja sanada a irregularidade de representação do polo passivo da demanda, nos termos do disposto no artigo 13 do CPC/73 (art. 76 do CPC/15). No presente caso, incontroverso o fato de que o Juízo de primeiro grau, diante da ausência da carta de preposição, conferiu ao preposto da Reclamada prazo para a juntada do documento, sob pena de confissão.* ***A Reclamada não juntou a carta de preposição no prazo assinalado, motivo pelo qual o juiz, corretamente, aplicou a pena de revelia.*** *Precedentes. Agravo de Instrumento conhecido e não provido. (AIRR – 10455-93.2013.5.01.0073 Data de Julgamento: 14/06/2017, Relatora Ministra: Maria de Assis Calsing, 4ª Turma, Data de Publicação: DEJT 23/06/2017).*

Destarte, para não correr riscos de ser sancionada com o decreto de revelia e confissão, convém à demandada sempre munir o seu preposto da respectiva carta de preposição, promovendo a sua juntada aos autos do processo.

Outro tema polêmico diz respeito à possibilidade de o advogado também atuar como preposto da sua cliente reclamada. Pode haver a acumulação das qualidades de advogado e preposto?

O Conselho Federal da Ordem dos Advogados do Brasil, na data de 19/10/2015, editou a Resolução nº 02/2015, aprovando o Código de Ética e Disciplina da Ordem dos Advogados do Brasil – OAB. No seu art. 25, a referida Resolução estabelece o seguinte: *"Art. 25. É defeso ao advogado funcionar no mesmo processo, simultaneamente, como patrono e preposto do empregador ou cliente".*

Contudo, trata-se de norma interna, de âmbito administrativo, não vinculando o juiz.

A propósito, convém relatar que, antes da vigência da Lei nº 13.467/2017 – ao tempo em que o TST entendia ser necessária a condição de empregado para atuar como preposto –, o TST decidiu no sentido da possibilidade de o advogado da reclamada atuar também como preposto:

> *RECURSO ORDINÁRIO – PREPOSTO E ADVOGADO - ACUMULAÇÃO DE FUNÇÕES – REPRESENTAÇÃO PROCESSUAL. Não se vislumbra nenhuma incompatibilidade legal de o preposto atuar igualmente como advogado no processo do trabalho, inteligência que se extrai do artigo 843, § 1º, da CLT. Quando a reclamada faz-se representar em audiência por preposto, regularmente constituído, que afirma atuar também como seu advogado, não há como afastar o mandato tácito que o legitima a recorrer. Recurso de revista provido. (Tribunal Superior do Trabalho. 4ª Turma – Acórdão do processo Nº RR – 451458-91.1998.5.06.5555).*

No entanto, após o advento da Reforma Trabalhista (a qual introduziu o § 3º no art. 3º, da CLT, estabelecendo que o preposto não precisa ser empregado da parte reclamada), o mesmo TST editou a Instrução Normativa nº 41/2018, a qual prevê, no seu art. 12, § 3º, o seguinte: "*§ 3º Nos termos do art. 843, § 3º, e do art. 844, § 5º, da CLT, **não se admite a cumulação das condições de advogado e preposto***".

O tema é muito polêmico. Muitos consagrados juristas sustentam ser o aludido dispositivo ilegal e flagrantemente inconstitucional, haja vista que importam em clara violação ao § 2º do art. 8º da CLT e ao inciso II do art. 5º da Lei Maior.

3.4 DO NÃO COMPARECIMENTO DOS LITIGANTES NA AUDIÊNCIA

CLT/Art. 844. O não-comparecimento do reclamante à audiência importa o arquivamento da reclamação, e o não-comparecimento do reclamado importa revelia, além de confissão quanto à matéria de fato.

O reclamante que não comparecer à primeira audiência do seu processo terá a sua reclamação arquivada, só podendo repeti-la se recolher as custas do processo ou se apresentar um motivo legalmente justificável. A lei não cuidou de explicitar que motivos são esses. E não há dúvida de que a Lei da Reforma Trabalhista dificultou as coisas para o trabalhador.

Já para os empregadores, no que diz respeito à ausência à audiência inicial, a Lei da Reforma Trabalhista foi menos severa. Na verdade, os empregadores passaram a usufruir de um tratamento bem melhor do que o previsto antes da Lei nº 13.467/2017.

Desde o surgimento da CLT e até 11.11.2017, se o reclamado (ex: o empregador) faltava à audiência inicial do processo, era considerado revel e confesso. Mesmo que o seu advogado se fizesse presente. Caso ele já tivesse protocolado a defesa e juntado documentos, os juízes ignoravam tanto a defesa, quanto os documentos vindos com ela.

Ressalto que ser considerado revel e confesso é como reconhecer que os fatos alegados pelo reclamante (ex: empregado) são todos verdadeiros. Ou seja, o revel quase sempre perde a causa.

Com a vigência da Lei da Reforma Trabalhista, a partir de 11.11.2017, todavia, o não comparecimento do reclamante à audiência continua importando no arquivamento da reclamação. E o não comparecimento do reclamado também continua importando na sua revelia, além de confissão quanto à matéria de fato. Todavia, ainda que ausente o reclamado, uma vez presente o seu advogado na audiência, a contestação da reclamada será aceita (recebida) e os documentos que ele apresentar serão considerados pelo juiz quando ele for julgar o processo.

Não há dúvida de que, para as empresas e empregadores em geral, essa foi uma mudança muito vantajosa.

Por fim, devo registrar que, mesmo no caso de o reclamado (empregador ou tomador de serviço) faltar à primeira audiência e ser considerado revel e confesso, o juiz não reconhecerá como verdadeiros fatos alegados pelo reclamante (trabalhador) se esses fatos forem algo absurdo, incrível, difícil de acreditar (a lei chama de fato inverossímil).

3.4.1 Do arquivamento da ação – Lei 13.467/17

3.4.1.1 Do arquivamento da reclamação

Antes da vigência da Lei nº 13.467/2017 (Lei da Reforma Trabalhista), se o reclamante faltasse à audiência inicial do seu processo, a reclamação era arquivada.

De regra, os que buscam a Justiça do Trabalho são, na sua esmagadora maioria, desempregados. Sabedores dessa triste realidade, os juízes costumavam dispensar as custas do processo, haja vista que, para tanto, a lei exigia apenas que o reclamante se enquadrasse como incapaz de suportar tal encargo sem prejuízo à sua subsistência. Ora, desempregado é pobre, muitas vezes miserável. Não havia porque onerá-lo com tal despesa. Por conseguinte, sem maior embaraço, o trabalhador podia ingressar com uma nova reclamação, após ter a primeira arquivada.

A Lei n. 13.467/2017, a chamada Lei da Reforma Trabalhista, trouxe restrições à repetição da reclamação arquivada, exigindo que o trabalhador comprove motivo "legalmente justificável" para ter faltado à audiência na qual ocorreu o arquivamento ou recolha, previamente, as custas do processo arquivado, isso como condição para admissão de sua nova reclamação. Ou seja, mesmo quando ele seja beneficiário da justiça gratuita. Vejamos a atual redação do art. 844 da CLT:

> *Art. 844. O não-comparecimento do reclamante à audiência importa o arquivamento da reclamação, e o não-comparecimento do reclamado importa revelia, além de confissão quanto à matéria de fato.*
>
> *§ 1º (...)*
>
> *§ 2º Na hipótese de ausência do reclamante, este será condenado ao pagamento das custas calculadas na forma do art. 789 desta Consolidação, ainda que beneficiário da justiça gratuita, salvo se comprovar, no prazo de quinze dias, que a ausência ocorreu por motivo legalmente justificável.*
>
> *§ 3º O pagamento das custas a que se refere o § 2º é condição para a propositura de nova demanda.*

Tais exigências me parecem de certo modo incoerentes e afrontosas ao direito fundamental à jurisdição.

Como ressaltado, cerca de 80% dos que procuram a Justiça do Trabalho são desempregados. Evidentemente, não têm como pagar as custas processuais sem prejuízo do próprio sustento. A incoerência reside nisso: se o trabalhador terá que recolher as custas do processo no caso de arquivamento de sua reclamação, de que lhe serve a concessão de gratuidade de justiça?

Exigir do trabalhador que pague as custas do processo arquivado, para, assim, poder ingressar com outra, mesmo sendo considerado pobre pelo juiz, vai de encontro ao disposto no art. 5°, LXXIV, da Constituição Federal. A Procuradoria Geral da República também pensa assim. Tanto que foi ao Supremo Tribunal Federal questionar a constitucionalidade desse artigo da nova CLT. A ação ainda pende de julgamento. (Ação Direta de Inconstitucionalidade n° 5.766 – Distrito Federal).

Segundo o art. 5°, LXXIV, da Constituição Federal, "*o Estado prestará assistência jurídica integral e gratuita aos que comprovarem insuficiência de recursos*". Ora, assistência judiciária gratuita é mais do que mera gratuidade de justiça. Como entender que o Estado deva prestar um mais e venha a cobrar por um menos e justamente de quem não tem como pagar custas de processo?

Ademais, é importante reiterar que o legislador reformista não cuidou em explicitar quais seriam os motivos legalmente justificáveis da ausência do reclamante à audiência inaugural. Creio que os juízes tenderão a usar de analogia para solucionar o problema. Seriam motivos legalmente relevantes os apontados nos arts. 131 e 473 da CLT:

- licenciamento compulsório da empregada por motivo de maternidade ou aborto, observados os requisitos para percepção do salário-maternidade;
- acidente do trabalho ou enfermidade atestada pelo INSS;
- falecimento do cônjuge, ascendente, descendente, irmão ou pessoa que, declarada em sua carteira de trabalho e previdência social, viva sob sua dependência econômica;
- em virtude de casamento;
- nascimento de filho no decorrer da primeira semana;
- em caso de doação voluntária de sangue devidamente comprovada;
- para o fim de se alistar eleitor;
- provas de exame vestibular;
- acompanhar consultas médicas e exames complementares durante o período de gravidez de sua esposa ou companheira;
- acompanhar filho de até 6 (seis) anos em consulta médica;
- representante de entidade sindical, quando estiver participando de reunião oficial de organismo internacional do qual o Brasil seja membro;
- cumprimento de exigências do Serviço Militar.

Aludidos dispositivos legais têm as seguintes redações:

> *CLT/Art. 131. Não será considerada falta ao serviço, para os efeitos do artigo anterior, a ausência do empregado:*
>
> *I – nos casos referidos no art. 473;*

II – durante o licenciamento compulsório da empregada por motivo de maternidade ou aborto, observados os requisitos para percepção do salário-maternidade custeado pela Previdência Social;

III – por motivo de acidente do trabalho ou enfermidade atestada pelo Instituto Nacional do Seguro Social – INSS, excetuada a hipótese do inciso IV do art. 133;

IV – justificada pela empresa, entendendo-se como tal a que não tiver determinado o desconto do correspondente salário; (Incluído pelo Decreto-lei nº 1.535, de 13.4.1977)

V – durante a suspensão preventiva para responder a inquérito administrativo ou de prisão preventiva, quando for impronunciado ou absolvido;

VI – nos dias em que não tenha havido serviço, salvo na hipótese do inciso III do art. 133.

CLT/Art. 473. O empregado poderá deixar de comparecer ao serviço sem prejuízo do salário:

I – até 2 (dois) dias consecutivos, em caso de falecimento do cônjuge, ascendente, descendente, irmão ou pessoa que, declarada em sua carteira de trabalho e previdência social, viva sob sua dependência econômica;

II – até 3 (três) dias consecutivos, em virtude de casamento;

III – por um dia, em caso de nascimento de filho no decorrer da primeira semana;

IV – por um dia, em cada 12 (doze) meses de trabalho, em caso de doação voluntária de sangue devidamente comprovada;

V – até 2 (dois) dias consecutivos ou não, para o fim de se alistar eleitor, nos termos da lei respectiva;

VI – no período de tempo em que tiver de cumprir as exigências do Serviço Militar referidas na letra "c" do art. 65 da Lei nº 4.375, de 17 de agosto de 1964 (Lei do Serviço Militar).

VII – nos dias em que estiver comprovadamente realizando provas de exame vestibular para ingresso em estabelecimento de ensino superior;

VIII – pelo tempo que se fizer necessário, quando tiver que comparecer a juízo.

IX – pelo tempo que se fizer necessário, quando, na qualidade de representante de entidade sindical, estiver participando de reunião oficial de organismo internacional do qual o Brasil seja membro;

X – até 2 (dois) dias para acompanhar consultas médicas e exames complementares durante o período de gravidez de sua esposa ou companheira;

XI – por 1 (um) dia por ano para acompanhar filho de até 6 (seis) anos em consulta médica;

XII – até 3 (três) dias, em cada 12 (doze) meses de trabalho, em caso de realização de exames preventivos de câncer devidamente comprovada. (Incluído pela Lei nº 13.767, de 2018)

Como mencionado no início deste tópico, tramita no STF a Ação Direta de Inconstitucionalidade n° 5.766 – Distrito Federal tratando do tema aqui enfocado. Nessa ação, a PGR questiona artigos da Lei 13.467/2017, quais sejam, os que preveem que quem perder litígios deverá arcar com o pagamento de custas processuais e honorários advocatícios e periciais de sucumbência. Dois ministros já apresentaram os seus votos.

O Ministro Luís Roberto Barroso, relator, aduzindo que essa era “uma das questões mais interessantes e complexas que a Suprema Corte tem discutido” desde que ele chegara lá, asseverou: "Ninguém aqui está do lado dos mais ricos ou do lado da injustiça. Todo mundo aqui está querendo produzir a solução que seja capaz de melhor distribuir a Justiça e de trazer melhores resultados para a sociedade e para o país”.

Afirmando que era excessiva a litigiosidade no âmbito laboral, noticiou que, em 2015, a JT finalizara o exercício com 5 milhões de processos em tramitação, sendo que 4 milhões foram ajuizados naquele ano. Também alegou que que o sistema de litígios trabalhista em funcionamento naquele ano dava todo incentivo para demandar, e nenhum ônus para conter o demandismo. “Criar algum tipo de ônus, modesto como seja, para desincentivar a litigiosidade fútil, me parece uma providência legítima para o legislador”, disse o ministro.

Também asseverou que *“a reforma trabalhista enfrenta um problema que é um excesso de judicialização por parte dos empregados”. “Temos um sistema cuja estrutura dava excessivos incentivos à litigância. As pessoas na vida, como regra, fazem escolhas racionais e se movem por incentivos e riscos. A mesma lógica se aplica aos litígios judiciais”*. E arrematou: *“Boa parte das regras aqui introduzidas se volta mesmo é contra o comportamento de maus advogados, e contra um estilo de litigância de má-fé que infelizmente não é incomum”.*

O ministro julgou procedente em parte a ADIn para fazer interpretação conforme a CF dos dispositivos impugnados, assentando como teses de julgamento:

1. O direito à gratuidade de Justiça pode ser regulado de forma a desincentivar a litigância abusiva, inclusive por meio da cobrança de custas e honorários a seus beneficiários;

2. A cobrança de honorários sucumbenciais poderá incidir i) sobre verbas não alimentares, a exemplos de indenizações por danos morais, em sua integralidade; ii) sobre o percentual de até 30% do valor que exceder

ao teto do regime geral de previdência social quando pertinentes a verbas remuneratórias;

3. É legítima a cobrança de custas judiciais em razão da ausência do reclamante à audiência mediante sua previa intimação pessoal para que tenha a oportunidade de justificar o não comparecimento.

Já o Ministro Luiz Edson Fachin, ao contrário de Barroso, considerou os dispositivos impugnados integral e completamente inconstitucionais. *"É preciso restabelecer a integralidade do acesso à Justiça, conforme prevê a Constituição Federal. É muito provável que esses cidadãos não reúnam as condições mínimas necessárias para reivindicar seus direitos perante a Justiça do Trabalho com as mudanças introduzidas"*, argumentou.

Segundo ele, em mudanças legislativas de restrição de direitos fundamentais o risco é evidente e real, porque não se está atacando esses direitos em si apenas, mas todo um sistema jurídico-constitucional.

O ministro citou ainda o decano da corte, Celso de Mello, para quem restrições indevidas a garantias institucionais podem converter liberdades e direitos em proclamações inúteis e promessas vãs. *"A proteção constitucional de acesso à Justiça também encontra guarida na jurisprudência desta corte"*, afirmou ao dar exemplos de outros julgamentos. E mais: *"Entendo que há integral e completa inconstitucionalidade. (...) Não se pode deixar de ressaltar que a gratuidade da Justiça apresenta-se como um pressuposto para o exercício do direito fundamental ao acesso à própria Justiça"*.

Além de citar precedentes e o que está previsto na CF, Fachin destacou que o direito do acesso à Justiça está protegido em normas internacionais, nomeadamente o art. 8° da Convenção Interamericana de Direitos Humanos, o Pacto de São José da Costa Rica, segundo o qual toda pessoa tem direito de ser "ouvida" pela Justiça. *"A desigualdade social gerada pelas dificuldades de acesso isonômico à educação, mercado de trabalho, à saúde, dentre outros direitos que têm cunho econômico, social e cultural, impõe seja reforçado o âmbito de proteção do direito, que garante outros direitos, e garante também a isonomia", ressaltou.*

O ministro entende que a restrição no âmbito trabalhista como fez a nova lei *"pode conter em si a aniquilação do único caminho que dispõe esses cidadãos para verem garantidos seus direitos sociais trabalhistas". "A defesa em juízo de direitos fundamentais que não foram espontaneamente cumpridos ao longo da vigência dos respectivos contratos de trabalho em muitas situações depende da dispensa inicial e definitiva das custas do processo e despesas daí recorrentes, sob pena de não ser viável a defesa dos interesses legítimos dos trabalhadores."*

Para o citado jurista, a reforma, ao atualizar o modelo de gratuidade da justiça laboral, impôs condições restritivas ao exercício desse direito. *"O risco de violação em cascata é iminente e real."* Ou seja, embora o dispositivo tenha como interesse assegurar maior responsabilidade e compromisso com a litigância, verifica-se a imposição de barreiras que podem tornar inacessíveis os meios de reivindicação de direitos, entendeu o ministro.

O ministro Edson Fachin votou no sentido de que o STF julgasse integralmente procedente a ADIn.

O julgamento foi interrompido por pedido de vista do Ministro Luiz Fux.

Contudo, creio que um meio termo poderia ser a solução para aplicar a lei reformista sem maltratar o princípio da inafastabilidade do controle jurisdicional.

Nos casos em que ficar patente o descaso do reclamante, o seu claro desinteresse em não se fazer presente na audiência, deve-se exigir, com o pressuposto para a renovação da reclamatória, o comprovante do recolhimento das custas do processo arquivado. Contudo, uma vez que o reclamante ou seu advogado tenha se ocupado em apresentar justificativa razoável para ter faltado à audiência da primeira reclamação, mesmo que o motivo não seja qualquer dos acima elencados, ainda assim o juiz deverá admitir o curso da nova ação (a repetição da arquivada), sem exigência de recolhimento de custas processuais.

Aliás, se a segunda ação for objeto de contestação, decerto o reclamado arguirá, em preliminar, a falta da comprovação do recolhimento das custas do processo anteriormente arquivado. Caso a segunda reclamação vier acompanhada de prova de motivo ponderoso ensejador da falta do reclamante na audiência da ação arquivada, creio que o juiz deverá admitir o curso dessa segunda reclamação.

A propósito, é importante registrar que o Informativo TST nº 203, de 20 de agosto a 2 de setembro de 2019, veiculou decisão da 4ª Turma, rel. Min. Ives Gandra da Silva Martins Filho, na qual foi reconhecida a compatibilidade do art. 844, § 2º, da CLT com o art. 5º, XXXV e LXXIV, da CF. Eis a íntegra da sua ementa:

> *AGRAVO DE INSTRUMENTO EM RECURSO DE REVISTA – ARQUIVAMENTO DA RECLAMAÇÃO TRABALHISTA – AUSÊNCIA INJUSTIFICADA DO RECLA-*

MANTE NA AUDIÊNCIA – CONDENAÇÃO DE BENEFICIÁRIO DA JUSTIÇA GRATUITA AO PAGAMENTO DE CUSTAS PROCESSUAIS – COMPATIBILIDADE DO ART. 844, § 2º, DA CLT COM O ART. 5º, XXXV e LXXIV, DA CF – TRANSCENDÊNCIA JURÍDICA RECONHECIDA. 1. Nos termos do art. 896-A, § 1º, IV, da CLT, constitui transcendência jurídica da causa a existência de questão nova em torno da interpretação da legislação trabalhista ainda não solvida pelo TST. 2. In casu, o debate jurídico que emerge da presente causa diz respeito à compatibilidade do § 2º do art. 844 da CLT, introduzido pela Lei 13.467/17, que determina o pagamento de custas processuais pelo demandante, em casos de arquivamento da reclamação por ausência injustificada do autor na audiência, ainda que beneficiário da justiça gratuita, frente aos princípios do livre acesso ao Judiciário e da assistência jurídica integral e gratuita aos que comprovarem a insuficiência de recursos, esculpidos nos incisos XXXV e LXXIV do art. 5º da Constituição Federal, questão que, inclusive, encontra-se pendente de análise pela Suprema Corte em sede de controle concentrado de constitucionalidade (ADI 5.766-DF, Rel. Min. Roberto Barroso). 3. Conforme se extrai do acórdão recorrido, o Autor, que litiga sob o pálio da justiça gratuita, além de não ter comparecido na audiência, não apresentou justificativa para a sua ausência, o que ensejou a sua condenação ao pagamento de custas processuais, no valor de R$ 306,37. 4. Como é cediço, a Reforma Trabalhista, promovida pela Lei 13.467/17, ensejou diversas alterações no campo do Direito Processual do Trabalho, a fim de tornar o processo laboral mais racional, simplificado, célere e, principalmente, responsável, sendo essa última característica marcante, visando coibir as denominadas "aventuras judiciais", calcadas na facilidade de se acionar a Justiça, sem qualquer ônus ou responsabilização por postulações carentes de embasamento fático. 5. Não se pode perder de vista o crescente volume de processos ajuizados nesta Justiça Especializada, muitos com extenso rol de pedidos, apesar dos esforços empreendidos pelo TST para redução de estoque e do tempo de tramitação dos processos. 6. Nesse contexto foram inseridos os §§ 2º e 3º no art. 844 da CLT pela Lei 13.467/17, responsabilizando-se o empregado, ainda que beneficiário da justiça gratuita, por acionar a máquina judicial de forma irresponsável, até porque, no atual cenário de crise econômica, por vezes a reclamada é hipossuficiente, assumindo despesas não só com advogado, mas também com deslocamento inútil, para ver a sua audiência frustrada pela ausência injustificada do autor. 7. Percebe-se, portanto, que o art. 844, §§ 2º e 3º, da CLT não colide com o art. 5º, XXXV e LXXIV, da CF, ao revés, busca preservar a jurisdição em sua essência, como instrumento responsável e consciente de tutela de direitos elementares do ser humano trabalhador, indispensáveis à sua sobrevivência e à da família. 8. Ainda, convém ressaltar não ser verdadeira a assertiva de que a imposição de pagamento de custas processuais, inclusive como condição para ajuizamento de nova ação, prevista nos §§ 2º e 3º do art. 844 da CLT, obsta o trabalhador de ter acesso ao Poder Judiciário, até porque a própria lei excepciona da obrigação de recolher as referidas custas aquele que comprovar que a sua ausência se deu por motivo legalmente justificável, prestigiando, de um lado, o processo

> *responsável, e desestimulando, de outro, a litigância descompromissada. 9. Assim, em que pese reconhecida a transcendência jurídica da questão, nego provimento ao agravo de instrumento obreiro, por não vislumbrar violação do art. 5º, XXXV e LXXIV, da CF. Agravo de instrumento não provido. (TST--AIRR-1000178-32.2018.5.02.0385, 4ª Turma, rel. Min. Ives Gandra da Silva Martins Filho, julgado em 21.8.2019).*

Nada obstante – e evidenciando a polêmica que vige no tocante ao tema – registro decisão da 2ª Turma do colendo Tribunal Superior do Trabalho, datada de 19.02.2020, portanto posterior ao advento da Reforma Trabalhista, a qual se mostra sintonizada com a Súmula nº 463, do próprio TST, e vai ao encontro do disposto no Código de Processo Civil ao assentar que, para a concessão dos benefícios da Justiça Gratuita, basta a declaração de hipossuficiência econômica firmada pela parte ou por seu advogado, desde que munido de procuração com poderes específicos para esse fim. Eis a ementa do acórdão:

> *"RECURSO DE REVISTA INTERPOSTO NA VIGÊNCIA DAS LEIS Nº 13.015/2014 E 13.467/2017. BENEFÍCIOS DA JUSTIÇA GRATUITA. COMPROVAÇÃO. AÇÃO AJUIZADA NA VIGÊNCIA DA LEI Nº 13.467/2017. DECLARAÇÃO PROFERIDA POR PESSOA NATURAL. Cinge-se a controvérsia a decidir se apenas a declaração de pobreza é suficiente para a comprovação do estado de miserabilidade do reclamante, para fins de deferimento dos benefícios da Justiça gratuita, em ação ajuizada após a vigência da Lei nº 13.467/2017. No caso, as instâncias ordinárias, aplicando o artigo 99, § 3º, do CPC/2015, entenderam que a declaração de pobreza apresentada pelo reclamante é suficiente para caracterizar a presunção relativa de veracidade desse fato. Com efeito, para o Regional, o reclamante conseguiu comprovar a sua hipossuficiência econômica, uma vez que "a declaração de pobreza apresentada pelo interessado em audiência é prova bastante de sua hipossuficiência econômica, a teor do artigo 99, §3º, do Código de Processo Civil: "Presume-se verdadeira a alegação de insuficiência deduzida exclusivamente por pessoa natura". A Lei nº 13.467/2017, que entrou em vigor em 11/11/2017, inseriu o parágrafo 4º ao artigo 790 da CLT, que assim dispõe: "Art. 790. (...) § 4º O benefício da justiça gratuita será concedido à parte que comprovar insuficiência de recursos para o pagamento das custas do processo". Dessa forma, considerando que esta ação foi ajuizada na vigência da reforma trabalhista, ela submete-se ao que dispõe o § 4º do artigo 790 da CLT, que exige a comprovação da insuficiência de recursos para a concessão dos benefícios da Justiça gratuita à parte requerente. Com efeito, nos termos do item I da Súmula nº 463 do TST, basta a simples afirmação do declarante ou de seu advogado para se considerar configurada a sua situação econômica: "I - A partir de 26.06.2017, para a concessão da assistência judiciária gratuita à pessoa natural, basta a declaração de hipossuficiência econômica*

> *firmada pela parte ou por seu advogado, desde que munido de procuração com poderes específicos para esse fim (art. 105 do CPC de 2015)". Ressalta-se que a nova redação do § 4º do artigo 790 da CLT não é incompatível com a redação do artigo 99, § 3º, do CPC/2015, razão pela qual as duas normas legais podem e devem ser aplicadas conjuntamente, por força dos artigos 15 e 769 da CLT. Conclui-se, portanto, que a comprovação a que alude o § 4º do artigo 790 da CLT pode ser feita mediante declaração de miserabilidade da parte. Nesse contexto, a simples afirmação do reclamante de que não tem condições financeiras de arcar com as despesas do processo autoriza a concessão da Justiça gratuita à pessoa natural. Enfatiza-se, por fim, que o banco recorrente nada provou em sentido contrário, ficando na cômoda posição de negar validade à declaração de pobreza feita pelo reclamante, sem nada alegar de substancial contra ela e seu conteúdo. Não cabe, portanto, a esta Corte de natureza extraordinária afastar, sem nenhum elemento concreto em contrário, a conclusão de ambas as instâncias ordinárias sobre o fato de ser o reclamante pobre em sentido legal. Recurso de revista conhecido e desprovido". (TST-RR-340-21.2018.5.06.0001, 2ª Turma, rel. Min. José Roberto Freire Pimenta, julgado em 19.2.2020). Informativo 215 - TST.*

3.4.2 Mitigação dos efeitos da revelia e novos efeitos da presença do advogado na audiência – Lei 13.467/17 – Reforma Trabalhista

A Reforma Trabalhista não alterou a redação do *caput* do art. 844 da CLT, o qual manteve a seguinte redação:

> *Art. 844. O não-comparecimento do reclamante à audiência importa o arquivamento da reclamação, e o não-comparecimento do reclamado importa revelia, além de confissão quanto à matéria de fato.*

Todavia, incluiu o § 5°, o qual trouxe nítida vantagem ao reclamado, assim prevendo:

> *§ 5º Ainda que ausente o reclamado, presente o advogado na audiência, serão aceitos a contestação e os documentos eventualmente apresentados.*

Como já mencionado neste opúsculo, desde o surgimento da CLT e até o advento da Lei nº 13.467/2017, se o reclamado faltava à audiência inicial do processo, era considerado revel e confesso.

Mesmo que o seu advogado se fizesse presente. Caso ele já tivesse protocolado a defesa e juntado documentos, os juízes ignoravam tanto a defesa, quanto os documentos vindos com ela. Todavia, com a Lei da Reforma Trabalhista, em 11.11.2017, o não comparecimento do reclamante à audiência continua importando no arquivamento da reclamação. E o não comparecimento do reclamado também continua importando na sua revelia, além de confissão quanto à matéria de fato. Contudo, ainda que ausente o reclamado, uma vez presente o seu advogado na audiência, a contestação será recebida e os documentos com ela apresentados serão não só aceitos, ou seja, levados em conta, pelo juiz, ao longo da instrução processual e quando do julgamento.

A propósito de revelia, é importante anotar que "Restam afastados os efeitos da revelia quando, existindo pluralidade de réus em litisconsórcio, acionados como responsáveis solidários/subsidiários pelos pleitos vestibulares, qualquer dos demandados comparecer à audiência e contestar os pedidos formulados, conforme preconiza o art. 345 do CPC. A confissão ficta decorrente da revelia prevalece, no entanto, naquelas matérias em que a contestação apresentada pelo litisconsorte não estabelece controvérsia válida" (TRT da 3ª Região – 3ª Turma – 0010405-56.2018.5.03.0002 (RO) – 01/10/2019).

3.5 A AUDIÊNCIA UNA E O SEU FRACIONAMENTO

Inspirada no Princípio da Concentração dos atos processuais, a CLT prevê, como regra, a realização de uma única audiência, a chamada audiência una.

Contudo, dado o elevadíssimo número de ações ajuizadas a cada ano na Justiça do Trabalho, as pautas são elaboradas com inúmeras audiências a cada dia. A depender da matéria discutida nesses processos, do procedimento neles adotado (ritos sumário, sumaríssimo ou ordinário), do número de testemunhas a serem ouvidas e da necessidade ou não da produção de prova pericial, muitas vezes o juiz se vê obrigado a fracionar a audiência, designando nova data para a continuação e conclusão da instrução processual. Ou seja, a audiência não é iniciada e concluída no mesmo dia. Deixa, portanto, de ser una. Em alguns casos mais complexos, chegam a acontecer mais de duas audiências até que se possa concluir a instrução processual e os autos do processo sejam conclusos, para sentença.

3.6 O FRACIONAMENTO DA AUDIÊNCIA. ART. 849 DA CLT

Estabelece o art. 849 da CLT que *"A audiência de julgamento será contínua; mas, se não for possível, por motivo de força maior, concluí-la no mesmo dia, o juiz ou presidente marcará a sua continuação para a primeira desimpedida, independentemente de nova notificação".*

No caso de haver o fracionamento da audiência, o advogado deverá ficar atendo ao que prevê a Súmula nº 74, do Colendo TST:

> *CONFISSÃO. (atualizada em decorrência do CPC de 2015).*
>
> *I – Aplica-se a confissão à parte que, expressamente intimada com aquela cominação, não comparecer à audiência em prosseguimento, na qual deveria depor. (ex-Súmula nº 74 – RA 69/1978, DJ 26.09.1978)*

E se faltarem as duas partes?

Quando os litigantes não comparecem em audiência na qual deveriam prestar depoimento, ambas as confissões se anulam, devendo a controvérsia ser solucionada pela distribuição do ônus da prova, consoante previsto no art. 818, da CLT.

Em síntese: quanto aos fatos cujo ônus da prova era do reclamante, a decisão lhe será desfavorável. E, no tocante aos fatos cujo encargo probatório pesava sobre os ombros da reclamada, quanto a eles a reclamada sucumbirá. Acerca do tema, vejamos a jurisprudência:

> *AUDIÊNCIA DE INSTRUÇÃO. DEPOIMENTO PESSOAL. AUSÊNCIA INJUSTIFICADA DAS PARTES. CONFISSÃO FICTA. ÔNUS DA PROVA. Aplica-se a confissão ficta à parte que, expressamente intimada com aquela cominação, não comparecer à audiência em prosseguimento, na qual deveria depor (art. 844 da CLT e Súmula 74, I, do TST). Em casos como o da espécie, em que a aplicação da confissão ficta atingiu ambas as partes, o magistrado deve dirimir a controvérsia observando as regras de distribuição do ônus da prova. Recurso Ordinário conhecido e provido. (TRT 16 – ACORDÃO TRT 16ª / 2ª Turma / RO 0503900-73.2012.5.16.0023).*
>
> *APLICAÇÃO RECÍPROCA DA PENA DE CONFISSÃO. UTILIZAÇÃO DA REGRA DO ÔNUS DA PROVA. Aplicada a confissão ficta a ambas as partes (ao reclamante, por ausência à audiência em prosseguimento, e, à reclamada, por não juntar aos autos os cartões de ponto), o deslinde da questão litigiosa se faz mediante a aplicação da regra do ônus da prova, conforme diretriz do art. 818 da CLT c/c art. 373 do CPC. (Tribunal Regional do Trabalho da 3ª Região – 10ª Turma - 0011137-86.2016.5.03.0073 (RO) -16/08/2017).*
>
> *RECURSO ORDINÁRIO. CONFISSÃO FICTA DE AMBAS AS PARTES. CONSEQUÊNCIAS. ÔNUS DA PROVA. Sendo a parte autora confessa, porque deixou de comparecer à audiência de instrução na qual prestaria depoimento pessoal, embora ciente de que sua ausência implicaria confissão ficta; e sendo, também, a parte ré confessa, por não ter juntado aos autos os controles de frequência do autor; ambas as confissões se anulam, cabendo ao intérprete solucionar a controvérsia pela distribuição do ônus da prova. Destarte, pelo princípio da dis-*

ponibilidade ou da aptidão para a prova, cabe à parte que detém, por imperativo legal, a prova apresentá-la em juízo, sob pena de admitir-se como verdadeira a alegação contida na exordial. (Tribunal Regional do Trabalho da 3ª Região – 10ª Turma – RO 0001287-44.2010.5.01.0341 – DOERJ 28-05-2013).

3.7 AUSÊNCIA DAS PARTES POR MOTIVO RELEVANTE

A CLT prevê, no §1° do seu art. 844, o seguinte:

> *§ 1° Ocorrendo motivo relevante, poderá o juiz suspender o julgamento, designando nova audiência.*

É evidente que, caso o litigante tenha uma razão ponderosa para não comparecer à audiência ou enfrente algum embaraço imprevisto e/ou intransponível, impeditivo de seu comparecimento, o juiz saberá ser sensato e, arrimado na lei, adiará a audiência, de modo a possibilitar que todos os litigantes nela se façam presentes. Caso o pedido de adiamento não seja deferido pelo magistrado, sem dúvida estará ele cerceando o direito de ampla defesa de uma das partes, como se pode colher da jurisprudência adiante transcrita. Aliás, mesmo se houver decreto de revelia da reclamada, ainda assim, uma vez evidenciada a impossibilidade de seu oportuno comparecimento à audiência, o juiz deverá afastar a revelia e reincluir o processo em pauta de audiência inaugural.

> *EMENTA: CERCEAMENTO DE DEFESA. AUDIÊNCIA. AUSÊNCIA DA RECLAMADA. APRESENTAÇÃO DE JUSTIFICATIVA. ACIDENTE DE TRÂNSITO. NÃO ADIAMENTO. CONFIGURAÇÃO. O acidente de trânsito que interdita rodovia e obsta o comparecimento da empresa configura motivo relevante para o adiamento da audiência. Não prevalece a revelia e a confissão nestes casos, sob pena de cerceamento do direito de defesa. (TRT 3ª Região – Minas Gerais – 08/06/2011 – Acórdão:2011-06-08;0000258-40.2011.5.03.0026).*

> *EMENTA: CANCELAMENTO DE VÔO. AUSÊNCIA À AUDIÊNCIA. MOTIVO RELEVANTE. CERCAMENTO DE DEFESA. A CLT, em seu artigo 844, é expressa no sentido de que a ausência do reclamado em audiência importa revelia, além de confissão quanto à matéria de fato, salvo quando a falta ocorrer em razão de motivo relevante. Dessa forma, verificando-se nos autos que o preposto da parte ré deixou de comparecer à audiência em razão de cancelamento de voo agendado para o dia anterior à audiência, demonstrando a sua diligência e intuito de comparecimento, somente conseguindo voo com escala que acarretou o atraso e inviabilizou a presença, verifica-se o cerceamento de defesa o não adiamento da audiência. (Tribunal Regional do Trabalho da 3ª Região – 3ª Turma – Data 05/12/2012).*

A propósito do tema, o advogado deverá estar atento aos casos em que o seu cliente se encontra enfermo. A pergunta que cabe é: a apresentação de petição de adiamento da audiência, acompanhada de atestado médico, por si só, elide a revelia e a confissão?

A resposta nos é dada pela Súmula n° 122 do TST, lavrada nos seguintes termos:

> *SÚMULA Nº 122 – REVELIA. ATESTADO MÉDICO (incorporada a Orientação Jurisprudencial nº 74 da SBDI-1) – Res. 129/2005, DJ 20, 22 e 25.04.2005*
>
> *A reclamada, ausente à audiência em que deveria apresentar defesa, é revel, ainda que presente seu advogado munido de procuração, podendo ser ilidida a revelia mediante a apresentação de atestado médico, que deverá declarar, expressamente, a impossibilidade de locomoção do empregador ou do seu preposto no dia da audiência. (primeira parte – ex-OJ nº 74 da SBDI-1 – inserida em 25.11.1996; segunda parte – ex-Súmula nº 122 – alterada pela Res. 121/2003, DJ 21.11.2003)*

3.8 CUIDADOS COM O PEDIDO DE ADIAMENTO DA AUDIÊNCIA

O advogado deve ter muito cuidado ao pleitear o adiamento da audiência.

Não me refiro à redação do pedido, embora nunca seja demasiado alertar para o fato de que os juízes são muito ocupados e apreciam pedidos sintéticos, curtos e objetivos. O cuidado ao qual me refiro é o de zelar para que a apreciação do pedido ocorra logo. Se possível, o advogado deverá tratar diretamente com o juiz ao qual dirigiu o aludido pleito, de modo a que, quando da audiência, já saiba se o pedido de adiamento foi ou não deferido.

Com efeito, caso o advogado atue como patrono do reclamante e o seu cliente não tenha condições de se fazer presente na audiência inaugural do processo, sendo o pedido de adiamento negado, sabendo disso com antecedência o causídico deverá se valer da regra do art. 843, § 2°, da CLT, *in verbis:*

> *§ 2º Se por doença ou qualquer outro motivo poderoso, devidamente comprovado, não for possível ao empregado comparecer pessoalmente, poderá fazer-se representar por outro empregado que pertença à mesma profissão, ou pelo seu sindicato.*

Adotando tal providência, o trabalhador impede o arquivamento da reclamatória. E, ao contrário do que se possa imaginar, não ocorrerá a oitiva do *"outro empregado que pertença à mesma profissão"*, nem a do representante sindical em substituição ao depoimento do reclamante. A audiência será adiada.

Por outro lado, se o pedido de adiamento da audiência foi feito pelo reclamado, é importante cuidar em obter, de logo, a decisão judicial acerca do adiamento, haja vista que, em sendo tal pedido indeferido, o advogado terá tempo para dar ciência ao seu cliente e este poderá indicar um preposto ou mesmo outro preposto, se o que iria comparecer à audiência ficara impossibilitado. O certo é que é muito temerário deixar para saber da decisão sobre o pedido de adiamento da audiência apenas no horário em que ele se realizará. Embora isso não seja a prática juridicamente mais acertada, há juízes que não apreciam, previamente, o pedido de adiamento, deixando para fazê-lo na audiência. E, pior, chegam a indeferir o citado pleito sem possibilitar à parte que o formulara se fazer presentar por um preposto, se reclamado, ou pelo empregado da mesma profissão, se é o trabalhador reclamante. Não se deve correr esse risco!

A propósito, a decisão a seguir transcrita bem ilustra o que se estou a dizer:

> *O juízo monocrático não despachou o requerimento patronal até o dia da audiência, o que certamente gerou na parte uma expectativa quanto à sua pretensão de adiamento. Somente no dia 21/07/2015, ou seja, durante a realização da audiência inaugural, o magistrado respondeu ao pedido do reclamado, indeferindo-o. Assim, seja pela forma irregular como a notificação foi realizada, seja pela ausência de despacho do juízo a quo antes da audiência em que foi indeferido o pedido de adiamento, e, por fim, diante das evidências quanto à existência de doença grave que acomete o reclamado, o caso é de se dar provimento ao recurso, para declarar a nulidade da sentença". (TRT3ªRegião-PJe:0010615-75.2015.5.03.0079 (RO) Disponibilização:08/10/2015. Nona Turma).*

Como se vê, é equivocada e cerceadora do direito de defesa a prática de alguns juízes de indeferirem pedido de adiamento da audiência sem prévia notificação à parte que o formulara. Seja o indeferimento que ocorre apenas durante a realização da audiência, seja o indeferimento a poucos dias da data da audiência, mas sem a devida ciência prévia à parte que solicitara o adiamento.

3.9 A IMPORTÂNCIA DA CONCILIAÇÃO: UMA MUDANÇA DE PARADIGMA

3.9.1 O princípio da conciliação

Enaltecendo que Carnelutti dizia ser a conciliação uma sentença dada pelas partes e a sentença é uma conciliação imposta pelo juiz, Mauro Schiavi, no seu *Manual de Direito Processual do Trabalho* (LTr, 15ª edição, p. 134), sustenta que:

> *a conciliação é a melhor forma de resolução do conflito trabalhista, pois é solução oriunda das próprias partes que sabem a real dimensão do conflito, suas necessidades e possibilidades para melhor solução. Muitas vezes, a sentença desagrada a uma das partes e até mesmo às duas partes.*

Pois bem, a CLT, em vários de seus artigos, prestigia a conciliação como forma de resolução de conflitos. O seu art. 846 prevê que, *"Aberta a audiência, o juiz ou presidente proporá a conciliação"*, sendo que, *"Se houver acordo lavrar-se-á termo, assinado pelo presidente e pelos litigantes, consignando-se o prazo e demais condições para seu cumprimento" (§ 1º).*

Já o seu art. 850, com a mesma preocupação de valorizar a solução amigável da lide, orienta que, *"Terminada a instrução, poderão as partes aduzir razões finais, em prazo não excedente de 10 (dez) minutos para cada uma. Em seguida, o juiz ou presidente renovará a proposta de conciliação, e não se realizando esta, será proferida a decisão".*

Não bastasse isso, o art. 764, da mesma CLT, ressalta que *"Os dissídios individuais ou coletivos submetidos à apreciação da Justiça do Trabalho serão sempre sujeitos à conciliação"*. O seu § 1° prevê que, *"Para os efeitos deste artigo, os juízes e Tribunais do Trabalho empregarão sempre os seus bons ofícios e persuasão no sentido de uma solução conciliatória dos conflitos"*. Por fim, o § 3° do citado art. 764 adverte que *"É lícito às partes celebrar acordo que ponha termo ao processo, ainda mesmo depois de encerrado o juízo conciliatório".*

Ou seja, o processo do trabalho é regido, entre outros, pelo princípio da conciliação. Não é sem razão que parte significativa da jurisprudência tem sustentado a nulidade do processo caso o juiz não tenha tentado, pelo menos uma vez, após a instrução processual, conciliar os litigantes. É importante que conste na ata de audiência o registro das duas tentativas de acordo previstas para o rito ordinário, ou pelo menos da derradeira, após o encerramento da instrução processual. Tratando-se de processo submetido aos ritos sumário ou sumaríssimo, exige-se pelo menos uma tentativa de conciliação, a qual, evidentemente, deve ser anotada na ata de audiência, sob pena de nulidade. É nesse sentido a jurisprudência mais prestigiada:

> *AUSÊNCIA DA PROPOSTA DE CONCILIAÇÃO. NULIDADE DA SENTENÇA. Verificada a ausência da tentativa conciliatória, imposta pelo art. 850 da CLT, forçosa a declaração da nulidade da decisão havida em primeiro grau e, por via de consequência, dos demais atos processuais a ela posteriores, por ter o Juízo de origem se precipitado em julgar o feito antes de exauridas as tentativas de conciliação, violando o iter processual ao suprimir formalidade essencial à conversão do juízo conciliatório em arbitral (art. 764, § 2º, da CLT). Recurso ordinário conhecido e provido. (Tribunal Regional do Trabalho da 16ª Região – 2ª Turma – Acórdão2012-03-13;0071700-25.2009.5.16.0010)*

> *AUSÊNCIA DE TENTATIVA DE ACORDO. NULIDADE. O art. 831 da CLT estabelece uma condição intrínseca para a validade da sentença trabalhista, qual seja, a tentativa de conciliação entre as partes. A ausência da tentativa de conciliação, portanto, implica em nulidade da r. sentença, razão pela qual a preliminar de nulidade merece acolhida, determinando-se o retorno dos autos a origem para que seja designada audiência de instrução, com regular prosseguimento do feito. (Tribunal Regional do Trabalho da 3ª Região – Minas Gerais – 1ª Turma – acórdão 0011697-14.2017.5.03.0131 – data: 18/07/2018)*

Destarte, não só os juízes, como também os senhores advogados deverão empregar os seus melhores ofícios visando a solução amistosa da lide. Afinal, *"(...) muitas sentenças da Justiça do Trabalho acabam se tornando meramente um 'parecer cultural', sem efeito concreto para o trabalhador"*, como disse o Ministro João Oreste Dalazen, quando era Presidente do TST (Matéria publicada no site do Coleprecor, em 27.05.11).

Ou seja, de que adianta uma sentença se a reclamada não tem condições de cumpri-la? Nesse caso – e são muitos na JT – melhor buscar um acordo que não seja aviltante para o trabalhador, do que insistir em ver a lide solucionada por uma sentença, suscetível de recurso e que, além da demora até o trânsito em julgado, não terá efetividade.

Em outras palavras, **é preciso sair da cultura da litigiosidade para a cultura da conciliação**.

Mas... o que o leitor sabe sobre técnicas de conciliação?

Ao responder ao questionário que segue, o advogado poderá avaliar se vem atuando a contento, no tocante à busca da conciliação como solução proveitosa para os litígios nos quais os seus clientes estão envolvidos.

3.9.2 Quiz da conciliação

(As respostas se encontram em gabarito, ao final do bloco de questões).

1. Antes da audiência, você esclarece ao seu cliente acerca dos riscos da demanda e das vantagens e desvantagens de uma conciliação?

A. Sempre esclareço.

B. Às vezes esclareço.

C. Raramente esclareço.

D. Prefiro deixar comigo a autonomia para decidir acerca da conciliação.

2. Você costuma cumprimentar o juiz, o advogado da parte ex adversa e o cliente dele?

A. Sempre.

B. Às vezes.

C. Raramente.

D. Não vejo utilidade nisso.

3. O acordo pode envolver parcelas/direitos que não estão sendo pleiteados na inicial? P. ex.: uma dívida não trabalhista do empregado para com a empresa poderia ser objeto de negociação no acordo?

A. Sim.

B. Não.

4. Ao buscar a conciliação, você se preocupa com a exequibilidade do acordo?

A. Sempre.

B. Nem sempre.

C. Não hesito em alcançar um acordo. Se será cumprido, o futuro dirá.

D. Não sei o que é exequibilidade.

5. Imagine-se atuando para o trabalhador. Você já foi para a audiência sem que tenha buscado saber acerca do potencial econômico da reclamada?

A. Nunca atentei para esse detalhe.

B. Raramente pergunto ao cliente ou consulto acerca de patrimônio do réu.

C. Sempre busco saber.

D. Não vejo importância nessa pesquisa.

6. Imagine-se atuando para o trabalhador. O valor proposto para acordo foi aceito. Até quantas parcelas você considera um número razoável?

A. Parcelar em mais de três vezes é demais. Recusaria.

B. Parcelar em mais de cinco vezes é demais. Recusaria.

C. Preocupo-me em saber se agrada ao meu cliente, antes de saber do meu interesse.

7. Você atuando para o trabalhador: já buscou se inteirar qual o tempo médio que se leva para a entrega da prestação jurisdicional nos casos de sentença?

A. Não tenho a menor ideia.

B. Nem imagino o índice de reclamações com sentença que nunca foram cumpridas/pagas.

C. Não sei o índice de efetividade do cumprimento de sentenças na 16ª Região.

D. Sim. O tempo médio é de três ou mais anos.

8. Você, sendo advogado(a) do empregado, chegando a um acordo, costuma estabelecer multa por inadimplemento em qual percentual?

A. 100%.

B. 50%.

C. Menos de 50%.

D. Vai depender de quem seja o reclamado, de seu histórico adimplente e do seu lastro econômico.

9. Imagine-se sendo contratado para defender uma empresa, na condição de advogado audiencista/correspondente. Quanto à possibilidade de acordo:

A. Sigo, fiel e acriticamente, o que me foi determinado fazer na audiência.

B. Nunca cuidei em pugnar por margem de negociação (para efeito de acordo).

C. Sempre me preocupo em ter autonomia para fazer acordo, inclusive com margem para ir além do valor sugerido, a depender da instrução processual (admito e uso consultar a cliente via telefone).

10. Caso venha a celebrar acordo, você costuma ajustar a retirada de seus honorários a cada parcela ou privilegia os seus honorários com as primeiras parcelas?

A. Ajusto a retirada de meus honorários a cada parcela, no percentual combinado.

B. As primeiras parcelas se destinam ao pagamento dos os meus honorários.

C. Quando ajusto conforme a letra B, registro na ata de acordo que o reclamante fica autorizado a receber as demais parcelas via alvará exclusivamente em seu nome.

11. O seu cliente litiga com uma empresa que você vem a saber, em audiência, está em recuperação judicial. Você entende que um acordo, mesmo para pagamento do débito em várias parcelas, é um bom acordo?

A. Sim.

B. Não, mas aceitaria.

C. Prefiro aguardar a sentença.

D. Não sei em que essa recuperação judicial vai influenciar no pagamento.

12. Imagine-se advogado da reclamada. Já no seu escritório você percebe que a sua cliente tem poucas chances de vitória. Você:

A. Não diria isso a ela claramente, por temer perder o cliente.

B. Diria isso a ela sem qualquer constrangimento.

C. Diria que a derrota era provável e que o acordo seria a melhor defesa.

13. Diante de uma intervenção inoportuna ou agressiva do advogado *ex adverso* ou do cliente dele, você adotaria qual postura?

A. Devolveria no mesmo tom, para mostrar firmeza.

B. Pediria ao juiz/conciliador para intervir, destacando o despreparo do adverso.

C. Ficaria calado, sem demonstrar aborrecimento, esperando a intervenção do juiz/conciliador.

14. Você considera importante persuadir o seu cliente, fazendo com que ele se coloque no lugar da outra parte?

A. Sim, sempre.

B. Não. Não vejo utilidade nisso.

C. Nunca atentei para a relevância disso.

15. Advogados tendem a suscitar discussão jurídica quando se está tentando a conciliação. Se o seu opositor inicia uma discussão, você:

A. Diria ao advogado *ex adverso* que, naquele momento, referida discussão não era oportuna.

B. Afirmaria que o advogado *ex adverso* está dificultando o acordo.

C. Replicaria mostrando saber jurídico, até para impressionar o seu cliente.

D. Fingiria não ter ouvido o que o advogado afirmara e tergiversaria, confiante na possibilidade do acordo.

16. A Lei 13.467/2017 deu competência ao juiz do trabalho para homologar acordo extrajudicial.

A. Você sabia dessa novidade e sabe quais são os requisitos necessários para a apresentação do pedido de homologação desse acordo.

B. Não sabia da novidade, nem dos tais requisitos.

C. Já sabia e venho buscando contato com o advogado da parte *ex adversa*, visando o acordo extrajudicial, antes de protocolar a reclamação.

17. Você considera importante esclarecer ao seu cliente o que ficou estabelecido no termo de conciliação?

A. Sempre esclareço.

B. Nem sempre esclareço.

C. Isso me parece irrelevante.

18. Um empregado sofreu acidente de trabalho e ficou paraplégico. Ajuizou uma RT buscando indenização por danos morais e patrimoniais contra a empregadora, uma empresa multinacional. Valor da causa: R$ 500.000,00. Na audiência, as partes comunicaram ao juiz haver chegado a um acordo no valor de R$ 100 mil. O juiz se recusou à homologação, entendendo ser o valor pequeno, ante a natureza do bem jurídico tutelado e o salário do morto e por se tratar de empresa de lucro anual na casa de bilhões. No seu entender:

A. O juiz não pode se recusar à homologação, já que as partes são capazes, o objeto da negociação é lícito e a forma do acordo está prescrita em lei.

B. Pode. A homologação é uma faculdade do juiz.

GABARITO DO QUIZ/QUESTIONÁRIO:

1 – A; 2 – A; 3 – A; 4 – A; 5 – C; 6 – C; 7 – D; 8 – D; 9 – C; 10 – A ou C; 11 – A; 12 – C; 13 – C; 14 – A; 15 – D; 16 – C; 17 – A e 18 – B.

3.9.3 Observações importantes

3.9.3.1 A homologação do acordo constitui uma faculdade do juiz

O juiz não está obrigado a homologar a conciliação (S. 418, TST) quando nitidamente prejudicial ao empregado ou quando for objeto de simulação das partes visando lesar terceiros.

> *Súmula nº 418 do TST*
>
> *MANDADO DE SEGURANÇA VISANDO À CONCESSÃO DE LIMINAR OU HOMOLOGAÇÃO DE ACORDO A concessão de liminar ou a homologação de acordo constituem faculdade do juiz, inexistindo direito líquido e certo tutelável pela via do mandado de segurança. (ex-OJs da SBDI-2 nºs 120 – DJ 11.08.2003 – e 141 – DJ 04.05.2004)*

3.9.3.2 Acordo – Incidência ou não de contribuição previdenciária

Outro tema importante para o advogado militante na Justiça do Trabalho é a incidência de encargos previdenciários nas parcelas negociadas nos acordos.

Em 26 de janeiro de 2015 foi publicada a nova Consolidação das Súmulas da Advocacia-Geral da União. Nela consta o verbete nº 67, o qual trata acerca da possibilidade de os litigantes discriminarem a natureza jurídica das verbas objeto de conciliação trabalhista, para fins de incidência ou não de contribuição previdenciária. Parece-me de suma importância para o advogado conhecer acerca do tema:

> *SÚMULA Nº 67, DE 3 DE DEZEMBRO DE 2012 (Publicada no DOU Seção 1, de 04/12, 05/12 e 06/12/2012): Na Reclamação Trabalhista, até o trânsito em julgado, as partes são livres para discriminar a natureza das verbas objeto do acordo judicial para efeito do cálculo da contribuição previdenciária, mesmo que tais valores não correspondam aos pedidos ou à proporção das verbas salariais constantes da petição inicial.*

Sobre o tema em liça, ressalto, por oportuno, que no Diário Oficial da União de 23.09.2019, foi publicada a Lei nº 13.876/19, a qual promoveu alterações no art. 832, da CLT. Vejamos em que consistiram essas inovações:

Art. 2º O art. 832 da Consolidação das Leis do Trabalho (CLT), aprovada pelo Decreto-Lei nº 5.452, de 1º de maio de 1943, passa a vigorar acrescido dos seguintes §§ 3º-A e 3º-B:

"Art. 832. (...)

§ 3º-A. Para os fins do § 3º deste artigo, salvo na hipótese de o pedido da ação limitar-se expressamente ao reconhecimento de verbas de natureza exclusivamente indenizatória, a parcela referente às verbas de natureza remuneratória não poderá ter como base de cálculo valor inferior:

I – ao salário-mínimo, para as competências que integram o vínculo empregatício reconhecido na decisão cognitiva ou homologatória; ou

II – à diferença entre a remuneração reconhecida como devida na decisão cognitiva ou homologatória e a efetivamente paga pelo empregador, cujo valor total referente a cada competência não será inferior ao salário-mínimo.

§ 3º-B. Caso haja piso salarial da categoria definido por acordo ou convenção coletiva de trabalho, o seu valor deverá ser utilizado como base de cálculo para os fins do § 3º-A deste artigo."

3.9.3.3 Possibilidades de negociação e o que pode ser objeto do acordo e de quitação

Outro detalhe importante acerca da conciliação levada a efeito na Justiça do Trabalho diz respeito às possibilidades de negociação e o que pode ser objeto do acordo e de quitação. Nesse tocante, urge levar em conta que a conciliação, em geral, importa uma transação judicial em que as partes, com concessões recíprocas, dão fim à demanda. Ela não se vincula às pretensões postas em juízo, muitas das vezes controvertidas. Cabe às partes estabelecer os limites de definição do objeto do acordo, o qual pode abranger todas ou apenas algumas das pretensões formuladas na inicial.

Aliás, a conciliação pode abranger pretensões que sequer foram postas em juízo. Ou seja, que sequer foram formulados na inicial. Afinal, a conciliação deve almejar a pacificação, a solução da lide sociológica – e não só do litígio judicial. A título ilustrativo, imaginemos um empregado de loja de eletrodomésticos que adquiriu uma geladeira da empresa patroa, a prestação. Pagou apenas sete das dez prestações quando foi despedido sem justa causa e sem receber as rescisórias. Nada impede que, na audiência, ele e a sua ex-empregadora celebrem acordo envolvendo a quitação inclusive do débito referente à aquisição da geladeira.

Impende, por fim, ressaltar que, nos termos do parágrafo único do art. 831 da CLT, o termo de conciliação vale como decisão irrecorrível.

Se, no acordo homologado, há quitação pelo extinto contrato de trabalho, compreende-se que o reclamante não pode mais postular nenhum direito decorrente do vínculo, não somente quanto ao objeto da inicial, como também quanto a todas as demais parcelas referentes ao contrato de trabalho, conforme a OJ n. 132 da SBDI-II do TST.

3.9.3.4 Acordo com quitação geral do extinto contrato de trabalho

Enuncia o art. 764, da CLT, que "*Os dissídios individuais ou coletivos submetidos à apreciação da Justiça do Trabalho serão sempre sujeitos à conciliação*". E já foi destacado nesta obra que a conciliação pode abranger pretensões não postas em juízo, ou seja, que não foram formulados na inicial. Contudo, os litigantes e os seus advogados devem ter cuidado especial quando do estabelecimento dos termos do ajuste que pretendem submeter à homologação do juiz. Refiro-me aos limites da quitação que será dada pelo trabalhador.

Com efeito, o recomendável é que a quitação dada pelo trabalhador se limite aos pedidos formulados na reclamatória. Do mesmo modo deve acontecer no tocante ao acordo extrajudicial a ser posto à homologação da autoridade judiciária.

No entanto, não é raro os juízes do trabalho se depararem com petições noticiando a celebração de acordo nos quais é ajustado o pagamento de determinada quantia ao trabalhador, na maioria das vezes inferior ao valor pleiteado na inicial, porém dando o laborista quitação não só quanto ao pleitos elencados reclamação, como também relativamente a todos os direitos decorrentes da extinta relação de emprego. Estou me referindo ao conhecido "acordo para quitação geral do extinto contrato de trabalho".

Aqui já foi enfatizado que o juiz não está obrigado a homologar a conciliação quando nitidamente prejudicial ao empregado ou quando for objeto de simulação das partes visando lesar terceiros (Súmula 418, do TST). Todavia, são incontáveis os casos nos quais juízes homologam esse tipo de ajuste com quitação geral. Decerto muitos outros acordos ainda serão celebrados com essa cláusula de quitação ampla e também receberão a chancela judicial.

Porém, é necessário chamar a atenção do leitor para o seguinte: tendo sido ajustada a quitação geral do extinto contrato de trabalho, quando a reclamação continha usuais pedidos de verbas contratuais e rescisórias, caso o trabalhador, posteriormente, venha a ajuizar ação pleiteando indenizações por danos morais e materiais em razão de doença ocupacional só posteriormente detectada, o processo de sua reclamação será inevitavelmente extinto, sem resolução do mérito, à vista do art. 485, do CPC subsidiário, haja vista que a sentença homologatória do aludido acordo de quitação geral fizera coisa julgada material.

É dizer: como ele ajustara, anteriormente, dando quitação geral, ou seja, relativamente a todos os direitos decorrente do extinto contrato de trabalho, tal quitação alcança, inclusive, eventuais indenizações decorrentes de doenças ocupacionais só posteriormente detectadas.

A propósito, colho no site do TST notícia relativa a uma ação ajuizada por uma auxiliar de serviços que pleiteava indenização por danos morais por doença ocupacional. Sucede que a empregada havia, em processo anterior, celebrado acordo de plena e ampla quitação. O juízo da 30ª Vara do Trabalho de Porto Alegre (RS) deferiu o pedido de indenização, e o Tribunal Regional do Trabalho da 4ª Região (RS) manteve a sentença, por entender que a quitação do contrato de trabalho em acordo judicial anterior, ainda que sem ressalva, não afasta a possibilidade de nova ação, no caso de indenização por doença de trabalho.

Entretanto, o relator do recurso de revista, ministro Cláudio Brandão, explicou que a situação se enquadrava no disposto na Orientação Jurisprudencial 132 da Subseção II Especializada em Dissídios Individuais (SDI-2) do TST. De acordo com essa OJ, o acordo homologado judicialmente, no qual o empregado dá plena e ampla quitação, sem qualquer ressalva, alcança não só o objeto da reclamação trabalhista, mas todas as demais parcelas referentes ao extinto contrato de trabalho. A propositura de nova reclamação, segundo o eminente relator, violaria a coisa julgada. A decisão, unânime, foi assim ementada:

> *PROCESSO Nº TST-RR-20812-49.2014.5.04.*
>
> *ACÓRDÃO 7ª TURMA*
>
> *AGRAVO INTERNO EM AGRAVO DE INSTRUMENTO EM RECURSO DE REVISTA.LEI Nº 13.015/2014. CPC/2015. INSTRUÇÃO NORMATIVA Nº 40 DO TST.ACORDO HOMOLOGADO EM RECLAMAÇÃO TRABALHISTA APÓS A VIGÊNCIA DA EMENDA CONSTITUCIONAL Nº 45/2004. QUITAÇÃO AMPLA E PLENA DO CONTRATO DE TRABALHO SEM RESSALVAS. POSTERIOR PRETENSÃO À INDENIZAÇÃO POR DANOSMORAISE MATERIAISDECORRENTESDE DOENÇA OCUPACIONAL. OFENSA À COISA JULGADA. EXEGESE DA ORIENTAÇÃO JURISPRUDENCIAL Nº 132 DA*

> *SBDI-II DO TST. Constatado equívoco na decisão unipessoal, dá-se provimento ao agravo interno. AGRAVO DE INSTRUMENTO EM RECURSO DE REVISTA. ACORDO HOMOLOGADO EM RECLAMAÇÃO TRABALHISTA APÓS A VIGÊNCIA DA EMENDA CONSTITUCIONAL Nº 45/2004. QUITAÇÃO AMPLA E PLENA DO CONTRATO DE TRABALHO SEM RESSALVAS. POSTERIOR PRETENSÃO À INDENIZAÇÃO POR DANOSMORAISE MATERIAISDECORRENTESDE DOENÇA OCUPACIONAL. OFENSA À COISA JULGADA. EXEGESE DA ORIENTAÇÃO JURISPRUDENCIAL Nº 132 DA SBDI-II DO TST. Agravo de instrumento a que se dá provimento para determinar o processamento do recurso de revista, uma vez que foi demonstrada possível contrariedade à Orientação Jurisprudencial nº 132 da SBDI-II desta Corte.RECURSO DE REVISTA. AGRAVO DE INSTRUMENTO EM RECURSO DE REVISTA. ACORDO HOMOLOGADO EM RECLAMAÇÃO TRABALHISTA APÓS A VIGÊNCIA DA EMENDA CONSTITUCIONAL Nº 45/2004. QUITAÇÃO AMPLA E PLENA DO CONTRATO DE TRABALHO SEM RESSALVAS. POSTERIOR PRETENSÃO À INDENIZAÇÃO POR DANO MORAL E MATERIAL DECORRENTE DE DOENÇA OCUPACIONAL. OFENSA À COISA JULGADA. EXEGESE DA ORIENTAÇÃO JURISPRUDENCIAL Nº 132 DA SBDI-II DO TST. O acordo judicial, conferindo quitação ampla e irrestrita aos créditos oriundos do contrato de trabalho, sem ressalvas, homologado na vigência da Emenda Constitucional nº 45/2004, época em que já não mais subsistia discussão acerca da competência desta Justiça Especializada para apreciar eventuais pedidos de indenizações por danos morais e materiais, em virtude de acidente de trabalho ou doença ocupacional a ele equiparada, inviabiliza a posterior discussão de tais verbas, em face da caracterização de coisa julgada. Tratando-sede direitos oriundos da prestação de trabalho, inserem-se as respectivas indenizações também na esfera do objeto do acordo firmado entre as partes e homologado em juízo. Orientação Jurisprudencial nº 132 da SBDI-II do TST. Recurso de revista conhecido e provido.*

Portanto, muito cuidado quando da celebração de acordos com quitação geral.

3.10 TÉCNICAS DE CONCILIAÇÃO

3.10.1 Técnica do silêncio

Técnica do Silêncio – Saber ouvir: Evitar a "escuta nervosa". Se o advogado não sabe ou não está disposto a escutar o juiz, o advogado da parte contrária; se não fixa os seus olhos em quem lhe fala; se interrompe a sua manifestação, em todos esses exemplos evidencia desinteresse ou interesse superficial, não verdadeiro, ficando o seu interlocutor com a impressão de que está sendo desrespeitado ou que não merece atenção. Saber ouvir o adversário, sem interrompê-lo, deixa o *ex adverso* certo de que você lhe dera importância, de que ele fora respeitado, e isso favorece a conciliação.

3.10.2 Audição da proposta implícita

Não raro a parte adversária procura solucionar um problema que não é propriamente o que está revelado na inicial/defesa. Por exemplo: às vezes o reclamante despedido por desídia deseja apenas ser reconhecido como bom profissional e não, propriamente, ganhar a causa, ganhar dinheiro. O advogado da reclamada deve cuidar em identificar o motivo subjacente da reclamação, a "chave" que levará ao acordo. Essa chave é o que chamamos de proposta implícita.

3.10.3 Evitar o enfoque prospectivo

Para se obter uma conciliação não é recomendável discutir a culpa. Evitar tratar das causas que ensejaram o conflito. Interceder no sentido de que as partes não tratem do passado e não se agridam. Evitar, portanto, as "espirais do conflito". Cada reação será mais severa do que a ação que a precedeu e criará uma nova questão ou ponto de disputa. E o acordo ficará cada vez mais distante.

3.10.4 Inversão de papéis (empatia/validação)

A validação de sentimentos é a habilidade de legitimar e fazer com que se torne válido e reconhecido o que sentimos e também o que o outro com quem nos relacionamos sente.

Por meio da validação podemos demonstrar que nos importamos profundamente com quem se encontra em sofrimento. Portanto, esta é uma habilidade que tem o potencial de aproximar pessoas, estabelecer e fortalecer vínculos e ajudar uns aos outros a se compreenderem melhor.

Então, quando se está numa audiência, em momento destinado à busca da conciliação, é muito importante lançar mão da nossa capacidade de ter empatia, de sairmos um pouquinho de nós mesmos e de nossas necessidades e nos colocarmos no lugar do outro.

O advogado deve estimular o seu cliente a se sentir no lugar do seu adversário. Indagar a ele o que ele pensaria se estivesse na situação do *ex adverso*. Por exemplo: instigá-lo a se sentir como o reclamante, desempregado, decerto com filhos até com fome, de modo a sensibilizá-lo a melhorar a proposta feita. Ou, sendo advogado do reclamante, fazê-lo ver que o reclamado está praticamente falido, se isso for verdade. Tudo como forma de fazer o seu cliente entender que a proposta feita é razoável.

Sobre validação, certa feita, depois de eu muito tentar convencê-lo a acatar a boa proposta de acordo que lhe fora feita, o reclamante me indagou se "o juiz" garantia que a reclamada cumpriria o acordo. É evidente que eu não poderia lhe dar tal garante. Todavia, pedi para que os litigantes se levantassem e cada um tomasse o assento do outro. Com o reclamante sentado no assento antes ocupado pelo reclamado, pedi que ele fingisse que era o patrão. E lhe perguntei:

O senhor já teve um cobrador na sua porta?

Ele: Não!

Eu: Pois se não cumprir o acordo, Sr. Patrão, serei o cobrador à sua porta. Não lhe deixarei sossegar até pagar a dívida. Se necessário, penhorarei o seu patrimônio, de modo a ver quitado o débito!

E ele: É assim?

Eu: É exatamente assim!

E ele: Assim eu aceito o acordo!

Sem falar que o verdadeiro reclamado assistia a tudo e, portanto, já recebia a advertência que lhe cabia.

Eis um exemplo da utilidade de se usar a técnica da validação.

3.10.5 Não se impressionar com os ultimatos

Há mais entre o sim e o não do que se imagina.

Diz o vulgo que "quem desdenha, quer comprar!".

Mesmo os ultimatos são passíveis de flexibilização quando se investigam os motivos subjacentes a eles.

Ou seja, não se impressione muito com a recusa da parte adversária à primeira proposta de acordo apresentada pelo seu cliente. Uma negativa taxativa nem sempre é uma recusa ao acordo. Pode não passar de mera tentativa de obter valor maior ou menor, conforme a recusa/ultimato seja do reclamado ou do reclamante.

Aquele que faz um ultimato, uma recusa veemente à proposta apresentada, embora pareça definitivo, costuma ceder quando se investigam os motivos subjacentes à recusa.

O reclamante costuma ceder diante de mais esclarecimentos quanto à efetiva capacidade financeira e patrimonial do reclamado.

A parte reclamada também costuma ceder se o advogado do reclamante revela conhecer o patrimônio da empresa. São exemplos de ultimatos que cedem.

Muitas vezes empresários, inicialmente irredutíveis, tornam-se flexíveis e aceitam o acordo ao serem informados de julgamentos desfavoráveis em casos similares. Em muitos casos, usei de fazer pesquisa patrimonial via Renajud em audiência e lembrado ao reclamado de seu vasto patrimônio automobilístico. De imediato o empresário abandonou o argumento de que estava em situação financeira difícil e aceitou o acordo que lhe fora proposto.

Reclamantes irredutíveis também acataram a proposta de acordo quando esclarecidos de que, segundo a pesquisa por mim feita em audiência, a reclamada se encontrava com patrimônio já apresado em favor de outros credores trabalhistas, o que tornaria o aguardo de uma sentença mais desfavorável ao empregado. Nesses casos, chegou-se a um acordo que foi bom para ambos os litigantes.

3.10.6 Cuidado: o advogado *ex adverso* não é um inimigo

Lamento muito quando me deparo com advogado que não entendeu o seu papel. O advogado não é parte. Portanto, deve deixar as emoções a cargo do seu cliente. E controlá-lo. Há que manter a serenidade e a lucidez, sob pena de, envolvido em discussões ou paixões que não são suas, cometer equívocos em prejuízo de quem o contratou.

Ou seja, estamos marchando para um tempo em que o advogado beligerante não terá mais espaço. Pior ainda para aquele que, além do entrevero com o advogado da parte contrária, ainda se desentende com o juiz e disso se vangloria. Esse está, definitivamente, com os seus dias contados. O advogado vocacionado para a conciliação, ou mesmo aquele que, sem tal talento, esmera-se em se preparar para a conciliação, esses serão os prósperos.

Com efeito, o primeiro passo para alcançar esse status de advogado qualificado para a prosperidade é, sem dúvida, ter ciência de que o advogado *ex adverso* não é um inimigo. Portanto, ao invés de se preocupar em se mostrar um gladiador, o advogado deverá prestigiar a conciliação, enaltecendo o advogado da outra parte quando ele se mostrar ponderado e propenso ao acordo.

Assim como o faz um juiz treinado para ser um bom conciliador, o advogado deve enaltecer as iniciativas do advogado da parte contrária dirigidas à celebração do acordo (mesmo que não tenham servido tanto para a conciliação).

Enfim, se o advogado usa a técnica do afago para estimular o seu colega *ex adverso*, decerto terá mais proveito do que fazendo por onde conquistar um inimigo.

3.10.7 A busca pelo acordo, mesmo que parcial

É preciso que o advogado saiba que não só a pacificação total do conflito interessa. Quando isso se mostrar impossível, nada obsta e tudo recomenda a que seja buscada a conciliação parcial. Digamos que o reclamante postula 10 verbas na inicial. Havendo possibilidade de acordo no tocante a parte delas, mesmo que uma ou duas, o acordo parcial deve ser prestigiado. Quando menos, o reclamante receberá logo parte do seu crédito, a reclamada se desobriga em parte do seu encargo e o trabalho de prolatar sentença, a cargo do juiz, será menos pesado. E isso repercute de modo a abreviar o trâmite processual.

3.10.8 Organização de questões e interesses

Um advogado qualificado e bom conciliador não deverá concordar com a lavratura de acordo se perceber que o seu cliente não está entendendo o que foi convencionado. Nesse caso, a chancela ao ajuste é temerária. Portanto, deve ser cuidadoso, didático e dar plena ciência ao seu cliente do que está sendo transacionado.

Desde que o interesse do cliente esteja preservado, o acordo deve ser lavrado em termos objetivos, costurado ponto por ponto, sem deixar brechas para desentendimentos e deliberações posteriores.

Outros interesses, não constantes do pedido (da reclamação), podem ser resolvidos como forma de levar à conciliação. Ou seja, também podem ser resolvidos e inseridos como um dos itens do acordo.

O advogado conciliador deverá estar atento para a identificação de óbices a serem transpostos, inclusive para inserir no ajuste pendências entre as partes que possam, de logo, ser resolvidas. Um empregado de uma loja de eletrodomésticos e que tenha adquirido uma geladeira, mas ainda não quitada, pode envolver a quitação da dívida comercial no acordo firmado na Justiça do Trabalho.

Outro detalhe importante é a preocupação com a integralidade do serviço. Não basta o acordo homologado se ele não vai ser cumprido. O bom advogado deve se empenhar na busca de acordo exequível. Afinal, conciliação malfeita gera acordo não cumprido.

3.11 HOMOLOGAÇÃO DE ACORDO EXTRAJUDICIAL

Antes da Reforma Trabalhista, a CLT não previa a possibilidade de patrão e empregado submeterem um acordo extrajudicial à homologação judicial. Se esse tipo de pleito de homologação era apresentado, os juízes negavam a sua chancela, sob o argumento de falta de interesse jurídico processual dos requerentes.

De fato, se patrão e empregado estavam acertados extrajudicialmente, por que ocupar a Justiça? Um pedido desse era fadado a ser extinto ao chegar na Justiça. E o que acontecia? O empregador, com receio de ajustar com o empregado, quitar o acordo extrajudicial e vir a sofrer reclamação judicial posteriormente, engendrava uma lide simulada. O reclamante era levado a ajuizar um simulacro de reclamação, já informado, de antemão, pelo empregador, que, na audiência, deveriam confirmar que o (aparente) litígio fora solucionado depois de ajuizada a reclamação para, assim, obterem a homologação do acordo que fora celebrado extrajudicialmente. Aliás, o trabalhador era orientado a jamais confessar a simulação de litígio.

Ou seja, o patrão temia que o empregado, gastando o dinheiro recebido, procurasse advogado e ele, empregador, viesse a enfrentar uma ação na Justiça. Queria, enfim, uma quitação segura, feita perante o juiz, que lhe livrasse de pagar de novo.

Porém, não raro, os juízes, percebiam que estavam sendo usados para dar ares de solenidade a algo que de litigioso nada tinha. Então, recusavam-se à homologação do acordo e até adotavam providência severas contra os advogados e partes envolvidos na tal lide simulada.

Em grande parte dos casos, essas reclamações simuladas eram feitas por orientação de empregadores que não dispunham de dinheiro para quitar a dívida trabalhista à vista, no sindicato do empregado, no momento da homologação da rescisão do contrato. Como se sabe, o sindicato não homologava a rescisão senão diante do pagamento integral ao reclamante.

O impasse estava criado. Ruim para o patrão carente de recursos financeiros, já que não resolvia o pagamento rescisório. Péssimo para o trabalhador, que ficava sem receber, nem mesmo em parcelas. O que fazer? Surgia a ideia da lide simulada, nem sempre bem-sucedida, como antes mencionado.

Pois bem, o § 1° do art. 477 da CLT, aquele que previa a exigência de assistência do sindicato ou do agente do Ministério do Trabalho para validar pedido de demissão ou recibo de quitação de rescisão de contrato de trabalho com mais de 1 (um) ano, foi revogado pela Lei da Reforma Trabalhista. E desde 11/11/2017, a CLT passou a ter um artigo que permite ao patrão e ao empregado celebrarem um acordo fora da justiça (extrajudicial), podendo eles se dirigir ao juiz do trabalho apenas para buscar a homologação desse acordo. Não carecerá mais forjar uma reclamação trabalhista.

Ou seja, essa alteração na CLT vai favorecer, principalmente, àquele empregador que está em dificuldade financeira. Os empregados não serão mais obrigados a litigar na Justiça do Trabalho ou mesmo fingir um litígio para receber as suas verbas de rescisão contratual de forma integral ou mesmo parcelada ou aquém do que seria devido.

Portanto, salvo se entender que o acordo é prejudicial ao trabalhador, a parte mais frágil da relação de emprego, o juiz deverá homologá-lo. Poderá, inclusive, se entender necessário elucidar algo, escutar o empregado e o empregador em audiência, conhecendo os motivos que os levaram a celebrar o acordo extrajudicial. Detalhe importante: para saber se o valor do acordo está condizente com a capacidade econômica do empregador, o juiz poderá, inclusive, valer-se de uma pesquisa patrimonial (via Renajud ou Infojud, por exemplo), afastando, dessa forma, eventual aviltamento do interesse do trabalhador.

De resto, também entendo que o empregador precisa de certeza e segurança quanto ao ajustado e pago, o que não lhe ocorreria caso se limitasse a fazer um acordo sem a devida chancela judicial.

Quanto à conduta a ser adotada para o pedido de homologação do acordo extrajudicial, a CLT prevê que empregador e empregado deverão se valer de advogados, cada um assistido pelo seu. Não poderão, a meu ver, ser advogados de um mesmo escritório. Os advogados, então, apresentam o acordo em uma petição assinada pelos dois (petição conjunta). O trabalhador poderá ser assistido pelo advogado do sindicato de sua categoria.

Apresentado o pedido de homologação do acordo extrajudicial na JT, no prazo de quinze dias o juiz o analisará e, se entender necessário, designará audiência, na qual ouvirá trabalhador e empregador e, entendendo conveniente, proferirá a sentença homologatória do acordo.

Ou seja, o juiz poderá, sim, homologar o acordo sem auscultar trabalhador e empregador (tomador de serviços). Se ele entender que as cláusulas do acordo são razoáveis e não prejudiciais ao trabalhador, homologará o ajuste extrajudicial, sem necessidade de audiência.

Importante ressaltar que a petição de homologação de acordo extrajudicial **suspende** o prazo prescricional (de dois anos) da ação quanto aos direitos nela especificados.

E mais: o dito prazo prescricional voltará a fluir no dia útil seguinte ao do trânsito em julgado da decisão que negar a homologação do acordo.

LEGISLAÇÃO:

> *Inovação – Lei 13.467/2017 – Reforma Trabalhista*
>
> *CLT/Art. 652. Compete às Varas do Trabalho:*
>
> *(...)*
>
> *f) decidir quanto à homologação de acordo extrajudicial em matéria de competência da Justiça do Trabalho.*
>
> *Art. 855-B. O processo de homologação de acordo extrajudicial terá início por petição conjunta, sendo obrigatória a representação das partes por advogado.*
>
> *§ 1º As partes não poderão ser representadas por advogado comum.*
>
> *§ 2º Faculta-se ao trabalhador ser assistido pelo advogado do sindicato de sua categoria.*
>
> *Art. 855-C. O disposto neste Capítulo não prejudica o prazo estabelecido no § 6º do art. 477 desta Consolidação e não afasta a aplicação da multa prevista no § 8º art. 477 desta Consolidação.*
>
> *Art. 855-D. No prazo de quinze dias a contar da distribuição da petição, o juiz analisará o acordo, designará audiência se entender necessário e proferirá sentença.*
>
> *Art. 855-E. A petição de homologação de acordo extrajudicial suspende o prazo prescricional da ação quanto aos direitos nela especificados.*
>
> *Parágrafo único. O prazo prescricional voltará a fluir no dia útil seguinte ao do trânsito em julgado da decisão que negar a homologação do acordo.*

Por fim, destaco que cabe recurso ordinário da decisão **que nega** homologação ao acordo extrajudicial. Se houver homologação, dessa decisão não caberá recurso. A parte inconformada haverá de ajuizar ação rescisória, observando, evidentemente, as hipóteses de seu cabimento.

3.12 A IRRECORRIBILIDADE DO TERMO DE CONCILIAÇÃO JUDICIAL

A CLT, no seu art. 831, prevê que, no caso de conciliação, o termo que for lavrado valerá como decisão irrecorrível, salvo para a Previdência Social quanto às contribuições que lhe forem devidas.

> *Súmula nº 259 do TST*
>
> *TERMO DE CONCILIAÇÃO. AÇÃO RESCISÓRIA (mantida) – Só por ação rescisória é impugnável o termo de conciliação previsto no parágrafo único do art. 831 da CLT. (CPC/art. 966, § 4º – anulatória).*

Penso que o mesmo se aplica ao caso de homologação de acordo extrajudicial. Afinal, embora celebrado sem que tenha surgido em meio a uma demanda judicial, o certo é que o acordo extrajudicial homologado também mereceu a chancela judicial, de modo que, nesse tocante, nada difere do acordo que põe fim a uma lide.

3.13 DAS PROVAS EM AUDIÊNCIA

Estabelece o art. 369, do CPC, que *"As partes têm o direito de empregar todos os meios legais, bem como os moralmente legítimos, ainda que não especificados neste Código, para provar a verdade dos fatos em que se funda o pedido ou a defesa e influir eficazmente na convicção do juiz"*. E adverte, no seu art.371, que *"O juiz apreciará a prova constante dos autos, independentemente do sujeito que a tiver promovido, e indicará na decisão as razões da formação de seu convencimento"*, cabendo a ele *"de ofício ou a requerimento da parte, determinar as provas necessárias ao julgamento do mérito"*, de modo que *"indeferirá, em decisão fundamentada, as diligências inúteis ou meramente protelatórias"* (arts. 370 e 371 do CPC).

A prova tem por finalidade, fundamentalmente, convencer o juiz, o qual figura, deste modo, como o seu principal destinatário. Aliás, poderíamos dizer que o objetivo da prova não é apenas convencer o julgador, mas orientá-lo na formação do seu convencimento.

Com feito, de acordo com o princípio da persuasão racional ou do livre convencimento motivado, o Juiz apreciará a prova segundo regras de livre convencimento, registrando os fatos e circunstâncias constantes dos autos, além de indicar na sentença os motivos que lhe formaram o convencimento. Elucidativa se mostra a seguinte jurisprudência do TRT da 3ª Região/MG, a qual retrata, muito bem, o que foi consagrado nesse princípio, sendo interessante trazê-la, neste instante:

> *VALORAÇÃO DA PROVA. LIVRE CONVENCIMENTO MOTIVADO. PERSUASÃO RACIONAL DO JUÍZO. Ressalta-se que no sistema processual vigente, a lei consagrou a independência do Juiz na indagação da verdade e na apreciação das provas, apenas exigindo que o Magistrado fique adstrito aos fatos deduzidos na ação, à prova desses fatos nos autos, às regras legais específicas, às máximas da experiência e à indicação dos motivos que determinaram a formação de seu convencimento. Trata-se do princípio da persuasão racional ou do livre convencimento motivado. Cabe sempre ao julgador avaliar as provas sob todos os aspectos, para que estas possam refletir, tanto quanto possível, a verdade dos fatos em face do princípio da primazia da realidade. (Tribunal Regional do Trabalho da 3ª Região – 3ª Turma Acórdão2018-02-23;0010715-24.2016.5.03.0102 – 23/02/2018)*

3.13.1 A distribuição do ônus da prova

O processo pode ser de jurisdição voluntária ou contenciosa. Este visa à composição de um litígio por meio de um processo, pois existe uma lide a ser resolvida, sendo que a decisão fará coisa julgada formal e material. Já no de jurisdição voluntária, almeja-se a participação do Estado para dar validade a negócios jurídicos por meio de um procedimento. Não existe lide, nem partes, mas interessados. E a decisão fará coisa julgada apenas formal.

No processo de jurisdição contenciosa, temos duas ou mais pessoas em litígio. Há o(s) autor(res) e o(s) réu(s). O processo do trabalho, de regra, começa com uma reclamação trabalhista. O autor é chamado de reclamante e o réu de reclamado. Eles afirmam as suas versões dos fatos. Porém, esses fatos devem ser provados. Portanto, cada parte tem obrigação de fazer prova(s) dos fatos por si alegados. Estamos a falar de ônus ou encargo probatório.

A distribuição do ônus da prova (o que cabe a cada parte provar) consiste em uma técnica processual, cuja disciplina cabe, em princípio, à lei.

A Lei nº 13.467/2017, a chamada Lei da Reforma Trabalhista, praticamente importou do CPC as regras disciplinadoras da distribuição do ônus da prova. Atuou bem o legislador reformista, haja vista que a redação do CPC é bem mais técnica e minudente do que a antiga redação do art. 818 da CLT, a qual pecava por ser lacônica e imprecisa. Isso é fácil de constatar a partir do cotejo do velho com o novo:

CLT ANTES DA REFORMA:

Art. 818. A prova das alegações incumbe à parte que as fizer.

CLT PÓS-REFORMA:

Art. 818. O ônus da prova incumbe:

I – ao reclamante, quanto ao fato constitutivo de seu direito;

II – ao reclamado, quanto à existência de fato impeditivo, modificativo ou extintivo do direito do reclamante.

§ 1º Nos casos previstos em lei ou diante de peculiaridades da causa relacionadas à impossibilidade ou à excessiva dificuldade de cumprir o encargo nos termos deste artigo ou à maior facilidade de obtenção da prova do fato contrário, poderá o juízo atribuir o ônus da prova de modo diverso, desde que o faça por decisão fundamentada, caso em que deverá dar à parte a oportunidade de se desincumbir do ônus que lhe foi atribuído.

§ 2º A decisão referida no § 1º deste artigo deverá ser proferida antes da abertura da instrução e, a requerimento da parte, implicará o adiamento da audiência e possibilitará provar os fatos por qualquer meio em direito admitido.

§ 3º A decisão referida no § 1º deste artigo não pode gerar situação em que a desincumbência do encargo pela parte seja impossível ou excessivamente difícil.

Chamo a atenção do leitor para a regra do § 2º acima transcrito, a qual é o que difere do normativo do CPC acerca do tema distribuição do ônus da prova.

Também vale ressaltar que o art. 818 anterior à Reforma nada previa acerca de teoria da distribuição dinâmica do ônus da prova, a qual permite a inversão do encargo probatório para quem tem maior aptidão para produzir a prova. A nova redação do art. 818 da CLT contempla essa teoria, como veremos a seguir.

3.13.1.1 A distribuição estática do ônus da prova

A CLT atual, reformada pela Lei nº 13.467/2017, prevê o seguinte:

Art. 818. O ônus da prova incumbe:

> *I – ao reclamante, quanto ao fato constitutivo de seu direito;*
>
> *II – ao reclamado, quanto à existência de fato impeditivo, modificativo ou extintivo do direito do reclamante.*

É importante que o operador do direito saiba o conceito de fato constitutivo, impeditivo, extintivo e modificativo do direito do autor, de modo a que atue com segurança ao longo da instrução processual. Para o advogado, seja ele militante na Justiça do Trabalho ou na Justiça Comum, o domínio das teorias acerca da distribuição do ônus probatório e, portanto, a ciência do que vem a constituir fato constitutivo, impeditivo, modificativo ou extintivo do direito do autor é fundamental, decisivo mesmo, para o seu sucesso profissional. Aquele que desconheça o que sejam esses fatos, não se guiará, com segurança, nessa temática.

Com efeito, fato constitutivo é aquele que tem o condão de gerar o direito postulado pelo autor e que, se demonstrado, leva ao acolhimento do seu pedido. Fato impeditivo, modificativo ou extintivo é todo aquele que obsta o reconhecimento do direito alegado pelo reclamante.

Se um empregado ajuíza reclamação alegando que sofrera um acidente de trabalho, por culpa do empregador, e sustenta ter ficara inválido para sempre, pedindo indenizações por danos moral, material e estético, é correto afirmar que o fato constitutivo do seu direito é, primordialmente, o acidente de trabalho por culpa patronal. Destarte, o ônus de provar o aludido fato constitutivo do direito do empregado é, **a princípio**, dele.

Digo a princípio porque tal encargo poderá ser deslocado ao reclamado, a depender da tese apresentada em sua defesa. Se ele simplesmente nega ter havido o alegado acidente de trabalho, o encargo probatório permanecerá com s reclamante. Contudo, se o reclamado admitir a ocorrência do acidente de trabalho, todavia alegando que não lhe cabia qualquer responsabilidade de reparar o dano sofrido pelo seu empregado, haja vista que o acidente se devera, unicamente, a uma conduta imprudente ou negligente do trabalhador, aí o ônus probatório passa a ser do reclamado, haja vista que ele, a rigor, reconhecera o acidente de trabalho (portanto desincumbira o reclamante de prová-lo), porém chamara a si o ônus de provar a existência de um fato impeditivo do direito vindicado pelo reclamante. E qual seria esse fato impeditivo? R: A culpa exclusiva da vítima! É dizer, quando o acidente ocorre, efetivamente, por culpa exclusiva da vítima, esse fato impede, é um óbice, à condenação do empregador pelos danos decorrentes do acidente sofrido pelo empregado.

Pra mostrar o que seja fato extintivo do direito do autor, tomemos, hipoteticamente, outra situação bastante corriqueira na Justiça do Trabalho. Um empregado ajuizou ação alegando, em síntese, haver sido dispensado imotivadamente pelo reclamado, razão pela qual postulou verbas rescisórias. Até aí, pode-se dizer que cumpriria ao reclamante provar os fatos constitutivos de seu direito, ou seja, provar que fora empregado do reclamado, tendo sido despedido sem justa causa e sem receber os haveres rescisórios. Contudo, o reclamado produziu defesa admitindo que o reclamante fora seu empregado, tendo sido efetivamente despedido sem justa causa, porém insistindo que as rescisórias postuladas na reclamação tinham sido integral e oportunamente pagas. Ora, quando o reclamado reconheceu que o reclamante fora seu empregado e que dele fora desligado imotivadamente, poupou, desde então, o reclamante de provar esses fatos. E, quando alegou que as rescisórias postuladas na reclamação tinham sido regiamente pagas, o reclamado chamou para si o ônus de provar o aludido pagamento. Ou seja, atraiu, para si, o ônus de provar esse fato extintivo do direito do reclamante. Afinal, como se sabe, o pagamento é forma de extinção da obrigação. Simples assim.

Por fim, diz-se modificativo o fato que implica a alteração (diminuição ou mudança de natureza) do direito que derivaria do fato constitutivo. Um exemplo citado pela doutrina é a situação de haver incontroverso pagamento extra folha, com correspondente alegação de que se trata de ajuda de custo e, não, de salário. Esses fatos devem ser provados pelo réu.

Por fim, devo destacar que alguns juristas sustentam ter mais valor acadêmico, do que prático, a distinção de conceituação acerca do que sejam fatos extintivos, modificativos e impeditivos. Para eles, importa é que são fatos obstativos do direito do reclamante e, por isso, o ônus de prová-los é do reclamado. Daí serem muito comuns as decisões, de juízes e mesmo de tribunais, referindo-se tão somente ao descumprimento, pelos reclamados, do ônus de provar "fato modificativo, impeditivo e extintivo", sem minudenciar se, nos respectivos casos concretos, o fato não comprovado era impeditivo, modificativo ou extintivo.

Para maior fixação do que compete a cada parte provar, ou seja, de como é distribuído o encargo probatório no âmbito trabalhista, vejamos as seguintes decisões:

> *FATO CONSTITUTIVO DO DIREITO. ÔNUS DA PROVA. De acordo com o artigo 818 da CLT "a prova das alegações incumbe à parte que as fizer". Tal orientação é complementada pelo artigo 373 do CPC/2015, que esta-*

> *belece ser ônus do autor a prova do fato constitutivo do seu direito e do réu a prova da "existência de fato impeditivo, modificativo ou extintivo do direito do autor". In casu, negada, pela defesa, a prestação de serviços após 16/04/2014, cabia à reclamante comprovar que continuou trabalhando para o réu até 08/12/2015. Não tendo a autora se desincumbido do seu ônus probatório, o seu recurso não merece provimento. (Tribunal Regional do Trabalho da 3ª Região – Minas Gerais – 10ª Turma – Acórdão 2017-07-27;0010007-36.2016.5.03.0049 – 27/07/2017)*
>
> *MANDADO DE SEGURANÇA. JUSTA CAUSA NÃO PROVADA. Em se tratando de fato impeditivo da manutenção do vínculo empregatício, é do empregador o ônus da prova da dispensa por justa causa (art. 818, da CLT e 373, II, do CPC), cuja aplicação depende de prova cabal, robusta e inequívoca do ato faltoso imputado ao obreiro, a par de configurar-se grave o bastante a ponto de tornar impossível a subsistência do elo. Assim, não restando cabalmente provado o ato a ensejar a dispensa por justa causa e existindo dúvidas sobre a sua correta aplicação, não existe direito líquido e certo em favor da impetrante. (Tribunal Regional do Trabalho da 8ª Região – Pará e Amapá – Seção Especializada II – Acórdão:2017-04-24;0000482-42.2016.5.08.0000)*
>
> *RECURSO ORDINÁRIO. JUSTA CAUSA. DESÍDIA. ÔNUS DA PROVA. É do empregador o ônus da prova da existência de justa causa, por tratar-se de fato impeditivo do direito do obreiro às verbas rescisórias. Além disso, para referendar a resolução do contrato de trabalho por justa causa, imperioso se torna que, além da conduta típica e da autoria, estejam presentes os requisitos da adequação e da proporcionalidade entre a falta e a pena aplicada, além da imediatidade, a ausência de perdão tácito e a inalteração da punição. (Tribunal Regional do Trabalho. 2ª Turma – Acórdão 00000823820135010029 – 06/02/2017).*

Para finalizar este tópico, convém fazer uma síntese do que até aqui foi exposto:

A RECLAMAÇÃO:

- *O Reclamado alega um fato determinado e diz que dele decorre o direito postulado.*
- *Até aqui (antes da contestação) o ônus da prova é sempre do autor.*

A CONTESTAÇÃO:

- *(1) O Reclamado admite que o fato alegado aconteceu.*
- *Diz-se que o reclamado é confesso e o reclamante fica dispensado do seu ônus probatório;*
- *(2) O Reclamado nega a existência do fato (simplesmente).*

- *Assim, o reclamante tem o ônus probatório;*
- *(3) O Reclamado admite o fato. Todavia, contra-argumenta com outro, impeditivo, extintivo ou modificativo do direito do autor.*
- *O ônus da prova passar a ser do reclamado.*

3.13.1.2 A distribuição dinâmica do ônus da prova

Antes mesmo da Reforma Trabalhista de 2017 já se aplicava, no âmbito do processo do trabalho, a Teoria da Distribuição Dinâmica do Ônus da Prova, consagrada pelo art. 373, parágrafo primeiro, do CPC. Nesse sentido disciplinava a Instrução Normativa nº 39/2016, do Colendo TST. A jurisprudência também era nesse sentido, como se colhe dos arestos a seguir transcritos:

> *RECURSO DE REVISTA. JUSTA CAUSA. NÃO CONFIGURAÇÃO. O TRT, mediante depoimentos das testemunhas e documentos juntados aos autos, concluiu que não ficou comprovado ato faltoso do empregado, que implicasse a sua dispensa por justa causa, e que o comunicado de dispensa é nulo, por não esclarecer o motivo, razão pela qual manteve a desconstituição da justa causa. Decisão diversa demandaria o reexame de fatos e provas, o que é vedado pela Súmula nº 126 do TST. Recurso de revista de que não se conhece. FGTS. DIFERENÇAS. ÔNUS DA PROVA. A distribuição estática do ônus probatório tem sido atualmente abrandada na Justiça do Trabalho pela aplicação do princípio da aptidão para a prova. Sob esse prisma, é do empregador o ônus de provar a regularidade dos depósitos do FGTS. Isso porque, embora o trabalhador atualmente possa acompanhar os depósitos feitos em sua conta vinculada por diversas formas, o empregador tem obrigação prevista em lei de guardar e ter sempre disponíveis para eventual fiscalização os documentos relativos aos recolhimentos efetuados no curso da relação de emprego e, assim, tem mais facilidade de comprovar o regular depósito do FGTS. Recurso de revista a que se nega provimento. (Tribunal Superior do Trabalho – 6ª Turma – Acórdão do processo Nº RR – 684-34.2012.5.09.0678).*
>
> *JORNADA DE TRABALHO. REGISTRO. ÔNUS PROBATÓRIO. CARGA DINÂMICA DA PROVA. PRINCÍPIO DA APTIDÃO. Com base na teoria da carga dinâmica da prova, da qual decorre o princípio da aptidão, deve o magistrado atribuir o ônus probatório à parte com melhores condições para provar determinado fato. Se a empresa registrava os horários de entrada e saída de seus empregados, é seu o ônus de comprovar a jornada trabalhada e, consequentemente, a inexistência das horas extras pleiteadas. Assim, a não-apresentação injustificada dos controles de frequência gera presunção relativa de veracidade da jornada indicada pelo reclamante. Recurso Ordinário conhecido e parcialmente provido. (Tribunal Regional do Trabalho da 16ª Região – Maranhão. 2ª Turma – Acórdão: 2015-03-03;0041500-46.2011.5.16.0016).*

Agora, por força da Lei nº 13.467/2017, a CLT passou a ter dispositivos similares aos do CPC de 2015 acerca do tema. Da leitura e da interpretação sistemática, teleológica e conjunta dos regramentos contidos nos arts. 818, da CLT, e 373, do CPC, resulta a conclusão de que o ônus da prova incumbe a quem tem melhores condições de produzi-la, diante das circunstâncias fáticas apresentadas, da natureza da matéria controvertida e considerando, notadamente, a obrigação empresária relativa à guarda e manutenção dos documentos pertinentes ao contrato de trabalho. Vejamos a nova redação do art. 818 da CLT acerca do tema aqui comentado:

> *Art. 818. (...)*
>
> *§ 1º Nos casos previstos em lei ou diante de peculiaridades da causa relacionadas à impossibilidade ou à excessiva dificuldade de cumprir o encargo nos termos deste artigo ou à maior facilidade de obtenção da prova do fato contrário, poderá o juízo atribuir o ônus da prova de modo diverso, desde que o faça por decisão fundamentada, caso em que deverá dar à parte a oportunidade de se desincumbir do ônus que lhe foi atribuído.*
>
> *§ 2º A decisão referida no § 1º deste artigo deverá ser proferida antes da abertura da instrução e, a requerimento da parte, implicará o adiamento da audiência e possibilitará provar os fatos por qualquer meio em direito admitido.*
>
> *§ 3º A decisão referida no § 1º deste artigo não pode gerar situação em que a desincumbência do encargo pela parte seja impossível ou excessivamente difícil.*

Com efeito, se, em determinadas causas, o cumprimento do encargo probatório se mostrar muito difícil ou se ficar claro que uma das partes tem mais aptidão ou facilidade de provar o fato alegado pela parte contrária, poderá o juízo inverter o ônus da prova, desde que o faça por decisão fundamentada, caso em que deverá dar, à parte a quem atribuiu o ônus invertido da prova, a oportunidade de se desincumbir de tal encargo. Vejamos decisão recente acerca do tema:

> *RESPONSABILIDADE SUBSIDIÁRIA. DONO DA OBRA. APLICAÇÃO DA OJ 191, DA SDI-1, DO TST. A SDI-1 do C. TST, em sua composição plena, por meio da edição do Tema Repetitivo nº 6, dentre as teses jurídicas fixadas, estabeleceu que: "IV) Exceto ente público da Administração Direta e Indireta, se houver inadimplemento das obrigações trabalhistas contraídas por empreiteiro que contratar, sem idoneidade econômico-financeira, o dono da obra responderá subsidiariamente por tais obrigações, em face de aplicação analógica 455 da CLT e culpa in eligendo" (decidido por maioria, vencido*

> *o Exmo. Ministro Márcio Eurico Vitral Amaro). Diante desse panorama e à luz da Teoria da Distribuição Dinâmica do Ônus da Prova, consagrada no art. 373, §1º, do CPC/2015, compete ao "dono da obra" demonstrar que contratou empreiteira com idoneidade econômico-financeira, sob pena de responder subsidiariamente pelas verbas deferidas. (Tribunal Regional do Trabalho da 3ª Região – Minas Gerais – 8ª Turma – Acórdão PJe 2018-10-31;0010051-21.2017.5.03.0049)*

Importante observar que a decisão que inverte o ônus probatório deverá ser proferida antes da abertura da instrução processual, ou seja, antes de o juiz começar a ouvir as partes e as testemunhas. Entendo que a parte poderá solicitar ao juiz que determine a inversão do ônus da prova, mormente o reclamante, haja vista que o trabalhador é quem tem maior dificuldade de fazer certas provas.

Em qualquer caso, seja por deliberação de ofício, seja porque atendeu pleito de uma das partes, uma vez decidindo o juiz por inverter o ônus da prova, é bem provável que a parte que passou a tê-lo não esteja em condições de cumpri-lo naquele momento. Afinal, ela fora para a audiência supondo que o ônus da prova caberia ao seu adversário, à vista da teoria da distribuição estática do ônus probatório. Então, se ela foi surpreendida pela decisão que inverteu o aludido ônus e não dispõe da prova naquele momento (p. ex. não levou testemunhas), a lei lhe garante a oportunidade de se desincumbir do encargo que lhe fora atribuído. Ou seja, ela tem direito ao adiamento da audiência, consoante previsto no § 2° do art. 818 da CLT, de modo a que possa fazer a prova que lhe fora atribuída por inversão do ônus.

3.13.1.3 Não dependem de prova

O fundamental, para que os fatos sejam submetidos à prova, é que sejam controvertidos e importantes para o julgamento da causa. Justamente por isso, o Código de Processo Civil, no seu art. 374, estabelece que:

> *Art. 374. Não dependem de prova os fatos:*
>
> *I – notórios;*
>
> *II – afirmados por uma parte e confessados pela parte contrária;*
>
> *III – admitidos no processo como incontroversos;*
>
> *IV – em cujo favor milita presunção legal de existência ou de veracidade.*

Fato notório é aquele de amplo domínio público, amplamente divulgado, que é de conhecimento geral em determinado espaço geográfico e temporal.

Reza o art. 74, § 2°, da CLT, que *"Para os estabelecimentos com mais de 20(vinte) trabalhadores será obrigatória a anotação da hora de entrada e de saída, em registro manual, mecânico ou eletrônico, conforme instruções a serem expedidas pelo Ministério do Trabalho, devendo haver pré-assinalação do período de repouso".*

Com efeito, numa reclamação trabalhista ajuizada contra uma gigante do ramo bancário do país, com filiais em todo estado e na maioria das cidades brasileiras, não faria sentido algum o juiz exigir prova de que ela tinha mais do que dez empregados para, na ausência dos registros de ponto, presumir relativamente verdadeira a jornada informada na inicial. Quem não sabe que, por exemplo, o Banco Itaú, o Bradesco, o Banco do Brasil têm mais de dez empregados? Isso é de ciência geral. Portanto, esse fato é público **e notório**! A propósito, vejamos o teor da Súmula 338, do colendo TST:

> *Súmula nº 338 do TST*
>
> *JORNADA DE TRABALHO. REGISTRO. ÔNUS DA PROVA (incorporadas as Orientações Jurisprudenciais nºs 234 e 306 da SBDI-1) – Res. 129/2005, DJ 20, 22 e 25.04.2005*
>
> *I – É ônus do empregador que conta com mais de 10 (dez) empregados o registro da jornada de trabalho na forma do art. 74, § 2º, da CLT.* ***A não-apresentação injustificada dos controles de freqüência gera presunção relativa de veracidade da jornada de trabalho, a qual pode ser elidida por prova em contrário. (ex-Súmula nº 338 – alterada pela Res. 121/2003, DJ 21.11.2003)***
>
> *II – A presunção de veracidade da jornada de trabalho, ainda que prevista em instrumento normativo, pode ser elidida por prova em contrário. (ex-OJ nº 234 da SBDI-1 – inserida em 20.06.2001)*
>
> *III – Os cartões de ponto que demonstram horários de entrada e saída uniformes são inválidos como meio de prova, invertendo-se o ônus da prova, relativo às horas extras, que passa a ser do empregador, prevalecendo a jornada da inicial se dele não se desincumbir. (ex-OJ nº 306 da SBDI-1- DJ 11.08.2003)*

A propósito da Súmula 338, do colendo TST, cumpre-me aqui ressaltar que a recente Lei n° 13.874, de 20.09.2019, que instituiu a Declaração de Direitos de Liberdade Econômica, promoveu significativas alterações na CLT. Uma delas diz respeito ao número mínimo de empregados para fins de obrigatório registro de jornada. Se, antes, a exigência de manter registros de ponto era feita ao empregador que contasse com mais de 10 (dez) trabalhadores, doravante, a exigência é feita somente ao empregador que conte com mais de 20(vinte) trabalhadores. Vejamos a alteração promovida no art. 74 da CLT, *in verbis*:

> *Art. 74. O horário de trabalho será anotado em registro de empregados.*
>
> *§ 1º (Revogado).*
>
> *§ 2º Para os estabelecimentos com mais de 20 (vinte) trabalhadores será obrigatória a anotação da hora de entrada e de saída, em registro manual, mecânico ou eletrônico, conforme instruções expedidas pela Secretaria Especial de Previdência e Trabalho do Ministério da Economia, permitida a pré-assinalação do período de repouso.*

Também não dependem de prova, segundo o inciso II, do art. 374, do CPC subsidiário ao processo do trabalho, os fatos afirmados por uma parte e confessados pela parte contrária. Esse dispositivo legal dispensa comentário. Afinal, seria absolutamente sem sentido exigir que uma parte produzisse prova de algo que a outra já confessara. Nesse sentido, convém transcrever o disposto no inciso I do art. 443 do mesmo CPC:

> ***Art. 443. O juiz indeferirá a inquirição de testemunhas sobre fatos:***
>
> ***I – já provados por documento ou confissão da parte;***
>
> *(...)*

Portanto, convém ao advogado ficar atento ao que foi confesso pela parte adversária de seu cliente, de modo a não formular requerimento de prova acerca do fato já confessado. Insistir nessa prova, aí é ainda mais grave, haja vista que indica que o advogado (a) ou desconhece as normas legais aqui tratadas ou (b) atua desatentamente em audiência, o que até mesmo o seu cliente irá perceber.

Já os fatos *"admitidos no processo como incontroversos"*, hipótese contemplada no inciso III do art. 374 ora comentado, também não dependem de prova por razões óbvias. Qual o sentido de provar o que já foi aceito como acontecido? Se não remanesce polêmica, controvérsia, acerca de determinado fato, ociosa seria a produção da prova de sua ocorrência.

Por fim, o art. 374 do CPC cogita da desnecessidade de prova acerca dos fatos em favor dos quais milita presunção legal de existência ou de veracidade.

Aqui convém alertar que as presunções legais são de dois tipos. Podem ser relativas *(juris tantum)* e absolutas *(juris et de jure)*. As presunções absolutas não admitem prova em contrário. Já as relativas, sim. Destarte, a parte não necessita provar os fatos que gozam de presunção relativa que lhe é favorável. Contudo, o seu adversário poderá produzir prova visando elidir, eliminar, fulminar tal presunção relativa. Já as presunções absolutas, como já destacado, não podem ser infirmadas, eliminadas, por melhor prova.

Ou seja, se a presunção absoluta de verdade não admite prova em contrário, a presunção relativa de verdade, por si só, não garante o deferimento do pleito formulado com base no fato que passou a gozar de presunção relativa de verdade. A título ilustrativo, tomemos um caso no qual o preposto da reclamada, ao ser interrogado, mostrou-se desconhecedor acerca de determinado fato importante para a solução da lide. Diz-se, nesse caso, que a reclamada fora confessa (confissão ficta). Contudo, a *ficta confessio,* pode ser afastada, elidida, suplantada, por prova que jazia nos autos. Uma vez sendo tal prova documental contundente, o juiz a privilegiará, em detrimento da presunção relativa. Diz-se que a presunção meramente relativa do fato fora vencida pela robustez da prova documental advinda com a contestação.

Outro caso comum, de elisão da presunção relativa de veracidade ocorre no tocante a registros documentais. Imaginemos a hipótese de um trabalhador alegando haver sido contratado em 27.06.2016, sendo a sua CTPS anotada somente em 30.10.2016. E a reclamada sustentando, em contestação, que o vínculo só fora efetivamente inaugurado em 30.10.2016, data registrada na Carteira de Trabalho do reclamante. Na audiência, todavia, o preposto da reclamada admite que o reclamante fora mesmo contratado em 27.06.2016. É claro que a presunção legal de veracidade, gozada pela anotação constante na CTPS do reclamante, por ser presunção apenas relativa de verdade, sucumbe diante da insuperável força probatória da confissão real. Até porque no Direito do Trabalho vige o princípio da primazia da realidade sobre as formas, como cediço.

3.14 ACERCA DA INSTRUÇÃO PROCESSUAL

3.14.1 O interrogatório e a CLT

Reza a CLT, no seu art. 848, que *"Terminada a defesa, seguir-se-á a instrução do processo, podendo o presidente, ex officio ou a requerimento de qualquer juiz temporário, interrogar os litigantes".*

De logo, urge lamentar que a Reforma Trabalhista, a qual, segundo os seus defensores, iria modernizar a legislação trabalhista, tenha mantido na "modernizada" CLT dispositivos ainda mencionando a obsoleta figura do juiz temporário. Como se sabe, a Emenda Constitucional nº 24, de 09 de dezembro de 1999, extinguiu a figura dos juízes temporários, também chamados de vogais ou classistas.

Feita essa necessária ressalva, colhemos do dispositivo acima transcrito que, após oferecida a defesa, o juiz passa à instrução processual, podendo, se entender necessário, a depender da matéria controversa, interrogar os litigantes.

O § 1º do art. 848 da CLT prevê que: *"Findo o interrogatório, poderá qualquer dos litigantes retirar-se, prosseguindo a instrução com o seu representante"*. E o § 2º estabelece que *"Serão, a seguir, ouvidas as testemunhas, os peritos e os técnicos, se houver"*.

Isso posto, é importante ressaltar que a faculdade que tem o juiz de interrogar as partes não afasta o direito delas de se ouvirem reciprocamente, o que emerge do artigo 385 do CPC, subsidiário, *in verbis:*

> *Art. 385. Cabe à parte requerer o depoimento pessoal da outra parte, a fim de que esta seja interrogada na audiência de instrução e julgamento, sem prejuízo do poder do juiz de ordená-lo de ofício.*

Ou seja, o interrogatório, previsto no artigo 848 da CLT, não se confunde com o depoimento pessoal, pleiteado pela parte adversa, o qual configura um meio de prova voltado à obtenção da confissão da parte contrária e cujo indeferimento acarreta o cerceamento do direito à produção de provas.

Portanto, o direito de ouvir o depoimento da parte contrária compatibiliza-se com a garantia constitucional do devido processo legal e da ampla defesa. O juiz somente poderá indeferir o requerimento do depoimento da parte caso isso se revele desnecessário ou inútil. Os julgados a seguir transcritos evidenciam o que estou a sustentar:

> *DEPOIMENTO PESSOAL. INDEFERIMENTO. CERCEAMENTO DE DEFESA. 1. Se há controvérsia acerca de fato relevante e controvertido da lide, configura cerceamento de defesa o indeferimento da tomada do depoimento pessoal da parte, uma vez que tal meio de prova constitui peça fundamental na instrução, na medida em que se busca a confissão do outro litigante, con-*

tribuindo, assim, para a apuração da verdade real e, em última análise, para a simplificação e celeridade do processo na medida em que fatos confessados prescindem da produção de outras provas (...). 2. A prerrogativa conferida ao Juiz de dispensar o depoimento da parte há de ser apenas nas situações em que não mais subsista controvérsia sobre os fatos, à luz dos limites balizados pela petição inicial e contestação, não advindo, assim, prejuízo algum ao litigante (TST-E-RR-418634-90.1998.5.02.5555, SBDI-1, Red. Min. João Oreste Dalazen, DJ 10.12.2004).

RECURSO DE REVISTA (...) 2 – A jurisprudência do TST tem se pronunciado no sentido de que a oitiva de depoimento pessoal das partes pode ser dispensada pelo magistrado quando, da análise das provas produzidas, observa-se a suficiência do conjunto probatório para a formação do convencimento a respeito das matérias postas à sua análise. Em outras palavras, o fundamento central para dispensa da oitiva das partes é sua irrelevância, à luz dos demais elementos de prova do processo. 3 – Como consequência lógica, tem-se que, em situação inversa, em que subsiste controvérsia acerca de fatos relevantes, o indeferimento da oitiva de depoimento pessoal, mediante o qual se pode alcançar confissão ou esclarecimentos de fatos, caracteriza cerceamento de defesa. Há julgados. 4 – A colheita de depoimento pessoal não se revela, assim, faculdade de livre exercício pelo magistrado. De tal modo, sua dispensa, em especial quando requerido o ato pela parte, exige fundamentação jurídica pertinente (TST-RR-479-95.2016.5.06.0371, 6ª T., Rel. Min. Kátia Magalhães Arruda, DEJT 14.6.2019).

A propósito disso, convém destacar que, como a obtenção da confissão é o objetivo central da oitiva de uma parte pela outra, sobressai absolutamente imprópria a formulação de reperguntas pelo advogado ao seu cliente. Imprópria e inconveniente, haja vista que só seria aproveitado pelo juiz, na formação de seu convencimento, aquilo que a parte dissesse em seu desfavor, o que desabonasse a sua versão dos fatos, a sua tese.

Aliás, se é fato que o depoimento da parte objetiva, a rigor, a obtenção de sua confissão (ou seja, fazer com que ela fala em seu desfavor), não faz qualquer sentido a insistência, de alguns advogados, em ter o registro em ata do que o seu constituinte respondera confirmando a versão dos fatos por ele defendida. Afinal, não é dado ao juiz decidir a favor do reclamante, baseado no depoimento do reclamante. Nem a favor do reclamado, arrimado na fala deste. Como bem ressaltado em decisão do TRT do Pará, *"O depoimento da parte, por mais pungente que seja, não pode, por si só, constituir prova em seu favor, sem que sejam diretamente violadas as normas que tratam da prova no direito processual brasileiro".*

(TRT da 8ª Região – Pará e Amapá – 1ª Turma – Acórdão RO 0000556-79.2011.5.08.0127)

Por outro lado, a CLT estabelece que, terminado o interrogatório, qualquer dos litigantes poderá retirar-se, prosseguindo a instrução com seu representante. Um cuidado que o advogado deve ter é para que, ao deixar a sala de audiência, a parte contrária não se comunique com as suas testemunhas que estão no átrio das varas. Trata-se de uma cautela que exigirá ponderação e sensibilidade do advogado, sob pena de parecer desconfiar de tudo e de todos. Talvez o recomendável seja solicitar ao juiz, quando da saída da parte contrária ao seu cliente, que a advirta a evitar conversar acerca da causa com as suas testemunhas ou, pelo menos, que a ela seja dito acerca dos riscos que ela corre, caso fique constatado que instruiu suas testemunhas.

Outro detalhe importante: a regra geral é que não pode a parte consultar escritos adrede preparados quando de seu depoimento. Há, todavia, exceção. Se o objetivo da consulta for complementar ou precisar esclarecimento, o juiz consentirá que a parte efetue consulta a breves notas, como acontece, p.ex., quando o empregado manuseia a sua CTPS com a finalidade de verificar os assentamentos ali efetuados. É o que se depreende do artigo 387 do CPC, usado no processo do trabalho supletivamente:

> *Art. 387. A parte responderá pessoalmente sobre os fatos articulados, não podendo servir-se de escritos anteriormente preparados, permitindo-lhe o juiz, todavia, a consulta a notas breves, desde que objetivem completar esclarecimentos.*

Por fim, o advogado deve ficar atento quanto aos riscos do fracionamento da audiência de instrução.

É claro que, em muitos casos, o fracionamento se mostra inevitável. É o que acontece quando, além das partes, são muitas as testemunhas a serem ouvidas ou mesmo quando se faz necessário a oitiva da testemunha por carta precatória. Contudo, o advogado deve estar ciente de que, o interrogatório das partes em uma audiência, com a inquirição das testemunhas em outra, traz o inconveniente de o depoimento das testemunhas ficar suscetível à influência do que foi apurado na oitiva das partes. Ou seja, embora não se queira assim, a depender do grau ético dos envolvidos, é possível que os litigantes instruam as suas testemunhas a partir do que foi por eles dito na audiência realizada. Aproveitarão os depoimentos pessoais para traçar a fala das testemunhas. Portanto, é preciso cuidado para não correr esse risco.

3.14.2 O depoimento das partes e o CPC

A CLT, no seu art. 849, prevê, como o desejável, que a audiência fosse única, una e contínua. Todavia, esse mesmo dispositivo estabelece que, se não for possível, por motivo de força maior, concluí-la no mesmo dia, o juiz ou presidente marcará a sua continuação para a primeira desimpedida, independentemente de nova notificação.

Com efeito, se o juiz não puder ouvir as partes logo na audiência inaugural, outra será designada para a instrução completa.

A propósito, a Súmula nº 74 do TST recomenda o seguinte:

> *CONFISSÃO. (atualizada em decorrência do CPC de 2015) – Res. 208/2016, DEJT divulgado em 22, 25 e 26.04.2016.*
>
> *I – Aplica-se a confissão à parte que, expressamente intimada com aquela cominação, não comparecer à audiência em prosseguimento, na qual deveria depor. (ex-Súmula nº 74 – RA 69/1978, DJ 26.09.1978)*

Aliás, o § 1° do art. 385, do CPC, orienta no mesmo sentido ao estabelecer que *"Se a parte, pessoalmente intimada para prestar depoimento pessoal e advertida da pena de confesso, não comparecer ou, comparecendo, se recusar a depor, o juiz aplicar-lhe-á a pena"*.

Quanto ao fato de comparecer à audiência e se recusar a depor, é importante ressaltar que alegar ou evidenciar desconhecimento dos fatos controvertidos na lide equivale à se negar a depor, o que também leva à confissão, como muito bem ilustra a decisão que segue:

> *EMENTA: PREPOSTO. DESCONHECIMENTO DOS FATOS DA LIDE. FICTA CONFESSIO. "Pelo previsto no artigo 843, § 1º, da CLT, faculta-se ao empregador fazer-se substituir por preposto que tenha conhecimento dos fatos discutidos na lide, e o desconhecimento desses fatos é considerado recusa em depor, atraindo para o empregador a pena de confissão quanto à matéria de fato não elucidada pelo preposto. O desconhecimento dos fatos pela preposta do empregador induz à presunção de veracidade das alegações da inicial, pois a confissão é meio de prova (arts. 212, I, do Código Civil e 843, § 1º, da CLT). Desta forma, o não conhecimento de fatos controvertidos da causa por aquela que representa o réu resulta em confissão ficta, salvo se infirmada por demais provas dos autos". (TRT da 3ª Região – Primeira Turma – Proc. 0011369-21.2017.5.03.0055 (RO) – 19/06/2019).*

Importante também atentar para o disposto no § 2°, do art. 385, do CPC, o qual estabelece ser vedado a quem ainda não depôs assistir ao interrogatório da outra parte. Essa regra deve ser aplicada ao processo do trabalho com certa ponderação. Penso que ela não tem aplicação se a parte reclamada exerce o *jus postulandi*.

Como se sabe, o *jus postulandi* é a capacidade postulatória conferida pela lei trabalhista à própria parte, que não necessita constituir procurador habilitado para praticar atos no processo laboral. Ora, se o reclamado, que atua sem advogado, for retirado da sala de audiência quando do depoimento do reclamante, decerto não terá como exercer o seu direito de formular perguntas, portanto, o seu direito de defesa será cerceado. Nesses casos, os juízes têm admitido que o reclamado, desassistido de advogado, permanece na sala de audiência quando do interrogatório do reclamante.

A vedação a que a parte que ainda não depôs assiste ao depoimento da outra facilmente se explica. Imagine-se o reclamado assistindo ao depoimento do reclamante para, em seguida, prestar o seu. Não resta dúvida que se deixará influenciar pelo que ouviu do adversário, podendo elaborar melhor as suas respostas ao juiz e às perguntas formuladas pela parte contrária. Terá tido uma vantagem que não foi possibilitado ao reclamante. Isso violaria o princípio fundamental que garante a igualdade, a isonomia de tratamento a ser dado às partes no processo (art. 5°, CF).

De resto, relembro que a confissão de um dos litisconsortes (unitário ou simples com interesse comum) não prejudica os demais. Vincula, unicamente, o confitente, como sobressai dos dispositivos do CPC subsidiário e da jurisprudência a seguir transcritos:

> *Art. 117. Os litisconsortes serão considerados, em suas relações com a parte adversa, como litigantes distintos, exceto no litisconsórcio unitário, caso em que os atos e as omissões de um não prejudicarão os outros, mas os poderão beneficiar.*
>
> *Art. 391. A confissão judicial faz prova contra o confitente, não prejudicando, todavia, os litisconsortes.*

> *RECURSO DE REVISTA. (...) RECONHECIMENTO DA EXISTÊNCIA DE PRESTAÇÃO DE SERVIÇOS, ADEMAIS, COM BASE, EXCLUSIVAMENTE, NA DECLARAÇÃO DO PREPOSTO DA LITISCONSORTE. IMPOSSIBILIDADE. ARTS. 48 E 350, CPC/1973; ARTS. 117 E 391, CPC/2015. (...) O Tribunal Regional, contudo, fundamentou sua decisão com base, exclusivamente, no depoimento do preposto da empresa terceirizada (...). Ocorre que os arts. 117 e 391 do NCPC (correspondentes aos arts. 48 e 350, CPC de 1973) dispõem, respectivamente, que "Os litisconsortes serão considerados, em*

suas relações com a parte adversa, como litigantes distintos..." e "A confissão judicial faz prova contra o confitente, não prejudicando, todavia, os litisconsortes." Assim, ainda que a confissão do preposto da 1ª Reclamada seja bastante para tornar verdadeiras as alegações do Autor relativamente à sua empregadora, não tem o condão de produzir o mesmo efeito em relação à entidade pública litisconsorte, nos termos dos referidos dispositivos legais (TST-RR-11127-40.2015.5.01.0491, 3ª T. Rel. Min. Mauricio Godinho Delgado, DEJT 6.9.2018).

3.14.3 Da prova testemunhal

O art. 442, do CPC, anuncia que a prova testemunhal é sempre admissível, salvo se a lei dispuser de modo diverso. Ou seja, não será admissível quando a lei impuser a comprovação do fato por meio específico de prova, como é o caso do pagamento de salário, que, a teor do art.464, da CLT, deve ser comprovado por prova documental.

Reza o art. 848 da CLT que: *"Terminada a defesa, seguir-se-á a instrução do processo, podendo o presidente, ex officio ou a requerimento de qualquer juiz temporário, interrogar os litigantes"*. No seu § 1°, assevera que: *"Findo o interrogatório, poderá qualquer dos litigantes retirar-se, prosseguindo a instrução com o seu representante"*. Por fim, no seu § 2°, estabelece que: *"Serão, a seguir, ouvidas as testemunhas, os peritos e os técnicos, se houver"*.

Quanto à oitiva das partes, testemunhas e peritos do juízo e assistentes, o CPC de 2015 tem redação mais aprimorada, estabelecendo, com minudência, uma sequência para a colheita das provas orais. Eis a sua redação:

> *Art. 361. As provas orais serão produzidas em audiência,* ***ouvindo-se nesta ordem, preferencialmente:***
>
> *I – o perito e os assistentes técnicos, que responderão aos quesitos de esclarecimentos requeridos no prazo e na forma do art. 477, caso não respondidos anteriormente por escrito;*
>
> *II – o autor e, em seguida, o réu, que prestarão depoimentos pessoais;*
>
> *III – as testemunhas arroladas pelo autor e pelo réu, que serão inquiridas.*

Mas embora o CPC tenha estabelecido uma ordem mais minudenciada a ser observada quando da oitiva de partes, testemunhas, peritos e assistentes técnicos das partes, não impôs observância inarredável a essa sequência. Pelo contrário, o caput do citado art. 361 recomenda que a coleta da prova oral assim seja feita *"preferencialmente"* e, não, necessariamente.

Ou seja, a ordem de oitiva das partes, testemunhas, peritos e assistentes técnicos, embora usualmente seja a recomendada no art. 361, do CPC, nem mesmo no processo comum tem observância sempre. Aliás, o art. 139, VI, do mesmo CPC também autoriza o juiz a alterar a ordem de produção dos meios de prova, desde que isso se mostre necessário ou confira maior efetividade à tutela do direito. Vejamos a sua redação, no que nos interessa:

> *Art. 139. O juiz dirigirá o processo conforme as disposições deste Código, incumbindo-lhe:*
>
> *(...)*
>
> *VI – dilatar os prazos processuais e alterar a ordem de produção dos meios de prova, adequando-os às necessidades do conflito de modo a conferir maior efetividade à tutela do direito;*
>
> *(...)*

Com efeito, nada obsta que o juiz do trabalho se decida por ouvir o reclamado, antes mesmo de interrogar o reclamante. Ou de ouvir as testemunhas do empregador, antes de colher o depoimento das testemunhas do reclamado. A título de exemplo, tomemos um caso no qual o reclamado alegou justa causa. Se o encargo probatório pesa sobre os ombros do empregador, nada obsta que o juiz tome, primeiramente, o depoimento do reclamado, ouvindo, em seguida, o reclamante.

A inversão na ordem de colheita da prova oral já era tolerada, no âmbito trabalhista, antes mesmo do CPC de 2015. Isso é evidenciado pela jurisprudência:

> *INVERSÃO DA ORDEM DA OITIVA DAS TESTEMUNHAS NO PROCESSO DO TRABALHO. POSSIBILIDADE. Não existe na CLT a previsão no tocante à ordem da oitiva de testemunhas, de modo que o julgador pode ouvir primeiramente as testemunhas da reclamada, em face do princípio lógico do ônus da prova, desde que não acarrete prejuízo à parte, pois o objetivo da instrução processual é a busca da verdade real e a completa entrega da prestação jurisdicional. (Tribunal Regional do Trabalho da 3ª Região. 2ª Turma – 0000664-13.2011.5.03.0042 – 11/10/2011).*
>
> *NULIDADE PROCESSUAL.____ INVERSÃO DA ORDEM DE INQUIRIÇÃO DAS TESTEMUNHAS. INOCORRÊNCIA. O juiz instrutor do feito, com arrimo no poder diretivo do processo que detém (artigo 765 da CLT), pode determinar e proceder à inquirição das testemunhas com a inversão da ordem clássica prevista no art. 413 do CPC, de acordo com a distribuição do ônus probatório, conforme entenda cabível. Tal inversão não acarreta nulidade processual, sobretudo quando sequer há alegação da parte acerca da ocorrência de pre-*

juízo resultante da prática do ato (art. 794 da CLT). (TRT da 3ª Região – 7ª Turma – acórdão 0000773-02.2014.5.03.0081 – 30/10/2014).

Já a valoração da prova testemunhal é ato do juiz, a quem compete atribuir maior ou menor eficácia a determinado depoimento, de acordo com a impressão causada pela testemunha ao prestar suas declarações.

A CLT, no seu art. 845, estabelece que *"O reclamante e o reclamado comparecerão à audiência acompanhados das suas testemunhas, apresentando, nessa ocasião, as demais provas".*

Já o CPC, no seu art. 443, prevê que:

> *Art. 443. O juiz indeferirá a inquirição de testemunhas sobre fatos:*
>
> *I – já provados por documento ou confissão da parte;*
>
> *II – que só por documento ou por exame pericial puderem ser provados.*

3.14.3.1 O comparecimento de testemunhas à audiência

Não há obrigatoriedade de apresentação do rol de testemunhas, pois, nos termos do artigo 825 da CLT, na Justiça do Trabalho as testemunhas comparecerão à audiência independente de intimação ou notificação. Como veremos adiante, somente no caso de recusa da testemunha em comparecer à audiência, aí, sim, deve a parte que pretende seja ela ouvida pugnar pela sua convocação pelo juízo, caso em que informará, nos autos, o endereço da mencionada testemunha. Vejamos o que dispõe o art. 825, da CLT:

> *Art. 825. As testemunhas comparecerão a audiência independentemente de notificação ou intimação.*

Se a testemunha for funcionário público civil ou militar, e tiver de depor em hora de serviço, o seu comparecimento será requisitado ao chefe da repartição para comparecer à audiência no horário marcado. É o que prevê o art. 823 da CLT.

3.14.3.2 A testemunha que não comparece à audiência

RITO ORDINÁRIO:

> *Art. 825. (...)*
>
> *Parágrafo único. As que não comparecerem serão intimadas, ex officio ou a requerimento da parte, ficando sujeitas à condução coercitiva, além das penalidades do art. 730, caso, sem motivo justificado, não atendam à intimação.*

RITO SUMARÍSSIMO:

> *Art. 852-H. (...)*
>
> *§ 3º Só será deferida intimação de testemunha que, comprovadamente convidada, deixar de comparecer. Não comparecendo a testemunha intimada, o juiz poderá determinar sua imediata condução coercitiva.*

Convém destacar que não caracteriza cerceamento de defesa a decisão interlocutória que indefere o pedido de adiamento da audiência, ante o não comparecimento da testemunha, quando a parte declarara que as testemunhas compareceriam independentemente de intimação.

Todavia, verificando-se que a parte requereu ao juízo, antecipadamente, o adiamento da audiência em virtude de impossibilidade de comparecimento da testemunha que pretendia ouvir, em razão de enfermidade ou outro motivo ponderoso, o indeferimento do requerimento para adiamento da audiência, segundo a jurisprudência, configura cerceamento ao direito de produção de prova. (Tribunal Regional do Trabalho da 3ª Região – 1ª Turma – Acórdão 0011108-45.2014.5.03.0028; 27/04/2016)

3.14.3.3 Do depoimento da testemunha

Reza o art. 828 da CLT que *"Toda testemunha, antes de prestar o compromisso legal, será qualificada, indicando o nome, nacionalidade, profissão, idade, residência, e, quando empregada, o tempo de serviço prestado ao empregador, ficando sujeita, em caso de falsidade, às leis penais"*.

Já o art. 829 estabelece que *"A testemunha que for parente até o terceiro grau civil, amigo íntimo ou inimigo de qualquer das partes, não prestará compromisso, e seu depoimento valerá como simples informação"*.

Importante destacar que o juiz providenciará para que o depoimento de uma testemunha não seja ouvido pelas demais que tenham de depor no processo (art. 824, CLT).

3.14.3.4 Sobre a contradita de testemunha – e a subsidiariedade do CPC

A parte interessada em impedir o depoimento de testemunha apresentada pela parte contrária, por considerá-la incapaz, impedida ou suspeita, deve apresentar contradita nos termos do art. 457 do CPC.

Art. 457. Antes de depor, a testemunha será qualificada, declarará ou confirmará seus dados e informará se tem relações de parentesco com a parte ou interesse no objeto do processo.

§ 1º É lícito à parte ***contraditar*** *a testemunha, arguindo-lhe a incapacidade, o impedimento ou a suspeição, bem como, caso a testemunha negue os fatos que lhe são imputados,* ***provar*** *a contradita com documentos ou com testemunhas, até 3 (três), apresentadas no ato e inquiridas em separado.*

§ 2º Sendo provados ou confessados os fatos a que se refere o § 1º, o juiz dispensará a testemunha ou lhe tomará o depoimento como informante.

3.14.3.5 Quem não pode depor como testemunha, segundo o CPC/2015

Segundo o art. 447 do CPC subsidiário:

Art. 477. Podem depor como testemunhas todas as pessoas, ***exceto as incapazes, impedidas ou suspeitas.***

§ 1º São incapazes:

I – o interdito por enfermidade ou deficiência mental;

II – o que, acometido por enfermidade ou retardamento mental, ao tempo em que ocorreram os fatos, não podia discerni-los, ou, ao tempo em que deve depor, não está habilitado a transmitir as percepções;

III – o que tiver menos de 16 (dezesseis) anos;

IV – o cego e o surdo, quando a ciência do fato depender dos sentidos que lhes faltam.

§ 2º São impedidos:

I – o cônjuge, o companheiro, o ascendente e o descendente em qualquer grau e o colateral, até o terceiro grau, de alguma das partes, por consanguinidade ou afinidade, salvo se o exigir o interesse público ou, tratando-se de causa relativa ao estado da pessoa, não se puder obter de outro modo a prova que o juiz repute necessária ao julgamento do mérito;

II – o que é parte na causa;

III – o que intervém em nome de uma parte, como o tutor, o representante legal da pessoa jurídica, o juiz, o advogado e outros que assistam ou tenham assistido as partes.

§ 3º São suspeitos:

I – o inimigo da parte ou o seu amigo íntimo;

II – o que tiver interesse no litígio.

§ 4º Sendo necessário, pode o juiz admitir o depoimento das testemunhas menores, impedidas ou suspeitas.

> *§ 5º Os depoimentos referidos no § 4º serão prestados independentemente de compromisso, e o juiz lhes atribuirá o valor que possam merecer.*

As alegações mais frequentes de contraditas de testemunhas apontam amizade íntima da testemunha com a parte que e a apresentou. Todavia, a suspeição não se configura pelo simples fato de ser a testemunha colega de trabalho da parte que a levou à audiência. Há amizade íntima se as pessoas compartilham entre si a vida privada, em convivência próxima e intensa, consubstanciando-se no convívio constante, na troca de visitas sociais e de confidências. Importa convívio do tipo verificado quando as pessoas frequentam, habitualmente, a residência uma da outra; quando uma sempre consta da lista de convidados para festividades que a outra promove, mormente aniversário, Natal e festa de final de ano; quando compartilham mesa em bares e restaurantes, por exemplo. Não basta, como já dito, a simples amizade de trabalho. Nem a mera amizade em redes sociais. É indispensável a comprovação de um forte laço de amizade, capaz de afetar a isenção da testemunha.

A propósito de amizade em redes sociais, porque algo muito em voga, é importante apresentar o entendimento vigorante no âmbito dos tribunais:

> *EMENTA: TESTEMUNHA. CONTRADITA. AMIZADE VIRTUAL (FACEBOOK E INSTAGRAM). SUSPEIÇÃO NÃO CONFIGURADA. É cediço que, na sociedade pós-moderna, com o avanço das tecnologias e da informática, especialmente da Internet, passaram a ter destaque e utilidade as chamadas redes sociais, como Facebook e Instagram, nas quais as pessoas mantêm relacionamentos virtuais e interpessoais nos quais adicionam, indistintamente, perfis de amigos reais e até íntimos ou não. Desse modo, o fato de a testemunha indicada figurar como amigo, no Facebook e no Instagram, da parte, por si só, não configura a suspeição a que aludem os artigos 829, da CLT e 405, § 3º, III, do CPC. Isso porque a amizade íntima prevista nos citados dispositivos legais se verifica quando as pessoas compartilham entre si a vida privada, em convivência muito próxima e intensa, consubstanciando-se no convívio constante, na troca de visitas sociais e de confidências. Se a testemunha ouvida, inobstante figure como amiga virtual da parte, quando da contradita, não demonstra de fato a existência de relacionamento com essas características, como no caso dos autos, não há qualquer razão para que ela seja considerada suspeita.(Tribunal Regional do Trabalho da 3ª Região – 7ª Turma – acordao:2016-02-04;0001554-70.2014.5.03.0098 – 04/02/2016)*

> *EMENTA: CERCEAMENTO DE DEFESA. SUSPEIÇÃO DA TESTEMUNHA. FACEBOOK. Para se configurar a suspeição, necessário se faz que seja*

verificada a inequívoca existência de amizade íntima, pela comprovação de que a testemunha e a parte apresentam laços que transcendem os limites de uma mera relação de trabalho, fato este que pode ser demonstrado por diversas situações, tais como a frequência regular ao ambiente familiar, compadrio, passeios conjuntos, e se essa amizade poderia acarretar a parcialidade do testemunho, o que não se verificou no presente caso, pois expressamente negado contato pessoal entre o reclamante a testemunha que se pretendia ouvir. O simples fato de adicionar pessoas em rede social (facebook), por si só, não evidencia amizade íntima entre elas.(Acórdão TRT 1ª / 3ª Turma / 0011365-97.2015.5.01.0058 – DOERJ 23-11-2017)

Quanto ao interesse no litígio, doutrina e jurisprudência são uníssonas em reconhecer que a suspeição por interesse no litígio ou troca de favores não pode ser simplesmente presumida, devendo ser cabalmente demonstrada nos autos, como sobressai dos dois julgados do c. TST a seguir transcritos:

RECURSO DE REVISTA (...). TESTEMUNHA EM LITÍGIO COM A EMPRESA. PRESUNÇÃO DE SUSPEIÇÃO. CARACTERIZAÇÃO DE VÍCIO PROCEDIMENTAL. 1. A suspeição por interesse no litígio ou troca de favores não pode ser simplesmente presumida, mas cabalmente demonstrada nos autos, ainda que a demanda ajuizada pela testemunha trate da mesma matéria objeto do processo. 2. O simples fato de a testemunha exercer seu direito de ação, mesmo que também esteja demandando contra o reclamado em ação com idêntico objeto e na qual o reclamante venha a prestar depoimento, não significa que necessariamente faltará com a verdade em juízo, não revelando, isoladamente, a existência de interesse na causa ou inimizade capital com os empregadores. 3. A existência de troca de favores a tornar suspeita uma testemunha é circunstância que deve ser provada nos autos (TST-RR-10335-41.2013.5.01.0076, 7ª T. Rel. Min. Luiz Philippe Vieira de Mello Filho, DEJT 22.11.2019).

RECURSO DE REVISTA. (...) 2. SUSPEIÇÃO DE TESTEMUNHA. NÃO CONHECIMENTO. (...) Consoante registrado, o acolhimento da contradita da testemunha Kelly (...) não decorreu do fato de ela ter ajuizado ação cível em face da reclamante, mas em razão de sua falta de isenção de ânimo. Isso por que, na discussão acerca do ato de improbidade supostamente praticado pela reclamante que, no exercício da função de supervisora, teria subtraído para si produtos da loja, cheques e numerário, veio aos autos documento trazido pela própria reclamada, indicando que a referida testemunha também foi envolvida, o que demonstrava o seu manifesto interesse no resultado da demanda (TST-RR-186300-59.2007.5.09.0322, 4ª T. Rel. Min. Guilherme Augusto Caputo Bastos, DEJT 27.9.2019).

Particularmente, entendo que, se a testemunha tem ação contra a mesma reclamada, e a acusa de prática de dano moral, mormente de assédio moral, falta-lhe a necessária isenção.

Com efeito, são frequentes os casos em que a testemunha cobra, da mesma reclamada, altas somas a título de indenização por dano moral. Se a dor moral é de tamanha gravidade, é razoável supor que machucou demais a testemunha. Em todas as vezes nas quais me deparei com tal situação, formulada a contradita, após questionadas sobre se se sentiam vulneradas na sua autoestima, na honra, na sua intimidade ou na sua imagem pelas reclamadas, as testemunhas, sem exceção, terminaram confessando que tinham muitas mágoas da reclamada e que, elas mesmas, não se achavam totalmente isentas.

Em que pese não se trate de tema remansoso, vale transcrever decisões que validam o entendimento aqui defendido:

> *CONTRADITA – PARCIALIDADE – TESTEMUNHA QUE LITIGA CONTRA O MESMO EMPREGADOR EM PEDIDO DE DANOS MORAIS. O inciso LV, do art. 5º, da CF/1988 garante aos litigantes a ampla defesa, de forma a assegurar a produção de todos os meios de prova admitidos em direito. Desse modo, eventual restrição à prova testemunhal somente pode ser admitida se configurada quaisquer das hipóteses de impedimento ou suspeição, conforme prevêem os artigos 405, § 3º, do CPC/1973 (447, §3º, do CPC 2015) e 801 da CLT. Além disso, nos termos da Súmula 357 do C. TST, a testemunha não se torna suspeita simplesmente por litigar ou ter litigado contra o mesmo empregador. Isso porque, ao ajuizar sua própria ação, a testemunha nada mais faz do que exercer seu direito constitucional de ação. Sucede que, quanto à parcialidade da testemunha que demanda contra o mesmo empregador, o entendimento da maioria da d. Turma é de que carece de isenção para depor a testemunha que ajuizou ação visando reparação por danos morais contra a mesma reclamada, não prevalecendo, nessa hipótese, o disposto na Súmula 357 do C. TST. (Tribunal Regional do Trabalho. 10ª Turma – acórdão: 0010094-63.2015.5.03.0069 – 06/06/2016).*

> *EMENTA: PROVA ORAL – TESTEMUNHA QUE PROPÕE AÇÃO COM PEDIDO DE INDENIZAÇÃO POR DANOS MORAIS CONTRA O MESMO EMPREGADOR – AUSÊNCIA DE ISENÇÃO DE ÂNIMO – CONTRADITA DEFERIDA. À luz da Súmula 357 do TST, não há, de imediato, suspeição em relação à testemunha que possui reclamatória trabalhista em face do mesmo empregador. Entretanto, a existência de ação proposta por testemunha contraditada em desfavor do mesmo Reclamado com causa de pedir fundada em tipificação de dano moral (por perseguição, tratamento ríspido e humilhante ou discriminação sexual, como exemplos), afeta-lhe, inequivocamente, a isenção de ânimo para depor, impondo-se o acolhimento da contradita para ser ouvida apenas como informante.*

> *(Tribunal Regional do Trabalho. 3ª Turma Título HYPERLINK "http://www.lexml.gov.br/urn/urn:lex:br;justica.trabalho;regiao.3:tribunal.regional.trabalho;turma.3:acordao:2016-07-20;0000316-76.2015.5.03.0002"Acórdão TRT 3ª/3ªTurma/2016-07-20 Data 20/07/2016).*

Todavia, no âmbito do TST, encontram-se julgados turmários no sentido de que, "ainda que tecnicamente possa justificar o acolhimento da contradita, não justifica a drástica e absoluta dispensa do depoimento, sendo estritamente necessário como o é no processo do trabalho, pos a pessoa pode ser ouvida meramente como informante, com o valor que daí possa merecer" (RR – 1420-85.2012.5.03.0139 – 4ª Turma).

3.14.4 Contradita e preclusão

Como já destacado alhures, a parte interessada em impedir o depoimento de testemunha apresentada pela parte contrária, por considerá-la incapaz, impedida ou suspeita, deve apresentar contradita nos termos do art. 457, do CPC. Ou seja, deverá fazê-lo antes de lhe ser tomado o compromisso de dizer a verdade. Se não o fizer no momento apropriado, ocorre a preclusão dessa impugnação. Vejamos a jurisprudência acerca do tema:

> *EMENTA: CONTRADITA MOMENTO CERTO – PRECLUSÃO – Cabe à parte policiar para não admitir que a testemunha incapaz, impedida ou suspeita preste depoimento no processo. O parágrafo primeiro, do art. 414, do Diploma Processual Civil permite à parte contraditar a testemunha, arguindo-lhe a incapacidade, o impedimento ou a suspeição, devendo fazê-lo antes de lhe ser tomado o compromisso de dizer a verdade, sob pena de preclusão, pois, os atos processuais não se repetem. (Tribunal Regional do Trabalho da 3ª Região – Minas Gerais – 5ª Turma – Acórdão RO 999475 – 2000-02-24)*

Deve ser observado pelo advogado que, caso a testemunha venha a negar a sua condição de incapaz, impedida ou suspeita, compete à parte contraditante provar a alegação usada na contradita, com documentos ou com testemunhas. Somente se forem provados ou confessados os fatos alegados na contradita é que o juiz dispensará a testemunha ou tomará o seu depoimento como informante. Todavia, se a parte se limita a arguir a incapacidade, o impedimento ou a suspeição, sem nada provar, a contradita formulada será rejeitada, colhendo-se o depoimento da testemunha.

Uma última observação acerca da contradita merece ser feita. No processo do trabalho, não se exige rol prévio de testemunhas na inicial e na defesa. Portanto, de regra, as partes comparecem à audiência sem saber quem são as testemunhas da parte contrária. Somente quando chegam ao átrio do fórum ou mesmo na sala de audiência é que conhecem as testemunhas da parte *ex adversa*. Nesse momento, o advogado costuma indagar ao cliente sobre a testemunha da parte contrária e, sabendo se tratar de testemunha suspeita, impedida ou incapaz, apresenta a contradita. Todavia, há casos em que a contradita fica apenas na alegação de suspeição, impedimento ou incapacidade da testemunha. A parte que a formula não cuida em provar o óbice alegado na contradita. E, assim, sem a devida prova, a contradita termina sendo rejeitada.

Para a melhor compreensão do leitor, tomarei como exemplo o caso mais comum de contradita na Justiça do Trabalho. Refiro-me à contradita baseada em alegação de amizade íntima da testemunha com a parte que a conduziu à audiência. Feita a contradita, o juiz indaga à testemunha acerca da alegada amizade íntima. Se a testemunha confirma tal grau de amizade, o juiz escuta a testemunha como mera informante ou a dispensa de depor. O problema é quando a testemunha não reconhece a amizade íntima alegada. Como proceder nesse caso?

Como dito há pouco, no processo do trabalho é raro uma parte conhecer as testemunhas da outra antes da audiência. Se a contradita é feita com base em amizade íntima e o contraditado nega tal amizade (normalmente afirma ser apenas ex-colega de trabalho do reclamante), o contraditante só terá êxito na contradita se provar a alegada amizade íntima. Sucede que como só conheceu a testemunha contraditada na audiência ou um pouco antes, decerto a parte contraditante não contará com testemunha para provar a alegada amizade íntima da parte oposta com a testemunha por ela apresentada. Embora seja possível acontecer, não é comum as testemunhas levadas pela parte contraditante serem úteis à prova da amizade íntima que motivou a contradita. Afinal, foram conduzidas à audiência no intuito de provar os fatos alegados na inicial ou na defesa, conforme o caso. E aí, o que fazer?

Durante os meus muitos anos de magistratura, vi inúmeros advogados formularem contraditas baseadas em alegação de amizade íntima que não foi provada. A alegação era feita, a testemunha contraditada negava a íntima amizade, eu perguntava ao advogado contraditante se ele tinha como provar a alegada amizade íntima e a resposta sempre era negativa, sendo a contradita, por conseguinte, rejeitada. Uma única vez presenciei o advogado agir da forma que me pareceu a mais acertada. Ele advogava para a reclamada.

Quando a testemunha negou a amizade íntima e eu indaguei ao aludido advogado se ele teria como provar a alegada amizade, ele me respondeu:

> *"Exa., neste momento a minha cliente não tem como provar a alegada amizade íntima. Até porque ela não sabia quem seriam as testemunhas do reclamante. Não poderia trazer testemunha para provar isso se nem sabia quem seriam as testemunhas do reclamante. Portanto, solicito a V.Exa. o adiamento da audiência, a fim de que a minha cliente possa provar o que alegou em contradita".*

Não me restou outra conduta senão acatar o pedido. Do contrário, teria impedido a reclamada de se desincumbir de seu encargo probatório quanto à contradita e, evidentemente, cerceado o seu direito à ampla defesa.

Portanto, nada obsta e tem amparo legal o pedido de adiamento da audiência feito pela parte quando ela busca exercer o seu encargo de provar o motivo apresentado para a contradita de testemunhas da parte contrária. Não só nos casos de alegação de amizade íntima. Isso vale para qualquer caso de contradita.

Para obter o adiamento da audiência, o advogado deverá alertar ao juiz de que o seu cliente só conheceu a testemunha da parte adversa na audiência, haja vista que rol prévio de testemunhas não é praxe na Justiça do Trabalho. E, evidentemente, não poderia ter previamente se munido da prova do motivo da contradita se nem sabia quem seriam as testemunhas da parte contrária. Se o juiz indeferir o pedido, é importante consignar o devido protesto em ata, amparado nessas razões.

CONTRADITA – CASO CLÁSSICO NA JT

Outra contradita muito frequente na Justiça do Trabalho é a apresentada pela reclamada baseada na alegação de que a testemunha do reclamante também tem reclamação contra a empresa contraditante, na qual usou de idênticos ou similares causa de pedir e pedidos vistos na ação ajuizada pelo reclamante. Muitas vezes, as reclamadas acrescentam o fato de além dessas semelhanças, o reclamante e sua testemunha contraditada tem o mesmo advogado. Pois bem, o Colendo TST tem súmula cuidando do tema, como a seguir mostrado:

> *Súmula nº 357 do TST – TESTEMUNHA. AÇÃO CONTRA A MESMA RECLAMADA. SUSPEIÇÃO – Não torna suspeita a testemunha o simples fato de estar litigando ou de ter litigado contra o mesmo empregador. (Res. 121/2003, DJ 19, 20 e 21.11.2003)*

Entretanto, um questionamento há que ser feito: referida súmula se aplicaria também aos casos nos quais a testemunha contraditada pleiteia indenização por dano moral?

Entendo que o caso exige tratamento diferenciado.

Ou o dano extrapatrimonial sofrido pela testemunha é de gravidade tal que justifique um pedido de indenização à Justiça (e, portanto, magoa o ofendido seriamente, tirando-lhe a isenção relativamente ao ofensor), ou o dano é irrelevante e jamais levaria a testemunha/ofendido a acionar o Judiciário para obter uma reparação. Se ela, testemunha/ofendido ocupou a Justiça, devo crer que se vira seriamente magoada, ferida, ultrajada na sua honra, na sua moral, na sua imagem, na sua dignidade. Como entender que uma pessoa, nessa situação, é isenta, em relação ao empregador/ofensor?

Ingênuo me parece entender diferentemente. Daí porque, costumo acolher contradita lançada em face de testemunha que, além de ter ação idêntica ou similar ao reclamante, nela vindica indenização por dano moral, máxime se arrimada em assédio moral ou sexual. Em respaldo do entendimento aqui esposado, transcrevo a jurisprudência que me parece mais avisada:

> *EMENTA: PROVA ORAL – TESTEMUNHA QUE PROPÕE AÇÃO COM PEDIDO DE INDENIZAÇÃO POR DANOS MORAIS CONTRA O MESMO EMPREGADOR – AUSÊNCIA DE ISENÇÃO DE ÂNIMO – CONTRADITA DEFERIDA. À luz da Súmula 357 do TST, não há, de imediato, suspeição em relação à testemunha que possui reclamatória trabalhista em face do mesmo empregador. Entretanto, a existência de ação proposta por testemunha contraditada em desfavor do mesmo Reclamado com causa de pedir fundada em tipificação de dano moral (por perseguição, tratamento ríspido e humilhante ou discriminação sexual, como exemplos), afeta-lhe inequivocamente a isenção de ânimo para depor, impondo-se o acolhimento da contradita para ser ouvida apenas como informante. (3ª Região – Tribunal Regional do Trabalho da 3ª Região/ Terceira Turma / 2016-07-20 – Data 20/07/2016).*
>
> *CONTRADITA – PARCIALIDADE – TESTEMUNHA QUE LITIGA CONTRA O MESMO EMPREGADOR EM PEDIDO DE DANOS MORAIS. O inciso LV, do art. 5º, da CF/1988 garante aos litigantes a ampla defesa, de forma a assegurar a produção de todos os meios de prova admitidos em direito. Desse modo, eventual restrição à prova testemunhal somente pode ser admitida se configurada quaisquer das hipóteses de impedimento ou suspeição, conforme preveem os artigos 405, § 3º, do CPC/1973 (447, §3º, do CPC 2015) e 801 da CLT. Além disso, nos termos da Súmula 357 do C. TST, a testemunha não se torna suspeita simplesmente por litigar ou ter litigado contra o mesmo empregador. Isso porque, ao ajuizar sua própria ação, a testemunha nada*

> *mais faz do que exercer seu direito constitucional de ação. Sucede que, quanto à parcialidade da testemunha que demanda contra o mesmo empregador, o entendimento da maioria da d. Turma é de que carece de isenção para depor a testemunha que ajuizou ação visando reparação por danos morais contra a mesma reclamada, não prevalecendo, nessa hipótese, o disposto na Súmula 357 do C. TST. (Tribunal Regional do Trabalho. 10ª Turma – Acórdão PJe TRT 3ª / Décima Turma / 2016-06-06 – 06/06/2016).*

Embora seja certo que a jurisprudência do colendo TST ainda se mostra oscilante acerca do tema em liça, transcrevo decisão de sua 4ª Turma, a qual respalda o entendimento aqui considerado o mais acertado:

> *EMENTA: RECURSO DE REVISTA. PROCEDIMENTO SUMARÍSSIMO. TESTEMUNHA. SUSPEIÇÃO. ACOLHIMENTO DE CONTRADITA. LITÍGIO. MESMO EMPREGADOR. Súmula nº 357 do TST 1. De conformidade com a Súmula 357 do TST, o simples fato de a testemunha litigar em face do mesmo empregador não configura suspeição. 2. Decisão regional que mantém o acolhimento de contradita de testemunha, sob o fundamento de que, além de litigar contra o mesmo empregador, haveria evidente animosidade entre ela e a empresa ante a própria natureza da ação judicial que promove em desfavor da reclamada (pleito de indenização por dano moral). 3. O interesse na causa determinante de suspeição não se presume, sob pena de comprometer o direito de defesa de qualquer das partes, sobretudo quando importe absoluto cerceamento de produção de prova testemunhal, essencial no processo trabalhista. 3. Mesmo o reconhecimento de suspeição derivante de virtual pedido comum, ainda que tecnicamente possa justificar o acolhimento da contradita, não justifica a drástica e absoluta dispensa do depoimento,* ***sendo estritamente necessário como o é no processo trabalhista, pois a pessoa pode ser ouvida meramente como informante, com o valor que daí possa merecer*** *(CPC, art. 405, § 4º). 4. Hipótese em que a decisão causa manifesto prejuízo à parte que pretende demonstrar os fatos que embasam o seu pedido de indenização por dano moral. Afronta ao princípio constitucional da ampla defesa, insculpido no art. 5º, LV, da Constituição Federal. 4. Recurso de revista conhecido e provido. (Tribunal Superior do Trabalho. 4ª Turma – Acórdão do processo nº RR – 1420-85.2012.5.03.0139 – Data: 19/02/2014)*

Da leitura atenta da aludida decisão superior emerge o seguinte: (1) não é equivocada a decisão que acolhe contradita em relação à testemunha que demanda contra a mesma reclamada, almejando indenização por dano moral; (2) o equivocado é deixar de ouvi-la como informante, configurando a recusa verdadeira afronta ao princípio constitucional da ampla defesa; (3) o fato de Turma do TST entender que uma determinada pessoa deveria ser ouvida como mero informante respalda o entendimento segundo o qual essa pessoa não é isenta ao ponto de ser ouvida como testemunha. Parece óbvio!

Por fim, indagação a merecer resposta diz respeito à possibilidade de alguém que fora preposto da reclamada em um determinado processo vir a ser testemunha em outro, movido contra a sua empregadora. Do aresto da 1ª Turma do TST, a seguir transcrito, é possível concluir que há vedação a que isso ocorra. Vejamos:

> *RECURSO DE REVISTA. CERCEAMENTO DO DIREITO DE DEFESA. CONTRADITA DE TESTEMUNHA. PREPOSTO. ART. 405, § 2º, III, DO CPC. No caso, não se configura cerceamento do direito de defesa, pois o deferimento da contradita não se deu, exclusivamente, pelo fato de os depoentes serem prepostos,* ***mas sim porque, como assumido pelas próprias testemunhas, detinham poderes para representar a entidade bancária, restando configurada a hipótese prevista no art. 405, § 2º, III, do CPC.*** *DANO MORAL. CARACTERIZAÇÃO. SÚMULA Nº 126 DO TST. O Tribunal Regional, assente na prova testemunhal, concluiu que a conduta do Reclamado – compelir o Empregado a ficar ocioso durante toda a jornada de trabalho – gerou lesão ao patrimônio moral do Reclamante. Contudo, o Recorrente, nas suas razões recursais, limita-se a atacar os fundamentos da decisão vergastada, buscando infirmar a valoração dada pela Corte de origem ao conjunto fático-probatório dos autos. Nesse contexto, é inegável que a discussão se encontra atrelada ao reexame dos elementos de prova nos quais se amparou a Corte de origem para decidir, o que atrai, nesta Instância recursal, o óbice da Súmula nº 126 do TST. DANO MORAL. VALOR DA INDENIZAÇÃO. SÚMULA Nº 221, I, DO TST. ART. 896 DA CLT. O Recorrente, no particular, não suscitou violação de dispositivo de lei ou da Constituição Federal, bem como não indicou julgado para o confronto de teses, desatendendo, assim, à Súmula nº 221, I, do TST e ao art. 896 da CLT. Recurso de revista parcialmente conhecido e a que se nega provimento. (TST – 1ª Turma – Acórdão do processo Nº RR – 18300-55.2006.5.04.0004).*

Essa decisão, vale ressaltar, é anterior ao advento do CPC de 2015. O art. 405, § 2º, III, do CPC de 1973 equivale ao art. 447, § 2º, III, do CPC de 2015, o qual assim disciplina, quanto ao que nos interessa neste instante:

> *Art. 447. Podem depor como testemunhas todas as pessoas, exceto as incapazes, impedidas ou suspeitas.*
>
> *(...)*
>
> *§ 2º São impedidos:*
>
> *(...)*
>
> *III – o que intervém em nome de uma parte, como o tutor,* ***o representante legal da pessoa jurídica,*** *o juiz, o advogado e outros que assistam ou tenham assistido as partes.*

3.14.5 A inquirição das testemunhas

No processo comum ocorre assim:

> *CPC/Art. 459. As perguntas serão formuladas pelas partes diretamente à testemunha, começando pela que a arrolou, não admitindo o juiz aquelas que puderem induzir a resposta, não tiverem relação com as questões de fato objeto da atividade probatória ou importarem repetição de outra já respondida.*

Já no processo do trabalho, a lei prevê diferente. Nele vige o princípio da imediação:

> *CLT/Art. 820. As partes e testemunhas serão inquiridas pelo juiz ou presidente, podendo ser reinquiridas,* ***por seu intermédio****, a requerimento dos vogais, das partes, seus representantes ou advogados.*

A despeito do que consta no regramento celetista, há vários juízes do trabalho, entre os quais me incluo, que permitem a inquirição direta pelo advogado. Contudo, quando o faço, retomo a reinquirição quando percebo que perguntas impertinentes estão sendo feitas ou quando o advogado não vem tratando a testemunha com a devida urbanidade.

Quanto ao número de testemunhas que podem ser ouvidas, oscila conforme o rito procedimental adotado. A CLT prevê que são, no máximo, 3 (três) testemunhas, quando o processo for submetido ao rito ordinário. Eis o texto legal:

> *Art. 821. Cada uma das partes não poderá indicar mais de 3 (três) testemunhas, salvo quando se tratar de inquérito, caso em que esse número poderá ser elevado a 6 (seis).*

E quando a ação está submetida ao rito sumaríssimo?

Como cediço, estão submetidos ao procedimento sumaríssimo os dissídios individuais cujo valor não exceda a quarenta vezes o salário mínimo vigente na data do ajuizamento da reclamação, estando, todavia, excluídas desse procedimento as demandas com valor da causa igual ou inferior a 40 salários mínimos, mas que tenha como parte reclamada a Administração Pública direta, autárquica e fundacional. Tais demandas se submetem ao procedimento ordinário. Mas se a ação tramita pelo rito sumaríssimo, serão, no máximo, 2 (duas) as testemunhas de cada parte, como estabelecido no dispositivo celetista que segue:

> *CLT/Art. 852-H. Todas as provas serão produzidas na audiência de instrução e julgamento, ainda que não requeridas previamente*
>
> *(...)*
>
> ***§ 2º As testemunhas, até o máximo de duas para cada parte, comparecerão à audiência de instrução e julgamento independentemente de intimação.***

E, como já mencionado alhures, serão, no máximo, 6 (seis) testemunhas, quando se tratar de processo de inquérito para apuração de falta grave de estável dirigente sindical (CLT, art. 821).

A propósito do tema, creio seja importante destacar – e lamentar – uma conduta adotada por alguns advogados, a qual, ao longo de anos, tem me intrigado. Sinceramente, tenho dificuldade de compreender por que ela acontece. Pior, por que tantos a repetem com alguma frequência. Convido o leitor a refletir a seu respeito.

Com efeito, dispensada a oitiva das partes ou sendo ela concluída, o habitual é o juiz passar à ouvida das testemunhas dos litigantes. Sendo a reclamação trabalhista a ação mais frequente na Justiça do Trabalho, as testemunhas do reclamante são ouvidas em primeiro lugar, seguindo-se a oitiva das testemunhas do reclamado. A conduta que considero imprópria e que custo a entender consiste no seguinte: indagado pelo juiz se deseja ouvir testemunhas, o advogado, normalmente o que defende o empregador, simplesmente se vira e indaga ao reclamado (ou mesmo ao preposto da empresa) *"o que você acha de ouvir testemunhas?"*.

Se o leitor não estranha tal atitude, convido-lhe a imaginar uma cena que me parece caber, num exercício de analogia. Substitua o cenário. Ao invés de advogado atuando numa audiência, suponha um médico, numa sala de cirurgia. O leitor é o paciente, que fora diagnosticado com apendicite e sofre com as terríveis dores de uma crise violenta. Estando você no centro cirúrgico, mais precisamente na mesa de cirurgia, é totalmente improvável que o seu médico, cirurgião, venha a lhe perguntar *"você acha que é cabível essa cirurgia?"* .

Ora, quem detém conhecimento técnico para saber se é oportuno e necessário ou não o procedimento cirúrgico em tela é o médico. Quem sabe se a solução para a referida crise de apendicite é cirúrgica ou não, é o profissional médico. Em outras palavras, os médicos não abdicam de sua autonomia para tomar a decisão que o caso requer. Muito menos é comum aos médicos consultar os seus pacientes acerca de qual procedimento adotar.

Portanto, postura idêntica deve ter o advogado. É ele que sabe (ou deveria saber) se a prova testemunhal é oportuna e necessária. É ele que tem (ou deveria ter) o conhecimento técnico necessário para identificar se o encargo probatório pesa sobre os ombros de seu cliente; se a prova testemunhal a é oportuna; se deve ou não declinar de produzi-la. Não me parece que o cliente leigo possa reconhecer méritos no seu advogado se este não se mostra capaz de decidir o que e como provar.

Aliás, também não configura prática louvável – e aponta para desconhecimento acerca das técnicas de distribuição do ônus da prova – o costume adotado por alguns causídicos de, quando indagados acerca de quantas testemunhas o seu cliente apresentará, responderem com um (inexplicável) ***"Exa., como a parte adversa apresentou duas, também gostaríamos de ouvir duas".*** Ora, desde quando a prova vale pela quantidade? Como muito bem ressaltado pelo Prof. Marcio Túlio Viana, transcrito em ementa de acórdão da egrégia 1ª Turma do TRT da 3ª Região, *"(...) impera hoje o sistema da persuasão racional. Em termos de prova, isso significa, basicamente, que importa antes a qualidade do que a quantidade. Pode um depoimento valer tanto quanto três, um documento superar a perícia ou um simples informante pesar mais do que uma testemunha. O juiz só não tem a mesma liberdade de valorar a prova havendo confissão expressa, pois aí desaparece a própria controvérsia, razão de ser da lide" (acórdão RO0014861.2000-11-27).*

Por fim, anoto que, a despeito de o CPC só prever a transcrição, na ata (e desde que o requeira a parte interessada) de perguntas indeferidas pelo juiz e formuladas às testemunhas (art. 459, § 3.º), no processo do trabalho essa transcrição caberá igualmente no caso de a repergunta dirigida à parte, na oportunidade do seu interrogatório, bastando, para tanto, que o interessado assim o requeira.

3.14.6 A testemunha, o compromisso de dizer a verdade e a multa prevista na CLT

O CPC prevê, no seu art. 458, que, *"Ao início da inquirição, a testemunha prestará o compromisso de dizer a verdade do que souber e lhe for perguntado".* Já no parágrafo único do citado artigo, estabelece que *"O juiz advertirá à testemunha que incorre em sanção penal quem faz afirmação falsa, cala ou oculta a verdade".*

Ao mencionar sanção penal, o legislador cogitava do crime de falso testemunho, tipificado no art. 342 do Código Penal brasileiro.

Com o advento da Lei da Reforma Trabalhista (13.467/2017), a CLT, sem afastar a aplicação do art. 458 do CPC acima referido, passou a prever maior rigor no tratamento às testemunhas que faltam com a verdade, inovação que se afigura como providência pedagógica importante.

Com efeito, o novel art. 793-D, da CLT, estabelece o seguinte:

> *Art. 793-D. Aplica-se a multa prevista no art. 793-C desta Consolidação à testemunha que intencionalmente alterar a verdade dos fatos ou omitir fatos essenciais ao julgamento da causa.*
>
> *Parágrafo único. A execução da multa prevista neste artigo dar-se-á nos mesmos autos.*

Já o art. 793-C da CLT se encontra assim lavrado:

> *Art. 793-C. De ofício ou a requerimento, o juízo condenará o litigante de má-fé a pagar multa, que deverá ser superior a 1% (um por cento) e inferior a 10% (dez por cento) do valor corrigido da causa, a indenizar a parte contrária pelos prejuízos que esta sofreu e a arcar com os honorários advocatícios e com todas as despesas que efetuou.*
>
> *§ 1º Quando forem dois ou mais os litigantes de má-fé, o juízo condenará cada um na proporção de seu respectivo interesse na causa ou solidariamente aqueles que se coligaram para lesar a parte contrária.*
>
> *§ 2º Quando o valor da causa for irrisório ou inestimável, a multa poderá ser fixada em até duas vezes o limite máximo dos benefícios do Regime Geral de Previdência Social.*
>
> *§ 3º O valor da indenização será fixado pelo juízo ou, caso não seja possível mensurá-lo, liquidado por arbitramento ou pelo procedimento comum, nos próprios autos.*

Interessante ressaltar que o CPC não prevê qualquer multa à testemunha que falseia ou omite a verdade, emergindo daí um tratamento mais rigoroso, não isonômico e, decerto, preconceituoso do legislador reformista em relação às pessoas que figuram como testemunhas na Justiça do Trabalho.

A propósito, embora não se possa dizer que ele reflete o entendimento majoritário, convém transcrever trecho de acórdão da 1ª Câmara do Tribunal Regional do Trabalho da 15ª Região (Campinas-SP), de relatoria do desembargador Jorge Luiz Souto Maior, no qual é destacado o atingimento de algo aparentemente não previsto pelos artífices da Lei nº 13.467/17. Vejamos:

> *"A r. sentença condenou a testemunha Josué Santos de Deus ao pagamento de multa de 2% do valor atualizado da causa, com base no art. 793-D da Lei 13.467/17, sob o fundamento de que "obviamente buscou favorecer a reclamada, constatação que se extrai da contradição presente em seu depoimento quanto à duração do intervalo do reclamante (recorde-se que, inicialmente, afirmou que não acompanhava a rotina do autor, mas, depois, declarou que presenciou o reclamante gozando intervalo de 1 hora)." e de que "essa mesma testemunha afirmou que, quando o reclamante passou a ser transportado no ônibus da empresa, o trajeto era vencido no mesmo período de tempo (20/25 minutos) em que o reclamante utilizou veículo (moto ou carro), olvidando-se que a velocidade de tráfego de veículos mais pesados, em vias pavimentadas ou não, é reconhecidamente inferior àquele percorrida em veículos mais leves" (fl. 403).*
>
> ***A reclamada, em recurso, requer a exclusão da multa em questão, bem como da determinação de expedição de ofício ao Ministério Público Federal, aduzindo que a testemunha não prestou depoimento contraditório às demais provas dos autos.***
>
> *Com razão.*
>
> ***O presente feito é bastante sintomático, pois permite aos maiores defensores da denominada "reforma" trabalhista, os empregadores, verificarem um pouco dos desvios jurídicos cometidos pela Lei n. 13.467/17.***
>
> ***No presente caso, a lei, por ironia histórica, ao contrário do que se projetava com a sua aprovação, foi utilizada para punir a litigância do empregador.***
>
> *Mas vejam, com base no art. 793-D da nova lei, o juízo de primeiro grau condenou alguém que não era parte em um processo e que, por isso mesmo, não teve oportunidade de oferecer defesa, até porque a fase de acusação foi suprimida, passando-se direto para a condenação, condenação esta que, inclusive, não se submeteu ao crivo do duplo grau de jurisdição para ser executada. Trata-se de uma decisão condenatória sem acusação, sem defesa, sem contraditório e com trânsito em julgado automático. Simplesmente, não há como aplicar um absurdo jurídico como este.*
>
> *O juízo acusou, condenou e executou!*
>
> *Isso remete ao tempo em que não se concebia a existência de um Estado Democrático de Direito, mas, enfim, é esse mesmo o estágio de sociabilidade ao qual a Lei n. 13.467/17 tenta nos remeter e os litigantes no processo do trabalho, trabalhadores e empregadores, já estão sentindo os efeitos desse autêntico experimento "legislativo". (PROCESSO TRT/15ª nº 0010062-77.2018.5.15.0050).*

3.14.7 Acerca da prova emprestada

O art. 372, do CPC, prevê que "O juiz poderá admitir a utilização de prova produzida em outro processo, atribuindo-lhe o valor que considerar adequado, observado o contraditório".

A prova emprestada é perfeitamente aplicável ao processual do trabalho, haja que a CLT é omissa e há total compatibilidade com a sistemática processual trabalhista (art. 769 da CLT).

Diz-se que a prova é emprestada quando o material probatório produzido em um determinado processo é aproveitado, ou seja, é transplantado em cópia para outro, de modo a também servir de prova para a dirimência da controvérsia havida nesse segundo processo para onde a prova emprestada é levada. Essa transposição de prova de um processo para outro deve sempre ocorrer com observância do contraditório. Concordando, as partes, com a utilização da prova emprestada, não havendo qualquer protesto, entendem-se como respeitado o contraditório e a ampla defesa.

Justifica-se a aceitação da prova emprestada para outra ação em homenagem à economia e à celeridade processuais. Evita-se um dispêndio de atividade probatória das partes, economizando-se tempo, razão por que o seu aproveitamento deve ser o quanto possível, admitido pelo juízo. É dizer, tal modalidade de prova é plenamente compatível com o processo do trabalho, em que pese deva ser submetida à prudente deliberação do juiz do caso.

Segundo a melhor doutrina, a prova emprestada diz respeito às provas de natureza oral, as que são, por princípio, produzidas em audiência e, invariavelmente, na presença de um juiz (depoimentos das partes, das testemunhas, dos peritos). São provas colhidas e produzidas no curso de um processo, não se enquadrando como tal a prova que foi pré-constituída.

Ou seja, para que ocorra essa importação ou aproveitamento de prova, além de ter ela sido produzida com observância do devido processo legal e do contraditório, alguns requisitos devem ser atendidos, como aponta a decisão do TST que segue:

> *AGRAVO DE INSTRUMENTO EM RECURSO DE REVISTA – HORAS EXTRAORDINÁRIAS – PROVA EMPRESTADA – CERCEAMENTO DE DEFESA. Constituem requisitos para prova emprestada: que tenha ocorrido a produção da prova, entre as mesmas partes, ou uma das partes e terceiro, em regular processo judicial; que no processo judicial em que produzida a prova tenham sido observados o devido processo legal e o contraditório; que o fato probando seja idêntico. Como se observa, a reclamada*

> *apontou ausência apenas do primeiro requisito acima delineado, qual seja, que ambas as partes tenham integrado a relação processual na qual a prova emprestada fora produzida. Entretanto, como já dito, não é necessário que a prova tenha sido produzida entre ambas as partes; basta que a prova emprestada tenha sido produzida entre uma das parte e terceiro. E conforme se constata, a prova emprestada utilizada pelo Tribunal a quo foi produzida na mesma Vara de origem da presente reclamação, nos autos em que era parte a própria reclamada. Neste contexto, ileso o art. 5º, LV, da Constituição Federal. Agravo de instrumento desprovido. (Tribunal Superior do Trabalho. 7ª Turma – Acórdão do processo nº AIRR – 1049-54.2012.5.02.0332 – 04/11/2014).*

Em que pese o asseverado na jurisprudência acima transcrita, há doutrina e jurisprudência alargando o rol de situações nas quais é cabível a utilização da prova emprestada. Consideradas as pessoas dos litigantes no processo para o qual é transportada, admitem, como prova emprestada, não só a prova produzida em ação envolvendo as mesmas partes ou que pelo menos uma das partes figurou no processo de onde se extrairá a prova emprestada, como também o aproveitamento de prova produzida em processo no qual nenhum dos litigantes figura como parte no processo destinatário da prova emprestada.

Com efeito, se se trata de prova produzida em outro processo no qual litigam as mesmas partes, evidentemente que a prova é de eficácia absoluta. Imagine-se o caso em que, num primeiro processo, os litigantes discutem acerca de horas extras e fica comprovado que o reclamante laborava das 12:00hs às 24:00hs, de segunda a sábado. A sentença transita em julgado. Numa segunda ação, ele vindica adicional noturno. É evidente que a prova coletada na primeira ação pode e deve ser usada como prova emprestada na ação na qual o reclamante postulou o adicional noturno. Não faria sentido negar esse empréstimo de material probatório. E nem poderia a reclamada alegar cerceamento de defesa, haja vista que a prova fora colhida com rigorosa observância aos princípios legais que informam essa instrução processual.

Quanto ao aproveitamento de prova produzida em ação na qual uma das partes litigara com terceiro, imaginemos a seguinte situação: Na reclamatória em que José pleiteou horas extras, apurou-se que todos os empregados da empresa tinham a mesma jornada, a qual ensejava sobre trabalho. João, também ex-empregado da empresa ao tempo de José, ingressa com sua reclamação, igualmente pleiteando horas extras. Na audiência, perguntado se tinha testemunhas, ele pede que os depoimentos prestados pelas testemunhas de José, na reclamatória por este ajuizada, sejam aceitos como prova emprestada. Seria irracional indeferir o seu pleito.

Empréstimo de prova produzida em processo envolvendo terceiros é raro acontecer na Justiça do Trabalho. Todavia, como antes mencionado, nada obsta, a princípio, que ele ocorra. Decerto que o valor probante do acervo transportado fica mitigado, haja vista que as partes sequer tiveram a possibilidade de contraditar as testemunhas cujos depoimentos se pretende tomar por empréstimo. Muito menos puderam, no processo de origem, fazer contraprova.

Por outro lado, é fundamental ter presente que, muito embora o juiz possa determinar diligências com vistas à busca da verdade real (art. 765/ CLT), o uso de prova emprestada fica a depender da iniciativa da parte. É o que sobressai do art. 372, do CPC subsidiário. Quando referido dispositivo legal anuncia que "O juiz poderá admitir a utilização de prova produzida em outro processo" está a indicar a dependência de um prévio requerimento.

Por outro lado, ao mencionar que, o juiz poderá admitir a prova emprestada desde que "observado o contraditório", o legislador deixou claro que, uma fez que uma parte pugne pela tomada de prova por empréstimo, é dado à parte contrária discordar. A propósito do tema, trago à colação, porque muito elucidativo, trecho de acórdão da egrégia Décima Turma do TRT da 3ª Região, *in verbis*:

> *"Admitir prova emprestada não significa retirar dos litigantes o direito de participar de forma ativa da instrução probatória. Por isso, a utilização da prova emprestada, ao arrepio da anuência de qualquer das partes, somente seria admissível se fosse respeitado o direito delas de produzir prova nos autos, até mesmo como contraprova da prova emprestada. Mas não foi o que ocorreu no presente caso, razão pela houve cerceio de direito processual.*

Nesse sentido algumas decisões da Décima Turma, sobre o tema:

> *"EMENTA: PROVA EMPRESTADA. NULIDADE. Opondo-se a reclamada expressamente à determinação de que os depoimentos prestados nos autos de outro processo fossem adotados como prova nestes autos, torna-se, de fato, inviável a utilização da prova emprestada. Com efeito, a imposição de utilização de prova emprestada, sem o consentimento das partes, configura cerceamento do direito de defesa, violando-se os princípios do contraditório e ampla defesa". TRT da 3.ª Região; PJe: 0011699-95.2016.5.03.0073 (RO); Disponibilização: 22/02/2018; Órgão Julgador: Décima Turma; Relator: Paulo Mauricio R. Pires.*

"PROVA EMPRESTADA. DISCORDÂNCIA DE UMA DAS PARTES. NULIDADE DA SENTENÇA. Para a utilização de prova emprestada é imprescindível a concordância entre as partes, sem a qual caracteriza-se o cerceamento de defesa e, consequentemente, a nulidade da sentença, em razão da violação dos princípios do contraditório, ampla defesa e devido processo legal". TRT da 3.ª Região; PJe: 0010788-94.2017.5.03.0058 (RO); Disponibilização: 23/05/2018, DEJT/TRT3/Cad.Jud, Página 1128; Órgão Julgador: Décima Turma; Relator: Convocado Alexandre Wagner de Morais Albuquerque.

"EMENTA: PROVA EMPRESTADA. NULIDADE. O uso de prova testemunhal emprestada, a rigor, depende da concordância de ambas as partes. Opondo-se o reclamante expressamente ao requerimento da ré de que os depoimentos prestados nos autos de outro processo fossem adotados como prova nestes autos, torna-se, de fato, inviável sua utilização, notadamente porque o trabalhador não participou da produção de tal prova emprestada". TRT da 3.ª Região; Processo: 0000318-40.2015.5.03.0101 RO; Data de Publicação: 24/11/2015; Disponibilização: 23/11/2015, DEJT/TRT3/Cad.Jud, Página 252; Órgão Julgador: Décima Turma; Relator: Paulo Mauricio R. Pires; Revisor: Lucilde D'Ajuda Lyra de Almeida.

"EMENTA: PROVA EMPRESTADA. ANUÊNCIA DA PARTE CONTRÁRIA. NECESSIDADE. Requerendo a reclamada a utilização, como prova emprestada, de depoimentos colhidos em outros processos, é imprescindível, para que o juízo defira o pedido, a expressa anuência do reclamante, sem a qual caracteriza-se o cerceamento de defesa e, consequentemente, a nulidade da sentença". TRT da 3.ª Região; Processo: 0001046-78.2014.5.03.0178 RO; Data de Publicação: 27/03/2015; Disponibilização: 26/03/2015, DEJT/TRT3/Cad.Jud, Página 260; Órgão Julgador: Décima Turma; Relator:Convocada Olivia Figueiredo Pinto Coelho)

Assim sendo, à reclamada deveria ter sido conferido oportunidade de produção de prova testemunhal sobre os pontos e as circunstâncias que envolvem a matéria em discussão". (TRT 3ª Região – 10ª Turma – 0010392-15.2017.5.03.0092 (RO) – 06/09/2018. DEJT/TRT3/Cad.Jud. Página 3007).

Por outro lado, não está o juiz obrigado a deferir o pedido voltado ao aproveitamento de prova emprestada, como sobressai do julgado, também do TRT mineiro, a seguir transcrito:

PROVA EMPRESTADA. ADMISSÃO NO PROCESSO DO TRABALHO – A interpretação que se extrai do artigo 372 do CPC é a de que cabe ao juiz que preside a instrução processual admitir ou não a utilização da prova emprestada, independentemente da anuência das partes, desde que assegure o contraditório. Como destinatário da prova, insere-se nas atribuições do magistrado a admissão de prova produzida em outro processo, ainda que a oportunidade de juntada de novos documentos pelas partes já tenha se encerrado, pois não há falar em preclusão para a colheita de provas pelo

> *magistrado. No caso, não resta dúvida de que o reclamante teve a oportunidade de se manifestar sobre a ata juntada pela reclamada, de modo que foi preservado o direito à ampla defesa e ao contraditório. (TRT da 3ª Região – Terceira Turma – 0010436-10.2017.5.03.0100 (RO) – 30/07/2019. DEJT/TRT3/Cad.Jud. Página 543.)*

Importante ressaltar magistério de Cândido Rangel Dinamarco, segundo o qual *"Não se incluem no conceito de provas emprestadas as meras cópias de documentos existentes em outros autos, porque cada documento vale por si próprio e pela eficácia que tiver: a circunstância de já ter prestado utilidade em um processo não altera a sua natureza nem influi em seu poder de convicção. Só as provas constituídas no processo são suscetíveis de autêntico empréstimo, a saber, a oral, a pericial e a inspeção judicial"* (DINAMARCO, Cândido Rangel. *Instituições de direito processual civil*. São Paulo: Malheiros, 2001. v. III, p. 97).

Malgrado, Moacyr Amaral Santos (Primeiras Linhas de Direito Processual Civil, volume II. 17ª Edição. São Paulo: Saraiva, 1995, p. 365) defendia que prova emprestada é a "prova de um fato, produzida num processo, seja por documentos, testemunhas, confissão, depoimento pessoal ou exame pericial, pode ser trasladada para outro, por meio de certidão extraída daquele".

No âmbito processual do trabalho, no qual vige o princípio da simplicidade e da economia, é muito comum a utilização da prova pericial emprestada, quando o local de trabalho foi desativado ou sofreu substancial modificação nas suas condições ambientais. Do mesmo modo, depoimentos, sejam os pessoais, ou testemunhais, produzidos em outro processo, têm sido tomados por empréstimo quando a prova oral não pode ser renovada ou se mostra onerosa. A propósito, convém a leitura do aresto que segue:

> *RECURSO DE EMBARGOS DA FERROVIA CENTRO ATLÂNTICA. ADICIONAL DE PERICULOSIDADE. UTILIZAÇÃO DE PROVA EMPRESTADA. RECURSO DE REVISTA CONHECIDO E PROVIDO. REQUISITOS PARA ADMISSÃO DA PROVA EMPRESTADA. RECURSO DESPROVIDO. A prova emprestada, com o fim de verificação de periculosidade no ambiente do trabalho, é admissível, quando tiver suporte no mesmo fato, em relação à mesma empresa, decorrendo sua utilização em laudo pericial onde verificadas as mesmas funções atribuídas ao reclamante. No processo do trabalho, em que vige o princípio da simplicidade e da economia, é de ser reconhecida, sem que se verifique ofensa do art. 195, § 2º, da CLT, que dispõe ser obrigatória a realização dessa prova para aferição das condições em que o empregado executa o seu trabalho, quando a prova emprestada atinge o objetivo da norma. Embargos conhecidos e desprovidos. RECURSO DE*

EMBARGOS DA UNIÃO (RFFSA). RECURSO DE REVISTA NÃO CONHECIDO. AUSÊNCIA DE INDICAÇÃO EXPRESSA DE VIOLAÇÃO DO ARTIGO 896 DA CLT. ORIENTAÇÃO JURISPRUDENCIAL Nº 294 DA SBDI-1. Para a interposição de embargos à SDI à decisão que não conheceu do recurso de revista pela análise dos pressupostos intrínsecos, é necessário que a parte indique expressamente violação do art. 896 da CLT, sob pena de não conhecimento dos embargos. Matéria com entendimento já sedimentado nesta c. Corte, mediante a Orientação Jurisprudencial nº 294 da SBDI-1. Embargos não conhecidos. (Tribunal Superior do Trabalho. Subseção Especializada em Dissídios Individuais 1 – Acórdão do processo nº E-RR – 550474-11.1999.5.05.5555 - 09/06/2008).

Em suma, sendo o direito à produção de prova um direito fundamental processual, não me parece que se possa embaraçar o uso da prova emprestada no processo do trabalho, já que se mostra meio moralmente legítimo de prova e tem respaldo no art. 369 do CPC, subsidiário.

As partes podem ajustar o aproveitamento de prova produzida em outro processo, mormente se há inúmeras ações com o mesmo objeto em face de uma mesma reclamada. A prova emprestada pode ser requerida por qualquer das partes, por estas em conjunto e até mesmo de ofício pode ser determinada pelo juiz, à luz dos art. 370 do CPC e 765 da CLT.

O suporte legal para o uso da prova emprestada está assim lavrado no CPC:

CPC – Art. 372. "O juiz poderá admitir a utilização de prova produzida em outro processo, atribuindo-lhe o valor que considerar adequado, observado o contraditório".

Art. 369. As partes têm o direito de empregar todos os meios legais, bem como os moralmente legítimos, ainda que não especificados neste Código, para provar a verdade dos fatos em que se funda o pedido ou a defesa e influir eficazmente na convicção do juiz.

Art. 370. Caberá ao juiz, de ofício ou a requerimento da parte, determinar as provas necessárias ao julgamento do mérito.

Parágrafo único. O juiz indeferirá, em decisão fundamentada, as diligências inúteis ou meramente protelatórias.

CLT – Art. 765. Os Juízos e Tribunais do Trabalho terão ampla liberdade na direção do processo e velarão pelo andamento rápido das causas, podendo determinar qualquer diligência necessária ao esclarecimento delas.

Art. 769. Nos casos omissos, o direito processual comum será fonte subsidiária do direito processual do trabalho, exceto naquilo em que for incompatível com as normas deste Título.

3.14.8 Depoimentos e a postura dos advogados

Enquanto estão sendo interrogadas as partes ou inquiridas as testemunhas, o perito ou os assistentes técnicos, não poderão a parte contrária, seu representante ou seu advogado ou o Ministério Público intervir ou apartear sem o consentimento do juiz (CPC, art. 361, parágrafo único).

Observação importante:

> *CPC – Art. 459. (...)*
>
> ***§ 1º O juiz poderá inquirir a testemunha tanto antes quanto depois da inquirição feita pelas partes.***

Aqui cabe chamar a atenção do leitor para o seguinte: É comum o juiz formular perguntas quando a testemunha já esteja respondendo às perguntas feitas pelo advogado da parte. O advogado deve ter cuidado para que as respostas a essas perguntas, quando sejam desfavoráveis ao seu cliente, tenham registro no espaço da ata de audiência destinado às respostas às perguntas do juiz. É que, não raro, a resposta à pergunta do juiz fulmina a pretensão do cliente do advogado. E é averbada no espaço das perguntas do advogado. Caso o advogado esteja atuando como correspondente, "audiencista", quando a cópia da ata chegar ao conhecimento do advogado contratante, ele verá como um erro crasso do advogado ter feito aquela pergunta inoportuna que levou ao malogro da causa. Não achará que a resposta fora dada a uma pergunta do juiz. E nunca mais contratará o advogado distraído.

3.15 TÉCNICAS DE INTERROGATÓRIO

"O advogado, na sua ação, tem não apenas que fazer a prova do que alega, mas cuidar também de demonstrar a fragilidade da prova da parte adversária".

(Jorge Alberto Araújo)

Inspirado na imprescindível obra *"Interrogatório Eficaz: tenha sucesso na prova testemunhal"*, Editora Íthala, do eminente Professor Jorge Alberto Araújo, que também é Juiz do Trabalho do TRT da 4ª Região, encorajei-me a fazer os aconselhamentos que seguem, acerca de condutas para uma atuação eficiente em audiência.

Um grande pecado: considerar que a audiência é um ato processual menor.

Forma de atuação dos advogados (três grupos):

Aqueles que estudam o processo;

Aqueles que são designados de última hora;

E aqueles que não estudaram o processo e não têm perguntas a serem formuladas.

Seja do tipo que jamais se sentirá confortável em ir à audiência sem haver estudado o processo.

(*A propósito de ser lamentável o desconhecimento do advogado acerca da matéria controvertida, já presenciei um causídico que foi além, haja vista que sequer sabia o nome... do seu cliente).

3.15.1 O interrogatório das partes

Atenção: o advogado não dirige perguntas ao seu cliente.

O advogado deve perguntar à parte *ex adversa*, no intuito de obter a sua confissão.

Isto porque o depoimento pessoal é, na verdade, meio de prova da parte contrária, que pode dele se utilizar para comprovar sua versão. Assim, o depoimento pessoal **somente serve à obtenção da confissão da parte contrária** (art. 389 do CPC), vez que as partes depõem sem prestar compromisso de dizer a verdade. Ainda que devam observar a lealdade processual (art. 80, CPC).

Justamente por isso, se um litigante pugna pela oitiva do *ex adverso*, o juiz deve deferir o pedido, se a controvérsia envolve matéria fática. Por exemplo, o indeferimento do pedido de oitiva do preposto da reclamada, formulado pelo reclamante, configura evidente cerceamento de defesa, mormente porque o juiz o impediu de obter a confissão real com o depoimento da parte contrária. Como se sabe, o juiz, ao conduzir o processo, detém a prerrogativa de indeferir a produção de prova desnecessária, proporcionando, assim, o andamento rápido da causa. Tal prerrogativa, no entanto, encontra limites no art. 5º, LV, da Constituição Federal, que assegura aos litigantes o direito ao contraditório e à ampla defesa, com os meios e recursos a ela inerentes.

Outro detalhe importante: o fato de a reclamada haver sido declarada revel e confessa não retira do Juiz a faculdade de tomar o depoimento pessoal do reclamante, considerando que ao julgador é dado determinar todas as diligências que entender necessárias à instrução do processo e à formação de seu convencimento, independentemente do requerimento das partes. Isso acontece, com frequência, nos casos em que, inobstante a revelia e confissão da reclamada, o juiz percebe exagero nos pedidos formulados pelo reclamante (ex: horas extras que beiram a inverossimilhança).

Portanto, *"Como a sentença mais justa é aquela baseada na verdade real e não na verdade presumida ou ficta, é dado ao Juiz se valer da faculdade que lhe atribui o art. 130 e colher o depoimento de qualquer das partes, ainda que confessa a parte contrária. Aliás, se pode o Juiz até converter o julgamento em diligência, com muito mais razão pode ele, durante a audiência de instrução, tomar o depoimento de qualquer das partes" (Tribunal Regional do Trabalho da 3ª Região. 2ª Turma – acórdão 00834-2007-047-03-00-7 – 25/03/2008 – * o art. 130 do CPC de 1973 corresponde ao art. 370 do CPC de 2015).*

Oportuno destacar que, havendo a confissão real de qualquer das partes, não se consegue afastar a presunção de verdade dela decorrente através de depoimento testemunhal. Torna-se, pois, desnecessária a produção de qualquer outra prova acerca do fato confessado pela parte, uma vez que foi desfeita a controvérsia acerca do tema. Diz-se que há confissão real quando uma parte reconhece que são verdadeiros os fatos alegados pela parte contrária. A presunção decorrente desse tipo de confissão é absoluta, sobrepondo-se, portanto, a todos os demais elementos de prova jacentes nos autos.

Ou seja, a confissão real gera presunção absoluta no tocante ao fato confesso e "não configura cerceio de defesa o indeferimento de prova testemunhal, ante a confissão da parte". (Tribunal Regional do Trabalho da 1ª Região, 9ª Turma – Acórdão 0305700-63.2006.5.01.0342 – DOERJ 09-05-2008).

Finalmente, devo registrar que não se deve confundir a confissão real com a confissão ficta *(ficta confessio),* decorrente da ausência do litigante à audiência na qual deveria depor ou decorrente de seu desconhecimento sobre os fatos controvertidos. A título ilustrativo, tomemos algo comum na Justiça do Trabalho. Refiro-me ao desconhecimento do preposto da reclamada acerca dos fatos ou de fato controverso. É verdade que quando o reclamado nomeia preposto e este declara desconhecer os fatos da causa, ele incorre em confissão ficta, a teor do art. 843, §1°, da CLT. Malgrado o seu desconhecimento acerca dos fatos, a confissão ficta deve ser apreciada em harmonia com as demais provas dos autos, haja vista que a verdade real prevalece sobre a verdade meramente presumida. É dizer, a presunção de verdade derivada do desconhecimento dos fatos pelo preposto (verdade derivada da chamada confissão ficta) **é relativa** e, por conseguinte, pode ser elidida por outras provas, pode ceder em face de prova contrária. **A confissão que gera presunção absoluta, vale repetir, é a confissão real.**

3.15.2 Condutas para uma atuação eficiente em audiência

1. Prepare-se para a audiência.

A primeira condição para interrogar bem é se preparar bem.

Tenha uma ideia clara sobre interrogatório direto e sobre o contrainterrogatório.

Seja "amigo íntimo" do art. 818 da CLT (art. 373 do CPC). Estude sempre que puder sobre esse dispositivo.

2. Interrogue Com Cortesia e com Clareza.

Não provoque a parte *ex adversa* e/ou as suas testemunhas.

Não acene em reprovação à resposta que derem.

Se você acena em reprovação à resposta, despertará quem responde a seguir no caminho que vem trilhando. E isso lhe será desfavorável.

Contudo, eventualmente, em caso extremo, desestabilizar a parte contrária e/ou suas testemunhas pode resultar em algum proveito.

3. Cuidado com o questionário prévio.

Pode até elaborar um questionário, mas cuidado para não ficar preso a ele. Correrá o risco de fazer pergunta já feita, aparentando desatenção e aborrecendo o juiz. Termina se perdendo e deixando de perguntar.

4. Domine a técnica e tenha sensibilidade para declinar de sua prova.

Defina, previamente, o que o seu cliente terá a provar. Quais fatos. Qual o encargo probatório que lhe caberá cumprir.

Fique atento ao depoimento da parte *ex adversa* – Anote o que considerou confesso.

É importante saber quando dispensar a prova testemunhal.

5. Pare de interrogar (perguntar à parte adversa e às testemunhas de seu cliente) no momento em que atingiu o objetivo pretendido.

6. Cuidado com a sua "testemunha de reforço".

Quantidade x qualidade.

Não está em disputa quem tem mais testemunhas. Não importa se são vários depoimentos, mas inconsistentes. Importa é se a prova é de boa qualidade.

Uma boa testemunha, conhecedora dos fatos, de depoimento firme e consistente, vale mais do que 1000 imprecisas e claudicantes.

7. A Testemunha que sabe demais e o contrainterrogatório.

Em processos com controvérsias relativas a datas (prescrição bienal e período laboral clandestino) e/ou jornadas exageradas, ou quando a testemunha se mostra conhecedora de fatos que ninguém se ocupa em saber ou tem narrativa cheia de detalhes, parecendo ter sido instruída, o contrainterrogatório é crucial.

Deve-se perguntar a essa testemunha com inteligência, visando enredá-la na própria trama, de modo a obter evidências de imprecisão e contradições é crucial. Se ela disse datas referentes ao reclamante, perguntar sobre datas relativas a ela, tipo datas de casamento, nascimento de filhos, última eleição. Não raro, esse tipo de testemunha não sabe dizer de si. Como sabe tanto do outro?

Em resumo, é nisso que consiste um contrainterrogatório.

8. Tenha sensibilidade para declinar da oitiva da testemunha oposta convincente.

Não faça um contrainterrogatório demorado, se de logo perceber que não há perspectivas de obter um resultado útil.

9. Não faça perguntas arriscadas. Menos ainda à testemunha do *ex adverso*.

Não corra o risco de prejudicar ao seu cliente. Não se deixe parecer o advogado da parte contrária, dando tiro no pé.

Ou seja, jamais formule perguntas de importância crucial cuja resposta não possa prever.

10. As regras anteriores não são absolutas. Podem ter exceção.

A eficácia do interrogatório depende da tese eleita e até do contexto de cada audiência.

11. Cuide em verificar como os juízes atuam ao longo da instrução processual.

Cada juiz tem o seu estilo e idiossincrasias.

Não raro, o que a princípio parecia uma admoestação, no futuro se revelará de grande utilidade no seu atuar profissional.

3.15.3 Perguntas a serem evitadas no interrogatório e/ou no contrainterrogatório

1. Que representem perda de tempo – Sobre fatos não controvertidos, confessados ou admitidos.

2. Argumentativas ou sugestivas (É verdade que...?). O juiz deverá indeferi-las.

3. Baseadas em boatos (ou ouvi dizer).

4. Opinativas / especulativas.

5. Compostas (que tragam uma sucessão de interrogações). Faça uma de cada vez.

6. Confusas / vagas / ambíguas.

7. Que assumem fatos não evidenciados (tem como pressupostos fatos não demonstrados).

8. Sobre matéria que a testemunha não tenha conhecimento (técnico) específico.

9. Leading / Coaching /Condutora. Não induza a resposta na pergunta, tipo "É verdade que o reclamante...?".

10. E que já foram feitas.

3.16 A AUDIÊNCIA E A DISTRIBUIÇÃO DO ÔNUS DA PROVA: QUESTIONÁRIO DE VERIFICAÇÃO PRÁTICA

Doravante, inúmeros casos serão postos ao leitor, a fim de que ele teste os seus conhecimentos acerca do correto cumprimento do encargo probatório, à vista das teorias de distribuição do aludido ônus. Em seguida a cada questionamento, anotações legais e jurisprudenciais serão apresentadas, de modo a que o leitor possa deduzir se a sua resposta foi correta.

CASO 1 – Na inicial, o reclamante sustenta que trabalhou por dois anos para a reclamada, sem anotação em CTPS, sendo despedido sem justa causa e sem receber as rescisórias. Também alegou ter cumprido 08 horas extras semanais. Na audiência inaugural, a reclamada não comparece. O juiz a declara revel e confessa. Sendo o leitor o advogado do autor, contava com duas testemunhas no átrio do fórum...

a) Pugnaria pela oitiva de pelos menos uma das testemunhas.

b) Nem cogitaria de ouvir testemunha.

> *REVELIA – RECURSO ORDINÁRIO -VÍNCULO DE EMPREGO. A pena de revelia e confissão quanto à matéria de fato aplicada à reclamada desonera a reclamante do ônus de provar o vínculo de emprego, caso não exista, nos autos, até o momento da prolação da sentença, prova dissonante desta alegação. Recurso ordinário conhecido e improvido. (Tribunal Regional do Trabalho da 16ª Região -ACORDÃO TRT 16ª / Tribunal Pleno / RO 0010700-50.2006.5.16.0003 – Data 16/01/2007).*
>
> *EMENTA: RELAÇÃO DE EMPREGO. REVELIA. ÔNUS DA PROVA. É presunção comum, favorável ao empregado, que todo trabalho assalariado decorre de contrato de trabalho. Não comparecimento do reclamado implica revelia e confissão quanto à matéria de fato. Em decorrência da confissão, presume-se a existência de vínculo de emprego entre as partes. (Tribunal Regional do Trabalho da 1ª Região. 7ª Turma – Título – ACÓRDÃO TRT 1ª / 7ª Turma / 0219600-57.1998.5.01.0481 – DOERJ 30-01-2009 – Data 30/01/2009).*
>
> *EMENTA: JUSTA CAUSA. ÔNUS DA PROVA – A dispensa por justa causa, para ser aceita na Justiça do Trabalho, exige prova cabal e incontestável a cargo do empregador, a quem incumbe o ônus probatório, por se tratar de fato impeditivo do direito do empregado às verbas rescisórias, o que não ocorreu no caso em tela. REVELIA E CONFISSÃO FICTA. HORAS EXTRAS DEVIDAS – A revelia e a pena de confissão, por si só, garante ao obreiro o deferimento de horas extras, isso porque são elevados à condição de verdadeiros os fatos alegados pelo reclamante e não contestados pela reclamada em época oportuna. (16ª Região – Maranhão – Tribunal Regional do Trabalho. Tribunal Pleno – ACORDÃO TRT 16ª / Tribunal Pleno / RO 0074700-32.2006.5.16.0012 Data 14/11/2007)*
>
> CPC/Art. 344. Se o réu não contestar a ação, será considerado revel e presumir-se-ão verdadeiras as alegações de fato formuladas pelo autor.
>
> *Art. 345. A revelia não produz o efeito mencionado no art. 344 se:*
>
> *I – havendo pluralidade de réus, algum deles contestar a ação;*
>
> *(...)*
>
> *IV – as alegações de fato formuladas pelo autor forem inverossímeis ou estiverem em contradição com prova constante dos autos.*

CASO 2 – O reclamante alegou que a reclamada não lhe pagava o piso salarial de sua categoria profissional. Pleiteou diferenças de salário. A reclamada, por seu turno, alegou que não devia as diferenças salariais cobradas, porque as pagara corretamente. De quem é o ônus da prova?

a) Do reclamante/fato constitutivo do seu direito.

b) Da reclamada/fato extintivo do direito do reclamante.

> *EMENTA: DIFERENÇAS SALARIAIS. ÔNUS DA PROVA. É do reclamado o ônus da prova de que tenha pago ao reclamante os salários fixados em acordo coletivo de trabalho. Recurso conhecido e não provido. (NUMERO ÚNICO: 02455-2003-001-16-00-0-RO – TRT 16).*

> *EMENTA: PAGAMENTO DE SALÁRIO – ARTIGO 464 DA CLT – ÔNUS DO EMPREGADOR. A prova de salário faz-se mediante recibos, nos termos do disposto no artigo 464 da CLT. Lado outro, é do empregador o ônus de comprovação do pagamento, considerando o piso da categoria, a teor do disposto no artigo 333, II, do CPC, não se acolhendo alegação empresária de que, por se tratarem, os recibos salariais, de documentos comuns à parte, poderiam ter sido colacionados aos autos, pelo reclamante. Aliás, o empregador detém, ou pelo menos deveria deter os originais, não se havendo falar em inversão dos ônus da prova. Não se desincumbindo a reclamada de seu ônus, devidas são as diferenças deferidas na r. sentença. (Tribunal Regional do Trabalho da – 3ª Região. 4ª Turma –Acórdão2011-09-28;0000216-31.2011.5.03.0142)*

CASO 3 – O reclamante alegou que era "maloteiro" do Banco Moderno, iniciando a sua jornada às 6hs, vindo a terminá-la somente às 15hs, com intervalo de meia hora. Pleiteou horas extras. O banco contestou a sobrejornada, alegando cumprimento de jornada normal bancária, de 6 hs, com intervalo de 15 minutos. Mas não colacionou cartões de ponto. Na audiência, o reclamante repetiu o que alegara na exordial. O preposto do banco disse que era gerente, mas que chegara na agência há uma semana, de modo que nada sabia acerca do reclamante. Antes, o patrono do banco noticiara que não teria prova testemunhal a apresentar. O leitor é o advogado do autor, tendo levado duas testemunhas para a audiência. O juiz pergunta se o advogado do reclamante tem interesse na prova testemunhal. Você:

a) Pede para ouvir as duas testemunhas.

b) Contenta-se com a oitiva de uma testemunha.

c) Dispensa a prova testemunhal.

> *DESCONHECIMENTO DOS FATOS POR PREPOSTO – CONFISSÃO FICTA – EFEITOS. O desconhecimento dos fatos pelo preposto da empresa obriga a reclamada e equivale à confissão ficta, acarretando a presunção relativa de veracidade dos fatos narrados na exordial, ilidível através de prova em contrário nos autos (art. 843, § 1º da CLT). (Trecho de ementa do Acórdão da 1ª Turma / RO 0090500-56.2013.5.16.0012 Tribunal Regional do Trabalho da 16ª Região – 1ª Turma).*

*Portanto, no caso posto, tendo sido o banco reclamado confesso, haja vista o desconhecimento do preposto acerca do fato controvertido na lide, seria prudente, da parte do advogado do reclamante, declinar da prova testemunhal.

Esse caso foi inspirado em fato real. Na audiência, o patrono do reclamante insistiu na oitiva de suas testemunhas. Tudo indica que ele sequer ouvira referidas testemunhas antes da audiência, para saber se eram conhecedoras dos fatos. Ambas asseveraram que o reclamante jamais cumprira a jornada por ele afirmada na inicial e sequer era o maloteiro do banco.

CASO 4 – O reclamante alegou ter sido empregado da reclamada. Esta, por sua vez, aduziu que o reclamante fora contratado como trabalhador eventual. De quem era o ônus da prova?

a) Do reclamante/fato constitutivo do seu direito.

b) Da reclamada/fato modificativo do direito do reclamante.

> *RELAÇÃO DE EMPREGO. ÔNUS DE PROVA. Tratando-se de controvérsia acerca da existência de vínculo empregatício entre as partes litigantes, o ônus probandi distribui-se da seguinte maneira: se a reclamada nega a prestação de serviços, recai ao reclamante o encargo processual de provar que prestou serviços à demandada e que se desenvolveu nos moldes da relação de emprego; no entanto, se a reclamada admite a prestação laboral, mas, alega que possui natureza diversa da empregatícia, atrai para si o ônus dessa prova. É a aplicação do art. 818, da CLT, combinado com o art. 373, do CPC. (Tribunal Regional do Trabalho da 3ª Região – Minas Gerais. 5ª Turma – acordao:2017-04-27;0010726-34.2016.5.03.0173 – data 27/04/2017)*

> *VÍNCULO DE EMPREGO. ADMITIDA A PRESTAÇÃO DE SERVIÇOS PELA RECLAMADA. ÔNUS DE PROVA. Se a reclamada admite a prestação dos serviços por parte do reclamante, mas nega a existência do vínculo de emprego, o ônus da prova passa a ser da demandada (art. 818, CLT; art. 373, II, NCPC). (Tribunal Regional do Trabalho da 8ª Região – 2ª Turma – Acórdão2017-03-08;0001037-14.2016.5.08.0015 – Data: 08/03/2017).*

* Como se vê, a reclamada admitiu a prestação de serviço, negando, todavia, que ela tivesse natureza empregatícia, escudando-se em pretensa eventualidade do serviço. Dessa forma, chamou para si o ônus de provar o alegado serviço eventual, fato obstativo do direito do reclamante (art. 818, II, da CLT).

CASO 5.1 – O reclamante alegou que fora despedido imotivadamente. A reclamada, por seu turno, alegou que o reclamante fora despedido por justa causa, haja vista que praticou furto na empresa. De quem é o ônus da prova?

a) Do reclamante/fato constitutivo do seu direito.

b) Da reclamada/fato impeditivo do direito do reclamante.

> *JUSTA CAUSA. ATO DE IMPROBIDADE. DANO MORAL. A improbidade constitui a mais grave das infrações disciplinares, eis que apresenta uma conotação criminal, pois envolve acusação de um crime previsto na lei, pressupõe o dolo e se caracteriza, em geral, pela prática de furto, roubo, estelionato, apropriação indébita, enfim, pressupõe obtenção ilícita de uma vantagem de qualquer ordem. Assim, cabe ao empregador o encargo de provar de modo insofismável e eficaz a prática das infrações de conduta ensejadoras da justa causa, atribuídas ao empregado (arts. 818 da CLT e 373, II, do CPC), sob pena de prevalecer a dispensa imotivada, ônus do qual a reclamada se desincumbiu. (TRT da 8ª Região – Pará e Amapá – 4ª Turma ACÓRDÃO TRT 8ª / 4ª T / RO 0000155-51.2017.5.08.0101 Data 06/03/2018).*

CASO 5.2 – O reclamante alegou que fora despedido imotivadamente. A reclamada, por seu turno, alegou abandono de emprego. De quem é o ônus da prova?

a) Do reclamante/fato constitutivo do seu direito.

b) Da reclamada/fato impeditivo do direito do reclamante.

> *RECURSO ORDINÁRIO. JUSTA CAUSA. ÔNUS DA PROVA. Para a demissão por justa causa o* onus probandi *é do empregador (art. 818 da CLT). A justa causa requer, sem sombra de dúvidas, prova robusta, objetiva e segura, que não suscite qualquer engano, haja vista que seu caráter prejudicial permanecerá* ad futurum *como nódoa na vida do empregado. In casu, o contexto probatório é favorável à reclamada, pelo que não há como descaracterizar a desídia praticada pelo recorrente. Recurso conhecido a que se nega provimento. (NUMERO ÚNICO: 00534-2010-001-16-00-5-RO – TRT 16 – DATA DE PUBLICAÇÃO: 27/08/2012)*

CASO 6 – O reclamante alegou que cumpria horas extras a não as recebia. A reclamada se defendeu alegando, em síntese, que o reclamante, assim como os seus demais 29 empregados, não sobretrabalhavam e, por isso, ela não lhe devia horas extras. De quem é o ônus da prova?

a) Do reclamante/fato constitutivo do seu direito.

b) Da reclamada/fato extintivo do direito do reclamante.

A Súmula nº 338 do TST assim dispõe:

> *JORNADA DE TRABALHO. REGISTRO. ÔNUS DA PROVA (incorporadas as Orientações Jurisprudenciais nºs 234 e 306 da SBDI-1) – Res. 129/2005, DJ 20, 22 e 25.04.2005*
>
> ***I – É ônus do empregador que conta com mais de 10 (dez) empregados o registro da jornada de trabalho na forma do art. 74, § 2º, da CLT. A não-apresentação injustificada dos controles de freqüência gera presunção relativa de veracidade da jornada de trabalho, a qual pode ser elidida por prova em contrário. (ex-Súmula nº 338 – alterada pela Res. 121/2003, DJ 21.11.2003)***
>
> *II – A presunção de veracidade da jornada de trabalho, ainda que prevista em instrumento normativo, pode ser elidida por prova em contrário. (ex-OJ nº 234 da SBDI-1 – inserida em 20.06.2001)*
>
> *III – Os cartões de ponto que demonstram horários de entrada e saída uniformes são inválidos como meio de prova, invertendo-se o ônus da prova, relativo às horas extras, que passa a ser do empregador, prevalecendo a jornada da inicial se dele não se desincumbir. (ex-OJ nº 306 da SBDI-1- DJ 11.08.2003)*

Contudo, referida Súmula deverá, em breve, sofrer alterações, de modo a ser adequada ao novo texto do art. 74 da CLT, o qual sofreu significativas alterações por força da Lei nº 13.874/19, a qual institui a Declaração de Direitos de Liberdade Econômica. Vejamos como ficou o novo art. 74 celetista:

> *Art. 74. O horário de trabalho será anotado em registro de empregados.*
>
> *§ 1º (Revogado).*
>
> *§ 2º Para os estabelecimentos com mais de 20 (vinte) trabalhadores será obrigatória a anotação da hora de entrada e de saída, em registro manual, mecânico ou eletrônico, conforme instruções expedidas pela Secretaria Especial de Previdência e Trabalho do Ministério da Economia, permitida a pré-assinalação do período de repouso.*
>
> *§ 3º Se o trabalho for executado fora do estabelecimento, o horário dos empregados constará do registro manual, mecânico ou eletrônico em seu poder, sem prejuízo do que dispõe o caput deste artigo.*
>
> *§ 4º Fica permitida a utilização de registro de ponto por exceção à jornada regular de trabalho, mediante acordo individual escrito, convenção coletiva ou acordo coletivo de trabalho. (NR)*

CASO 7 – O reclamante alegou que fora despedido imotivadamente. Porém, reconheceu que faltara ao serviço, sem justificar, já tendo sido advertido duas vezes e suspenso uma, pelo mesmo motivo. A reclamada alegou justa causa, afirmando que ele voltara a faltar ao serviço, mais uma vez sem justificar.

*Seria caso de dispensa por justa causa?

( ) Sim ( ) Não

**De quem era o ônus da prova?

a) Reclamante.

b) Reclamado.

> *JUSTA CAUSA. CARACTERIZAÇÃO. REPETIÇÃO DE FALTAS. A justa causa é todo ato doloso ou culposo do trabalhador que, pela sua gravidade e consequências, autoriza a resolução do contrato de trabalho pelo empregador. Havendo a anterior aplicação de advertências e suspensão, a reincidência na falta pode resultar na demissão por justa causa sem ofensa ao princípio da proporcionalidade. (16ª Região – Maranhão – Tribunal Regional do Trabalho. 1ª Turma)*
>
> *JUSTA CAUSA. ÔNUS DA PROVA. Por ser a justa causa uma medida que irradia consequências deletérias na vida profissional, funcional e pessoal do trabalhador, para a sua caracterização mostra-se imprescindível a comprovação de seus elementos essenciais (subjetivos, objetivos e circunstanciais), ou seja: a prova da autoria do ato faltoso praticado pelo empregado; a culpa e gravidade da conduta; a tipicidade da conduta antijurídica; o nexo de causalidade entre a falta e a punição; a imediatidade da aplicação da penalidade; a adequação e proporcionalidade da punição, além da ausência de perdão tácito. (3ª Região – Minas Gerais – Tribunal Regional do Trabalho. 8ª Turma – Acórdão 2015-07-15;0010342-56.2015.5.03.0060).*
>
> *EMENTA: DISPENSA POR JUSTA CAUSA - ÔNUS DA PROVA - FALTA GRAVE – DEMONSTRAÇÃO – O Direito do Trabalho é informado pelo princípio da continuidade da relação de emprego, o qual gera presunção favorável ao empregado no sentido de que o rompimento do liame laboral ocorre por iniciativa do empregador, sem justo motivo. Assim, em se tratando de dispensa por justa causa, o ônus da prova em relação ao cometimento de falta grave, pela obreira, é da reclamada, conforme previsto nos artigos 818 da CLT e 373, II, do novo CPC. No presente caso, tendo a ré logrado demonstrar que a reclamante incorreu em conduta que respalda a ruptura do contrato de trabalho por sua culpa, a manutenção da justa causa é medida que se impõe. (Tribunal Regional do Trabalho da 3ª Região – Minas Gerais – 6ª Turma – Acórdão2017-05-29;0001182-04.2013.5.03.0019 – Data: 29/05/2017).*

CASO 8 – O reclamante alegou que fora despedido imotivadamente. A reclamada aduziu que o reclamante pedira demissão. De quem é o ônus da prova?

a) Do reclamante/fato constitutivo do seu direito.

b) Da reclamada/fato impeditivo do direito do reclamante.

Súmula nº 212 do TST

DESPEDIMENTO. ÔNUS DA PROVA (mantida) – Res. 121/2003, DJ 19, 20 e 21.11.2003 – O ônus de provar o término do contrato de trabalho, quando negados a prestação de serviço e o despedimento, é do empregador, pois o princípio da continuidade da relação de emprego constitui presunção favorável ao empregado.

PEDIDO DE DEMISSÃO. ÔNUS DA PROVA. O pedido de demissão alegado pelo reclamado representa fato extraordinário, cujo ônus probatório lhe incumbe, nos termos dos artigos 818 da CLT e 333, II, do CPC. (Tribunal Regional do Trabalho da 1ª Região – Rio de Janeiro – 3ª Turma –Acórdão2017-10-25; 01011821120165010068 – Data 25/10/2017)

CASO 9 – O reclamante pleiteou FGTS de alguns meses do contrato. A reclamada aduziu que não deixara de recolher FGTS de qualquer competência/mês. A quem compete o ônus da prova?

a) Do reclamante/fato constitutivo do seu direito.

b) Da reclamada/fato extintivo do direito do reclamante.

Súmula nº 461 do TST

FGTS. DIFERENÇAS. RECOLHIMENTO. ÔNUS DA PROVA – Res. 209/2016, DEJT divulgado em 01, 02 e 03.06.2016. É do empregador o ônus da prova em relação à regularidade dos depósitos do FGTS, pois o pagamento é fato extintivo do direito do autor (art. 373, II, do CPC de 2015).

CASO 10 – O reclamante pleiteou os valores relativos aos vales-transporte de todo o contrato, alegando que a reclamada sempre se recusara a lhe conceder o dito benefício. A reclamada se defendeu aduzindo que o reclamante, ao ser contratado, dissera que não pretendia fazer uso de vale-transporte. A quem compete o ônus da prova?

a) Do reclamante/fato constitutivo do seu direito.

b) Da reclamada/fato extintivo do direito do reclamante.

Súmula nº 460 do TST

VALE-TRANSPORTE. ÔNUS DA PROVA – Res. 209/2016, DEJT divulgado em 01, 02 e 03.06.2016 – É do empregador o ônus de comprovar que o empregado não satisfaz os requisitos indispensáveis para a concessão do vale-transporte ou não pretenda fazer uso do benefício.

CASO 11 – O reclamante alegou dispensa imotivada, pugnando pela reversão da justa causa a si imputada. A reclamada rebateu a inicial, sustentando ter havido dispensa por justa causa. Segundo ela, o reclamante atentara contra a vida de um colega, armado de faca, sendo impedido por terceiros. Disse, ainda, que o fato ocorrera numa sexta-feira, sendo que, nesse mesmo dia e por esse incidente, o reclamante recebera uma advertência. Por fim, a defesa da reclamada alegou que, na segunda-feira seguinte ao incidente, o patrão refletira melhor sobre o ocorrido e determinou a dispensa do reclamante, por justa causa. Sendo o leitor o advogado do reclamante.

O que faria para cumprir o seu ônus probatório?

Levaria testemunhas?

Ou se limitaria a pedir o depoimento do reclamado?

> *EMENTA: JUSTA CAUSA IMEDIATIDADE. DESCARACTERIZAÇÃO. A embriaguez em serviço é modalidade de justa causa que enseja o imediato rompimento do contrato de trabalho, dada a quebra da fidúcia inerente ao contrato de emprego. Tendo a reclamada aplicado penalidade de advertência e, após quarenta dias, dispensa por justa causa, incorreu em bis in idem e falta de imediatidade entre o ato faltoso e dispensa motivada, o que não pode merecer a chancela do Judiciário. (Tribunal Regional do Trabalho da 3ª Região – 5ª Turma – Acórdão: RO0182432001-07-31).*

* Como visto, a tese eleita pela defesa da reclamada se mostrou absolutamente infeliz e desconhecedora de que não se poderia punir, duplamente, o empregado, pela mesma falta cometida.

CASO 12 – O reclamante foi a juízo alegando rescisão indireta do contrato de trabalho. A reclamada, por seu turno, sustenta que houve abandono de emprego. De quem é o ônus da prova?

a) Do reclamante.

b) Da reclamada.

> *RESCISÃO INDIRETA x ABANDONO DE EMPREGO. ÔNUS DA PROVA. Se ao contestar reclamatória cuja principal alegação é de rescisão indireta a empresa alega justa causa por abandono de emprego, chama para si o ônus de comprovar o alegado abandono, nos termos do art. 333, II, do CPC. In casu, verifica-se que a demandada não se desincumbiu de seu ônus probatório, antes pelo contrário, as provas dos autos confirmam a existência de rescisão indireta à luz do disposto no art. 483, "d", do Texto Consolidado. (8ª Região – Pará e Amapá – Tribunal Regional do Trabalho. 4ª Turma – Acórdão RO 0000260-86.2012.5.08.0203)*

* Importante ressaltar que a rescisão indireta é decorrente da justa causa patronal. É contemplada no art. 483, da CLT, assim lavrado:

> Art. 483. O empregado poderá considerar rescindido o contrato e pleitear a devida indenização quando:
>
> *a) forem exigidos serviços superiores às suas forças, defesos por lei, contrários aos bons costumes, ou alheios ao contrato;*
>
> *b) for tratado pelo empregador ou por seus superiores hierárquicos com rigor excessivo;*
>
> *c) correr perigo manifesto de mal considerável;*
>
> *d) não cumprir o empregador as obrigações do contrato;*
>
> *e) praticar o empregador ou seus prepostos, contra ele ou pessoas de sua família, ato lesivo da honra e boa fama;*
>
> *f) o empregador ou seus prepostos ofenderem-no fisicamente, salvo em caso de legítima defesa, própria ou de outrem;*
>
> *g) o empregador reduzir o seu trabalho, sendo este por peça ou tarefa, de forma a afetar sensivelmente a importância dos salários.*
>
> *§ 1º O empregado poderá suspender a prestação dos serviços ou rescindir o contrato, quando tiver de desempenhar obrigações legais, incompatíveis com a continuação do serviço.*
>
> *§ 2º No caso de morte do empregador constituído em empresa individual, é facultado ao empregado rescindir o contrato de trabalho.*
>
> *§ 3º Nas hipóteses das letras "d" e "g", poderá o empregado pleitear a rescisão de seu contrato de trabalho e o pagamento das respectivas indenizações, permanecendo ou não no serviço até final decisão do processo.*

CASO 13 – O reclamante foi a juízo alegando ter sofrido acidente de trabalho e pedindo indenização por dano moral e material. A reclamada, por seu turno, sustenta que o reclamante jamais se acidentara no âmbito da empresa ou mesmo em percurso ida e volta para lá. De quem é o ônus da prova quanto ao acidente de trabalho?

a) Do reclamante.

b) Da reclamada.

> *ACIDENTE DE TRABALHO – NEGATIVA -ÔNUS DA PROVA. Com a negação de ocorrência do acidente de trabalho por parte do empregador, permanece com o empregado o ônus de demonstrar o acontecimento do evento danoso relacionado com o exercício profissional, por ser fato constitutivo do seu direito, a teor dos arts. 818 da CLT e 333, I, do CPC. Recurso ordinário*

conhecido e não-provido. (Tribunal Regional do Trabalho da 16ª Região – Maranhão – 1ª Turma – Acordão RO 0062100-13.2010.5.16.0020).

CASO 14 – O reclamante foi a juízo alegando ter sofrido acidente de trabalho e pedindo indenização por dano moral e material. A reclamada, por seu turno, sustenta que o infortúnio ocorrera por culpa exclusiva da vítima, ou seja, o chamado ato inseguro ou fato da vítima. De quem é o ônus da prova quanto ao acidente de trabalho?

a) Do reclamante.

b) Da reclamada.

CULPA EXCLUSIVA DA VÍTIMA. NECESSIDADE DE PROVA ROBUSTA. A culpa exclusiva da vítima é uma modalidade de exclusão do nexo causal, também denominada fato da vítima, que se caracteriza quando a única causa do acidente de trabalho tiver sido a conduta do trabalhador. Por se tratar de fato que obsta o direito à reparação pretendida pelo reclamante, o fato da vítima deve ser comprovado por meio de prova cabal, irrefutável. No caso em apreço, a reclamada não logrou êxito em se desincumbir desse ônus probatório (art. 818 da CLT e art. 373 do NCPC), subsistindo sua responsabilidade pelo acidente sofrido pelo autor. (Tribunal Regional do Trabalho da 3ª Região – 10ª Turma – acórdão 2017-09-28;0010367-24.2016.5.03.0096 – Data 28/09/2017)

ACIDENTE DE TRABALHO. CULPA EXCLUSIVA OU CONCORRENTE DA VÍTIMA. ÔNUSDA PROVA. É do empregador o ônus de provar que o infortúnio se consumou por exclusiva culpa da vítima ou que esta, de alguma forma, para ele concorreu, questão que clama a análise minuciosa do acervo probatório. Constatando-se que o evento danoso se deu por pura imprudência dos demais empregados da empresa, ao ignorarem o cronograma de atividade pré-estabelecido, ocasionando a reativação da rede elétrica fora do horário previsto, inconteste é a responsabilidade objetiva da reclamada, nos moldes do art. 932, III, do CC/02 c/c a Lei 8.213/91, art. 21, I, "c". Recurso ordinário conhecido e provido parcialmente. (ACORDÃO TRT 16ª / Tribunal Pleno / RO 0346300-54.2005.5.16.0016).

CASO 15 – O reclamante foi a juízo alegando ter sofrido acidente de trabalho quando, a serviço da empregadora, usando moto da empresa, foi atropelado por um carro que atravessara no sinal vermelho. A reclamada, por seu turno, admitiu que o reclamante sofrera o aludido acidente de trabalho, porém alegou ato de terceiro, dizendo que não lhe poderia ser imputada culpa alguma (a culpa seria do motorista atropelador), o que afastaria a sua responsabilidade civil.

O que o leitor diria da tese eleita pela reclamada?

a) Tem grande possibilidade de êxito, já que o ato do terceiro (motorista que desrespeitou o sinal vermelho) rompe o nexo de causalidade.

b) É tese fadada ao fracasso, já que o fato de terceiro capaz de romper o nexo causal é apenas aquele completamente alheio ao risco inerente à atividade desenvolvida.

> *AGRAVO DE INSTRUMENTO. DANOS MORAIS E MATERIAIS. ACIDENTE DE TRABALHO. ATIVIDADE DE RISCO. CONSTANTE DESLOCAMENTO NO TRÂNSITO COM O USO DE MOTOCICLETA. RESPONSABILIDADE CIVIL OBJETIVA DO EMPREGADOR. CULPA EXCLUSIVA DE TERCEIRO. NEXO CAUSAL. Há violação dos arts. 186 e 927, parágrafo único, do Código Civil de 2002. Agravo de instrumento provido para determinar o processamento do recurso de revista.*
>
> *RECURSO DE REVISTA. DANOS MORAIS E MATERIAIS. ACIDENTE DE TRABALHO. ATIVIDADE DE RISCO. CONSTANTE DESLOCAMENTO NO TRÂNSITO COM O USO DE MOTOCICLETA. RESPONSABILIDADE CIVIL OBJETIVA DO EMPREGADOR. CULPA EXCLUSIVA DE TERCEIRO. NEXO CAUSAL. A norma constitucional (artigo 7º, XXVIII) abraça a responsabilidade subjetiva, obrigação de o empregador indenizar o dano que causar mediante comprovação de dolo ou culpa, e o Código Civil (artigo 927, parágrafo único), de forma excepcional, nos casos de atividade de risco ou quando houver expressa previsão legal, prevê a responsabilidade objetiva do autor do dano, situação em que não se faz necessária tal comprovação. A norma constitucional trata de garantia mínima do trabalhador e não exclui a regra do parágrafo único do art. 927 do Código Civil, o qual, por sua vez, atribui uma responsabilidade civil mais ampla ao empregador, perfeitamente aplicável de forma supletiva no Direito do Trabalho, haja vista o princípio da norma mais favorável, somado ao fato de o Direito Laboral primar pela proteção do trabalhador e pela segurança do trabalho, com a finalidade de assegurar a dignidade e a integridade física e psíquica do empregado em seu ambiente laboral. Quanto ao nexo causal, cumpre ressaltar que, tratando-se de atividade de risco, o fato de terceiro capaz de rompê-lo é apenas aquele completamente alheio ao risco inerente à atividade desenvolvida. Ora, o risco a que está ordinariamente submetido o trabalhador o qual, no desempenho de suas funções, precisa deslocar-se constantemente no trânsito com o uso de motocicleta é justamente o de ser abalroado por outro veículo. Vale dizer, o acidente de trânsito decorrente de culpa exclusiva de outro motorista integra o próprio conceito do risco da atividade desenvolvida pelo reclamante. Impende salientar, ainda, que o risco da atividade econômica deve ser suportado pelo empregador, e não pelo empregado (artigo 2º da CLT). Assim, não rompe o nexo causal o fato de a culpa do acidente o qual vitimou o reclamante ter sido atribuída a terceiro, condutor de outro automóvel envolvido no acidente. Presentes o dano experimentado pelo reclamante e o nexo de causalidade com a execução do contrato de emprego, e tratando-se de atividade*

a qual, pela sua natureza, implica risco para o empregado que a desenvolve, impõe-se a condenação das reclamadas em danos morais e materiais. Recurso de revista conhecido e provido.(Recurso de Revista nº TST-RR-1 – 6ª Turma – Rel, Min Augusto César Leite De Carvalho)

ACIDENTE DE TRABALHO. RESPONSABILIDADE CIVIL OBJETIVA. ATIVIDADE DE RISCO. VIGILANTE. DESLOCAMENTOS DIÁRIOS A SERVIÇO, EM MOTOCICLETA, EM RODOVIAS ESTADUAIS. COLISÃO NO TRÂNSITO. MORTE DO EMPREGADO. DANOS MORAIS E MATERIAIS

1. Acidente de trabalho decorrente de colisão no trânsito que resultou na morte de empregado, vigilante. Exercício de atividade profissional que impunha ao empregado transitar diariamente de motocicleta em rodovias estaduais. Sinistro ocorrido na vigência do Código Civil de 2002. 2. O parágrafo único do artigo 927 do Código Civil enseja a declaração de responsabilidade civil objetivado empregador, derivante de acidente de trabalho, nos casos em que a atividade empresarial ou profissional implique risco acentuado e anormal ao empregado. Transferir o risco da atividade ao empregado em tais casos dificultaria sobremaneira a reparação do dano. 3. No âmbito das relações de emprego, o conceito de atividade de risco não se aquilata necessariamente à luz da atividade empresarial em si, conforme o respectivo objeto estatutário: apura-se tendo os olhos fitos também no ofício executado em condições excepcionalmente perigosas, expondo o empregado a risco acima do normal à sua incolumidade física. Segundo a atual doutrina civilista, a vítima, e não o autor (mediato ou imediato) do dano, constitui a essência da norma insculpida no artigo 927, parágrafo único, do Código Civil de 2002. 4. Notório o risco inerente à atividade profissional de vigilante que, mediante o uso de motocicleta, é submetido a deslocamentos constantes e emergenciais para verificar disparo de alarme em residência de cliente da empregadora. Alarmantes e públicos os índices de acidentes de trânsito observados mediante a utilização desse meio de transporte. 5. Se a atividade econômica da empresa, voltada à segurança privada, impõe pronto atendimento das chamadas mediante o uso de motocicletas, sobressai, inclusive, resulta manifesto que o autor mediato do dano é a própria empregadora. 6. Embargos conhecidos e desprovidos." (E-ED-RR – 324985-09.2009.5.12.0026 Data de Julgamento: 06/06/2013, Relator Ministro: João Oreste Dalazen, Subseção I Especializada em Dissídios Individuais, Data de Publicação: DEJT 01/07/2013)

"DANOS MORAIS. ACIDENTE DE TRABALHO. ATIVIDADE DE RISCO. MÚLTIPLOS DESLOCAMENTOS DIÁRIOS A SERVIÇO, EM MOTOCICLETA, EM RODOVIAS INTERMUNICIPAIS. COLISÃO NO TRÂNSITO. MUTILAÇÃO DO EMPREGADO. RESPONSABILIDADE OBJETIVA DO EMPREGADOR. INFORTÚNIO OCORRIDO SOB A ÉGIDE DO CÓDIGO CIVIL DE 1916. 1. Acidente de trabalho decorrente de colisão no trânsito, com mutilação de membro inferior do empregado, no exercício de atividade profissional que lhe impunha transitar diariamente de motocicleta em rodovias inter-

> *municipais. Sinistro ocorrido na vigência do Código Civil de 1916. 2. No âmbito das relações de emprego, o conceito de atividade de risco não se aquilata necessariamente à luz da atividade empresarial em si, conforme o respectivo objeto estatutário: apura-se tendo os olhos fitos também no ofício executado em condições excepcionalmente perigosas, expondo o empregado a risco acima do normal à sua incolumidade física. Segundo a atual doutrina civilista, a vítima, e não o autor (mediato ou imediato) do dano, constitui a essência da norma insculpida no artigo 927, parágrafo único, do Código Civil de 2002. 3. Inegável o risco inerente à atividade profissional que submete o empregado a deslocamentos constantes em motocicleta, tendo em vista os alarmantes índices de acidentes de trânsito observados quanto a essa categoria de veículo. Decorrendo do cumprimento de ordem de trabalho a exposição do empregado à condição de acentuado perigo, inquestionável que o autor do dano – ainda que mediato – é o empregador. 4. Não afasta a responsabilidade objetiva do empregador a circunstância de o infortúnio ocorrer sob a égide do Código Civil de 1916. A aplicação da teoria do risco em atividade perigosa de há muito é adotada em nosso ordenamento jurídico e decorre antes de uma interpretação sistêmica de todo o arcabouço histórico, legal e doutrinário sobre o tema, de que, ao final, se valeu o legislador na elaboração do novo Código Civil. 5. Embargos a que se nega provimento." (E-ED-RR-81100-64.2005.5.04.0551, Redator Ministro: João Oreste Dalazen, Data de Julgamento: 29/11/2012, Subseção I Especializada em Dissídios Individuais, Data de Publicação: 1/3/2013).*
>
> *"RECURSO DE REVISTA. INDENIZAÇÃO POR DANO MORAL E MATERIAL. ACIDENTE DE TRABALHO. MOTOCICLETA. ACIDENTE DE TRÂNSITO PROVOCADO POR TERCEIRO. RESPONSABILIDADE DA EMPRESA. A atividade do autor envolve deslocamento no trânsito com o uso de motocicleta, e embora não tenha sido comprovado a culpa da empregadora, a afastar qualquer ato ilícito praticado pela reclamada, resta a responsabilidade objetiva, em razão de a atividade do autor ser de risco. Nesse contexto, a atividade do autor, em sendo de risco, e diante da conjectura atual em que se encontram os empregados da categoria, implica no dever de reparar o dano, por força da incidência do art. 927, parágrafo único, do CC c/c art. 2º da CLT. Precedentes da SDI-I/TST. Recurso de revista conhecido e desprovido. (...)." (RR-13-24.2010.5.04.0030, Relator Ministro: Aloysio Corrêa da Veiga, Data de Julgamento: 10/4/2013, 6ª Turma, Data de Publicação: 12/4/2013).*

* Quanto ao ônus de provar o acidente, o leitor andou bem se achou a pergunta sem sentido. Afinal, o acidente era incontroverso.

CASO 16 – O Reclamante ingressou com reclamação alegando que fora coagido a pedir demissão. A reclamada negou tal coação, sustentando a validade do pedido formulado pelo ex-empregado. Juntou o referido documento (pedido de demissão assinado pelo empregado). De quem é o encargo probatório?

a) Do reclamante.

b) Da reclamada.

MOTIVO DO DESLIGAMENTO – PEDIDO DE DEMISSÃO - Compete ao empregado o ônus de provar a existência de coação ou de outro vício de consentimento que invalide o pedido de demissão por ele assinado. Na falta de prova robusta de irregularidade dessa natureza, permanece válido o pedido de demissão trazido aos autos. (Tribunal Regional do Trabalho da 3ª Região – Minas Gerais. 6ª Turma – Região – Minas Gerais – acórdão 2017-05-03;0011136-17.2016.5.03.0101 – data: 03/05/2017)

PEDIDO DE DISPENSA. INVALIDADE. COMPROVAÇÃO DE COAÇÃO. Alegado vício de vontade ou de consentimento no pedido de dispensa, em decorrência de coação, é ônus do empregado fazer prova robusta de suas alegações para reverter a demissão em dispensa sem justa causa (art. 818, da CLT e 333, I do CPC). Desincumbindo-se de seu encargo probatório, deve ser mantida a r. decisão de origem que declarou a nulidade do pedido de demissão e, via de consequência, reconheceu a dispensa imotivada. (Tribunal Regional do Trabalho da 3ª Região – 8ª Turma –Acórdão 0011407-18.2016.5.03.0039 – data: 06/06/2018)

CASO 17 – De quem é o ônus de provar desvio de função (com pedido de diferenças salariais)?

a) Do reclamante.

b) Da reclamada.

DESVIO DE FUNÇÃO. DIFERENÇAS SALARIAIS. O desvio de função tem como efeito a alteração contratual quanto às funções originalmente exercidas ou para as quais o empregado foi contratado, de modo que o trabalhador realiza labor mais qualificado sem a contraprestação devida, fato este constitutivo do direito às diferenças salariais respectivas. Sendo o ônus da prova pertencente à trabalhadora, e não tendo ela se desincumbido, o indeferimento de seu pedido é medida que se impõe. (Tribunal Regional do Trabalho da 3ª Região – 6ª Turma – Acórdão 2018-10-16;0010976-06.2017.5.03.0085 – data: 16/10/2018)

DESVIO DE FUNÇÃO. ÔNUS DA PROVA. DIFERENÇA SALARIAL. Em face do que estabelecem os artigos 818 da CLT e 333, I, do CPC, compete ao autor provar a constituição de seu direito, uma vez que alegou ter exercido função diversa daquela para a qual foi admitido e tendo se desvencilhando de tal ônus, emerge o direito as diferenças salariais. Recurso conhecido e improvido. (TRT 16 – NUMERO ÚNICO: 00720-2010-003-16-00-7-RO)

CASO 18 – No dia 04/4/2018, o reclamante foi flagrado subtraindo alguns celulares de mochilas de seus colegas de trabalho. O empregador teve ciência disso por denúncia das vítimas e até constatou o ocorrido por imagens captadas pelo sistema de vídeomonitoramento instalado na empresa. Malgrado, permitiu que o reclamante se mantivesse trabalhando normalmente por mais de dois meses. Em 05/07/2018, o patrão despediu o aludido empregado, por justa causa, em face do tal furto de celulares. Este foi à justiça, em busca de reverter a justa causa e pedindo verbas próprias de dispensa imotivada. O empregador contestou o pedido, firme na alegação de justa causa. Na audiência, o empregado não negou o furto exibido no vídeo colacionado pelo reclamado.

Qual a probabilidade de vitória da tese eleita pelo reclamado?

a) Deverá sair vencedor, já que o reclamante reconheceu o furto mostrado no vídeo.

b) Não sairá vencedor, haja vista que, tendo conhecido da falta cometida pelo empregado ao tempo do furto, não adotou imediata punição, disso resultando o seu perdão tácito.

c) O furto foi confessado e isso é o que importa para o reconhecimento judicial da justa causa.

*Como já visto, compete ao empregador o ônus de provar a justa causa para a dispensa do empregado, por se tratar de fato impeditivo do direito às parcelas rescisórias, próprias da dispensa injusta. Aplicam-se, à hipótese, os artigos 818, da CLT e 373, II, do CPC. Contudo, no caso posto, interessa saber sobre a imediatidade (ou imediaticidade) da aplicação da pena de dispensa por justa causa e sobre perdão tácito. O empregador, sabedor do ato faltoso do seu empregado, de gravidade tal, não poderia ter demorado na tomada de atitude. Cumpria-lhe adotar a medida punitiva (dispensa por justa causa) tão logo ficou inequivocamente ciente do furto (inclusive porque lhe foram exibidas as imagens captadas pelo sistema de vídeomonitoramento instalado na empresa).

Enfim, o empregador errou ao demorar em tomar a medida cabível na época própria, tacitamente perdoando a falta grave cometida pelo empregado. Despedir o empregado por falta antiga, conhecida pelo empregador, é conduta que não tem respaldo legal, como evidencia a jurisprudência que segue:

> *JUSTA CAUSA. AUSÊNCIA DE IMEDIATICIDADE. NÃO CONFIGURAÇÃO. Tendo a reclamada ciência de conduta do reclamante que poderia ser enquadrada como falta grave para fins do art. 482 da CLT, deveria tomar*

imediata conduta de apuração. A punição aplicada após mais de seis meses depois da ciência inequívoca do fato, sem haver prova de desdobramento de tempo em razão de medidas de apuração ou sindicância, denota claro desinteresse por parte da reclamada de punir o empregado pela conduta, descaracterizando o elemento da imediaticidade, essencial à figura jurídica ora analisada, pelo que fica caracterizado o perdão tácito. (Tribunal Regional do Trabalho da 3ª Região – Minas Gerais – 2ª Turma –Acórdão 0011984-09.2016.5.03.0164 – data 22/02/2019)

EMENTA: JUSTA CAUSA. FALTA DE IMEDIATIDADE. NÃO CONFIGURAÇÃO. Não se considera razoável o prazo superior a um mês entre o ato faltoso e a dispensa por justa causa, ficando descaracterizada a aplicação da pena máxima, por ausência de imediatidade. (Tribunal Regional do Trabalho da 3ª Região – Minas Gerais -3ª Turma – Acórdão 00582-2006-137-03-00-6).

OBSERVAÇÃO IMPORTANTE:

A despeito de tudo o que foi assentado neste capítulo, *"a parte que não está incumbida com o ônus da prova, também pode – e deve – produzir provas objetivando eliminar a convicção a que as provas do adversário podem levar o juiz. Isso faz com que a distribuição do ônus da prova, nos termos em que está regida pela CLT e CPC, seja bastante relativa, porquanto a parte que não tem legalmente o encargo de provar, fica também onerada com a necessidade de destruir a prova do adversário, para sair vencedora da contenda"* (TRT da 3ª Região – Turma 4ª – Acórdão 0001510-17.2013.5.03.0056).

3.17 DA PROVA DOCUMENTAL

A CLT é extremamente sucinta ao cuidar da prova documental. Isso obriga a que o operador do direito recorra às normas processuais comuns para uso subsidiário e supletivo.

Mas o que vem a ser documento?

Colho na Enciclopédia Saraiva do Direito (Vol. 29, São Paulo: Editora Saraiva, Brasil, 1.977, p. 196) que, etimologicamente, documento vem do latim *docere,* significando o que é apto a "mostrar, indicar, ensinar – a coisa que contém a virtude de fazer conhecer outras coisas".

Já o art. 422, do CPC subsidiário, preceitua que *"Qualquer reprodução mecânica, como a fotográfica, a cinematográfica, a fonográfica ou de outra espécie, tem aptidão para fazer prova dos fatos ou das coisas representadas, se a sua conformidade com o documento original não for impugnada por aquele contra quem foi produzida".*

Aliás, o § 1° do art. 422 ressalva que *"As fotografias digitais e as extraídas da rede mundial de computadores fazem prova das imagens que reproduzem, devendo, se impugnadas, ser apresentada a respectiva autenticação eletrônica ou, não sendo possível, realizada perícia"*. Já o art. 423 enaltece que *"As reproduções dos documentos particulares, fotográficas ou obtidas por outros processos de repetição, valem como certidões sempre que o escrivão ou o chefe de secretaria certificar sua conformidade com o original"*.

É importante também destacar que, a teor do art. 424, do CPC, *"A cópia de documento particular tem o mesmo valor probante que o original, cabendo ao escrivão, intimadas as partes, proceder à conferência e certificar a conformidade entre a cópia e o original.*

Por fim, nunca é demais lembrar que "O juiz apreciará fundamentadamente a fé que deva merecer o documento, quando em ponto substancial e sem ressalva contiver entrelinha, emenda, borrão ou cancelamento" (art. 426, CPC).

Assentado o que seja documento, cabe fazer, aqui, uma indagação oportuna: há prevalência da prova documental sobre a prova oral?

Inexiste norma legal que determine a prevalência da prova documental sobre a prova testemunhal. A consistência do conjunto probatório pode vir a elidir a presunção de veracidade da prova documental, segundo o livre convencimento do juiz, fruto de prudente avaliação dos fatos e circunstâncias dos autos.

Pelo princípio da primazia da realidade, vigente no ordenamento jurídico trabalhista, a prova documental tem validade relativa, podendo sofrer desconstituição por outro meio de prova. Consoante o aludido princípio, há primazia dos fatos sobre as formas, as formalidades ou as aparências. No dizer do mestre Américo Plá Rodriguez, em matéria de trabalho, importa o que ocorre na prática, mais do que aquilo que as partes hajam pactuado de forma mais ou menos solene, ou expressa, ou aquilo que conste em documentos, formulários ou instrumentos de controle.

A propósito do tema em foco, convém transcrever elucidativa jurisprudência:

> *PREVALÊNCIA DA PROVA DOCUMENTAL SOBRE A ORAL. A assertiva de que a prova documental deve prevalecer sobre a oral é resquício da época do sistema tarifário das provas, que fora reduzido a situações expressamente previstas na lei (v.g.: CLT, 464). Ressalvadas, então, as hipóteses expressamente descritas na lei, o sistema regente da valoração da prova é o do livre*

convencimento motivado (CPC, 131). (TRT 24ª Região – Mato Grosso do Sul – Acórdão:2015-01-27;0001625-86.2011.5.24.0003 – Data 27/01/2015).

EMENTA: PROVA DOCUMENTAL. VALIDADE RELATIVA. PRINCÍPIO DA PRIMAZIA DA REALIDADE. Vigora no Direito do Trabalho o princípio da primazia da realidade contratual, razão pela qual a prova documental possui presunção relativa de veracidade, ou seja, pode ser elidida por prova em contrário, notadamente, os controles de jornada, cujos registros podem ser elididos por outro meio de prova que confirme a real jornada trabalhada. Contudo, essa prova precisa ser robusta e capaz de convencer o julgador sobre a imprestabilidade dos registros. (Tribunal Regional do Trabalho 3ª Região – Minas Gerais. 2ª Turma – Acórdão:2004-06-22;01857-2003-014-03-00-4)

3.17.1 Documentos trabalhistas típicos e a presunção relativa de verdade de seu conteúdo

A Carteira de Trabalho e Previdência Social é obrigatória para o exercício de qualquer emprego, inclusive de natureza rural, ainda que em caráter temporário, e para o exercício por conta própria de atividade profissional remunerada. E obedecerá aos modelos que o Ministério da Economia adotar.

Aliás, a Lei nº 13.874/19, alterou o art. 14, da CLT, prevendo que "A CTPS será emitida pelo Ministério da Economia preferencialmente em meio eletrônico. Só excepcionalmente ela poderá ser emitida em meio físico, desde que: I – nas unidades descentralizadas do Ministério da Economia que forem habilitadas para a emissão; II – mediante convênio, por órgãos federais, estaduais e municipais da administração direta ou indireta; III – mediante convênio com serviços notariais e de registro, sem custos para a administração, garantidas as condições de segurança das informações.

Ainda por força da citada Lei nº 13.874/19, a CTPS terá como identificação única do empregado o número de inscrição no Cadastro de Pessoas Físicas (CPF).

Já o art. 29 da CLT, também alterado pela Lei nº 13.874/19, estabelece que o empregador terá o prazo de 5 (cinco) dias úteis para anotar na CTPS, em relação aos trabalhadores que admitir, a data de admissão, a remuneração e as condições especiais, se houver, facultada a adoção de sistema manual, mecânico ou eletrônico, conforme instruções a serem expedidas pelo Ministério da Economia. As anotações concernentes à remuneração devem especificar o salário, qualquer que seja sua forma de pagamento, seja ele em dinheiro ou em utilidades, bem como a estimativa da gorjeta.

No seu § 6º, o referido art. 29 celetista prevê que a comunicação, pelo trabalhador, do número de inscrição no CPF ao empregador, equivale à apresentação da CTPS em meio digital, dispensado o empregador da emissão de recibo. E o § 7º estabelece que os registros eletrônicos gerados pelo empregador nos sistemas informatizados da CTPS em meio digital equivalem às anotações a que se refere a mencionada Lei.

Nada obstante o acima noticiado, e considerando que a maioria dos empregados são portadores da tradicional CTPS em meio físico, é importante destacar que o Tribunal Superior do Trabalho consagrou, no enunciado de sua Súmula nº 12, que "As anotações apostas pelo empregador na carteira profissional do empregado não geram presunção "juris et de jure", mas apenas "juris tantum". Ou seja, não sendo produzida prova robusta de que os dados registrados na CTPS do empregado estão divorciados da verdade real, prevalecerão as informações nela contidas.

Com efeito, malgrado milite presunção de verdade em favor das anotações contidas na CTPS, tal presunção, por ser apenas relativa, é passível de ser elidida, de ser afastada por prova convincente. E isso pode acontecer por meio de prova documental e até mesmo testemunhal, desde que se mostrem firmes e convincentes. Afinal, não nos esqueçamos de que, no direito do trabalho, vige o princípio da primazia da realidade, o qual, segundo o escólio do mestre AMÉRICO PLÁ RODRIGUEZ, "significa que, em caso de discordância entre o que ocorre na prática e o que emerge de documentos ou acordos, deve-se dar preferência ao primeiro, isto é, ao que sucede no terreno dos fatos" (in Princípios de Direito do Trabalho, 3ª edição, LTr, p. 339).

O mesmo que se diga em relação a recibos de pagamentos de salário.

Como o art. 464, da CLT, estabelece que "O pagamento do salário deverá ser efetuado contra recibo, assinado pelo empregado; em se tratando de analfabeto, mediante sua impressão digital, ou, não sendo esta possível, a seu rogo" e o seu parágrafo único dispõe que "Terá força de recibo o comprovante de depósito em conta bancária, aberta para esse fim em nome de cada empregado, com o consentimento deste, em estabelecimento de crédito próximo ao local de trabalho", tais documentos, desde que atendidos os requisitos acima mencionados, gozam de presunção de verdade. Mas essa presunção é também relativa, vale dizer, cede diante de prova robusta de que o seu conteúdo não reflete a realidade dos fatos.

A título de ilustração, mencionarei caso verídico, ocorrido há alguns anos, quando este escriba era titular da 3ª Vara do Trabalho de São Luís do Maranhão. O reclamante, um mecânico que atuara na oficina de concessionária de veículos famosa na cidade, alegava ter recebido salário extra folha por longo período e pleiteava os reflexos do ganho clandestino a título de férias, 13º salários, FGTS e aviso prévio. A reclamada, negou, terminantemente o ganho por fora, insistindo que a real remuneração do reclamante sempre fora informada nos seus contracheques. Na audiência, analisando referidos documentos, percebi que a remuneração neles indicada não era mais do que o piso da categoria comerciária. Depois de enaltecer as qualidades da concessionária e de sua oficina mecânica e obter a enfática concordância de sua preposta, passei ao interrogatório:

Sra. Preposta, qual era o empregado da empresa de menor ganho mensal?

Ela respondeu ser o pessoal da limpeza.

Indaguei qual era o ganho desse pessoal.

Ela afirmou ser o piso da categoria.

Foi quando lhe perguntei se o pessoal da oficina mecânica era muito qualificado.

Sem hesitar e mais uma vez enfática, ela disse: A oficina é "top", o pessoal que nela atua é muito qualificado!

E eu: o reclamante ficou lá por anos, era "top" também?

Ela: Era. Um excelente mecânico!

Foi quando eu, mostrando a ela o contracheque do reclamante, perguntei: A senhora quer nos convencer que um mecânico de oficina "top", um excelente mecânico, ganhava o mesmo que o rapaz da limpeza, apontado pela senhora como o de ganho mínimo na casa?

Ela terminou confessando que o reclamante, mecânico "top", da oficina "top" da reclamada, ganhava bem mais do que o informado no seu contracheque. Ou seja, confessou o ganho por fora. O litígio terminou solucionado por acordo.

Esse caso deixa bem evidente que documentos apresentados como prova, a despeito de gozarem de presunção de verdade, tal presunção não é absoluta. O fato de o empregado assinar documentos confeccionados unilateralmente pela empresa reclamada não gera presunção de validade juris et de jure, devendo o julgador se pautar em critérios que demonstrem a veracidade dos fatos ocorridos com observância no princípio da primazia da realidade.

O mesmo se aplica no tocante a registros de jornada.

3.17.2 Da oportunidade de juntada de prova documental

Documentos são as chamadas provas pré-constituídas.

Segundo o art. 787 da CLT, *"A reclamação escrita deverá ser formulada em 2 (duas) vias e desde logo acompanhada dos documentos em que se fundar"*. Já o art. 845, também da Consolidação, prevê que *"O reclamante e o reclamado comparecerão à audiência acompanhados das suas testemunhas, apresentando, nessa ocasião, as demais provas"*.

Entendo que, de regra, o reclamante deverá juntar, com a inicial, os documentos com os quais pretende fazer prova de fatos por ele alegados. O reclamado, com a defesa. Portanto, existe momento processual adequado para a apresentação da prova documental e, embora a jurisprudência trabalhista venha aceitando que documentos sejam trazidos para os autos no decorrer da instrução processual, entendo como indevida a realização de tal atividade após os marcos retromencionados, ressalvada a hipótese de documento novo ou documento para contraprova. Nesse sentido decidiu a 1ª Turma, do Egrégio TRT da 24ª Região, no RO.1 0000592-51.2011.5.24.007. No mesmo sentido, decidiu o TRT da 3ª Região:

> *JUNTADA DE DOCUMENTOS NOVOS. FASE RECURSAL. O art. 435 do CPC é claro ao prever que é lícito às partes, em qualquer tempo, juntar aos autos documentos novos, quando destinados a fazer prova de fatos ocorridos depois dos articulados, ou para contrapô-los aos que foram produzidos nos autos. Na espécie, a juntada dos documentos na fase recursal não se justifica, pois não se referem a fatos ocorridos posteriormente à prolação da sentença, assim como não há prova nos autos de justo impedimento para a sua juntada. (Acórdão PJe TRT 3ªR / Terceira Turma / 2018-11-23; 0010398-08.2018.5.03.0150).*

Com efeito, a juntada de documentos após os momentos que julgo apropriados (os do reclamante, com a inicial, e os do reclamado, com a defesa) só deve ser admitida para fazer prova de fatos ocorridos depois dos articulados, ou para contrapô-los aos que foram produzidos nos autos ou documentos formados, conhecidos ou acessíveis depois da juntada de inicial e da defesa, conforme o caso. CPC/Arts. 320 e 435 do CPC.

A propósito, José Augusto Rodrigues Pinto (in **Processo Trabalhista de Conhecimento**, 7ª ed. São Paulo: LTr, 2005) censura a regra do art. 845 da CLT, sustentado que ela "compromete, sobretudo, o princípio da lealdade processual, cujo substrato moral não deve ser esquecido, pois a juntada de documentos pode passar a ser um jogo de astúcia de uma das partes contra a outra e não um dever de demonstrar as teses das postulações no campo aberto da prova".

Ou seja, não se pode aplaudir a conduta da parte que, dispondo do documento quando apresenta a inicial ou a defesa, conforme seja ela reclamante ou reclamado, se reserva para fazê-lo somente na audiência de instrução, com o indisfarçável escopo de pegar o adversário de surpresa. Não se trata de um jogo de cartas, onde é talento surpreender o adversário. Não é possível acreditar que o legislador tenha pretendido festejar a deslealdade. Admitir a apresentação de documentos a qualquer tempo ao longo da instrução processual, sem que sejam documentos novos ou documentos destinados a se contrapor aos apresentados pelo adversário (art. 435, CPC), com todas as vênias, não me parece tão ético e, sem dúvida, concorre para vulnerar o princípio da boa-fé processual consagrado no art. 5º, do CPC, de uso subsidiário no processo do trabalho.

Em que pese seja esse o entendimento do autor, destaco que não é nessa linha o entendimento do c. TST, como sobressai do julgado a seguir transcrito:

> *RECURSO DE EMBARGOS REGIDO PELA LEI 13.015/2014. PROVA. POSSIBILIDADE DE JUNTADA DE DOCUMENTOS ANTES DO ENCERRAMENTO DA INSTRUÇÃO PROCESSUAL PARA FINS DE PROVA DO DIREITO ÀS DIFERENÇAS SALARIAIS PELO DESVIO DE FUNÇÃO. No processo do trabalho, admite-se a juntada de documentos destinados à produção de provas até o encerramento da instrução, tendo em vista a disciplina constante do artigo 845 da CLT, a qual estabelece que as partes comparecerão à audiência com suas testemunhas, apresentando, nessa oportunidade, as demais provas, entre as quais se inclui a prova documental. Assim, em face do permissivo legal, que viabiliza aos litigantes a apresentação de provas na audiência, há de se entender que a lei abre possibilidade às partes de, durante a fase instrutória, trazer as provas que lhes possam favorecer. Precedentes de todas as Turmas e desta Subseção (TST-E-RR-2416-68.2012.5.18.0009, SBDI-1, Rel. Min. Augusto César Leite de Carvalho, DEJT 11.4.2017).*

3.17.3 Da (i) licitude da prova documental – Gravação de Conversas

Não raro, discute-se em litígios trabalhistas acerca da (i)licitude da prova documental. Na maioria das vezes, o questionamento diz respeito à possibilidade ou não de uso de gravação de conversas telefônicas ou ambiental, realizada por um dos interlocutores ou com o conhecimento de um deles, embora sem o conhecimento do outro.

Quanto ao tema em foco, o STF, no RE 583937, Relator Ministro Cezar Peluso, por maioria, vencido o Senhor Ministro Marco Aurélio, Tema n. 237 da Tabela de Repercussão Geral, reafirmou a jurisprudência da Corte acerca da admissibilidade do uso, como meio de prova, de gravação ambiental realizada por um dos interlocutores.

Merece também ser colacionado emblemático precedente da 2ª Turma do c. TST, *in verbis*:

> *CERCEAMENTO DO DIREITO DE DEFESA. GRAVAÇÃO REALIZADA PELA ESPOSA DO RECLAMANTE DE CONVERSA TELEFÔNICA ENTRE ELA E O PREPOSTO DA RECLAMADA, QUE PRESTAVA INFORMAÇÕES SOBRE EX-EMPREGADOS. GRAVAÇÃO VISAVA COMPROVAR QUE A RECLAMADA FORNECIA INFORMAÇÕES NEGATIVAS A RESPEITO DO RECLAMANTE A EMPRESAS INTERESSADAS EM CONTRATÁ-LO. IRRELEVANTE O FATO DE QUE O RECLAMANTE, BENEFICIÁRIO DA GRAVAÇÃO, NÃO TER PARTICIPADO DA CONVERSA GRAVADA. EXIGÊNCIA INVIABILIZA O DIREITO DE DEFESA. PROVA LÍCITA. A discussão dos autos não se refere à interceptação telefônica, a qual é feita por terceiro que não participa da conversa, mas de "gravação feita por um dos interlocutores (ou com autorização deste), no caso, a esposa do autor", por meio da qual se comprovaria que a reclamada "estava repassando informações negativas a seu respeito [reclamante] para outras empresas onde estava prestando processo seletivo". O diálogo entre a esposa do reclamante e o preposto da reclamada, responsável por prestar informações sobre ex-empregados, também não se insere em causa legal de sigilo ou de reserva de conversação para ser inadmitido como prova. Se houvesse vedação, seria em favor do reclamante, sobre quem versava a conversa, e não da reclamada, como entendeu equivocadamente o Regional, ao concluir pela ilicitude da prova. Registrou o Tribunal a quo que a gravação não foi utilizada em proveito da esposa do reclamante (interlocutora que realizou a gravação), "e sim de terceiro (autor), que não participou da conversa", sendo diversa da hipótese decidida no RE-402.717/PR, na qual se concluiu pela licitude da gravação. Quanto à gravação utilizada como prova, a Suprema Corte, nos autos do RE-583.937-RJ, Tema n. 237 da Tabela de Repercussão Geral, em*

acórdão da relatoria do Exmo. Ministro Cezar Peluso (DJE 18/12/2009), reafirmou a jurisprudência daquela Corte (fundamentos expendidos na decisão proferida no RE-402.717/PR), fixando a tese: "é lícita a prova consistente em gravação ambiental realizada por um dos interlocutores sem o conhecimento do outro". Impõe ressaltar que, na fundamentação do acórdão do RE-402.717/PR (DJe 13/2/2009), cujos fundamentos foram ratificados em decisão com caráter vinculante (repercussão geral), o Supremo Tribunal Federal destacou que "já proclamou esta Corte, em hipótese em certo sentido até mais singular, onde se discutia a licitude do uso do teor de conversa telefônica por quem alegava ter sido vítima de crime cometido de um dos interlocutores, o qual desconhecia a gravação feita por terceiro com autorização do outro" (destacou-se), referindo-se à analogia entre "causa excludente de injuridicidade da ação" e "legítima defesa", adotada no acórdão proferido no HC nº 74.678 (DJ 15/8/97), relatado pelo Exmo. Ministro Moreira Alves. Nesse habeas corpus, discutia-se a "utilização de gravação feita por terceiro com autorização de um dos interlocutores sem o conhecimento do outro", em que se decidiu pela licitude da prova, com fundamento em "causa excludente da antijuridicidade da ação", em que a vítima de extorsão pretendia comprovar a prática do referido crime pelo interlocutor (fiscal de rendas), que não tinha conhecimento da gravação. In casu, o reclamante defendia seu direito de personalidade, pretendendo comprovar a prática de ato ilícito pela reclamada (prestação de informações desabonadoras contra ele). Salienta-se que, se o reclamante solicitasse à reclamada informações (como empregador interessado na sua contratação), "sua voz seria reconhecida pelo chefe e pelos colegas de trabalho", que não prestariam informações. Somente por meio de ligação telefônica feita por outra pessoa seria possível a produção da prova. Nesse contexto, a exigência de que o reclamante fosse um dos interlocutores da conversa gravada inviabilizaria a produção da prova do fato constitutivo do direito daquele e a pretendida proteção jurisdicional de direitos da personalidade. Por outro lado, o direito à privacidade da reclamada não é absoluto para cercear a defesa do reclamante, que também busca preservar sua intimidade, privacidade, honra e imagem. Ao contrário do entendimento adotado pelo Regional, a Suprema Corte não exige que a gravação seja utilizada, em Juízo, em proveito de quem a realizou para ser considerada lícita, mas que tenha sido realizada por um dos interlocutores da conversa, no caso, a esposa do reclamante. A situação se assemelha à destacada pelo Exmo. Ministro Moreira Alves (HC n. 74.678), em que "seria uma aberração considerar como violação do direito à privacidade a gravação pela própria vítima, ou por ela autorizada, de atos criminosos, como o diálogo com sequestradores, estelionatários e todo tipo de achacadores" (destacou-se). Diante do exposto, a gravação de conversa por um dos interlocutores (esposa do reclamante), a despeito do desconhecimento pelo outro interlocutor (empregado da reclamada), a fim de repelir conduta ilícita do outro, é lícita, não se enquadrando na vedação constante do artigo 5º, incisos LVI e XII,

> *da Constituição Federal, uma vez que constitui exercício regular do direito e de legítima defesa (artigo 5º, inciso LV). Recurso de revista conhecido e provido (RR-1279-63.2012.5.09.0668, 2ª Turma, Relator Ministro José Roberto Freire Pimenta, DEJT 22/11/2019).*

Todavia, deve ser ressaltado que a interceptação, consistente na gravação de conversa telefônica ou ambiental, realizada por terceiro sem o conhecimento de um dos interlocutores, vulnera o direito constitucional do sigilo das comunicações, sendo ilícita a prova assim obtida, à vista dos incisos XII e LVI, do art. 5°, da Constituição Federal.

3.17.4 Vídeomonitoramento do ambiente de trabalho – Revistas em pertences do empregado.

A instalação de câmeras de filmagem nas dependências dos banheiros de utilização dos empregados, mais especificamente na porta de entrada dos vasos sanitários e mictórios, gera constrangimento moral e social, caracterizando o dano moral?

É difícil imaginar o que leva um empregador a adotar conduta tão absurda. Mas o caso é real. E foi julgado no TST em 2005. Eis a emanta do acórdão:

> *AGRAVO DE INSTRUMENTO. RECURSO DE REVISTA. DANO MORAL RECONHECIDO. RATIFICAÇÃO. Nos termos do eg. Regional, revelando-se incontroversa a instalação de equipamentos câmeras de filmagem nas dependências dos banheiros de utilização dos empregados, mais especificamente na porta de entrada dos vasos sanitários e mictórios, tal situação, por si só, gera constrangimento moral e social, caracterizando o dano moral. [...] Diante desta constatação, não se tem dúvida de que a instalação das aludidas câmaras (sic) configura pratica (sic) de ato lesivo desrespeito à dignidade e intimidade do trabalhador que gerou constrangimento moral e social, caracterizando o dano. Basta imaginar que, ao ir ao banheiro, a fim de satisfazer suas necessidades fisiológicas, esteja sendo filmado, para conhecimento do patrão e demais interessados. Ainda que seja admitida a culpa da empresa contratada, não há como afastar a responsabilidade patronal, cuja culpa decorre da negligência de não ter monitorado a prestação de serviço contratado. O ato negligente permitiu a instalação de câmaras (sic) (verdadeiras ou falsas, não importa, porque a conseqüência é a mesma) no ambiente de trabalho do reclamante, provocando, repita-se, constrangimento moral e social, além de ser vexatório.[...] (BRASIL. Tribunal Superior do Trabalho. AIRR nº 1926/2003-044-03- 40.6. 3ª T. Relator: Juiz convocado Ricardo Machado. 22 Abr. 2005).*

Predomina na doutrina e nos tribunais o entendimento segundo o qual a utilização de câmeras de filmagem no ambiente de trabalho, desde que não alcancem locais onde haja risco de violação à privacidade, à intimidade dos empregados, não constitui ilícito e, em consequência, não induz dano moral.

É dizer: a simples instalação de câmeras de filmagem no local de trabalho não representa violação ao direito a intimidade do empregado, se o equipamento não foi instalado em banheiros ou vestiários, mas com o claro objetivo de dar maior segurança ao local e coibir a prática de atos delituosos por todos aqueles que o frequentam.

Também importante é a transparência, ou seja, o trabalhador deve ser informado não só que a empresa adota sistema de monitoração, onde se situam as câmeras, como também ter ciência da finalidade da adoção desse mecanismo, mormente se ele efetivamente visa dar mais segurança tanto à empresa, que tem seu patrimônio preservado, como também aos empregados, na medida em que objetiva livra-los, por exemplo, dos riscos de acidentes de trabalho.

A propósito, encontrei na jurisprudência do colendo TST elucidativo julgado que, a um só tempo, aponta para a licitude do uso não invasivo de câmaras de videomonitoramento e para a ilicitude de abusivas revistas em pertences dos empregados.

Quando do julgamento do RR – 1339-48.2011.5.04.0009, a 3ª Turma do c. TST, consagrou que o poder patronal engloba o poder fiscalizatório (ou poder de controle), entendido este como o conjunto de prerrogativas dirigidas a propiciar o acompanhamento contínuo da prestação de trabalho e a própria vigilância efetivada ao longo do espaço empresarial interno.

Segundo o aludido julgado, "medidas como o controle de portaria, as revistas, o circuito interno de televisão, o controle de horário e frequência e outras providências correlatas são manifestações do poder de controle".

Por outro lado, "tal poder empresarial não é dotado de caráter absoluto, na medida em que há em nosso ordenamento jurídico uma série de princípios limitadores da atuação do controle empregatício. Nesse sentido, é inquestionável que a Carta Magna de 1988 rejeitou condutas fiscalizatórias que agridam a liberdade e dignidade básicas da pessoa física do trabalhador, que se chocam, frontalmente, com os princípios constitucionais tendentes a assegurar um Estado Democrático de Direito e outras regras impositivas inseridas na Constituição, tais como a da inviolabilidade do direito à vida, à liberdade, à igualdade, à segurança e à propriedade (art. 5°, caput), a de que ninguém será submetido (...) a tratamento desumano e degradante (art. 5°, III) e a regra geral que declara invioláveis a intimidade, a vida privada, a honra e a imagem da pessoa, assegurado o direito à indenização pelo dano material ou moral decorrente de sua violação (art. 5°, X)".

Todas essas regras, propaga a decisão, "criam uma fronteira inegável ao exercício das funções fiscalizatórias no contexto empregatício, colocando na ilegalidade medidas que venham cercear a liberdade, a dignidade e a intimidade do trabalhador. Há, mesmo na lei, proibição de revistas íntimas a trabalhadoras – regra que, evidentemente, no que for equânime, também se estende aos empregados, por força do art. 5°, caput e I, CF/88 (Art. 373-A, VII, CLT)".

No entendimento dos eminentes ministros, "nesse contexto, e sob uma interpretação sistemática e razoável dos preceitos legais e constitucionais aplicáveis à hipótese, a revista diária em bolsas e sacolas, por se tratar de exposição contínua do empregado a situação constrangedora no ambiente de trabalho – que limita sua liberdade e agride sua dignidade, intimidade e imagem –, caracteriza, por si só, a extrapolação daqueles limites impostos ao poder fiscalizatório empresarial, mormente quando o empregador possui outras formas de, no caso concreto, proteger seu patrimônio contra possíveis violações. Nesse sentido, as empresas têm plenas condições de utilizar outros instrumentos eficazes de controle de seus produtos, como câmeras de filmagens e etiquetas magnéticas. Tais procedimentos inibem e evitam a violação do patrimônio da empresa e, ao mesmo tempo, preservam a honra e a imagem do trabalhador".

No caso dos autos, conforme consignado no acórdão regional, a realização diária de revista nas bolsas e mochilas dos empregados era incontroversa, pelo que a 3° Turma do TST entendeu que, "ainda que não tenha havido contato físico, a revista nos pertences da obreira implicou exposição indevida da sua intimidade, razão pela qual ela faz jus a uma indenização por danos morais", a qual foi arbitrado no valor de R$ 7.500,00, Para tanto foram considerados a intensidade do sofrimento da vítima, a gravidade da lesão, o grau de culpa do ofensor e a sua condição econômica, o não enriquecimento indevido da ofendida e o caráter pedagógico da medida. Recurso de revista não conhecido.

Ainda sobre revistas em pertences do empregado, é importante ressaltar que, para fiscalizar o cumprimento de suas ordens pelo empregado, bem como para proteger seu patrimônio, o empregador hoje tem ao seu dispor "vários mecanismos menos invasivos à intimidade do empregado, como o uso de câmeras de segurança, utilização de bips nas mercadorias, portas com detectores de metais, de sorte que a revista em objetos do empregado, como bolsas e sacolas, deve ser o último mecanismo a ser utilizado pela empresa e sempre com muito critério, discrição, sem sujeitar o empregado a situações vexatórias e humilhantes, sob pena de violar o seu direito constitucional à privacidade e intimidade"(ACÓRDÃO TRT8ª/ 1ªT/ RO 0000020-66.2013.5.08.0008).

3.17.5 Monitoramento de correio eletrônico

O entendimento sedimentado na jurisprudência do colendo TST é no sentido de que o e-mail corporativo constitui ferramenta de trabalho fornecida pelo empregador, não havendo, portanto, como equipará-lo à correspondência individual, que goza da proteção do sigilo de correspondência (CF, 5°, XII).

"Ademais, tendo em vista que o e-mail corporativo consiste em propriedade da empresa, disponibilizada ao empregado para fins corporativos, poderá o empregador exercer controle tanto formal como do conteúdo das mensagens que circulam pelo seu sistema operacional" (TST-Ag-AIRR-820-70.2012.5.07.0004, 2ª. Rel. Min. Delaíde Miranda Arantes, DEJT 30.8.2019).

Portanto, ao monitorar o e-mail coorporativo de uso do empregado, o empregador não incorre em conduta ilícita. A propósito, trago elucidativo julgado à colação:

> *PROVA ILÍCITA. E-MAIL CORPORATIVO. JUSTA CAUSA. DIVULGAÇÃO DE MATERIAL PORNOGRÁFICO. 1. Os sacrossantos direitos do cidadão à privacidade e ao sigilo de correspondência, constitucionalmente assegurados, concernem à comunicação estritamente pessoal, ainda que virtual (e-mail particular). Assim, apenas o e-mail pessoal ou particular do empregado, socorrendo-se de provedor próprio, desfruta da proteção constitucional e legal de inviolabilidade. 2. Solução diversa impõe-se em se tratando do chamado e-mail corporativo, instrumento de comunicação virtual mediante o qual o empregado louva-se de terminal de computador e de provedor da empresa, bem assim do próprio endereço eletrônico que lhe é disponibilizado igualmente pela empresa. Destina-se este a que nele trafeguem mensagens de cunho estritamente profissional. Em princípio, é de uso corporativo,*

> *salvo consentimento do empregador. Ostenta, pois, natureza jurídica equivalente à de uma ferramenta de trabalho proporcionada pelo empregador ao empregado para a consecução do serviço. 3. A estreita e cada vez mais intensa vinculação que passou a existir, de uns tempos a esta parte, entre Internet e/ou correspondência eletrônica e justa causa e/ou crime exige muita parcimônia dos órgãos jurisdicionais na qualificação da ilicitude da prova referente ao desvio de finalidade na utilização dessa tecnologia, tomando-se em conta, inclusive, o princípio da proporcionalidade e, pois, os diversos valores jurídicos tutelados pela lei e pela Constituição Federal. A experiência subministrada ao magistrado pela observação do que ordinariamente acontece revela que, notadamente o e-mail corporativo, não raro sofre acentuado desvio de finalidade, mediante a utilização abusiva ou ilegal, de que é exemplo o envio de fotos pornográficas. Constitui, assim, em última análise, expediente pelo qual o empregado pode provocar expressivo prejuízo ao empregador. 4. Se se cuida de e-mail corporativo, declaradamente destinado somente para assuntos e matérias afetas ao serviço, o que está em jogo, antes de tudo, é o exercício do direito de propriedade do empregador sobre o computador capaz de acessar à INTERNET e sobre o próprio provedor. Insta ter presente também a responsabilidade do empregador, perante terceiros, pelos atos de seus empregados em serviço (Código Civil, art. 932, inc. III), bem como que está em xeque o direito à imagem do empregador, igualmente merecedor de tutela constitucional. Sobretudo, imperativo considerar que o empregado, ao receber uma caixa de e-mail de seu empregador para uso corporativo, mediante ciência prévia de que nele somente podem transitar mensagens profissionais, não tem razoável expectativa de privacidade quanto a esta, como se vem entendendo no Direito Comparado (EUA e Reino Unido). 5. Pode o empregador monitorar e rastrear a atividade do empregado no ambiente de trabalho, em e-mail corporativo, isto é, checar suas mensagens, tanto do ponto de vista formal quanto sob o ângulo material ou de conteúdo. Não é ilícita a prova assim obtida, visando a demonstrar justa causa para a despedida decorrente do envio de material pornográfico a colega de trabalho. Inexistência de afronta ao art. 5º, incisos X, XII e LVI, da Constituição Federal. 6. Agravo de Instrumento do Reclamante a que se nega provimento (TST-RR-61300-23.2000.5.10.0013, 1ª T., Rel. Min. João Oreste Dalazen, DEJT 10.6.2005).*

Por outro lado, configura-se como ilícita a conduta de empregado que, de modo clandestino, acessa emails corporativos ou pessoais de colegas de trabalho e do empregador. É o que se colhe do julgado a seguir transcrito:

> *E-MAILS. PROVA ILÍCITA. VIOLAÇÃO A GARANTIA CONSTITUCIONAL DO SIGILO DE CORRESPONDÊNCIA. O acesso ao conteúdo de e-mails da diretoria da empresa, obtido de forma anônima, sem prévia autorização judicial, configura quebra do sigilo de correspondência, garantia assegura-*

da pela Constituição Federal e pela legislação de regência. Trata-se, a toda evidência, de prova contaminada, ilegítima e ilegal, impossível de ser usada para a formação do convencimento do Julgador. Não se conhece dos documentos juntados, impondo-se o desentranhamento dos mesmos dos autos (TST-RR-44900-19.2012.5.17.0012, 2ª T., Rel. Min. Delaíde Miranda Arantes, DEJT 23.8.2019).

3.18 A PROVA PERICIAL (CLT)

A CLT estabelece, no seu art. 852-H, § 4°, que "*Somente quando a prova do fato o exigir, ou for legalmente imposta, será deferida prova técnica, incumbindo ao juiz, desde logo, fixar o prazo, o objeto da perícia e nomear perito*".

Embora erigido a nível constitucional, o direito à ampla defesa não é irrestrito, subsumindo-se, dentre outros aspectos, ao convencimento do juiz sobre a necessidade de produção da prova, observados os critérios de necessidade e de pertinência. Se as provas constantes dos autos foram suficientes para embasar o convencimento do juiz – e cabe a ele a apreciação quanto a essa suficiência – não há imprescindibilidade da prova pericial requerida, até porque em nada alteraria a conclusão do julgador, tornando-se irrelevante e inócua diante dos termos em que se formou o seu convencimento. É o que sobressai da decisão que segue:

DEFERIMENTO DE ADICIONAL DE PERICULOSIDADE SEM REALIZAÇÃO DE PERÍCIA TÉCNICA. EXPOSIÇÃO A AGENTE INFLAMÁVEL CONSTATADA POR PROVA DOCUMENTAL. POSSIBILIDADE. Nos termos do artigo 765 da CLT, o juiz tem ampla liberdade na direção do processo, devendo velar pelo rápido andamento da causa. De acordo com o disposto no artigo 370, caput, e parágrafo único do CPC, cabe-lhe, de ofício ou a requerimento da parte, determinar as provas necessárias à instrução do processo e indeferir as diligências inúteis ou meramente protelatórias. Há, ainda, que se considerar a diretriz do artigo 472 do CPC, segundo a qual constitui faculdade do juiz a possibilidade de dispensar a realização de perícia técnica, quando presentes outros elementos de prova capazes de elucidar a questão de fato. No caso, o registro fático que se extrai da decisão proferida pela instância ordinária é o de que o pleito de adicional de periculosidade está respaldado em fotografias e no contrato comercial de transporte de líquidos inflamáveis em balsas da ré. Precedentes (TST-Ag-AIRR-1208-68.2016.5.08.0015, 7ª T., Rel. Min. Cláudio Mascarenhas Brandão, DEJT 6.12.2019).

RECURSO DE REVISTA INTERPOSTO NA VIGÊNCIA DA LEI Nº 13.015/2014. ADICIONAL DE PERICULOSIDADE. PERÍCIA TÉCNICA NÃO REALIZADA. EX-

> *POSIÇÃO A AGENTE PERICULOSO CONSTATADO POR OUTROS MEIOS DE PROVA. O artigo 195 da Consolidação das Leis do Trabalho dispõe sobre a necessidade de perícia técnica para a caracterização e classificação da periculosidade e da insalubridade, de forma que, em regra, não é permitido ao juiz dispensar a prova técnica. Entretanto, na hipótese dos autos, o Regional entendeu desnecessária a realização da prova pericial para comprovar a insalubridade, porque o local de trabalho está situado em outro país e porque nos autos constam outros elementos de prova. Nesse contexto, o Tribunal a quo aplicou analogicamente a mesma ratio decidendi consolidada na Orientação Jurisprudencial nº 278 da SbDI-1 do TST, utilizando outros meios de prova para formar a sua convicção, quando não for possível a realização da perícia. O Regional consignou que a prova testemunhal demonstrou de forma detalhada as atividades desempenhadas pelo autor em favor da reclamada, concluindo que o reclamante estava exposto a condições perigosas de trabalho. Nos termos do artigo 427 do CPC/73 (artigo 472 do CPC/2015), "o juiz poderá dispensar prova pericial quando as partes, na inicial e na contestação, apresentarem sobre as questões de fato pareceres técnicos ou documentos elucidativos que considerar suficientes". A jurisprudência desta Corte vem admitindo a dispensa da realização da perícia quando, nos autos, constarem outros meios de prova que atestem as condições periculosas. Precedentes (TST-AIRR-486-42.2013.5.07.0023, 2ª T., Rel. Min. José Roberto Freire Pimenta, DEJT 1º.3.2019).*

A CLT também prescreve, no seu art.195, que a *"A caracterização e a classificação da insalubridade e da periculosidade, segundo as normas do Ministério do Trabalho, far-se-ão através de perícia a cargo de Médico do Trabalho ou Engenheiro do Trabalho, registrados no Ministério do Trabalho"*. Nada obstante, mesmo a realização de perícia técnica para aferição de meio ambiente insalubre ou perigoso, havendo nos autos outros elementos de prova que supram o laudo pericial, torna-se dispensável.

Ainda quanto à verificação de insalubridade, a Orientação Jurisprudencial 278, da SDI-1, do TST, recomenda que, quando não for possível a realização da perícia, como em caso de fechamento da empresa, poderá o julgador utilizar-se de outros meios de prova.

Aliás, o pagamento de adicional de periculosidade efetuado por mera liberalidade da empresa, ainda que de forma proporcional ao tempo de exposição ao risco ou em percentual inferior ao máximo legalmente previsto, dispensa a realização da prova técnica exigida pelo art. 195 da CLT, pois torna incontroversa a existência do trabalho em condições perigosas. É o que se colhe da Súmula nº 406, também do TST.

Já a Súmula nº 47, também do TST, prevê que *"O trabalho executado em condições insalubres, em caráter intermitente, não afasta, só por essa circunstância, o direito à percepção do respectivo adicional"*.

E a Súmula nº 80 esclarece que *"A eliminação da insalubridade mediante fornecimento de aparelhos protetores aprovados pelo órgão competente do Poder Executivo exclui a percepção do respectivo adicional"*.

3.18.1 A prova pericial no CPC

A prova pericial é contemplada nos artigos 852-H da CLT e 464 a 480 do CPC. Ela será utilizada quando a comprovação do fato depender de conhecimento técnico.

Em síntese, consiste em EXAME, VISTORIA ou AVALIAÇÃO (espécies de prova pericial)

O juiz designará um perito, o qual é considerado um auxiliar da Justiça. É permitido às partes indicar assistentes técnicos.

O juiz e as partes poderão formular quesitos, os quais serão respondidos pelo perito.

O juiz indeferirá a perícia quando: (1) a prova do fato não depender de conhecimento especial de técnico; (2) For desnecessária em vista de outras provas produzidas e (3) a verificação for impraticável.

3.18.2 Perícia e revelia

Tratando-se de pedido de adicional de periculosidade ou insalubridade, a realização da perícia é obrigatória, mesmo se o reclamado for revel e confesso quanto à matéria de fato?

> *OJ 278/SDI – 1: ADICIONAL DE INSALUBRIDADE. PERÍCIA. LOCAL DE TRABALHO DESATIVADO – A realização de perícia é obrigatória para a verificação de insalubridade. Quando não for possível sua realização, como em caso de fechamento da empresa, poderá o julgador utilizar-se de outros meios de prova.*

Súmula nº 453 do TST

> *ADICIONAL DE PERICULOSIDADE. PAGAMENTO ESPONTÂNEO. CARACTERIZAÇÃO DE FATO INCONTROVERSO. DESNECESSÁRIA A PERÍCIA DE QUE TRATA O ART. 195 DA CLT. O pagamento de adicional de periculo-*

> *sidade efetuado por mera liberalidade da empresa, ainda que de forma proporcional ao tempo de exposição ao risco ou em percentual inferior ao máximo legalmente previsto, dispensa a realização da prova técnica exigida pelo art. 195 da CLT, pois torna incontroversa a existência do trabalho em condições perigosas.*

3.18.3 O laudo pericial e o livre convencimento do juiz

O juiz fica adstrito ao laudo pericial?

Disciplina o art. 371 do CPC *que "O juiz apreciará a prova constante dos autos, independentemente do sujeito que a tiver promovido, e indicará na decisão as razões da formação de seu convencimento".*

Já o art. 479, do mesmo CPC 2015, estabelece que "*O juiz apreciará a prova pericial de acordo com o disposto no art. 371, indicando na sentença os motivos que o levaram a considerar ou a deixar de considerar as conclusões do laudo, levando em conta o método utilizado pelo perito".*

Com efeito, o juiz não está adstrito ao laudo pericial, o qual, como mero meio probante, submete-se, igualmente, ao princípio da persuasão racional, ou do livre convencimento motivado, abrigado no aludido art. 371 do CPC. Assim, pode o julgador decidir contra o laudo pericial, se houver nos autos outros elementos de prova capazes de infirmá-lo ou quando reputar haver equívoco na conclusão pericial, hipótese em que deverá explicitar, na decisão, no que se baseou para chegar a tais conclusões. Deverá mencionar se a sua convicção, contrária ao entendimento do perito, teve arrimo na prova oral ou mesmo se em laudos de peritos assistentes e até mesmo em perícia outra que já tenha sido feita. Nesse sentido, vejamos trecho de ementa de acórdão da 2ª Turma do Colendo TST:

> *Nos termos dos artigos 131 e 436 do CPC, o juiz decidirá com base no seu livre convencimento, não estando adstrito ao laudo pericial. Nosso sistema processual adotou o princípio do livre convencimento motivado, segundo o qual o juiz apreciará livremente a prova, atendendo aos atos e às circunstâncias constantes dos autos, devendo indicar os motivos que lhe formaram o convencimento. No caso, a Corte a quo decidiu com base nos elementos constantes dos autos, formando seu livre convencimento. Entendeu que o laudo complementar estava inquinado de contradições, razão pela qual atribuiu maior valor ao resultado das três primeiras perícias, as quais foram declaradas nulas, por vício meramente formal, após o que foi determinada nova produção pericial. Ressalta-se que ambas as partes tiveram a oportunidade de impugnar os laudos periciais produzidos, tanto*

que o fizeram, o que ensejou a nulidade das três primeiras perícias. Contudo, o reclamante limitou-se a impugnar vícios formais desse elemento de prova, não se insurgindo contra os seus aspectos materiais, os quais foram suficientes para formar a convicção da Corte regional. Nesse contexto, não se constata violação do direito ao contraditório e à ampla defesa do reclamante, pelo que não se constata ofensa aos artigos 5º, inciso LV, da Constituição Federal e 431-A do CPC. (Excerto do Acórdão do processo nº RR – 266485-23.2000.5.16.0003 – 13/08/2014) *Decisão prolatada ao tempo da vigência do CPC de 1973, cabendo-me alertar que os mencionados arts. 131, 436 e 431-A correspondem, respectivamente, aos arts. 371, 479 e 474 do CPC de 2015).

3.18.4 A prova técnica simplificada: novidade do CPC 2015

O art. 464, do CPC de 2015, prevê que a prova pericial consiste em exame, vistoria ou avaliação. E que o juiz indeferirá a perícia quando a prova do fato não depender de conhecimento especial de técnico; quando for desnecessária, em vista de outras provas produzidas e quando a verificação for impraticável. Idêntica previsão tinha CPC de 1973, no seu o art. 420.

Contudo, o legislador de 2015 inovou, introduzindo três parágrafos ao dispositivo em tela, facultando às partes e ao juiz, a depender do caso e do grau de complexidade da controvérsia a ser dirimida, optar pela substituição da demorada e onerosa perícia por uma prova mais simples, consistente, basicamente, na inquirição do perito acerca do tema técnico controvertido.

Portanto, o CPC de 2015 inovou ao trazer para o universo jurídico a chamada "perícia simplificada" ou "prova técnica simplificada". Eis a redação da inovação, de inegável utilização subsidiária no processo do trabalho:

> *Art. 464. (...)*
>
> *§ 2º De ofício ou a requerimento das partes, o juiz poderá, em substituição à perícia, determinar a produção de prova técnica simplificada, quando o ponto controvertido for de menor complexidade.*
>
> *§ 3º A prova técnica simplificada consistirá apenas na inquirição de especialista, pelo juiz, sobre ponto controvertido da causa que demande especial conhecimento científico ou técnico.*
>
> *§ 4º Durante a arguição, o especialista, que deverá ter formação acadêmica específica na área objeto de seu depoimento, poderá valer-se de qualquer recurso tecnológico de transmissão de sons e imagens com o fim de esclarecer os pontos controvertidos da causa.*

Entre as vantagens da "perícia simplificada" sobressaem a maior celeridade processual e o menor custo dos honorários do perito.

3.18.5 Honorários periciais – Lei nº 13.467/2017

Segundo a atual redação do art. 790-B da CLT, *"A responsabilidade pelo pagamento dos honorários periciais é da parte sucumbente na pretensão objeto da perícia, ainda que beneficiária da justiça gratuita"*.

Já o § 3º do aludido artigo estabelece que *"O juízo não poderá exigir adiantamento de valores para realização de perícias"*.

E somente no caso em que o beneficiário da justiça gratuita não tenha obtido em juízo créditos capazes de suportar a despesa referida no *caput*, ainda que em outro processo, a União responderá pelo encargo. É o que dispõe o § 4º do mencionado art. 790-B da CLT.

Antes da Lei nº 13.467/2017, a maioria esmagadora dos juízes do trabalho do TRT da 16ª Região/MA, contrariando a Orientação Jurisprudencial nº. 98 da SDI II do C. TST, costumava determinar que as reclamadas adiantassem parte dos honorários do perito oficial, de modo a viabilizar a ultimação de perícias. Ou seja, determinavam que reclamadas notoriamente dotadas de meios financeiros fizessem um depósito antecipado, a título de honorários do perito. Eram os chamados honorários periciais provisórios ou provisionais. Caso o trabalhador terminasse vencido na pretensão objeto da perícia, os juízes deixavam os honorários periciais definitivos a cargo da União, sendo o valor adiantado pela reclamada, a título de honorários provisionais, a ela restituído.

A citada OJ nº 98, do TST, tem a seguinte redação:

> *MANDADO DE SEGURANÇA. CABÍVEL PARA ATACAR EXIGÊNCIA DE DEPÓSITO PRÉVIO DE HONORÁRIOS PERICIAIS – DJ 22.08.2005. É ilegal a exigência de depósito prévio para custeio dos honorários periciais, dada a incompatibilidade com o processo do trabalho, sendo cabível o mandado de segurança visando à realização da perícia, independentemente do depósito.*

Com todas as vênias, penso que incompatibilidade haveria se o juiz impusesse ao trabalhador o ônus de adiantar os honorários do perito. Como impor a um desempregado, a maioria dos que recorrem à Justiça do Trabalho, antecipar honorários ao perito do juízo? Isso, sim, apresenta-se inexplicável e incompatível.

Todavia, não enxergo incompatibilidade em se impor, a uma empresa sabidamente detentora de meios econômicos e financeiros, que antecipe valor dos honorários provisionais do perito, mormente porque a prova pericial se faz necessária, de regra, em face da tese esgrimida na defesa da ré. Se, por exemplo, ela nega ser o trabalho do reclamante insalubre e tem maior aptidão a produzir a prova pericial, nada mais razoável que antecipe honorários periciais provisórios. Bastaria que, caso fosse exitosa na pretensão objeto da perícia, tivesse restituído o valor desembolsado. E era assim que faziam aqueles juízes do TRT 16 que impunham às reclamadas a antecipação dos honorários periciais.

Já os honorários periciais definitivos, fixados na sentença (evidentemente depois da juntada do laudo no processo), eram estipulados em valores um pouco mais elevados do que os honorários provisórios, dependendo da qualidade do laudo e da dificuldade da realização da perícia. Nos casos em que o trabalhador era vencido no pedido que exigia perícia e a reclamada tinha antecipado os honorários provisórios, a União reembolsava à reclamada o que ela antecipara a título de honorários periciais provisórios. Aliás, convém lembrar a redação da Súmula 457, também do TST:

> *Súmula nº 457 do TST*
>
> *HONORÁRIOS PERICIAIS. BENEFICIÁRIO DA JUSTIÇA GRATUITA. RESPONSABILIDADE DA UNIÃO PELO PAGAMENTO. RESOLUÇÃO Nº 66/2010 DO CSJT. OBSERVÂNCIA. (conversão da Orientação Jurisprudencial nº 387 da SBDI-1 com nova redação) – Res. 194/2014, DEJT divulgado em 21, 22 e 23.05.2014*
>
> *A União é responsável pelo pagamento dos honorários de perito quando a parte sucumbente no objeto da perícia for beneficiária da assistência judiciária gratuita, observado o procedimento disposto nos arts. 1º, 2º e 5º da Resolução n.º 66/2010 do Conselho Superior da Justiça do Trabalho – CSJT.*

Com a nova regra da CLT, decerto inspirada na Orientação Jurisprudencial nº. 98 da SDI II do C. TST, creio que voltaremos aos tempos em que pouquíssimos médicos e engenheiros do trabalho se interessavam em servir à Justiça do Trabalho. Os processos se arrastavam por anos, enquanto os juízes procuravam um perito que aceitasse fazer a perícia. Dificilmente um médico ou engenheiro deixará os seus afazeres para realizar perícias e elaborar laudos circunstanciados recebendo menos de R$ 400,00 a título de antecipação de honorários, aceitando aguardar o término do processo para receber o restante.

Todavia, a Reforma Trabalhista trouxe alteração ainda mais radical e desfavorável ao trabalhador. Refiro-me à possibilidade de pagamento do perito, pelo trabalhador reclamante, retirando-se o valor dos honorários do *expert* do proveito econômico que o trabalhador tiver na causa.

A responsabilidade pelo pagamento dos honorários periciais sempre foi da parte sucumbente na pretensão objeto da perícia, ou seja, do litigante que perde a causa relativamente ao pedido que levara o juiz a determinar a perícia. Imagine um trabalhador que vai à Justiça do Trabalho cobrar aviso prévio, horas extras, férias e adicional de insalubridade. Caso ele seja vencido quanto ao pedido de adicional de insalubridade, haverá de pagar os honorários do perito. Ainda que o juiz o reconheça como merecedor do benefício da justiça gratuita.

Mas não fica nisso. O valor dos honorários a serem pagos ao perito poderá ser extraído do valor que o trabalhador ganhar na causa (valores referentes a outras verbas pedidas na reclamação). Se ele não ganhar nada (perder totalmente a causa), mas tiver outro processo na Justiça do Trabalho e, nele, tiver dinheiro a receber, o juiz mandará que os honorários do perito sejam pagos com parte ou mesmo todo o valor que o reclamante tenha a receber nesse outro processo. É assim que está previsto na CLT pós-Reforma Trabalhista:

> *CLT/Art. 790-B. A responsabilidade pelo pagamento dos honorários periciais é da parte sucumbente na pretensão objeto da perícia, ainda que beneficiária da justiça gratuita.*
>
> *(...)*
>
> ***§ 4º Somente no caso em que o beneficiário da justiça gratuita não tenha obtido em juízo créditos capazes de suportar a despesa referida no caput, ainda que em outro processo, a União responderá pelo encargo.***

Por fim, ressalto que não são poucos os juízes entendendo que tal previsão celetista contraria o princípio da inafastabilidade do controle jurisdicional e, por conseguinte, continuam a isentar o trabalhador de tal encargo.

3.19 ACERCA DO TRABALHO DO PERITO EM CASOS ENVOLVENDO ACIDENTE DE TRABALHO E DOENÇA OCUPACIONAL

A Lei nº 8.213/91, que dispõe sobre os Planos de Benefícios da Previdência Social, no seu art. 20, assim estabelece:

> *Art. 20. Consideram-se acidente do trabalho, nos termos do artigo anterior, as seguintes entidades mórbidas:*
>
> *I – doença profissional, assim entendida a produzida ou desencadeada pelo exercício do trabalho peculiar a determinada atividade e constante da respectiva relação elaborada pelo Ministério do Trabalho e da Previdência Social;*
>
> *II – doença do trabalho, assim entendida a adquirida ou desencadeada em função de condições especiais em que o trabalho é realizado e com ele se relacione diretamente, constante da relação mencionada no inciso I.*

Já no seu art. 21, elenca o que se conhece como acidente de trabalho por equiparação:

> *Art. 21. Equiparam-se também ao acidente do trabalho, para efeitos desta Lei:*
>
> *I – o acidente ligado ao trabalho que, embora não tenha sido a causa única, haja contribuído diretamente para a morte do segurado, para redução ou perda da sua capacidade para o trabalho, ou produzido lesão que exija atenção médica para a sua recuperação;*
>
> *II – o acidente sofrido pelo segurado no local e no horário do trabalho, em conseqüência de:*
>
> *a) ato de agressão, sabotagem ou terrorismo praticado por terceiro ou companheiro de trabalho;*
>
> *b) ofensa física intencional, inclusive de terceiro, por motivo de disputa relacionada ao trabalho;*
>
> *c) ato de imprudência, de negligência ou de imperícia de terceiro ou de companheiro de trabalho;*
>
> *d) ato de pessoa privada do uso da razão;*
>
> *e) desabamento, inundação, incêndio e outros casos fortuitos ou decorrentes de força maior;*
>
> *III – a doença proveniente de contaminação acidental do empregado no exercício de sua atividade;*
>
> *IV – o acidente sofrido pelo segurado ainda que fora do local e horário de trabalho:*
>
> *a) na execução de ordem ou na realização de serviço sob a autoridade da empresa;*
>
> *b) na prestação espontânea de qualquer serviço à empresa para lhe evitar prejuízo ou proporcionar proveito;*
>
> *c) em viagem a serviço da empresa, inclusive para estudo quando financiada por esta dentro de seus planos para melhor capacitação da mão-de-obra,*

> *independentemente do meio de locomoção utilizado, inclusive veículo de propriedade do segurado;*
>
> *d) no percurso da residência para o local de trabalho ou deste para aquela, qualquer que seja o meio de locomoção, inclusive veículo de propriedade do segurado.*
>
> *§ 1º Nos períodos destinados a refeição ou descanso, ou por ocasião da satisfação de outras necessidades fisiológicas, no local do trabalho ou durante este, o empregado é considerado no exercício do trabalho.*
>
> *§ 2º Não é considerada agravação ou complicação de acidente do trabalho a lesão que, resultante de acidente de outra origem, se associe ou se superponha às conseqüências do anterior.*

Com o advento da EC n. 45/2004 e do julgamento do Conflito de Competência n. 7.204-1 pelo STF, restou pacificado que à Justiça do Trabalho compete processar e julgar as ações relativas a acidente de trabalho, seja acidente de trabalho típico ou mesmo por equiparação, a exemplo das doenças ocupacionais. Daí então, juízes do trabalho e advogados que atuam na Justiça do Trabalho passaram a lidar com questões práticas e técnicas que, até então, eram peculiares à Justiça Comum, ou seja, tornaram-se frequentes, no fórum trabalhista, ações que demandam a realização de perícias médicas, mormente para aferição do nexo técnico e causal e concausal em cada caso concreto.

Portanto, para que se tenha uma boa perícia médica, é necessário que tanto os juízes do trabalho, quanto os advogados, conheçam a Resolução nº 2.183/2018, do Conselho Federal de Medicina, até mesmo para cobrarem do perito a observância ao nela recomendado.

Com efeito, o art.13, da Resolução nº 2.183/2018, do CFM prevê que são atribuições e deveres do médico perito judicial e assistentes técnicos:

> *I – examinar clinicamente o trabalhador e solicitar os exames complementares, se necessários;*
>
> *II – o médico perito judicial e assistentes técnicos, ao vistoriarem o local de trabalho, devem fazer-se acompanhar, se possível, pelo próprio trabalhador que está sendo objeto da perícia, para melhor conhecimento do seu ambiente de trabalho e função;*
>
> *III – estabelecer o nexo causal, considerando o exposto no artigo 2º e incisos (redação aprovada pela Resolução CFM nº 1.940/2010) e tal como determina a Lei nº 12.842/2013, ato privativo do médico.*

Já o art. 2°, referido no inciso acima transcrito, assim estabelece:

> *Art. 2º. Para o estabelecimento do nexo causal entre os transtornos de saúde e as atividades do trabalhador, além da anamnese, do exame clínico (físico e mental), de relatórios e dos exames complementares, é dever do médico considerar:*
>
> *I – a história clínica e ocupacional atual e pregressa, decisiva em qualquer diagnóstico e/ou investigação de nexo causal;*
>
> *II – o estudo do local de trabalho;*
>
> *III – o estudo da organização do trabalho;*
>
> *IV – os dados epidemiológicos;*
>
> *V – a literatura científica;*
>
> *VI – a ocorrência de quadro clínico ou subclínico em trabalhadores expostos a riscos semelhantes;*
>
> *VII – a identificação de riscos físicos, químicos, biológicos, mecânicos, estressantes e outros;*
>
> *VIII – o depoimento e a experiência dos trabalhadores;*
>
> *IX – os conhecimentos e as práticas de outras disciplinas e de seus profissionais, sejam ou não da área da saúde.*
>
> *Parágrafo único. Ao médico assistente é vedado determinar nexo causal entre doença e trabalho sem observar o contido neste artigo e seus incisos.*

O art.14, por seu turno, prevê que a perícia com fins de determinação de nexo causal, avaliação de capacidade laborativa/aptidão, avaliação de sequela/valoração do dano corporal, requer atestação de saúde, definição do prognóstico referente ao diagnóstico nosológico, o que é, legalmente, ato privativo do médico.

Em ações judiciais, o médico perito poderá peticionar ao Juízo que oficie o estabelecimento de saúde ou o médico assistente para anexar cópia do prontuário do periciado, em envelope lacrado e em caráter confidencial. É o que se vê no art. 15, da aludida Resolução n° 2.183/2018, do CFM

É também oportuno registrar que, não raro, para estabelecer o nexo causal ou concausal vinculando o trabalho do empregado à patologia que ele alega apresentar, o perito médico terá que visitar o local no qual se dera o labor do reclamante, para, assim, compreender a dinâmica da execução das atividades do empregado e/ou as condições ambientais nas quais elas ocorriam. A propósito, convém reiterar o comando emergente do art. 13, da Resolução n. 2.183/2018 do CFM:

> *Art. 13: São atribuições e deveres do médico perito judicial e assistentes técnicos:*
>
> *II – o médico perito judicial e assistentes técnicos, ao vistoriarem o local de trabalho, devem fazer-se acompanhar, se possível, pelo próprio trabalhador que está sendo objeto da perícia, para melhor conhecimento do seu ambiente de trabalho e função;*

Nos casos de doenças ocupacionais, o perito deverá considerar o nexo técnico epidemiológico (NTEP), elaborado a partir do cruzamento das informações do código da Classificação Internacional de Doenças (CID-10) e do código da Classificação Nacional de Atividade Econômica (CNAE).

O Nexo Técnico Epidemiológico é um método que, por meio de estatísticas, permite concluir que uma atividade em determinado segmento econômico constitui fator de risco para o desenvolvimento de certas patologias. Todavia, malgrado a sua relevância, ele estabelece uma presunção meramente relativa quanto à existência do nexo causal, que pode ser ilidida por meio das provas dos autos. Nesse sentido orienta a jurisprudência a seguir transcrita:

> *RECURSO DE REVISTA INTERPOSTO PELA RECLAMADA. ACÓRDÃO REGIONAL PUBLICADO ANTES DA VIGÊNCIA DA LEI Nº 13.015/2014. 1. DOENÇA OCUPACIONAL. CARACTERIZAÇÃO. NEXO TÉCNICO EPIDEMIOLÓGICO PREVIDENCIÁRIO – NTEP. REINTEGRAÇÃO E REPARAÇÃO POR DANO MORAL. CONHECIMENTO E PROVIMENTO. I. O Nexo Técnico Epidemiológico – NTEP é uma metodologia a partir da qual se apura o grau de incidência de determinada doença em certa atividade econômica, pelo cruzamento da Classificação Internacional de Doenças – CID, com a Classificação Nacional de Atividades Econômicas – CNAE. A CNAE considera a atividade predominante da empresa, e não a diversidade de ocupações nela existente. Assim, a disposição contida no art. 21-A da Lei nº 8.213/1991 gera como resultado apenas a presunção relativa do nexo de causalidade no âmbito do Instituto Nacional do Seguro Social – INSS, que, todavia, pode ser ilidida por prova em contrário. No âmbito da responsabilidade civil, o NTEP serve como prova de sustentação ou apoio, pois seus elementos configuradores – inclusive o nexo causal – devem estar respaldados em prova concreta. Resulta daí que, havendo prova pericial afastando o nexo causal e concausal, não se afigura possível valer-se da presunção que decorre do nexo técnico epidemiológico e, por corolário, reconhecer ato ilícito passível de reparação. Julgados do TST. II. No caso, a Corte Regional reconheceu a ocorrência de dano passível de reparação (doença ocupacional) por reputar presumido o Nexo Técnico Epidemiológico Previdenciário entre as enfermidades que acometem o Reclamante e as atividades por ele desenvolvidas na Reclamada, não obstante a perícia médica*

tenha concluído pelo carácter degenerativo das doenças e pela ausência de nexo causal e concausal. Ao assim decidir, o Tribunal de origem proferiu decisão que afronta o art. 186 do Código Civil (TST-RR-100-81.2013.5.17.0007, 4ª T., Rel. Min. Alexandre Luiz Ramos, DEJT 15.3.2019).

Ou seja, em que pesa a importância do nexo técnico epidemiológico, ele possui presunção relativa por conseguinte podendo ser afastado por perícia técnica específica realizada no caso concreto.

Aqui me parece importante chamar a atenção do leitor para o cuidado que juízes e demais operadores do direito devem ter quando a lide envolve controvérsia acerca de doença, a princípio degenerativa, mas que, no entender do reclamante, configura acidente de trabalho por equiparação legal. Essa é uma discussão frequente que nos fóruns trabalhistas de alguns anos até para cá.

Com efeito, a já mencionada Lei nº 8.213/91, no seu art. 20, § 1º, assim estabelece:

Art. 20.

§ 1º Não são consideradas como doença do trabalho:

a) a doença degenerativa;

Ora, diante do diagnóstico de doença degenerativa, o perito do juízo deverá avaliar, com muito cuidado e atenção, se as condições de trabalho concorreram, de algum modo, em alguma medida, para o seu surgimento, precipitação ou agravamento.

Aliás, esse cuidado também deve ser dos advogados dos envolvidos em litígio no qual se discute acerca de doença degenerativa. Lides nas quais a discussão, por exemplo, gravita em torno de "problema de coluna", são frequentes na Justiça do Trabalho. Portanto, é quesito imprescindível a ser formulado ao *expert*, mormente pelo patrono do trabalhador, se a doença que o aflige foi deflagrada, precipitada (apresentou-se antes do que seria comum) ou agravada em decorrência do trabalho desgastante ao qual o obreiro fora submetido ao longo de anos. Sobre o tema, emblemático se afigura o julgado a seguir transcrito:

EMBARGOS. RECURSO DE REVISTA. ESTABILIDADE PROVISÓRIA. INDENIZAÇÃO. AGRAVAMENTO DE DOENÇA DEGENERATIVA PELAS ATIVIDADES LABORAIS. COMPROVAÇÃO DO NEXO CAUSAL NA RECLAMAÇÃO TRABALHISTA. CONTRARIEDADE À SÚMULA Nº 378, II, DO TST. NÃO CONFIGU-

> *RAÇÃO. A controvérsia consiste em definir se empregado portador de doença degenerativa agravada pelo exercício das atividades laborais e que tenha percebido benefício de auxílio-doença previdenciário tem direito à estabilidade provisória de que trata o art. 118 da Lei nº 8.213/1991. Nos termos do art. 21, I, da Lei nº 8.213/1991, equipara-se a acidente do trabalho o evento laboral que, conquanto não tenha sido causa única, contribuiu diretamente para a redução ou perda da capacidade laboral, morte do segurado ou tenha produzido lesão que demande atenção médica para a recuperação. Por outro lado, o art. 20 da Lei nº 8.213/1991, embora, no § 1º, exclua as doenças degenerativas do conceito de doença equiparada a acidente do trabalho, em seu § 2º, assevera que, constatado que as atividades laborais contribuíram diretamente para a doença, a moléstia há de ser considerada acidente do trabalho. No que tange à percepção do auxílio-doença acidentário, a jurisprudência do TST se firmou no sentido da prescindibilidade do gozo do benefício como pressuposto para a estabilidade provisória acidentária, quando constatado, após a dispensa, que o empregado estava acometido de doença relacionada ao trabalho, conforme ressalva contida no item II da Súmula nº 378 do TST. Portanto, em interpretação sistemática da legislação previdenciária e observando a jurisprudência consolidada do TST, conclui-se que a proteção previdenciária alcança também a hipótese em que a atividade laboral tenha configurado concausa para a redução ou perda da capacidade laboral e, nesse quadro, ainda que a doença guarde natureza degenerativa, se o trabalho contribuiu diretamente para o seu agravamento, deve ser considerada moléstia equiparada a acidente do trabalho, ensejando a estabilidade provisória assegurada no art. 118 da Lei nº 8.213/1991, ainda que o segurado não tenha gozado benefício de auxílio-doença acidentário. Recurso de embargos não conhecido (TST-E-ED-RR-109400-55.2009.5.12.0007, SBDI-1, Rel. Min. Alexandre de Souza Agra Belmonte, DEJT 1º.9.2017).*

Portanto, embora, num primeiro momento, o art. 20, § 1°, da Lei n° 8.213/91 sugira que doença degenerativa jamais possa ser enquadrada como acidente de trabalho por equiparação, trata-se de uma interpretação apressadada e imprecisa, como acima evidenciado.

Ainda tratando de equívocos relativos ao enquadramento de patologias como doença ocupacional e, por conseguinte, como acidente de trabalho, recentemente veículos midiáticos divulgaram que o STF havia considerado a COVID 19 doença ocupacional, dando a entender que todo trabalhador por ela acometido faria jus à estabilidade acidentária prevista no art. 118, da multicitada Lei n°8.213/91. Penso ser essa uma interpretação equivocada.

Sem pretender me aprofundar sobre o assunto, registro que, no dia 29/4/2020, o STF suspendeu a eficácia de dois artigos da MP 927/2020, dentre eles o art. 29, o qual tinha a seguinte redação:

Art. 29. Os casos de contaminação pelo coronavírus (covid-19) não serão considerados ocupacionais, exceto mediante comprovação do nexo causal.

Contudo, a suspensão da eficácia de tal dispositivo não deve levar ao entendimento de que todos os casos de contaminação pelo coronavírus (covid-19) hão de ser considerados ocupacionais. Nada disso! A suspensão do normativo em foco pelo STF leva a que se aplique o regramento antes existente acerca de doença endêmica, haja vista que pandemia não deixa de ser epidemia, embora amplamente disseminada.

Portanto, mesmo em se tratando de contaminação pelo Covid-19, tem aplicação o disposto no § 1°, do art. 20, da Lei n° 8.213/91, o qual prevê que a doença endêmica, assim como a pandêmica, de regra, não deve ser enquadrada como doença do trabalho. Será enquadrada como tal se restar comprovado que o adoecimento resultou de "exposição ou contato direto determinado pela natureza do trabalho".

Sendo assim, aqueles trabalhadores que atuaram na linha de frente do combate à Pandemia do Covid-19, mormente médicos, enfermeiros e auxiliares de enfermagem que lidavam diretamente com pacientes contaminados, quanto a esses milita a presunção de que o adoecimento por Covid-19 decorreu da exposição direta ao contágio. Quanto aos demais trabalhadores contaminados, aqueles cuja natureza do ofício exercido, não impunha tal exposição e contato, haverão de comprovar que a contaminação se dera em face do trabalho, para, assim, haver o enquadramento da doença como ocupacional.

De resto, anoto que a Medida Provisória n° 927 (MP 927) não foi convertida em lei. Todavia, é provável que a Justiça do Trabalho receba ações tratando do tema, ajuizadas por trabalhadores que se dirão contaminados ao tempo da vigência do citada MP.

Matéria que também enseja discussões no âmbito forense trabalhista diz respeito à qualificação do perito.

Segundo o art. 195 da CLT, a caracterização e a classificação da insalubridade e da periculosidade, segundo as normas do Ministério do Trabalho, far-se-ão através de perícia a cargo de Médico do Trabalho ou Engenheiro do Trabalho, registrados no Ministério do Trabalho.

Já a OJ n° 165, do TST, esclarece:

OJ 165. PERÍCIA. ENGENHEIRO OU MÉDICO. ADICIONAL DE INSALUBRIDADE E PERICULOSIDADE. VÁLIDO. ART. 195 DA CLT (inserida em

> *26.03.1999) O art. 195 da CLT não faz qualquer distinção entre o médico e o engenheiro para efeito de caracterização e classificação da insalubridade e periculosidade, bastando para a elaboração do laudo seja o profissional devidamente qualificado.*

Já o art. 58, § 1°, da Lei n. 8.213/1991, disciplina que a comprovação da efetiva exposição do segurado aos agentes nocivos será feita com base em laudo técnico de condições ambientais do trabalho expedido por médico do trabalho ou engenheiro de segurança do trabalho nos termos da legislação trabalhista.

Em razão desses dispositivos, muitos concluem que o profissional gabaritado à realização de perícia médica relacionadas a acidente do trabalho e doenças ocupacionais seria o especialista em Medicina do Trabalho. Jurista de relevo, como Sebastião Geral do Oliveira, assim sustentam, *in verbis*:

> *"O profissional indicado para realizar a perícia nas ações indenizatórias para mensurar a extensão dos danos causados à vítima é o médico que tenha concluído curso de especialização em Medicina do Trabalho, com o devido registro dessa habilitação perante o Conselho Regional de Medicina. A Medicina do Trabalho é reconhecida oficialmente como uma especialidade na área médica, conforme detalhado nas Resoluções ns. 1.634/2002 e 1.666/2003 do CFM.". (In Indenizações por acidente do trabalho ou doença ocupacional. 2. ed. São Paulo: LTr, 2006, p. 261).*

Aliás, convém mencionar que, com a edição da Resolução n. 1.973/2011, do Conselho Feral de Medicina, a especialidade Medicina Legal passou a ser denominada Medicina Legal e Perícia Médica. Em que pese as resoluções do CFM não sejam de observância obrigatória pelos juízes, não resta dúvida que, se a perícia for realizada por um profissional com a credencial de médico perito especialista, o seu trabalho tenderá a ser mais qualificado.

Enfim, creio que o juiz deverá zelar no sentido de nomear perito especialista na área afeta à patologia alegada pelo trabalhador, preferencialmente um médico com o requisito previsto na citada Resolução 1.971/2011, do CFM.

Todavia, devo registrar que, mesmo no âmbito do TST, há julgados reconhecendo que não há vedação legal para que a perícia seja realizada por profissional médico, desde que seja comprovadamente detentor do conhecimento necessário, não se exigindo que seja especialista na área da doença diagnosticada" (TST-AIRR-1000544-47.2016.5.02.0254, 4ª T., Rel.

Min. Guilherme Augusto Caputo Bastos, DEJT 20.9.2019). Aliás, também na jurisprudência do c. TST colho o seguinte aresto:

> *AGRAVO DE INSTRUMENTO EM RECURSO DE REVISTA. 1. NULIDADE DO JULGADO POR CERCEAMENTO DE DEFESA. Não implica cerceamento de defesa o fato de o Regional ter mantido o indeferimento quanto à realização de nova perícia por especialista da área de otorrinolaringologia. Consta do julgado que o reclamante impugnou o laudo sem, contudo, apresentar quesitos complementares. Ressaltou que a prova pericial constitui apenas um dos elementos a formarem a convicção do juízo e que, no caso, o perito levou em conta a prova produzida nos autos, transcreveu literatura acerca da patologia diagnosticada nos exames e expendeu fundamentação a respeito da definição das peculiaridades da PAIR de acordo com o Comitê Nacional de Ruído e Conservação Auditiva. Consta do julgado que o expert respondeu a todos os quesitos formulados pelas partes. Por fim, frisou que o fato de a prova pericial ter sido desfavorável ao obreiro não a torna inválida. Ilesos, portanto, os dispositivos legais e constitucionais invocados. Arestos inservíveis, nos termos da Súmula nº 296 do TST. 2. DOENÇA OCUPACIONAL. DANOS MORAIS E MATERIAIS. O Regional consignou serem indevidas as indenizações por danos morais e materiais pleiteadas, ante a inexistência, na hipótese, de doença ocupacional. Deixou assentado que o laudo pericial foi conclusivo no sentido de que a perda auditiva do reclamante advém de presbiacusia, e não de PAIR; que é considerado apto para o trabalho; e que inexiste nexo causal entre seu quadro clínico atual e seu labor na reclamada. Diante do exposto, decidir de modo diverso ao do Regional implicaria revolvimento de fatos e provas, intento vedado nesta etapa processual, nos termos da Súmula nº 126 do TST. Agravo de instrumento conhecido e não provido. (TST-AIRR-21165-24.2015.5.04.0202, 8ª T., Rel. Min. Dora Maria Da Costa, DEJT 01/03/2019).*

O auxílio de engenheiros do trabalho atuando como perito do juízo também é de suma importância, máxime nos casos de acidente de trabalho típico, decorrente do uso de maquinário, competindo ao *expert* o exame do local do acidente, das máquinas usadas e dos equipamentos de proteção entregues pelo empregador ao empregado e locais.

Os juízes também podem se valer do auxílio de peritos que não são médicos ou engenheiros. O TST já sedimentou entendimento validando esse apoio, como sobressai da decisão que segue:

> *RECURSO DE REVISTA. NULIDADE DA PERÍCIA REALIZADA POR FISIOTERAPEUTA. 1. Nos termos do art. 145 do CPC, quando a prova do fato depender de conhecimento técnico ou cientifico, o juiz escolherá o perito entre profissionais de nível universitário, devidamente inscritos no órgão de classe competente, desde que este seja especialista na matéria sobre a qual deverá opinar. 2. No*

> *caso, o auxiliar escolhido foi um fisioterapeuta, cuja profissão é regulamentada pelo Decreto-Lei nº 938/1969 e pela Lei Federal nº 6.316/1975, bem como pelas Resoluções do Conselho Federal de Fisioterapia e Terapia Ocupacional nos 381/2010, 259/2003 e 80/1997. 3. No exame dos dispositivos referidos, não se constata óbice à possibilidade de o fisioterapeuta elaborar laudo pericial, em lides que envolvam doença profissional, no âmbito da sua atuação, com vista a identificar, avaliar e observar os fatores ambientais que possam constituir risco à saúde funcional do trabalhador e, ainda, elaborar o diagnóstico fisioterapêutico, indicando o grau de capacidade ou de incapacidade funcional, competências ou incompetências laborais, mudanças ou adaptações nas funcionalidades e seus efeitos no desempenho laboral. 4. No caso: a) constatou-se a expertise técnica do laudo pericial, que, adequadamente, descreveu e dissecou o local onde laborava a reclamante, bem como as atividades por ela desenvolvidas durante todo o contrato de trabalho. b) constaram do laudo a anamnese do "fenômeno" elaborada por outros especialistas, e os exames físicos/clínicos correspondentes, pelo que ficou suficientemente esclarecida a matéria controvertida. 4. Esclareça-se que, conforme a sentença, transcrita no acórdão recorrido, o laudo do fisioterapeuta não foi para diagnosticar a doença em si mesma, mas, sim, para verificar seu nexo de causalidade com o ambiente de trabalho; a doença já havia sido demonstrada com base em outras provas constantes nos autos. 5. Recurso de revista a que se nega provimento. (Acórdão do processo Nº RR – 2157-11.2010.5.20.0002 – 6ª Turma – 10.12.2014)*

No mesmo sentido, embora em decisão de sua 7ª Turma, o TST consagrou que não se há de falar em nulidade da perícia que atestou a doença ocupacional do autor, em razão de ter sido realizada por fisioterapeuta, uma vez que, no caso, o profissional atendeu aos requisitos previstos no artigo 145 do CPC (conhecimento técnico, formação universitária e inscrição no órgão de classe. (Acórdão do processo Nº RR – 93100-69.2008.5.09.0093).

Embora este capítulo tenha sido voltado à perícia nos casos envolvendo acidente de trabalho típico e doenças ocupacionais, não custa registrar que, segundo jurisprudência consolidada do TST, para a verificação de insalubridade, a regra é a realização de perícia, sendo que, quando não for possível a sua realização, como em caso de fechamento da empresa, poderá o julgador utilizar-se de outros meios de prova. (Súmula nº 278).

Já o pagamento de adicional de periculosidade efetuado por mera liberalidade da empresa, ainda que de forma proporcional ao tempo de exposição ao risco ou em percentual inferior ao máximo legalmente previsto, dispensa a realização da prova técnica exigida pelo art. 195 da CLT, pois torna incontroversa a existência do trabalho em condições perigosas. (TST/Súmula nº 406).

Por outro lado, não carece realização de perícia nos casos em que o trabalho não esteja classificado como atividade insalubre na relação oficial elaborada pelo Ministério do Trabalho, como aponta a Súmula nº 448, também do TST:

> *Súmula nº 448 do TST*
>
> *ATIVIDADE INSALUBRE. CARACTERIZAÇÃO. PREVISÃO NA NORMA REGULAMENTADORA Nº 15 DA PORTARIA DO MINISTÉRIO DO TRABALHO Nº 3.214/78. INSTALAÇÕES SANITÁRIAS. (conversão da Orientação Jurisprudencial nº 4 da SBDI-1 com nova redação do item II) – Res. 194/2014, DEJT divulgado em 21, 22 e 23.05.2014.*
>
> *I – Não basta a constatação da insalubridade por meio de laudo pericial para que o empregado tenha direito ao respectivo adicional, sendo necessária a classificação da atividade insalubre na relação oficial elaborada pelo Ministério do Trabalho.*
>
> *II – A higienização de instalações sanitárias de uso público ou coletivo de grande circulação, e a respectiva coleta de lixo, por não se equiparar à limpeza em residências e escritórios, enseja o pagamento de adicional de insalubridade em grau máximo, incidindo o disposto no Anexo 14 da NR-15 da Portaria do MTE nº 3.214/78 quanto à coleta e industrialização de lixo urbano.*

Aliás, a Súmula nº 364 do TST preconiza que é indevido o adicional de periculosidade quando a sujeição ao risco se dá de forma eventual:

> *ADICIONAL DE PERICULOSIDADE. EXPOSIÇÃO EVENTUAL, PERMANENTE E INTERMITENTE (inserido o item II) – Res. 209/2016, DEJT divulgado em 01, 02 e 03.06.2016*
>
> *I – Tem direito ao adicional de periculosidade o empregado exposto permanentemente ou que, de forma intermitente, sujeita-se a condições de risco. Indevido, apenas, quando o contato dá-se de forma eventual, assim considerado o fortuito, ou o que, sendo habitual, dá-se por tempo extremamente reduzido. (ex-Ojs da SBDI-1 nºs 05 – inserida em 14.03.1994 – e 280 – DJ 11.08.2003)*
>
> *II – Não é válida a cláusula de acordo ou convenção coletiva de trabalho fixando o adicional de periculosidade em percentual inferior ao estabelecido em lei e proporcional ao tempo de exposição ao risco, pois tal parcela constitui medida de higiene, saúde e segurança do trabalho, garantida por norma de ordem pública (arts. 7º, XXII e XXIII, da CF e 193, §1º, da CLT).*

Já a Súmula nº 39, do TST, anuncia que os empregados que operam em bomba de gasolina têm direito ao adicional de periculosidade (Lei nº 2.573, de 15.08.1955).

A Súmula nº 447 orienta que os tripulantes e demais empregados em serviços auxiliares de transporte aéreo que, no momento do abastecimento da aeronave, permanecem a bordo, não têm direito ao adicional de periculosidade a que aludem o art. 193 da CLT e o Anexo 2, item 1, "c", da NR 16 do MTE.

Para finalizar, advirto o leitor quanto à importância da elaboração de quesitos a serem apresentados para as respostas do perito do juízo. Tratando-se de doença ocupacional, Sebastião Oliveira (op.cit. p.264), sugere a formulação dos seguintes quesitos:

1. O autor foi acometido por alguma doença?
2. Há nexo causal do trabalho com a doença?
3. O exercício do trabalho atuou como concausa no aparecimento ou agravamento da doença ou na ocorrência do acidente?
4. Houve concausa mensurável relativa a fatores extralaborais?
5. A empresa cumpria todas as normas de segurança e prevenção indicadas na legislação e outras normas técnicas aplicáveis?
6. O autor foi treinado para o exercício da função?
7. O autor gozava regularmente de intervalos, repousos e férias?
8. Algum fator de caráter organizacional pode ter contribuído para o aparecimento da doença ou para a ocorrência do acidente?
9. No setor de trabalho do reclamante ocorreram casos semelhantes nos últimos cinco anos?
10. Quais as alterações e/ou comprometimentos que a doença diagnosticada acarretou na saúde do reclamante, na sua capacidade de trabalho e na sua vida social?
11. É possível mensurar a eventual capacidade residual de trabalho do reclamante e a viabilidade do seu aproveitamento no mercado, dentro de sua área de atuação profissional ou em funções compatíveis?
12. Há possibilidade efetiva de reversão do quadro para recuperação da aptidão normal do trabalho?

3.20 SOBRE A INSPEÇÃO JUDICIAL

O CPC prevê, no seu art. 481, que o juiz, de ofício ou a requerimento da parte, pode, em qualquer fase do processo, inspecionar pessoas ou coisas, a fim de se esclarecer sobre fato que interesse à decisão da causa.

Como visto, a realização de inspeção judicial é faculdade – e não imposição – conferida ao juiz e, por isso mesmo, não está ele obrigado a efetuá-la, acaso tenha se sentido suficientemente convencido pela prova produzida nos autos. E mais, pode ser realizada em qualquer fase do processo. Nesse sentido aponta a jurisprudência, *in verbis*:

> *EMENTA: INSPEÇÃO JUDICIAL. RELEVÂNCIA NO PROCESSO. A inspeção judicial não é de realização obrigatória para o julgador, porquanto, pela própria leitura do dispositivo legal atinente à matéria (art. 440 do CPC), cabe ao magistrado decidir sobre a conveniência e a oportunidade de levar a efeito tal diligência, necessária principalmente nos casos de se esclarecer algo sobre fato, que interessa à decisão da causa; todavia, formado o convencimento do Juízo, a partir de outros elementos de prova carreados aos autos, despicienda será a medida. (Tribunal Regional do Trabalho da 3ª Região – 3ª Turma – 00089-2011-073-03-00-9-RO)*

Já no art. 483, estabelece como deve ser realizada a inspeção judicial:

> *Art. 483. O juiz irá ao local onde se encontre a pessoa ou a coisa quando:*
>
> *I – julgar necessário para a melhor verificação ou interpretação dos fatos que deva observar;*
>
> *II – a coisa não puder ser apresentada em juízo sem consideráveis despesas ou graves dificuldades;*
>
> *III – determinar a reconstituição dos fatos.*

Ao realizar a inspeção, o juiz poderá ser assistido por um ou mais peritos. E, concluída a diligência, mandará lavrar auto circunstanciado, mencionando nele tudo quanto for útil ao julgamento da causa. O auto de inspeção poderá ser instruído com desenho, gráfico ou fotografia.

Não resta dúvida que a inspeção judicial pode e deve ser usada no processo do trabalho. A subsidiariedade do CPC, nesse caso, é patente, a teor do art. 769, da CLT.

No entanto, como qualquer meio de prova, a inspeção judicial deve obedecer aos princípios do contraditório e da publicidade. Ao determinar a realização de uma inspeção judicial, o Juízo deve intimar as partes e advogados acerca do dia e hora da diligência, sob pena de nulidade do ato. É o que está previsto no art.

3.21 ACERCA DAS AUDIÊNCIAS TELEPRESENCIAIS – PANDEMIA COVID-19

3.21.1 A Covid-19 e a natureza essencial da atividade jurisdicional

O Ministério da Saúde informou em seu site (https://coronavirus.saude.gov.br/sobre-a-doenca) que, em dezembro de 2019, em Wuhan, na China, foi detectada a transmissão de um novo coronavírus (SARS-CoV-2), o qual teria causado a COVID-19, em seguida disseminada por todo o mundo.

Em 11 de março de 2020, diante do incontrolável alastramento da doença, com milhares de mortes, a Organização Mundial da Saúde declarou o surto uma pandemia, orientando a adoção de regime de isolamento social.

Em 20.03.2020, via Decreto Legislativo nº 6, o Congresso Nacional reconhece, para os fins do art. 65 da Lei Complementar nº 101, de 4 de maio de 2000, a ocorrência do estado de calamidade pública no Brasil.

Em seguida, considerando a declaração pública de pandemia em relação ao novo Coronavírus pela Organização Mundial da Saúde – OMS; considerando a Declaração de Emergência em Saúde Pública de Importância Internacional da OMS, de 30 de janeiro de 2020; considerando a Lei nº 13.979, de 6 de fevereiro de 2020, que dispõe sobre medidas para enfrentamento da situação de emergência em saúde pública de importância internacional decorrente do novo Coronavírus, bem como a Declaração de Emergência em Saúde Pública de Importância Nacional – ESPIN veiculada pela Portaria nº 188/GM/MS, em 4 de fevereiro de 2020; considerando que as autoridades públicas médicas e sanitárias declararam a existência de transmissão comunitária em unidades da Federação, em que não se consegue identificar a trajetória de infecção pelo novo Coronavírus; considerando a aprovação pela Câmara dos Deputados da Mensagem Presidencial nº 93/2020, que reconheceu o estado de calamidade pública no Brasil e, ainda, considerando a natureza essencial da atividade jurisdicional e a necessidade de se assegurarem condições mínimas para sua continuidade, compatibilizando-a com a preservação da saúde de magistrados, agentes públicos, advogados e usuários em geral, entre outros fatores, o Conselho Nacional de Justiça passou a editar resoluções, entre elas as de n°s 313 e 314, instituindo regime diferenciado de trabalho, possibilitando a realização, no âmbito dos tribunais e turmas recursais, a realização de sessões virtuais de julgamento, bem como a realização de sessões por meio de videoconferência, em substituição às sessões presenciais, assegurando, aos advogados das partes, a realização de sustentações orais à distância.

Também estabeleceu, na Resolução nº 314/2020, que os tribunais deveriam disciplinar o trabalho remoto de magistrados, servidores e colaboradores, buscando soluções de forma colaborativa com os demais órgãos do sistema de justiça, para realização de todos os atos processuais, virtualmente, bem como para o traslado de autos físicos, quando necessário, para a realização de expedientes internos, vedado o reestabelecimento do expediente presencial.

Aludida Resolução também autorizou a realização das audiências em primeiro grau de jurisdição por meio de videoconferência, orientando que deveriam ser consideradas as dificuldades de intimação de partes e testemunhas, realizando-se esses atos somente quando fosse possível a participação, "vedada a atribuição de responsabilidade aos advogados e procuradores em providenciarem o comparecimento de partes e testemunhas a qualquer localidade fora de prédios oficiais do Poder Judiciário para participação em atos virtuais".

Para realização de atos virtuais por meio de videoconferência, o CNJ assegurou a utilização, por todos juízos e tribunais, da ferramenta Cisco Webex, disponibilizada em seu sítio eletrônico na internet (www.cnj.jus.br/plataforma-videoconfencia-nacional/), facultando, todavia, o uso de outra ferramenta equivalente, sendo que a maioria dos TRTs adotou a ferramenta Google Meet.

A seguir, registrarei um sumário acerca da realização de audiências telepresenciais no âmbito da Justiça do Trabalho.

3.21.2 A retomada das atividades jurisdicionais, porém com a vedação ao trabalho presencial – Resolução nº 314/2020 – CNJ

O Conselho Nacional de Justiça, através da Resolução nº 313, de 19 de março de 2020, estabeleceu, no âmbito do Poder Judiciário, regime de Plantão Extraordinário, para uniformizar o funcionamento dos serviços judiciários, com o objetivo de prevenir o contágio pelo novo Coronavírus – Covid-19, e garantir o acesso à justiça neste período emergencial.

Referida resolução também suspendeu o atendimento presencial de partes, advogados e interessados, o qual haveria de ser realizado remotamente pelos meios tecnológicos disponíveis. Estabeleceu, ainda, que cada unidade judiciária deveria manter canal de atendimento remoto, a ser amplamente divulgado pelos tribunais. Malgrado, previu que os tribunais poderiam disciplinar o trabalho remoto de magistrados, servidores e colaboradores para realização de expedientes internos, como elaboração de decisões e sentenças, minutas, sessões virtuais e atividades administrativas.

Em seguida, foi editada a Resolução n° 314, a qual, no seu art. 3°, vedava, expressamente, a designação de atos presenciais.

No seu art. 6°, estabeleceu que os tribunais deveriam disciplinar o trabalho remoto de magistrados, servidores e colaboradores, todavia vedando o reestabelecimento do expediente presencial.

Em decorrência da citada Resolução n° 314/CNJ, foi editado o ATO N° 11/CGJT, de 23 de abril de 2020, o qual, também vedando atos presenciais durante a vigência do regime de trabalho diferenciado, também previa a prática dos atos processuais por meio telepresencial.

No âmbito de cada TRT atos normativos foram editados dispondo sobre a realização de audiências e sessões de julgamento em meio virtual e telepresencial, durante o plantão extraordinário instituído para enfrentamento da pandemia do novo coronavírus (Covid-19).

3.21.3 Videoconferências em audiências

Atos processuais e audiências por videoconferência já eram previstos em lei antes mesmo da Pandemia do Covid-19.

A Lei n° 11.900/2009 alterou dispositivos do Código de Processo Penal, prevendo a possibilidade de realização de interrogatório e outros atos processuais por sistema de videoconferência.

No CPC, desde 2015 o art. 236, § 3°, vem admitindo "a prática de atos processuais por meio de videoconferência ou outro recurso tecnológico de transmissão de sons e imagens em tempo real".

Aliás, outros dispositivos tratam da realização de atos processuais por meio de videoconferência. A título ilustrativo, convém mencionar: art. 385, § 3° – Depoimento Pessoal por Videoconferência; art. 453, § 1° – Oitiva de

Testemunhas por Videoconferência e art. 937, § 4° – Sessão de Tribunal – Sustentação por Videoconferência.

A propósito disso, creio seja importante transcrever o disposto nos parágrafos 1° e 2°, do aludido art. 453, do CPC:

> *§ 1º A oitiva de testemunha que residir em comarca, seção ou subseção judiciária diversa daquela onde tramita o processo poderá ser realizada por meio de videoconferência ou outro recurso tecnológico de transmissão e recepção de sons e imagens em tempo real, o que poderá ocorrer, inclusive, durante a audiência de instrução e julgamento.*
>
> *§ 2º Os juízos deverão manter equipamento para a transmissão e recepção de sons e imagens a que se refere o § 1º.*

Na verdade, pretendi destacar a recomendação prevista no § 2° acima transcrito. Já me deparei com pedido de reclamada que buscava frustrar a realização de audiência telepresencial alegando que o uso da plataforma Google Meet violaria tal regramento.

Com todas as vênias, sobressai dos demais dispositivos do CPC acima mencionados a irrelevância desse detalhe. Decerto, o CPC não cogitou do uso de plataformas de teleconferência como Google Meet ou Zoom pelo simples fato de elas ainda não existirem em 2015.

Aliás, o § 3°, do art. 385, do CPC prevê que o depoimento pessoal da parte "poderá ser colhido por meio de videoconferência ou outro recurso tecnológico de transmissão de sons e imagens em tempo real", no que o uso de plataformas como Google Meet ou Cisco Webex se encaixa perfeitamente. Sem contar que a resistência da aludida reclamada à audiência telepresencial ignora o princípio emanado do art. 6°, também do CPC, segundo o qual todos os sujeitos do processo devem cooperar entre si para que se obtenha, em tempo razoável, decisão de mérito justa e efetiva.

Portanto, o fato de os depoimentos, nas audiências telepresenciais ora realizadas, não estarem sendo tomados em salas de videoconferência ou "estações de teleaudiências" instaladas no âmbito dos fóruns em nada as macula.

3.21.4 A retomada gradual dos atos jurisdicionais – Audiências telepresenciais

Quando determinaram a retomada de audiências por meio telepresencial, CNJ, CGJT e TRTs recomendaram que isso fosse feito de forma gradual e prestigiando os seguintes atos:

Audiências relativas a pedidos de tutelas de urgência e com cadastro do assunto COVID-19;

Audiências de conciliação com pedido das partes e, em qualquer fase processual;

Audiências em processos com tramitação preferencial;

Audiências iniciais;

Audiência de instrução.

Sem dúvida, dessas, as de mais difícil concretização são as audiências de instrução, acerca das quais ainda há muita polêmica, mormente no tocante à garantia da incomunicabilidade das partes e testemunhas, razão pela qual muitos juízes relutam em realizá-las. Particularmente, já levei a cabo audiências instrutórias. Todavia, de processos selecionados, nos quais detectei poucas controvérsias e menor complexidade. Muito embora me tenha sido o suficiente para atestar que o desgaste do juiz é menor quando atua em instrução presencial.

3.21.5 Preparativos para a realização da audiência telepresencial

Uso da plataforma Google Meet.

Criação da sala de reunião/audiência: é de responsabilidade do servidor designado pelo magistrado criar a sala de reunião.

Necessidade de orientação às partes e procuradores quanto ao fornecimento de contatos:

Recomendação de indicação, nas peças processuais, dos dados de contato eletrônico de partes, procuradores e testemunhas, tais como WhatsApp (ou similar) e e-mail, para possibilitar o envio do link convite de acesso às audiências telepresenciais.

Cuidado que o juiz deve ter: durante a audiência, deve solicitar dos participantes, e consignar na ata, dados de contato (e-mail, telefones, WhatsApp e outros) para facilitar futuras comunicações e outros atos, tal como o envio de links para outras audiências telepresenciais.

Notificações às partes: designada a audiência, as partes devem ser notificadas por meio de seus procuradores com a publicação e imediata disponibilização no Diário de Justiça Eletrônico, pelo sistema PJe ou pelos Correios.

Faculta-se a utilização de outros meios telemáticos que se mostrem efetivos no caso concreto, devendo constar da notificação o endereço eletrônico e os dados necessários ao acesso à audiência telepresencial (link convite).

Importante: o encaminhamento do link convite para a audiência não dispensa a intimação respectiva, na qual deverão constar todas as informações necessárias, tais como a data e o horário de sua realização, link convite (endereço virtual com o caminho para acessar a videoconferência pela internet).

3.21.6 Cuidados do(a) secretário(a) de audiência para o uso da sala de audiência telepresencial

Controle de ingresso e saída dos participantes da sala virtual;

Orientação aos participantes sobre os aspectos técnicos e gravação da audiência;

Registro da audiência por videoconferência nos sistemas PJe e PJe Midias.

Colheita e registro dos endereços eletrônicos dos participantes nas atas de audiência;

Digitação da ata de audiência.

3.21.7 Da orientação às partes e procuradores quanto ao fornecimento de contatos

As partes e procuradores devem ser orientados pela unidade judiciária quanto à importância do fornecimento, na inicial, contestação, ou por petição nos autos, de dados de contato eletrônico de partes, procuradores e testemunhas, tais como WhatsApp (ou similar) e e-mail, em razão da necessidade de envio de link de acesso para as audiências telepresenciais.

O magistrado, durante a audiência, deve solicitar dos participantes, e consignar na ata, dados de contato (e-mail, telefones, WhatsApp e outros) para facilitar futuras comunicações e outros atos, tal como o envio de links para outras audiências telepresenciais.

Designada a audiência, as partes devem ser notificadas por meio de seus procuradores com a publicação e imediata disponibilização no Diário de Justiça Eletrônico, pelo sistema PJe ou pelos Correios, facultando-se a utilização de outros meios telemáticos que se mostrem efetivos no caso concreto, devendo constar da notificação o endereço eletrônico e os dados necessários ao acesso à audiência telepresencial.

3.21.8 Quando a parte pretende a oitiva de testemunha

A parte que tiver interesse na produção de prova testemunhal deverá efetuar arrolamento prévio nos autos em até 5 (cinco) dias úteis antes da audiência, apresentando as informações necessárias para a notificação preferencialmente por meio eletrônico e telemático, dentre estas o endereço eletrônico (e-mail) da testemunha e o número telefônico vinculado à conta no aplicativo WhatsApp ou outro similar, devendo declarar, ainda, que a testemunha possui condições técnicas para realização da audiência por videoconferência.

A Secretaria expedirá a intimação eletrônica com o envio do link de acesso à audiência telepresencial.

Para que a testemunha seja ouvida independentemente de intimação, caberá à parte ou procurador encaminhar o link à testemunha por email, WhatsApp ou outro meio eletrônico, com a devida comunicação ao magistrado até o momento da audiência, sendo que a comprovação de tal encaminhamento servirá como prova de convite da testemunha caso esta não compareça à audiência.

3.21.9 Oitiva da testemunha – Cuidados

Quando da oitiva de testemunhas, o magistrado ou o servidor responsável deve cuidar para que elas sejam admitidas na audiência telepresencial somente no momento da inquirição.

A testemunha deve habilitar áudio e vídeo, e exibir documento de identificação com foto, ficando dispensada a formalidade quando a pessoa sem documento for reconhecida pela parte contrária.

3.21.10 Da audiência de conciliação sem a presença das partes

A critério do magistrado, pode ser dispensada a presença das partes quando, estando presentes os advogados ou procuradores, não houver prejuízo ao regular andamento do feito nem impugnação por alguma das partes presentes ou seus representantes.

Será admitida a realização de audiências de conciliação sem a presença das partes, caso comprovada a outorga de poderes específicos para transacionar aos advogados, dada a excepcionalidade da situação e para viabilizar amplo acesso à Justiça.

3.21.11 Do ingresso das partes e advogados na sala virtual de audiência

Na data e horário previamente agendados, preferencialmente com 10 (dez) minutos de antecedência, as partes e procuradores devem ingressar na audiência telepresencial por meio do endereço eletrônico de acesso e, como primeiros atos a serem praticados, devem habilitar áudio e vídeo, e exibir seus documentos de identificação com foto.

Essa formalidade pode ser dispensada, a critério do juiz, quando se tratar de advogado militante no foro ou quando a pessoa sem documento for reconhecida pela parte contrária, o que deve ser registrado em ata.

3.21.12 Da gravação da audiência e da necessidade de ata

Ao final de cada videoconferência, deverá ser promovido o envio da gravação da audiência ao PJe-Midias, bem como o registro dos atos praticados em ata, incluindo o endereço eletrônico de acesso à gravação.

A ata de audiência deverá ser imediatamente disponibilizada no andamento processual, com acesso às partes e procuradores habilitados.

A gravação da audiência não substitui a elaboração da respectiva ata, que deverá ser juntada ao processo e, em seguida, assinada pelo magistrado, devendo ser observado procedimento similar àquele habitualmente utilizado nas audiências presenciais, consideradas as peculiaridades da via telepresencial.

3.21.13 Falha durante a transmissão da audiência virtual

Ocorrendo falha na transmissão dos dados durante a audiência, serão preservados os atos já praticados, cabendo ao magistrado avaliar se a sessão deve continuar ou ser redesignada, mediante decisão fundamentada.

3.21.14 A gravação da audiência telepresencial poderá ser descartada

O Ato da CGJT nº 11/2020 prevê que, caso não haja tomada de depoimentos, as gravações poderão ser descartadas, sem prejuízo da redução a termo em ata e sua inserção no sistema PJe.

3.21.15 Solicitação de audiência visando conciliação

O mesmo Ato da CGJT nº 11/2020 prevê que as partes, em conjunto, poderão requerer, a qualquer tempo, a realização de audiência conciliatória.

3.21.16 Cartas precatórias

Não é mais necessária a expedição de carta precatória para oitiva de testemunhas.

Com relação às cartas precatórias já expedidas, nos termos do Ato nº 11/GCGJT, a oitiva será feita pelo juízo deprecante, devendo ser informado ao juízo deprecado dia e hora de sua realização.

Poderá o juízo deprecante, preferencialmente, optar pela solicitação de devolução da carta, designando e realizando diretamente a audiência de oitiva, conforme procedimento previsto no presente ato.

Em síntese: Nas cartas precatórias para oitiva de testemunhas pelo sistema de videoconferência, caberá ao juiz deprecante a tomada do depoimento.

Se há uma certeza acerca do que ficará mesmo após o restabelecimento das atividades presenciais nos fóruns, com certeza é fim da carta precatória inquiritória. Por razões mais do que evidentes. Inegavelmente mais ágil e vantajosa para a efetividade e presteza na atividade jurisdicional a forma usada atualmente, nesse tempo de Pandemia.

3.21.17 Da vestimenta adequada

O art. 10, do citado Ato nº 11/GCGJT, prevê que, para a realização dos atos das audiências e sessões telepresenciais, fica dispensado o uso de vestes talares, mas se recomenda o uso de vestimentas condizentes com o decoro e a formalidade dos referidos atos.

3.21.18 Da resistência à audiência telepresencial

3.21.18.1 O dever geral de cooperação e boa-fé e a razoável duração do processo

Num momento de inúmeras restrições e sacrifícios impostos a todos os brasileiros, não se poderia esperar de partes e advogados senão espírito colaborativo, de modo a que se possa levar a cabo a atividade jurisdicional, fazendo-a verdadeiramente efetiva. Os dispositivos a seguir transcritos consagram princípios inolvidáveis nesse grave momento:

> *CPC/Art. 4º As partes têm o direito de obter em prazo razoável a solução integral do mérito, incluída a atividade satisfativa.*
>
> *CPC/Art. 5º Aquele que de qualquer forma participa do processo deve comportar-se de acordo com a boa-fé.*
>
> *CPC/Art. 6º Todos os sujeitos do processo devem cooperar entre si para que se obtenha, em tempo razoável, decisão de mérito justa e efetiva.*

Contudo, também deveremos levar em conta o que recomenda a Resolução CNJ nº 314/2020: "A audiência só deverá ser realizada quando for possível a participação, vedada a atribuição de responsabilidade aos advogados e procuradores em providenciarem o comparecimento de partes e testemunhas a qualquer localidade fora de prédios oficiais do Poder Judiciário para participação em atos virtuais".

3.21.18.2 A coleta prévia de provas e preparação de defesa

Segundo a Resolução CNJ nº 314/2020, os prazos processuais para apresentação de contestação, impugnação ao cumprimento de sentença, embargos à execução, defesas preliminares quando praticados em audiência, e outros que exijam a coleta prévia de elementos de prova por parte dos advogados, deverão ser suspensos, se, durante a sua fluência, a parte informar ao juízo competente a impossibilidade da prática do ato.

O prazo será considerado suspenso na data do protocolo da petição com essa informação, independentemente de deliberação judicial.

3.21.18.3 Da suposta faculdade da parte em não aderir à audiência telepresencial

Os atos processuais que não puderem ser praticados pelo meio eletrônico ou virtual, por absoluta impossibilidade técnica ou prática deverão ser adiados. Todavia, o adiamento fica concidionado ao deferimento pelo juiz.

Estabelece a Resolução nº 314/CNJ, no § 2º, do seu art. 3º: Os atos processuais que eventualmente não puderem ser praticados pelo meio eletrônico ou virtual, por absoluta impossibilidade técnica ou prática a ser apontada por qualquer dos envolvidos no ato, devidamente justificada nos autos, deverão ser adiados e certificados pela serventia, após decisão fundamentada do magistrado.

A seguir, decisão da lavra do autor desta obra, acerca do tema em liça:

DECISÃO – AUDIÊNCIA TELEPRESENCIAL

BOM PREÇO SUPERMERCADOS DO NORDESTE LTDA. e WMB SUPERMERCADOS DO BRASIL LTDA protocolaram petição alegando que fora designada audiência para a data 20/07/2020, inclusive para oitiva das partes, ao final pleitearam que o depoimento das partes seja colhido somente quando possível a realização de audiência presencial. Para alcançar o almejado, mencionaram a Pandemia Covid 19 e a necessidade de adoção de medidas de isolamento social; invocaram Resoluções de nºs 313, de 19/03/2020, e n. 314, de 20/04/2020, ambas do CNJ, Ato Conjunto CSJT.GP.GVP.CGJT Nº 4, de 17/04/2020, do Conselho Superior da Justiça do Trabalho ATO CONJUNTO TRT6 GP-GVP-CRT nº 04 e 06/2020, alegando, por fim, a "impossibilidade técnica de realização da audiência de forma telepresencial, haja vista o risco operacional que envolve o referido ato (funcionamento da internet, equipamentos de informática, contaminação)".

Contudo, indefiro o pedido.

A uma, porque, como destacado pelo Exmo Ministro CGJT, decidindo no Pedido de Providências decorrente de notícia acerca da Portaria Conjunta nº 2.186, de 21 de maio de 2020, dos Des. Presidente e Corregedor do Tribunal Regional do Trabalho da 04ª Região, "a realização de audiências, inclusive as unas e de instrução, não pode ser vista como "faculdade" ou como "exceção". Ao contrário, sua realização é a regra, e dever do magistrado, sendo exceção a sua impossibilidade de realização, devidamente justificada e fundamentada nos autos, nos termos dos atos normativos que regem a matéria". Vale ainda transcrever importantes trechos da aludida decisão:

"No âmbito do Conselho Nacional de Justiça, por sua vez, a matéria já foi objeto de apreciação, em decisão que sinaliza claramente que a previsão de faculdade ou não realização de audiências, de qualquer tipo, constitui violação às previsões normativas que regem tais atos".

A duas, porque, como estamos em estágio inicial de implantação dos atos telepresenciais na 7ª VT de São Luís, a audiência se prestará apenas à tentativa de conciliação, apresentação de defesa, caso não alcançada a solução amigável, e depoimentos das partes;

A três, porque, ao contrário do que previsto no art. 3º, § 2º, da Resolução nº 314, do CNJ, não se pode considerar como "absoluta impossibilidade técnica ou prática" devidamente justificada a apontada pelos peticionantes. Tratando-se de empresas do porte de BOMPREÇO SUPERMERCADOS DO NORDESTE LTDA. e WMB SUPERMERCADOS DO BRASIL LTDA, não se pode imaginar dificuldade de acesso de seus prepostos e advogados à audiência telepresencial, a qual será realizada através da conhecidíssima plataforma "Google Meet", sendo que esse acesso se dá mediante um simples click no link convite da audiência previamente informado pela VT, nem de longe implicando vulnerar medidas de isolamento social;

Ou seja, comungo do entendimento do Juiz RODRIGO TRINDADE, do TRT da 4ª Região, quando ele assevera que "o ato processual pode ser suspenso a partir de real, e devidamente comprovada, impossibilidade técnica de partes, advogados ou testemunhas. Mas não se pode admitir que simples alegação vazia, sem qualquer justificativa comprovada, faça-se suficiente para impedir o cumprimento da função estatal de exercício jurisdicional, atravancando direito da parte contrária. Soaria no mínimo inusitada a construção de presunção absoluta sobre a negativa privada de realização do ato processual, impedindo até mesmo a possibilidade de contraditório e controle judicial a posteriori". (Juiz RODRIGO TRINDADE, do TRT da 4ª Região, em artigo acessível pelo link http://revisaotrabalhista.net.br/2020/06/15/do-cyber-punk-a-sala-de-casa-quatro-pilares-para-audiencias-telepresenciais-na-justica-do-trabalho/).

Ora, os peticionantes não souberam precisar quais eram os efetivos riscos operacionais por eles e seus prepostos enfrentados, sendo certo que a mera possibilidade de vir a ocorrer eventual instabilidade do sistema ou problema de conexão não é motivo bastante para o adiamento da audiência. Caso venha a acontecer e se mostre persistente, decerto ensejará a suspensão do ato e o seu adiamento, como uma eventual falta de energia também poderia levar ao adiamento da audiência presencial.

Acrescento que, em sessão virtual extraordinária, realizada em 25 de maio de 2020, o Plenário do Conselho Nacional de Justiça firmou o entendimento de que a suspensão de prazos e o adiamento de atos processuais, por mera alegação de impossibilidade de sua prática pelo advogado, não são automáticos em todos os casos, mas apenas naqueles especificados no artigo 3º, § 3º, da Resolução CNJ nº 314/2020. Nesse sentido, aliás, o acórdão proferido nos autos do Pedido de Providências nº 0003594-51.2020.2.00.0000, apresentado pela Exma. Conselheira Tânia Regina Silva Reckziegel, na qualidade de substituta regimental do Relator originário, Exmo. Conselheiro Rubens de Mendonça Canuto Neto, cuja ementa vai transcrita:

"TRIBUNAL REGIONAL DO TRABALHO DA 10a REGIÃO. QUESTÕES DECORRENTES DA PANDEMIA DA COVID-19. FLUÊNCIA DOS PRAZOS PROCESSUAIS. PEDIDOS DE SUSPENSÃO DE PRAZO PARA APRESENTAÇÃO DE CONTESTAÇÃO, IMPUGNAÇÃO AO CUMPRIMENTO DE SENTENÇA, EMBARGOS À EXECUÇÃO, DEFESAS PRELIMINARES DE NATUREZA CÍVEL, TRABALHISTA E CRIMINAL, INCLUSIVE QUANDO PRATICADOS EM AUDIÊNCIA, E OUTROS QUE EXIJAM A COLETA PRÉVIA DE ELEMENTOS DE PROVA POR PARTE DOS ADVOGADOS. INTERPRETAÇÃÕ DO §3º DO ART. 3º DA RESOLUÇÃO CNJ N. 314/2020. DISPENSABILIDADE DE DECISÃO DO JUIZ. SUFICIÊCIA DO PEDIDO DO ADVOGADO. PEDIDO JULGADO PARCIALMENTE PROCEDENTE. 1. A possibilidade de suspensão dos prazos prevista nos casos previstos no § 3º do art. 3º da Resolução CNJ n. 314/2020 (apresentação de contestação, impugnação ao cumprimento de sentença, embargos à execução, defesas preliminares de natureza cível,

> *trabalhista e criminal, inclusive quando praticados em audiência, e outros que exijam a coleta prévia de elementos de prova) não depende de prévia decisão do juiz, bastando a informação do advogado, durante a fluência do prazo, sobre a impossibilidade da prática dos atos ali previstos. 2. Nos outros casos não previstos no § 3º, a suspensão depende de decisão do juiz da causa, nos termos § 2º do art. 3º da Resolução CNJ n. 314/2020. 3. Pedido julgado parcialmente procedente." (CNJ – PP – Pedido de Providências – Conselheiro Rel. Tânia Regina Silva Reckziegel – 15a Sessão Virtual Extraordinária – j. 25/05/2020). (Negritei).*
>
> *Ressalte-se que o pedido ora apreciado não veio arrimado no § 3º, do art. 3º, da citada Resolução nº 314, do CNJ.*
>
> *Por fim, devo destacar que o ambiente da pandemia, aliado à necessidade de adaptação de rotinas processuais, obriga ampliação do dever geral de cooperação e boa fé na condução de todos os que atuam na lida forense. E o pedido ora apreciado não me parece atento ao disposto nos arts. 4º, 5º e 6º, do CPC, subsidiariamente aplicável ao processo do trabalho, os quais estabelecem que as partes têm o direito de obter em prazo razoável a solução do litigo; que aquele que de qualquer forma participa do processo deve comportar-se de acordo com a boa-fé e que todos os sujeitos do processo devem cooperar entre si para que se obtenha, em tempo razoável, decisão de mérito justa e efetiva.*
>
> *Portanto, indefiro o pedido,*
>
> *Intimem-se, com urgência, os litigantes, informando-lhes o link convite para a audiência telepresencial designada.*

A propósito resistência de alguns à audiência telepresencial, mormente sob o argumento de cerceamento do direito de defesa, impõe-se colacionar recente decisão da colenda Sexta Turma do Superior Tribunal de Justiça em matéria penal. Segundo aludida corte de justiça, nada obsta e tudo recomenda a realização de audiências telepresenciais, desde que, para evitar que haja máculas aos princípios constitucionais relacionados à garantia de ampla defesa, os magistrados e tribunais observem os parâmetros dados pelo Conselho Nacional de Justiça na Resolução n. 329, de 30/7/2020. Eis a ementa da aludida decisão:

> *HABEAS CORPUS Nº 590.140 - MG (2020/0146502-7) RELATOR: MINISTRO SEBASTIÃO REIS JÚNIOR IMPETRANTE: FERNANDO RABELO RODRIGUES E OUTRO ADVOGADOS: FERNANDO RABELO RODRIGUES – MG103357 JESSICA NAYARA RESENDE BERNARDES – MG178496 IMPETRADO: TRIBUNAL DE JUSTIÇA DO ESTADO DE MINAS GERAIS PACIENTE: LUCAS SILVA COSTA (PRESO) INTERES: MINISTÉRIO PÚBLICO DO ESTADO DE MINAS GERAIS EMENTA*

HABEAS CORPUS. ROUBO CIRCUNSTANCIADO. AUDIÊNCIA DE INSTRUÇÃO E JULGAMENTO POR VIDEOCONFERÊNCIA. ALEGAÇÃO DE CERCEAMENTO DE DEFESA. NÃO OCORRÊNCIA. EXCEPCIONALIDADE DA SITUAÇÃO. CALAMIDADE PÚBLICA. PANDEMIA DE COVID-19. RESOLUÇÃO N. 329/2020 DO CNJ. NECESSIDADE DE OBSERVÂNCIA. 1. A conjuntura atual de crise sanitária mundial é excepcionalíssima e autoriza, no âmbito de processos penais e de execução penal, a realização de atos (por exemplo, sessões de julgamento, audiências e perícias) por sistema áudio visual sem que isso configure cerceamento de defesa. 2. O Conselho Nacional de Justiça e os órgãos judiciais nas diversas unidades da Federação e comarcas do País colocaram em ação inúmeras boas práticas no segmento tecnológico, que têm assegurado a milhões de brasileiros o acesso aos serviços prestados pelo Judiciário, entre as quais, uma plataforma emergencial para realização de atos processuais por meio de videoconferência. 3. Para evitar que haja máculas aos princípios constitucionais relacionados à garantia de ampla defesa, Magistrados e Tribunais devem observar os parâmetros dados pelo Conselho Nacional de Justiça na Resolução n. 329, de 30/7/2020. 4. No caso, embora a regra geral – que deve sempre prevalecer – seja de que as audiências devem ser presenciais e o réu deve ser interrogado pessoalmente pelo Juiz, o contexto atual justifica a realização desses atos por videoconferência. A audiência de instrução e julgamento virtual deve ocorrer em tempo real, permitindo a interação entre o magistrado, as partes e os demais participantes, bem como devem ser adotadas todas as providências para buscar a máxima equivalência com o ato realizado presencialmente, respeitando a garantia da ampla defesa e o contraditório, a igualdade na relação processual, a efetiva participação do réu na integralidade da audiência e a segurança da informação e da conexão. 5. Ordem denegada. Liminar sem efeito. Recomendação ao Juízo expedida, em atenção ao parecer do Ministério Público Federal, para que, na impossibilidade de retomada das audiências presenciais pela situação epidemiológica da comarca, redesigne audiência por videoconferência, com observância das medidas previstas na Resolução n. 329/2020, do CNJ (fl. 413).

Essa decisão foi divulgada no sítio do STJ na interne no dia 05/10/2020.

3.21.18.4 Da oscilação do sinal de internet e da dificuldades com o uso da tecnologia

São comuns os pedidos de não realização de audiência telepresencial arrimados em argumentação do tipo "a internet não é segura, pode cair no decurso da audiência..." ou " deve acontecer falha durante a transmissão da audiência virtual".

"A instabilidade do sistema ou problema de conexão, a que não der causa o usuário, não pode gerar prejuízo a nenhuma das partes e não pode ficar sob responsabilidade do advogado, transferindo o ônus que é do Poder Judiciário".

Ocorrendo falha na transmissão dos dados durante a audiência, serão preservados os atos já praticados, cabendo ao magistrado avaliar se a sessão deve continuar ou ser redesignada, mediante decisão fundamentada. A propósito, segue outra decisão da lavra do autor deste opúsculo, desacolhendo alegações como as aqui ventiladas:

> *DECISÃO – AUDIÊNCIA TELEPRESENCIAL*
>
> *BANCO BRADESCO S/A. e BRADESCO VIDA E PREVIDENCIA S.A protocolaram petição pleiteando o adiamento da audiência inaugural por videoconferência designada para o dia 21/07/2020, às 09:00h, solicitando que "apenas seja designada audiência para após o período de isolamento social, de forma presencial, com fundamento no art. 5º do ATO 11/2020 do GCGJT". Fundamentaram o pedido no seguinte: (1) "o CPC faculta a prática de atos por videoconferência, inclusive oitiva das partes e da testemunha, estes nas condições que especifica, mas dispõe que os juízos deverão manter equipamento para a transmissão e recepção de sons e imagens (art. 453, § 1º), ou seja, o órgão jurisdicional deve manter local e equipamentos apropriados para garantia da ordem processual"; (2) "a possibilidade de gravação das seções, com posterior disponibilização às partes, não supera a inviabilidade demonstrada acima"; (3) "a instabilidade do sistema ou problema de conexão, a que não der causa o usuário, não pode gerar prejuízo a nenhuma das partes e não pode ficar sob responsabilidade do advogado, transferindo o ônus que é do Poder Judiciário"; (4) no julgamento do pedido de providência manejado nos autos do Procedimento de Controle Administrativo – PCA n. 0003753-91.2020.2.00.0000 (18ª Sessão Virtual Extraordinária – de 01/06/2020 A 01/06/2020), de relatoria do eminente Conselheiro André Godinho, o CNJ reafirmou seu entendimento no sentido de que o magistrado deverá acolher eventual manifestação de qualquer das partes contrária à realização de audiências por videoconferência em razão da pandemia do Covid-19, "independentemente de juízo de valor quanto à fundamentação apresentada", procedendo, no particular, de acordo com o interesse / possibilidade dos próprios litigantes"; (5) o Banco presta serviço essencial e a ausência, mesmo que para participar de audiência virtual, de um ou mais funcionários prejudicaria o atendimento à população, conclui-se que há violação ao devido processo legal, à ampla defesa e ao contraditório, e portanto, a audiência realizada nessas condições é nula.*
>
> *Contudo, indefiro o pedido.*
>
> *A uma, porque, como destacado pelo Exmo Ministro CGJT, decidindo no Pedido de Providências decorrente de notícia acerca da Portaria Conjunta nº*

2.186, de 21 de maio de 2020, dos Des. Presidente e Corregedor do Tribunal Regional do Trabalho da 04ª Região:

"... a realização de audiências, inclusive as unas e de instrução, não pode ser vista como "faculdade" ou como "exceção". Ao contrário, sua realização é a regra, e dever do magistrado, sendo exceção a sua impossibilidade de realização, devidamente justificada e fundamentada nos autos, nos termos dos atos normativos que regem a matéria.

No âmbito do Conselho Nacional de Justiça, por sua vez, a matéria já foi objeto de apreciação, em decisão que sinaliza claramente que a previsão de faculdade ou não realização de audiências, de qualquer tipo, constitui violação às previsões normativas que regem tais atos.

Fica claro, portanto, que o teor do artigo 2º da Portaria 2.186/2020 do Tribunal Regional do Trabalho da 4ª Região apresenta-se em dissonância não só em relação ao determinado pelo Conselho Superior da Justiça do Trabalho e pela Corregedoria geral da Justiça do Trabalho, mas também não se coaduna com as diretrizes emanadas pelo Conselho Nacional de Justiça no tocante à matéria, por colocarem como condição para a realização de toda e qualquer audiência a concordância prévia das partes e advogados do processo".

A duas, porque a designação de audiência tem amparo na Resolução 314, do CNJ;

A três, porque resta totalmente esvaziada a alegação de que "os juízos deverão manter equipamento para a transmissão e recepção de sons e imagens (art. 453, § 1º), ou seja, o órgão jurisdicional deve manter local e equipamentos apropriados para garantia da ordem processual", haja vista que não há qualquer dificuldade de acesso das partes e advogados à audiência telepresencial, realizada através da conhecidíssima plataforma "Google Meet", sendo que esse acesso se dá mediante um simples click no link convite da audiência previamente informado pela VT;

A quatro, porque, a par do que já exposto, a alegação de que o BANCO BRADESCO S/A. e BRADESCO VIDA E PREVIDENCIA S.A, e mesmo os seus ilustre advogados, enfrentam dificuldade de ordem tecnológica para participarem de uma audiência telepresencial realizada na plataforma "Google Meet" chega a ser, a um só tempo, inacreditável e risível, beirando o escárnio. Uma simples busca por "Bradesco e Tecnologia" no Google leva a um site encimado com o seguinte destaque publicitário "LÍDER EM INOVAÇÃO – Investimento constante em tecnologia".

Ressalto que, na referida página da web, consta que o BRADESCO oferece aos seus clientes inúmeros serviços tais como a tecnologia BIA – INTELIGÊNCIA ARTIFICIAL DO BRADESCO (app para esclarecer dúvidas sobre produtos e serviços de forma rápida e em linguagem natural): "Basta digitar o serviço ou usar o comando de voz no App Bradesco que, em segundos, a BIA direciona o cliente para a tela da transação"; a possibilidade de ABERTURA DE CONTA NO APP BRADESCO 2017; o BIA NA ÁREA LOGADA DO APP – 2018 – "Basta digitar o serviço ou usar o comando de voz no App Bradesco que, em segundos, a BIA direciona o cliente para a tela da transação"; consulta, extrato, pagamento de fatura e visualização da senha pelo App Bradesco; "Com o leitor de PDF, visualizar e compartilhar comprovantes por e-mail, WhatsApp e Telegram ficou ainda mais fácil"; SAQUE PROGRAMADO NFC – "Permite ao cliente usar o celular para sacar nas Máquinas de Autoatendimento. Dispensa o uso do cartão e economiza tempo".

Ora, é impossível admitir que quem se autoproclama líder em inovação e em investimento em tecnologia e ofereça os serviços acima elencados tenha alguma dificuldade de acessar uma simples audiência no Google Meet.

Por outro lado, a mera possibilidade de vir a ocorrer eventual instabilidade do sistema ou problema de conexão não é motivo bastante para o adiamento da audiência. Caso venha a acontecer e se mostre persistente, decerto ensejar a suspensão e o adiamento da audiência, como uma eventual falta de energia levava ao adiamento da audiência presencial.

Também não socorre ao BRADESCO alegar a prestação de serviço essencial como razão para embaraçar a presença de um seu preposto na audiência. A natureza desse seu serviço, a rigor, não foi alterada pela pandemia Covid 19, cumprindo-me considerar, como bem destacado na Resolução nº 314, do CNJ, a natureza essencial da atividade jurisdicional e a necessidade de se assegurarem condições para sua continuidade.

Por fim, o pedido ora apreciado não me parece atento ao disposto nos arts. 4º, 5º e 6º, do CPC, subsidiariamente aplicável ao processo do trabalho, os quais estabelecem que as partes têm o direito de obter em prazo razoável a solução do litigo; aquele que de qualquer forma participa do processo deve comportar-se de acordo com a boa-fé e todos os sujeitos do processo devem cooperar entre si para que se obtenha, em tempo razoável, decisão de mérito justa e efetiva.

Portanto, indefiro o pedido,

Intimem-se, com urgência, os litigantes, informando-lhes o link convite para a audiência telepresencial designada.

3.21.19 Da instrução processual e da garantia de incomunicabilidade de partes e de testemunhas

CPC/2015 – Art. 385.

§ 2º É vedado a quem ainda não depôs assistir ao interrogatório da outra parte.

CLT – Art. 824 – O juiz ou presidente providenciará para que o depoimento de uma testemunha não seja ouvido pelas demais que tenham de depor no processo.

Como se impedirá que a parte que ainda não depôs assista ao depoimento pessoal da outra?

Deverá ser orientada a se retirar da sala telepresencial de audiência, procedimento fácil de ser executado pela secretária do juiz, mediante mero click no ícone específico na plataforma Google Meet ou CiscoWebex. Aliás, se ela se encontrar fisicamente no mesmo ambiente que o seu patrono, o juiz deverá pedir para que de lá se retire, solicitando que a câmera usada pelo advogado mostre essa retirada.

Para maior garantia, aconselha-se a criação de uma segunda sala telepresencial, de espera (sala reserva), evidentemente aberta à visualização do juiz e de sua secretária de audiência, onde a parte retirada da sala principal deverá ingressar e permanecer com a sua câmera ligada. Assim o juiz tem plenas condições de controlar e impedir qualquer tipo de comunicabilidade entre a parte e o seu patrono.

Como impedir que uma testemunha que ainda irá depor assista ao depoimento da que já foi ouvida?

Da mesma forma que se deve separar as partes de seus advogados. E, também para maior garantia da incomunicabilidade, deve ser criada a mencionada segunda sala telepresencial, de espera (sala reserva), na qual o juiz também deverá ingressar para visualizá-la. Todas as testemunhas deverão permanecer nessa sala enquanto as partes depõem. De lá sairão quando convocadas a ingressar na sala telepresencial principal, onde ocorre a audiência. E não mais estarão em qualquer das salas após serem ouvidas, afastando-se, destarte, a indesejada comunicação delas com as que ainda irão depor e que, como dito, estarão à vista do juiz. Por fim, anoto que é aconselhável manter um outro servidor que não a secretária de audiência "gerenciando" a sala telepresencial de espera, vez que ele poderá exercer vigilância mais efetiva, uma vez que não terá que conciliar o acompanhamento de duas salas ao mesmo tempo, além da redação da ata.

3.21.20 A prova técnica simplificada telepresencial

A prova técnica simplificada se mostra plenamente realizável pela via telepresencial, como sobressai do previsto no § 4°, do art. 464, a seguir transcrito:

CPC/Art. 464 – De ofício ou a requerimento das partes, o juiz poderá, em substituição à perícia, determinar a produção de prova técnica simplificada, quando o ponto controvertido for de menor complexidade.

§ 4º Durante a arguição, o especialista, que deverá ter formação acadêmica específica na área objeto de seu depoimento, poderá valer-se de qualquer recurso tecnológico de transmissão de sons e imagens com o fim de esclarecer os pontos controvertidos da causa.

3.21.21 Da publicidade da audiência por videoconferência – Acadêmicos de direito e terceiros podem assisti-la

O Ato nº 11, da Corregedoria Geral da Justiça do Trabalho, de 23/04/2020, prevê que, "independentemente da plataforma a ser utilizada, deve ser assegurada a publicidade da audiência por videoconferência e das sessões de julgamento, por meio de transmissão em tempo real ou qualquer outro meio hábil a possibilitar o acompanhamento por terceiros estranhos ao feito, vedada sua manifestação, sendo lícita a exigência de cadastro prévio".

Evidentemente isso não será possível se o feito tramita sob segredo de justiça.

3.21.22 Sustentações orais telepresenciais em sessões do TRT

A Resolução nº 314, do CN, prevê, no seu art. 5º, parágrafo único, que, caso as sessões se realizem por meio de videoconferência, em substituição às sessões presenciais, fica assegurado aos advogados das partes a realização de sustentações orais, a serem requeridas com antecedência mínima de 24 (vinte e quatro) horas (CPC, art. 937, §4º).

No mesmo sentido dispõe o Ato nº 1/2020, da Corregedoria Geral da Justiça do Trabalho.

Capítulo IV

RAZÕES FINAIS E SUA UTILIDADE

Não havendo mais provas a serem produzidas pelas partes, tem-se por encerrada a instrução processual. A Consolidação prevê que o juiz possibilite, aos litigantes, a apresentação de suas razões finas, em prazo não excedente de 10 minutos. Portanto, é uma faculdade conferida às partes e não uma obrigação. Vejamos a redação do art. 850 da CLT:

> *Art. 850. Terminada a instrução, poderão as partes aduzir razões finais, em prazo não excedente de 10 (dez) minutos para cada uma. Em seguida, o juiz ou presidente renovará a proposta de conciliação, e não se realizando esta, será proferida a decisão.*

Contudo, em regra, os advogados se limitam a formular as chamadas "razões finais remissivas". O que são as razões finais remissivas?

Vulgarizou-se essa expressão. Contudo, se fôssemos nos apegar ao sentido literal do termo, remissivas seriam as razões finais que remetem o juiz à leitura das peças inicial e contestação que reclamante e reclamado, respectivamente, apresentaram. Ora, as razões finais não devem ficar restritas às peças inicial e defesa. Devem destacar o que ocorreu no desenrolar da instrução, em audiência e mesmo fora dela, em perícias e inspeções judiciais, cada litigante chamando a atenção do julgador para o que emergiu a seu favor ao longo do processo. Portanto, razões finais meramente remissivas fazem algum sentido se depoimentos pessoais foram dispensados, assim como as demais provas (testemunhal, pericial etc.).

É oportuno em razões finais reiterar os protestos feitos ao longo da audiência (não é necessário referir quais ou porque, apenas relembrar que foram consignados na(s) ata(s) de audiência); alertar o juiz quanto a confissões eventualmente havidas no depoimento da parte *ex adversa;*

apontar inconsistências nas falas de suas testemunhas (contradições que lhe comprometam a credibilidade) e arguir prescrição bienal ou quinquenal que só foi conhecida ao longo da instrução.

Ou seja, imaginemos um caso em que a inicial apontava contrato sem registro em CTPS, informando que a rescisão se dera em data 1 ano e 10 meses anterior à data de ajuizamento da RT. Todavia, ao depor, o reclamante, contrariando o que alegara na exordial, informou que o seu desligamento se dera numa determinada data dois anos e cinco meses anterior ao ajuizamento da ação. Caso a prescrição bienal não tenha sido arguida na contestação e mesmo até o final da instrução, nada impedia e tudo recomendava que o advogado da reclamada o fizesse em razões finais. Portanto, o advogado deve ficar atento a isso.

Anoto que muitos juízes adotam a prática de deferir prazo para que os advogados dos litigantes apresentem as razões finais de seus clientes em memoriais. Ou seja, são razões finais escritas, em forma de memoriais, sendo essa praxe usada com mais frequência nos casos complexos. A propósito do tema, convém transcrever a elucidativa jurisprudência que segue:

> *EMENTA: NULIDADE DA SENTENÇA – TERMOS DE RAZÕES FINAIS NÃO REGISTRADOS EM ATA DE AUDIÊNCIA – CERCEIO DE DEFESA – INOCORRÊNCIA – O artigo 850 da CLT faculta às partes, após a instrução processual, aduzir razões finais orais. Portanto, é uma faculdade conferida às partes e não uma obrigação, o que difere frontalmente da apresentação da defesa oral prevista no artigo 847 da CLT, e que, necessariamente, deve ser registrada em Ata de audiência. Além disso, as partes podem lançar mão de memorial. Assim, o fato de o MM. Juízo permitir a produção oral das razões finais, sem a sua redução a termo em ata de audiência, não importa em nulidade da sentença. (Tribunal Regional do Trabalho da 3ª Região – 6ª Turma – Acórdão 2002-07-29;00247-2002-077-03-00-5).*

Por fim, ressalto ser controvertida a prática, até mui frequente, de o juiz possibilitar às partes impugnarem documentos apresentados em audiência em sede de memoriais. A propósito, assim decidiu o TRT da 1ª Região:

> *A impugnação de documentos em memoriais não pode ser levada em consideração porque, em razões finais, encontra-se encerrada a instrução, restando preclusa a oportunidade para tal* (Acórdão TRT 1ª Região / 8ª Turma / 0011156-22.2014.5.01.0040 – DOERJ 09-09-2015).

Capítulo V

ACERCA DA ÚLTIMA PROPOSTA DE CONCILIAÇÃO

O artigo 850 da CLT prevê que, *"Terminada a instrução, poderão as partes aduzir razões finais, em prazo não excedente de 10 (dez) minutos para cada uma.* ***Em seguida, o juiz ou presidente renovará a proposta de conciliação, e não se realizando esta, será proferida a decisão".***

O princípio da conciliação é um dos princípios reitores do processo do trabalho. Nos processos submetidos aos procedimentos ordinário e sumário, a lei trabalhista prevê a ocorrência de duas propostas de conciliação. A primeira ocorre logo na abertura da audiência, conforme art. 846 da CLT. E a segunda, após a apresentação das razões finais pelas partes, conforme art. 850 do citado diploma consolidado. A inexistência de propositura das duas propostas de conciliação acarreta a nulidade absoluta dos atos processuais a ela posteriores, tendo em vista que a proposta de conciliação no processo do trabalho é matéria de ordem pública.

Portanto, o juiz é obrigado a renovar a proposta de acordo depois da instrução, por imperativo de ordem pública, implicando a dispensa da segunda proposta de conciliação em nulidade da sentença que, em seguida, vier a ser prolatada.

No tocante ao rito sumaríssimo, cuja disciplina se encontra na Seção II-A, da CLT, vemos o art. 852-E a assim disciplinar:

> *Art. 852-E. Aberta a sessão, o juiz esclarecerá as partes presentes sobre as vantagens da conciliação e usará os meios adequados de persuasão para a solução conciliatória do litígio, em qualquer fase da audiência.*

Embora o texto legal assim sugira, é equivocado supor que o juiz só poderá tentar a conciliação dos litigantes na abertura da audiência. A qualquer momento o acordo pode ser buscado. Afinal, é princípio medular do processo do trabalho a busca da conciliação, como se depreende do art. 764, também da CLT, *in verbis:*

> *Art. 764. Os dissídios individuais ou coletivos submetidos à apreciação da Justiça do Trabalho serão sempre sujeitos à conciliação.*
>
> *§ 1º Para os efeitos deste artigo, os juízes e Tribunais do Trabalho empregarão sempre os seus bons ofícios e persuasão no sentido de uma solução conciliatória dos conflitos.*

Capítulo VI

SOBRE VERBAS RESCISÓRIAS E SUA APURAÇÃO

6.1 AVISO PRÉVIO

No caso do aviso prévio do empregador ao empregado, a finalidade do aviso prévio é evitar a surpresa na ruptura do contratado de trabalho, possibilitando ao trabalhador despedido a procura de novo emprego, antes de ter seu contrato rescindido definitivamente, garantindo-lhe remuneração durante este período.

Já o aviso prévio do empregado ao empregador, também tem por objetivo evitar a surpresa na ruptura do contratado de trabalho, possibilitando ao empregador a procura de novo empregado para o lugar do que se retira da empresa.

6.1.1 Aviso prévio – prazo para a sua concessão. Aviso prévio proporcional ao tempo de serviço

O prazo mínimo do aviso prévio, desde a Constituição de 1988, é de 30 dias (art. 7°, XXI, CF/88).

A Constituição não recepcionou, portanto, o curto lapso de 8 dias, referido no art. 487, I, da CLT, previsto para contratos com pagamento semanal de salários ou fração temporal inferior.

O inciso XXI, do art. 7°, da Constituição da República dispõe:

> *Art. 7º São direitos dos trabalhadores urbanos e rurais, além de outros que visem à melhoria de sua condição social:*
>
> *[...]*
>
> *XXI – aviso prévio proporcional ao tempo de serviço, sendo no mínimo de trinta dias, nos termos da lei.*

Já a Lei nº 12.506/2011 estabelece:

> *Art. 1º O aviso prévio, ..., será concedido na proporção de 30 (trinta) dias aos empregados que contem até 1 (um) ano de serviço na mesma empresa.*
>
> *Parágrafo único. Ao aviso prévio previsto neste artigo serão acrescidos 3 (três) dias por ano de serviço prestado na mesma empresa, até o máximo de 60 (sessenta) dias, perfazendo um total de até 90 (noventa) dias.*

Merece ser registrado que, segundo a jurisprudência majoritária, *"o trabalhador que complete um ano de serviço na entidade empregadora terá direito ao aviso de 30 dias, mais três dias em face da proporcionalidade. A cada ano subsequente, desponta o acréscimo de mais três dias. Desse modo, completado o segundo ano de serviço na empresa, terá 30 dias de aviso-prévio, mais seis dias, a título de proporcionalidade da figura jurídica, e assim sucessivamente". (TST – 3ª Turma – RR 544-81.2013.5.03.0014).*

Indagação que enseja resposta elucidativa: Quantos dias de aviso prévio teria o empregado com 1 ano e 11 meses de trabalho?

O aviso prévio integra-se ao tempo contratual para os efeitos jurídicos pertinentes, consoante o art. 487, § 1º, da CLT. Portanto, o empregado com 1 ano e 11 meses de serviço faz jus à segunda cota da proporcionalidade, caso dispensado sem justa causa. Ou seja, conta-se 30 dias e mais 6 dias relativos à proporcionalidade, uma vez que, com a projeção do aviso-prévio, o período contratual de serviço alcançará 2 anos.

Importante ressaltar que, no cálculo da proporcionalidade do aviso prévio devem ser contados os períodos de interrupção do contrato *(p.ex: descanso semanal remunerado; descanso em feriados; férias anuais remuneradas; licença médico- previdenciária até 15 dias; férias anuais remuneradas).* Os de suspensão do contrato, não.

Não menos importante é saber se a proporcionalidade do aviso prévio é uma vantagem estendida aos empregadores. A resposta está no *caput* do art. 1º, da Lei nº 12.506/2011, mais precisamente na expressão negritada:

> *Art. 1º O aviso prévio, ..., será concedido na proporção de 30 (trinta) dias* ***aos empregados*** *que contem até 1 (um) ano de serviço na mesma empresa.*

Corroborando o que aqui foi dito, a jurisprudência do TST:

> *RECURSO DE REVISTA 1. AVISO PRÉVIO PROPORCIONAL. EXTENSÃO AO EMPREGADOR. Esta Corte Superior tem se manifestado no sentido de que o aviso prévio proporcional, previsto na Lei nº 12.506/2011,* ***é direito exclusivo do empregado,*** *sendo que a exigência, pelo empregador, de cumprimento do aviso prévio pelo prazo superior a trinta dias, impõe o pagamento dos dias excedentes. Precedentes. Recurso de revista conhecido e parcialmente provido. (RR – 91600-46.2013.5.17.0003 Data de Julgamento: 08/04/2015, Relator Ministro: Guilherme Augusto Caputo Bastos, 5ª Turma, Data de Publicação: DEJT 17/04/2015.)*

Portanto, no caso de o empregado ter a iniciativa de rescindir o contrato, pedindo demissão, o aviso prévio trabalhado ou a ser deduzido de suas verbas rescisórias não poderá ser superior a 30 dias.

Por outro lado, o aviso prévio trabalhado, no caso de dispensa imotivada do empregado, fica restrito aos 30 dias. A parcela proporcional, ou seja, o que sobejar de 30 dias, deverá ser indenizado, pago em pecúnia ao trabalhador. Ou seja, um empregado que contava cinco anos de casa poderá ter o aviso indenizado de 45 dias ou 30 dias de trabalho com redução de duas horas ou de 7 dias e o restante do aviso proporcional, os 15 dias sobejantes de 30, indenizados.

Cabíveis, ainda, outras indagações: O aviso prévio trabalhado deve ter a duração de dias alterada conforme a duração do vínculo ou o número de dias superior a 30 conta apenas para fins indenizatórios? Quanto à redução de jornada ou de dias de trabalho no aviso prévio proporcional trabalhado, deverá haver também a proporcionalidade? Ou seja, a redução de 2 horas ou de 7 dias no aviso de 30 dias seria proporcionalmente aumentada conforme a duração do contrato?

A resposta nos é dada pela jurisprudência do TST:

> *"Esse prazo de 30 dias também modula a forma de cumprimento físico do aviso prévio (aviso trabalhado): redução de duas horas de trabalho ao dia, durante 30 dias (caput do art. 488, CLT) ou cumprimento do horário normal de trabalho durante o pré-aviso, salvo os últimos sete dias (parágrafo único do art. 488 da CLT)". (TST no Agravo de Instrumento em Recurso de Revista nº TST-AIRR-10042-93.2012.5.03.0062.*

6.1.2 Aviso prévio indenizado

A CLT disciplina:

> *Art. 487 – Não havendo prazo estipulado, a parte que, sem justo motivo, quiser rescindir o contrato deverá avisar a outra da sua resolução com a antecedência mínima de: (hj ..30 dias)*

> *§ 1º – A falta do aviso prévio por parte do empregador dá ao empregado o direito aos salários correspondentes ao prazo do aviso, garantida sempre a integração desse período no seu tempo de serviço.*
>
> *§ 2º – A falta de aviso prévio por parte do empregado dá ao empregador o direito de descontar os salários correspondentes ao prazo respectivo.*

6.1.3 Efeitos do aviso prévio no contrato

A) INTEGRAÇÃO DO PERÍODO DO AVISO AO CONTRATO:

"O prazo do aviso-prévio, seja o padrão (30 dias), seja o proporcional (que poderá chegar a 90 dias), integra-se ao contrato para todos os fins (art. 487, § 1º, in fine, CLT)".

SDI 1 – OJ nº 82. AVISO PRÉVIO. BAIXA NA CTPS -A data de saída a ser anotada na CTPS deve corresponder à do término do prazo do aviso prévio, ainda que indenizado.

SDI 1 – OJ nº 83. AVISO PRÉVIO. INDENIZADO. PRESCRIÇÃO. A prescrição começa a fluir no final da data do término do aviso prévio. Art. 487, § 1º, da CLT.

AVISO PRÉVIO PROPORCIONAL. PRESCRIÇÃO BIENAL. INCIDÊNCIA. Nos termos da Orientação Jurisprudencial n. 82 da SDI-1 do Colendo TST, o tempo do aviso prévio integra o contrato de trabalho para todos os fins, inclusive quando este é indenizado. Assim, o aviso prévio proporcional, regulamentado pela Lei n. 12.506/2011, deve ser observado para fins de contagem do prazo prescricional bienal. (TRT3ª Região – Minas Gerais – Primeira Turma – 2014-10-08 Data 08/10/2014)

B) BASE PARA O PAGAMENTO: O segundo efeito jurídico diz respeito ao pagamento correspondente ao período do aviso, seja ele laborado ou indenizado. O valor do aviso equivale ao salário mensal obreiro, acrescido de todas as parcelas que eram pagas com habitualidade.

C) A NÃO DAÇÃO OU CUMPRIMENTO DO AVISO PELOS CONTRATANTES: Se o empregado pede demissão, mas não concede ou não cumpre o pré-aviso, poderá o empregador reter o saldo de seu salário, no valor correspondente ao número de dias de aviso-prévio não concedido (CLT, art. 487, § 2º), mas limitado a 30 dias, como já visto aqui. Mas se a omissão em dar o aviso prévio for do empregador, terá de pagar o valor correspondente, isto é, o aviso indenizado (art. 487, § 1º, *ab initio*, CLT).

É importante observar, com o já ressaltado, que, no cômputo dessa verba inadimplida, há significativa distinção: a obrigação obreira a ser ressarcida restringe-se a 30 dias; já a obrigação empresarial pode ser maior, caso incida a proporcionalidade instituída pela Lei n. 12.506/2011.

Importante averbar que o direito ao aviso prévio é irrenunciável pelo empregado. O pedido de dispensa de cumprimento não exime o empregador de pagar o respectivo valor, salvo comprovação de haver o prestador dos serviços obtido novo emprego (Súmula nº 276 do TST).

Ou seja, o pedido de liberação de cumprimento de aviso prévio pelo empregado, sendo aceito, constitui ajuste mais benéfico ao obreiro, isentando-lhe de obrigação legal e contratual, razão por que possui plena validade jurídica.

Ademais, segundo o § 1º, do art. 487, da CLT, a falta do aviso prévio por parte do empregador dá ao empregado o direito aos salários correspondentes ao prazo do aviso, garantida sempre a integração desse período no seu tempo de serviço. A propósito, convém relembrar que a OJ nº 82, da SDI-1, do TST, assevera que a data de saída a ser anotada na CTPS deve corresponder à do término do prazo do aviso prévio, ainda que indenizado.

Por outro lado, uma vez dado o aviso prévio, a rescisão torna-se efetiva depois de expirado o respectivo prazo, mas, se a parte notificante reconsiderar o ato, antes de seu termo, à outra parte é facultado aceitar ou não a reconsideração. Caso seja aceita a reconsideração ou continuando a prestação depois de expirado o prazo, o contrato continuará a vigorar, como se o aviso prévio não tivesse sido dado (CLT – Art. 489).

O reajustamento salarial coletivo, determinado no curso do aviso prévio, beneficia o empregado pré-avisado da despedida, mesmo que tenha recebido antecipadamente os salários correspondentes ao período do aviso, que integra seu tempo de serviço para todos os efeitos legais. (CLT – Art. 487, § 6º).

Não é possível a concessão cumulativa de aviso prévio e férias, em face da distinção de finalidades existente entre os dois institutos.

No caso de falecimento do empregado no curso do aviso prévio, nenhuma alteração haverá, permanecendo como dispensa sem justa causa. A rescisão deverá ser paga aos dependentes habilitados junto ao INSS, nos termos do art. 1º da Lei nº 6.858/80, ou na forma da legislação específica dos servidores civis e militares, e, na sua falta, aos sucessores previstos na lei civil, indicados em alvará judicial, independentemente de inventário ou arrolamento. Vejamos o texto legal:

> *Art. 1º – Os valores devidos pelos empregadores aos empregados e os montantes das contas individuais do Fundo de Garantia do Tempo de Serviço e do Fundo de Participação PIS-PASEP, não recebidos em vida pelos respectivos titulares, serão pagos, em quotas iguais, aos dependentes habilitados perante a Previdência Social ou na forma da legislação específica dos servidores civis e militares, e, na sua falta, aos sucessores previstos na lei civil, indicados em alvará judicial, independentemente de inventário ou arrolamento.*
>
> *§ 1º – As quotas atribuídas a menores ficarão depositadas em caderneta de poupança, rendendo juros e correção monetária, e só serão disponíveis após o menor completar 18 (dezoito) anos, salvo autorização do juiz para aquisição de imóvel destinado à residência do menor e de sua família ou para dispêndio necessário à subsistência e educação do menor.*

É inválida a concessão do aviso prévio na fluência da garantia de emprego, ante a incompatibilidade dos dois institutos. É o que se vê na Súmula nº 348 do TST.

E o que ocorre se o empregado adoece e passa a receber auxílio-doença previdenciário no curso do aviso prévio?

Interrupção do contrato nos primeiros 15 dias do afastamento. Flui o aviso. Se o afastamento for superior a 15 dias, o período seguinte é de suspensão contratual, sendo que haverá a retomada do curso do aviso ao término do benefício previdenciário, ou seja, da suspensão do contrato. Vejamos a dicção da Súmula nº 371, do TST:

> *AVISO PRÉVIO INDENIZADO. EFEITOS. SUPERVENIÊNCIA DE AUXÍLIO-DOENÇA NO CURSO DESTE – A projeção do contrato de trabalho para o futuro, pela concessão do aviso prévio indenizado, tem efeitos limitados às vantagens econômicas obtidas no período de pré-aviso, ou seja, salários, reflexos e verbas rescisórias.* ***No caso de concessão de auxílio-doença no curso do aviso prévio, todavia, só se concretizam os efeitos da dispensa depois de expirado o benefício previdenciário.*** *(gn)*

Já quando o empregado sofre acidente de trabalho no curso do aviso prévio, seja ele indenizado ou trabalho, resta assegurada a garantia de emprego, sendo que o fato de o prazo de afastamento superar os quinze dias do aviso prévio não tem o condão de afastar a aplicação da Súmula 371 do C. TST, basta que seja superior a 15 dias, não se limitando ao final do aviso prévio, mas sim à alta da licença acidentária. Embargos não conhecidos. (E-RR – 65500-26.2003.5.15.0079, Rel. Min. Aloysio Corrêa da Veiga, Subseção I Especializada em Dissídios Individuais, DEJT de 25/09/2009).

A propósito do tema, extraio de acórdão da 1ª Turma do Tribunal Superior do Trabalho, Processo n° TST-RR-253400-93.2003.5.02.0054, relator o Ministro Vieira de Mello Filho, o seguinte escólio:

> *"A tese invocada pela recorrente colide com a direção tomada pela jurisprudência desta Corte, em que se consolidou entendimento de que deve ser reconhecida a estabilidade, ainda quando constatada a doença após a dispensa, ou no curso de aviso prévio, mesmo que indenizado".*

Também é necessário mencionar a Súmula n° 305, do c. TST, segundo a qual O pagamento relativo ao período de aviso prévio, trabalhado ou não, está sujeito a contribuição para o FGTS.

Merece registro, igualmente, a Súmula n° 163 do TST, a qual enuncia que cabe aviso prévio nas rescisões antecipadas dos contratos de experiência, na forma do art. 481 da CLT.

6.1.4 A ocorrência de infração trabalhista no curso do aviso prévio trabalhado. Justa Causa e Rescisão indireta

O que acontece se o empregado, durante o prazo do aviso prévio, cometer qualquer das faltas previstas no art. 482 da CLT (consideradas pela lei como justas para a rescisão)? E se a falta for a de abandono de emprego?

Justa causa cometida no curso do aviso prévio trabalhado:

> *CLT – Art. 491 – O empregado que, durante o prazo do aviso prévio, cometer qualquer das faltas consideradas pela lei como justas para a rescisão, perde o direito ao restante do respectivo prazo.*

Contudo, há uma peculiaridade, relativa ao abandono de emprego, destacada pela jurisprudência consolidada do colendo TST:

> *Súmula nº 73 do TST*
>
> *DESPEDIDA. JUSTA CAUSA (nova redação) – A ocorrência de justa causa, salvo a de abandono de emprego, no decurso do prazo do aviso prévio dado pelo empregador, retira do empregado qualquer direito às verbas rescisórias de natureza indenizatória.*

6.1.5 Verbas rescisórias de natureza indenizatória não devidas no caso de justa causa

Na ocorrência de falta cometida pelo empregado, art. 482, da CLT, não lhe são devidos:

- Aviso prévio indenizado.
- 13° salário proporcional.
- Férias proporcionais.
- Liberação do FGTS.
- Multa de 40% do FGTS.
- Seguro-desemprego.

Contudo, o empregado despedido por justa causa tem direito às seguintes parcelas:

- Saldo do salário e eventual salário retido.
- 13° salário integral em atraso.
- Férias vencidas, com respectivo 1/3.
- FGTS: Não será liberado e, caso falte alguma "competência", o empregador deverá depositar o que falta na conta vinculada do trabalhador.
- A multa do art. 477 da CLT por mora na quitação das rescisórias será devida se houve saldo rescisório.

E se a falta cometida for a de abandono de emprego?

Configurado o abandono de emprego durante o aviso prévio trabalhado, o empregado perderá apenas o salário dos dias faltantes, em vista do escopo do instituto: permitir ao trabalhador obter novo emprego (inteligência da Súmula n° 73 do TST). Receberá, portanto, as parcelas rescisórias. Se o autor havia sido dispensado sem justa causa, desnecessário averiguar o alegado abandono de emprego no período, pois são devidas as mesmas parcelas, exceto a remuneração dos dias não trabalhados. (TRT 3ª R – 6ª Turma).

6.1.6 Falta patronal no curso do aviso – rescisão indireta

A CLT disciplina, no seu art. 487, § 4°, que é devido o aviso prévio na despedida indireta. Já o seu art. 490 esclarece:

> *Art. 490 – O empregador que, durante o prazo do aviso prévio dado ao empregado, praticar ato que justifique a rescisão imediata do contrato,* ***sujeita-se ao pagamento da remuneração correspondente ao prazo do referido aviso, sem prejuízo da indenização que for devida. (gn)***

6.1.7 Verbas rescisórias devidas na rescisão indireta – justa causa patronal

- Aviso prévio indenizado.
- Saldo do salário e eventual salário retido.
- 13° salário integral em atraso e o 13° proporcional.
- Férias vencidas e proporcionais, com 1/3.
- Liberação do FGTS (ou indenização correspondente aos depósitos, em juízo).
- Multa de 40% do FGTS.
- Liberação das guias de seguro desemprego ou indenização compensatória, desde que atendidos os requisitos ao recebimento do benefício.
- Há controvérsia jurisprudencial acerca da multa do art. 477 da CLT, haja vista que a justa causa só é reconhecida em juízo. Não haveria, assim, mora do empregador. Contudo, encontram-se decisões de tribunais no sentido de que a multa em foco é devida.

6.1.8 Apuração do aviso prévio

A Lei n° 12.506/2011, no primeiro de seus dois artigos, disciplina:

> *Art. 1º O aviso prévio, de que trata o Capítulo VI do Título IV da Consolidação das Leis do Trabalho – CLT, aprovada pelo Decreto-Lei nº 5.452, de 1º de maio de 1943, será concedido na proporção de 30 (trinta) dias aos empregados que contem até 1 (um) ano de serviço na mesma empresa.*
>
> *Parágrafo único. Ao aviso prévio previsto neste artigo serão acrescidos 3 (três) dias por ano de serviço prestado na mesma empresa, até o máximo de 60 (sessenta) dias, perfazendo um total de até 90 (noventa) dias.*

FÓRMULA:

A DURAÇÃO DO AVISO PRÉVIO PROPORCIONAL:

MENOS DE 1 ANO: 30 DIAS;

A PARTIR DE UM ANO:

30 dias + 3 x nº de anos do contrato.

6.2 APURAÇÃO DO 13º SALÁRIO

A Lei nº 4.090, de 13 de julho de 1962, institui a gratificação de natal, também conhecida como 13º salário. Essa lei sofreu alterações por força da Lei nº 9.011, de 1995.

No mês de dezembro de cada ano, a todo empregado, será paga, pelo empregador, uma gratificação salarial, independentemente da remuneração a que fizer jus. A gratificação corresponderá a 1/12 avos da remuneração devida em dezembro, por mês de serviço, do ano correspondente. A fração igual ou superior a 15 (quinze) dias de trabalho será havida como mês integral para os efeitos do parágrafo anterior (Lei nº 4.090/62, art. 1º e §§ 1º e 2º).

A gratificação será proporcional: I – na extinção dos contratos a prazo, entre estes incluídos os de safra, ainda que a relação de emprego haja findado antes de dezembro; e II – na cessação da relação de emprego resultante da aposentadoria do trabalhador, ainda que verificada antes de dezembro. (dispositivos incluídos pela Lei nº 9.011, de 1995).

Importante ressaltar que as faltas legais e justificadas ao serviço não serão deduzidas para os fins previstos no § 1º do art. 1º desta Lei.

Ocorrendo rescisão, sem justa causa, do contrato de trabalho, o empregado receberá a gratificação devida nos termos dos parágrafos 1º e 2º do art. 1º da Lei nº 4.090/62, calculada sobre a remuneração do mês da rescisão. É o que determina o art. 3º, da lei em foco.

Na apuração do 13º salário, deve ser observado que o período de apuração é de janeiro a dezembro de cada ano. Observar, portanto, o chamado ano calendário.

A proporção de 01 a 14 dias de trabalho no mês não se considera para fins de contagem do 13º salário. Já de 15 a 30 dias trabalhados enseja o cômputo de 1/12.

A base de cálculo do 13º salário corresponde à remuneração de dezembro ou do mês da rescisão, compreendendo o salário base, acrescido de todas as parcelas de natureza salarial. Súmula n. 45 do TST.

FÓRMULA:

1 ANO = 12 meses

Cada mês = 1/12

Remuneração : 12 = Y

Y = 1/12 do 13°

N° meses x Y = 13° devido

6.3 APURAÇÃO DE FÉRIAS, COM 1/3

A CLT, no seu art. 134, prevê que *"As férias serão concedidas por ato do empregador, em um só período, nos 12 (doze) meses subseqüentes à data em que o empregado tiver adquirido o direito"*. Há, portanto, um período aquisitivo de férias, de 12 (doze) meses, e o respectivo período concessivo, ou de fruição das férias, igualmente de 12(doze) e seguinte ao período aquisitivo.

Já o art. 137, da CLT, estabelece que, *"Sempre que as férias forem concedidas após o prazo de que trata o art. 134, o empregador pagará em dobro a respectiva remuneração"*.

E o art. 145 disciplina que *"O pagamento da remuneração das férias e, se for o caso, o do abono referido no art. 143 serão efetuados até 2 (dois) dias antes do início do respectivo período"*.

Ou seja, caso o empregador não possibilite, ao empregado, o gozo das férias de um aquisitivo nos 12(doze) meses do respectivo período concessivo (período de fruição das férias), haverá de indenizar o empregado, pagando as férias em dobro. A propósito disso, valioso se mostra conhecer o teor da Súmula n° 450, do TST:

> *Súmula nº 450 do TST*
>
> *FÉRIAS. GOZO NA ÉPOCA PRÓPRIA. PAGAMENTO FORA DO PRAZO. DOBRA DEVIDA. ARTS. 137 E 145 DA CLT.* (conversão da Orientação Jurisprudencial *nº 386 da SBDI-1) – Res. 194/2014, DEJT divulgado em 21, 22 e 23.05.2014. É devido o pagamento em dobro da remuneração de férias, incluído o terço constitucional, com base no art. 137 da CLT, quando, ainda que gozadas na época própria, o empregador tenha descumprido o prazo previsto no art. 145 do mesmo diploma legal.*

Contudo, não tendo sido completado o período aquisitivo de 12 (doze) meses, o empregado desligado sem justa causa, indiretamente despedido ou mesmo que tenha pedido demissão, fará jus ao pagamento das férias proporcionais, as quais serão pagas à vista do número de meses do aquisitivo incompleto, ou seja, ele terá direito a tantos doze avos de férias quanto forem os meses do aquisitivo que não se completou, contando-se como mês aquele no qual o empregado trabalhou 15 ou mais dias.

Observe-se que, tal como na apuração do 13° salário, a proporção (o número de doze avos) varia de 1/12 a 12/12 conforme a quantidade de meses trabalhados pelo empregado. Não se contam férias à vista do ano calendário (janeiro a dezembro). Considera-se, também, um período de doze meses, porém contado a partir da data da contratação (Ex.: empregado contratado em 27.06.2017. O seu primeiro aquisitivo de férias se completa em 26.06.2018. Já o respectivo concessivo vai de 27.07.2018 a 26.06.2019, e assim sucessivamente).

A proporção de 01 a 14 dias não se considera para fins de contagem de doze avos de férias. Já de 15 a 30 dias trabalhados enseja o cômputo de 1/12. Idêntico ao que ocorre com o cálculo do 13° salário.

Fruição das férias em época posterior ao período concessivo respectivo enseja o pagamento em dobro.

FÓRMULA:

Cada mês do aquisitivo = 1/12

As férias são calculadas com + 1/3

Remuneração : 12 = Y

Y = 1/12 de férias

N° meses do aquisitivo x Y = valor das férias, ao qual deverá ser acrescido de 1/3.

OBSERVAÇÃO:

Número de faltas injustificadas ao serviço no período aquisitivo. Reflexo na duração do período de férias:

Até 5 dias de faltas – 30 dias corridos;

De 6 a 14 dias de faltas – 24 dias corridos;

De 15 a 23 dias de faltas – 18 dias corridos;

De 24 a 32 dias de faltas – 12 dias corridos;

Acima de 32 dias – nenhum dia de férias.

6.4 APURAÇÃO DO FGTS E MULTA DE 40%

A Lei n. 8.036, de 1990 é a que dispõe, especificamente, sobre o Fundo de Garantia do Tempo de Serviço.

No seu art. 15 estabelece que, para os fins nela previstos, todos os empregadores ficam obrigados a depositar, até o dia 7 (sete) de cada mês, em conta bancária vinculada, a importância correspondente a 8 (oito) por cento da remuneração paga ou devida, no mês anterior, a cada trabalhador, incluídas na remuneração as parcelas de que tratam os arts 457 e 458 da CLT e a gratificação de Natal. Os empregados domésticos também têm acesso ao regime do FGTS, consoante disposto na Lei Complementar nº 150/2015.

São hipóteses de movimentação da conta vinculada de FGTS do trabalhador, segundo os arts. 18 a 21, da citada Lei n. 8.036, de 1990, entre outras:

- Dispensa sem justa causa;
- Rescisão indireta;
- Ruptura por culpa recíproca;
- Término contratual em face de extinção da empresa ou do estabelecimento;
- Fim do contrato por morte do obreiro;
- Extinção do contrato de trabalho por acordo entre patrão e empregado (Lei 13.467/17);
- Aposentadoria concedida pela Previdência Social.

Importante destacar que, na hipótese de despedimento do empregado, pelo empregador, sem justa causa, o patrão depositará, na conta vinculada do trabalhador no FGTS, importância igual a 40% (quarenta por cento) do montante de todos os depósitos realizados na conta vinculada durante a vigência do contrato de trabalho, atualizados monetariamente e acrescidos dos respectivos juros.

Quando ocorrer despedida por culpa recíproca ou força maior, reconhecida pela Justiça do Trabalho, bem como na hipótese de extinção do contrato de trabalho por acordo entre patrão e empregado, o percentual da chamada multa rescisória cai para 20% (vinte por cento). A propósito, eis o teor do art. 484-A, da CLT, introduzido pela Lei nº 13.467/17:

> *"Art. 484-A. O contrato de trabalho poderá ser extinto por acordo entre empregado e empregador, caso em que serão devidas as seguintes verbas trabalhistas:*
>
> *I – por metade:*
>
> *a) o aviso prévio, se indenizado; e*
>
> *b) a indenização sobre o saldo do Fundo de Garantia do Tempo de Serviço, prevista no § 1º do art. 18 da Lei nº 8.036, de 11 de maio de 1990;*

A apuração do FGTS poderá ser feita usando-se a fórmula matemática a seguir apresentada:

FÓRMULA:

FGTS DO MÊS: 8% da REM (ou REM x 8%) = Y

SÓ A MULTA DO FGTS/mês = 40% de Y (ou Y x 40%)

FGTS DO MÊS E MULTA: Y + 40%.

FGTS DO CONTRATO (Z) = Nº meses x Y.

FGTS DO CONTRATO E MULTA = Z + 40%.

Obs: REM significa remuneração do trabalhador. Y é o equivalente ao FGTS de um mês trabalhado.

Para finalizar, anoto que é devido o depósito do FGTS na conta vinculada do trabalhador cujo contrato de trabalho seja declarado nulo nas hipóteses previstas no art. 37, § 2º, da Constituição Federal, quando mantido o direito ao salário.

6.5 APURAÇÃO DAS HORAS EXTRAS

A Constituição Federal, no seu art. 7º, preceitua que "São direitos dos trabalhadores urbanos e rurais, além de outros que visem à melhoria de sua condição social:

> *(...)*
>
> *XIII – duração do trabalho normal não superior a oito horas diárias e quarenta e quatro semanais, facultada a compensação de horários e a redução da jornada, mediante acordo ou convenção coletiva de trabalho;*
>
> *(...)*

Já a CLT, no seu art. 59, prevê que:

> *Art. 59. A duração diária do trabalho poderá ser acrescida de horas extras, em número não excedente de duas, por acordo individual, convenção coletiva ou acordo coletivo de trabalho.*
>
> ***§ 1º A remuneração da hora extra será, pelo menos, 50% (cinquenta por cento) superior à da hora normal.*** *(gn)*

Exercício: Horas Extras

Considerando um trabalhador comum, sujeito ao módulo semanal normal de 44 horas e diário de 8 horas de trabalho.

O Rte ganhava R$1.200,00 mensais, trabalhando das 8 às 19, de segunda à sexta, com 1 h de intervalo. Nos sábados, das 8 às 14 hs.

Cumpria quantas horas extras/mês?

E qual seria o valor mensal das horas extras?

SEG TER QUA QUI SEX SAB

10 10 10 10 10 6 => 56

56 – 44 = 12 horas extras/semana.

SAL: R$ 1.200,00

1 H normal => 1.200 : 220 = R$ 5,45

1 H extra => 5,45 + 50% = R$ 8,17

ou 1 H extra => 5,45 x 1,5 = R$ 8,17

12 H extras => 12 x 8,17 = R$ 98,04

Mas... 1 MÊS TEM QUANTAS SEMANAS?

O trabalhador cumpria 12 h. extras por semana => 12 x 8,17 = R$ 98,04

1 mês tem 30 dias

Cada semana tem 7 dias

30:7 = 4,2857

Portanto, um mês tem 4,2857 semanas

4,2857 x 98,04 = R$ 420,17 de he/mês

Capítulo VII

REFORMA TRABALHISTA – LEI Nº 13.467/2017 – SUBSÍDIOS DE DIREITO MATERIAL PARA UMA ATUAÇÃO EFICIENTE EM AUDIÊNCIA

O que foi exposto até aqui certamente será de grande utilidade para a melhoria da performance do leitor enquanto operador do direito e, mais especificamente, para a sua atuação em audiência. Contudo, melhores resultados serão alcançados se o domínio do conteúdo e das técnicas aqui mostrados estiver associado ao conhecimento do direito material que se vai defender nas audiências. Não só do direito material do trabalho, como, também, sobre direito processual não propriamente afeto aos atos praticados em audiência.

Com efeito, nesse propósito adjutório, passarei a abordar, doravante, acerca das alterações legislativas promovidas pela Lei nº 13.467/2017, a qual ficou conhecida como Lei da Reforma Trabalhista. Embora o propósito desta obra jamais fosse tratar, de forma minudente e integral, acerca de direito material e processual do trabalho, creio que também seja imprescindível dar ao leitor a oportunidade de também conhecer sobre o que mudou na CLT a partir de 11.11.2017.

7.1 NÃO É MAIS OBRIGATÓRIA A ASSISTÊNCIA SINDICAL OU DO MINISTÉRIO DO TRABALHO PARA HOMOLOGAÇÃO DE PEDIDO DE DEMISSÃO OU RECIBO DE QUITAÇÃO DE RESCISÃO

A Reforma Trabalhista revogou o § 1º do art. 477 da CLT, dispositivo legal que previa a obrigatoriedade de assistência sindical ou do MTe para homologação de pedido de demissão ou recibo de quitação de rescisão de contrato de trabalho de empregado com mais de ano de casa. Eis o teor do revogado dispositivo:

> *§ 1º O pedido de demissão ou recibo de quitação de rescisão, do contrato de trabalho, firmado por empregado com mais de 1 (um) ano de serviço, só será válido quando feito com a assistência do respectivo Sindicato ou perante a autoridade do Ministério do Trabalho e Previdência Social. (Redação dada pela Lei nº 5.584, de 26.6.1970)*

Portanto, desde 11/11/2017, nada impede que empregador e empregado se dirijam ao sindicato do trabalhador ou, na falta deste, ao Ministério do Trabalho para homologar a rescisão. Mas uma coisa é certa: **não será mais obrigatório**. Salvo se houver convenção coletiva ou acordo coletivo de trabalho prevendo essa obrigatória assistência.

Creio que aludida alteração legislativa importou em desproteção ao trabalhador. Ainda são muitos os operários brasileiros carentes dos mínimos conhecimentos acerca de legislação do trabalho, de modo que a assistência prestada pelo Sindicato e do agente do (antigo) Ministério do Trabalho, ao meu sentir, eram imprescindíveis. Considero inoportuna a revogação em foco.

7.2 FÉRIAS: POSSIBILIDADE DE FRACIONAMENTO

A cada 12 meses de trabalho o empregado conquista o direito de gozar férias. Esse período é chamado de "período aquisitivo". Essas férias deverão ser gozadas nos 12 meses que se seguirem ao período aquisitivo. Chamamos de "período concessivo" o período de 12 meses que se segue ao período aquisitivo.

Pois bem, se as férias de um período aquisitivo não forem gozadas no respectivo período concessivo, o empregado conquista o direito de receber essas férias em dobro.

Quanto a períodos aquisitivo e concessivo, nada mudou com a Reforma.

A CLT também continua prevendo, como regra, que as férias serão concedidas por ato do empregador, em um só período de 30 dias, nos 12 (doze) meses seguintes à data em que o empregado tiver adquirido o direito às férias. Mas a reforma trouxe novidades.

A Lei da Reforma Trabalhista trouxe a possibilidade de gozo das férias em três períodos, desde que com a concordância do empregado. Portanto, desde que haja a concordância do empregado, as férias poderão ser usufruídas em até três períodos, sendo que um deles não poderá ser inferior a quatorze dias corridos e os demais não poderão ser inferiores a cinco dias corridos, cada um. Vejamos o texto legal atual:

> *Art. 134. As férias serão concedidas por ato do empregador, em um só período, nos 12 (doze) meses subseqüentes à data em que o empregado tiver adquirido o direito.*
>
> *§ 1º Desde que haja concordância do empregado, as férias poderão ser usufruídas em até três períodos, sendo que um deles não poderá ser inferior a quatorze dias corridos e os demais não poderão ser inferiores a cinco dias corridos, cada um.*

A lei da Reforma Trabalhista também revogou o dispositivo legal que garantia férias gozadas de uma só vez aos menores de 18 e aos maiores de 50 anos.

7.3 AS FÉRIAS NÃO MAIS PODERÃO TER INÍCIO NA VÉSPERA DE FERIADOS E DO REPOUSO SEMANAL

Outra novidade trazida pela Reforma Trabalhista foi a proibição de o trabalhador ter o início de suas férias coincidente com feriado ou dia de repouso. Segundo o novo art. 134, § 3º, da CLT, é vedado o início das férias no período de dois dias que antecede feriado ou dia de repouso semanal remunerado.

Inegavelmente, trata-se de inovação favorável ao trabalhador e que, por certo, merece aplauso.

Eis o texto legal:

> *Art. 134. (...)*
>
> *§ 3º É vedado o início das férias no período de dois dias que antecede feriado ou dia de repouso semanal remunerado.*

7.4 FOI UNIFICADO O PRAZO PARA O EMPREGADOR PAGAR A RESCISÃO CONTRATUAL

A Lei da Reforma Trabalhista unificou os prazos para o empregador pagar a rescisão contratual, alterando a redação do art. 477 CLT.

Antes da Reforma Trabalhista, se o empregado era previamente avisado da sua dispensa e trabalhava o período do aviso prévio, o pagamento da rescisão teria que ocorrer no dia útil seguinte ao cumprimento do aviso trabalhado, sob pena de multa equivalente a um salário do empregado.

Já se o aviso prévio fosse do tipo indenizado ou se o empregado fosse dispensado de trabalhar no período do aviso prévio (aviso prévio cumprido em casa), o prazo para pagamento das verbas rescisórias era até o décimo dia da notificação da dispensa.

A partir de 11/11/2017, data em que a CLT reformada entrou em vigor, o pagamento da rescisão do contrato de trabalho deverá acontecer sempre em até dez dias, contados a partir do término do contrato. Isso independentemente de o empregado ter tido o aviso prévio trabalhado ou indenizado.

Vejamos como ficou a redação da lei:

> *Art. 477. (...)*
>
> *§ 6º A entrega ao empregado de documentos que comprovem a comunicação da extinção contratual aos órgãos competentes bem como o pagamento dos valores constantes do instrumento de rescisão ou recibo de quitação deverão ser efetuados até dez dias contados a partir do término do contrato.*

7.5 FOI AUTORIZADA A TERCEIRIZAÇÃO AMPLA, TANTO DA ATIVIDADE-MEIO, QUANTO DA ATIVIDADE-FIM DA EMPRESA

A terceirização não era prevista em lei. O seu disciplinamento era guiado pela jurisprudência do Tribunal Superior do Trabalho (TST). No ano de 1986 o TST editou uma Súmula, de nº 256, admitindo a terceirização, porém restrita ao trabalho temporário e ao serviço de vigilância. Só essas atividades poderiam ser terceirizadas.

Em 1994 o TST editou nova Súmula, de nº 331, alargando o campo de incidência da legalização da terceirização. Ou seja, considerou também legal a terceirização dos serviços de conservação e limpeza e qualquer outro tipo serviço, desde que especializado e ligado à atividade-meio da empresa contratante.

Desde então, até a Administração Pública passou a intensificar o uso da contratação de empresas terceirizadas.

Com a Reforma Trabalhista, a terceirização passou a ser ampla, ilimitada, como adiante explicarei.

Mas o que é terceirização?

Segundo a lei, considera-se terceirização ou prestação de serviços a terceiros a transferência feita pela contratante da execução de quaisquer de suas atividades, inclusive de sua atividade principal (atividade-fim), à pessoa jurídica de direito privado prestadora de serviços que possua capacidade econômica compatível com a sua execução.

Ou seja, haverá terceirização quando uma empresa transferir a execução de suas atividades meio e/ou fim a uma outra empresa. Por exemplo: uma padaria contrata um segurança para afugentar assaltantes e proteger o seu patrimônio e os seus clientes na hora que estes compram os seus produtos. Isso é terceirização de atividade-meio, já que a atividade-fim de uma padaria é vender pães e doces e, não, vender segurança.

Por outro lado, se uma padaria contrata um padeiro, um confeiteiro ou um balconista, dizemos que ela contratou trabalhadores que atuam na sua atividade principal, na sua atividade essencial e preponderante, ou seja, na sua atividade-fim.

A jurisprudência do TST e dos TRTs considerava irregular a terceirização de atividade-fim. Porém, a Reforma Trabalhista alterou consideravelmente isso. Permitiu que a terceirização ocorra até mesmo em atividade essencial ao empreendimento. Veio permitir a terceirização irrestrita, ou seja, não só a terceirização da atividade-meio, como a terceirização de atividade-fim.

Portanto, uma padaria poderá contratar um padeiro terceirizado. Passou a ser algo possível um empresário ter uma empresa, mas sem empregados. Basta que terceirize todos os que lhe servem. Ao invés de ele ter os seus próprios empregados, contratará os de uma empresa de terceirização de serviços.

Contudo, importa, aqui, destacar os requisitos exigidos por lei para o funcionamento de uma empresa de terceirização (de prestação de serviços a terceiros).

O art. 4º-B da Lei nº 6.019/74 (incluído pela Lei nº 13.429/2017) prevê como requisitos para o funcionamento de uma empresa de prestação de serviços a terceiros os seguintes:

I – prova de inscrição no Cadastro Nacional da Pessoa Jurídica (CNPJ);

II – registro na Junta Comercial;

> *III – Capital Social compatível com o número de empregados, observando-se os seguintes parâmetros:*
>
> *a) empresas com até dez empregados – capital mínimo de R$ 10.000,00;*
>
> *b) empresas com mais de dez e até vinte empregados – capital mínimo de R$ 25.000,00;*
>
> *c) empresas com mais de vinte e até cinquenta empregados – capital mínimo de R$ 45.000,00;*
>
> *d) empresas com mais de cinquenta e até cem empregados – capital mínimo de R$ 100.000,00;*
>
> *e) empresas com mais de cem empregados – capital mínimo de R$ 250.000,00.*

Sem dúvida, a terceirização será usada como um expediente para baratear custos, implicando, não raramente, em redução de salários.

Outro inconveniente da terceirização é a possibilidade de se terceirizar a atividade da empresa para uma empresa inidônea, sem lastro financeiro, que não têm condições de honrar as dívidas trabalhistas.

Aliás, os valores exigidos pela Lei da Reforma como capital social para se instalar uma empresa de prestação de serviço a terceiros se mostram irrisórios. Aludidos valores dificilmente garantiriam o pagamento de algumas rescisões contratuais. Imagine-se se todos os empregados são despedidos. A título de exemplo, consideremos uma empresa com até dez empregados. Rara é a reclamação tramitando na Justiça do Trabalho na qual o empregado pleiteia menos de R$ 10.000,00. Ou seja, o "capital social" mal cobre um débito dessa monta. Sem falar que capital social é algo não concreto, sendo meramente estimativo.

Ainda sobre terceirização e alterações legais recentes, costuma-se indagar, a quem atua na área do direito do trabalho, se o empregador pode rescindir o contrato de alguns ou mesmo de todos os seus empregados e, em seguida, contratá-los como terceirizados. A resposta correta é: de imediato, não. Deverá observar a chamada quarentena.

Ou seja, a Lei nº 13.429/2017 alterou a Lei Geral das Terceirizações (Lei nº 6.019, de 3 de janeiro de 1974), estabelecendo que *"Art. 5º-D. O empregado que for demitido não poderá prestar serviços para esta mesma empresa na qualidade de empregado de empresa prestadora de serviços antes do decurso de prazo de dezoito meses, contados a partir da demissão do empregado".*

Já o art. 5°-C da Lei n° 6.019/74 proíbe a contratação de empresa de terceirização que tenha como titular(es) ou sócio(s) pessoa(s) que, nos últimos 18 meses, tenha(m) sido seu(s) empregado(s) ou tenha(m) lhe prestado serviço, mesmo sem ser empregado, exceto se os referidos titulares ou sócios forem aposentados. Eis o texto legal:

> *Art. 5º-C. Não pode figurar como contratada, nos termos do art. 4º-A desta Lei, a pessoa jurídica cujos titulares ou sócios tenham, nos últimos dezoito meses, prestado serviços à contratante na qualidade de empregado ou trabalhador sem vínculo empregatício, exceto se os referidos titulares ou sócios forem aposentados.*

Também é importante ressaltar que são asseguradas aos empregados da empresa prestadora de serviços a que se refere o art. 4°-A da citada Lei n° 6.019/74, quando e enquanto os serviços, que podem ser de qualquer uma das atividades da contratante, forem executados nas dependências da tomadora, as mesmas condições:

> *I – relativas a:*
>
> *a) alimentação garantida aos empregados da contratante, quando oferecida em refeitórios;*
>
> *b) direito de utilizar os serviços de transporte;*
>
> *c) atendimento médico ou ambulatorial existente nas dependências da contratante ou local por ela designado;*
>
> *d) treinamento adequado, fornecido pela contratada, quando a atividade o exigir.*
>
> *II – sanitárias, de medidas de proteção à saúde e de segurança no trabalho e de instalações adequadas à prestação do serviço.*

E mais, contratante e contratada poderão estabelecer, se assim entenderem, que os empregados da contratada (terceirizada) farão jus a salário equivalente ao pago aos empregados da contratante, além de outros direitos não previstos neste artigo.

Ora, a lei do contrato temporário prevê essa isonomia como obrigação e não como uma faculdade dos contratantes. Portanto, nesse tocante, é de se lamentar que o legislador reformista não tenha dado ao empregado de empresa de terceirização de serviço o mesmo tratamento assegurado ao empregado de empresa de trabalho temporário que é posto a atuar na empresa tomadora de serviço.

7.6 MULHERES TRABALHADORAS – ACABOU O INTERVALO OBRIGATÓRIO DE DESCANSO (15 MIN) ANTES DE INICIAR O CUMPRIMENTO DE HORAS EXTRAS

A reforma trabalhista revogou o art. 384 da CLT, o qual ostentava o seguinte teor:

> *Art. 384. Em caso de prorrogação do horário normal, será obrigatório um descanso de 15 (quinze) minutos no mínimo, antes do início do período extraordinário do trabalho.*

Com isso, as mulheres trabalhadoras, contatadas após a vigência da Lei da Reforma Trabalhista, não mais fazem jus ao descanso mínimo de 15 minutos antes do início do cumprimento das horas extras.

Por exemplo, a empregada cumpre jornada de 8 horas de segunda a sexta-feira e 4 horas no sábado e, um certo dia ou em alguns dias, o empregador lhe põe a trabalhar além disso. Anteriormente ao advento da Reforma Trabalhista, era assegurado, à empregada, um pequeno intervalo de 15 minutos antes de ela começar a cumprir a(s) hora(s) extras. Direito, evidentemente, voltado à preservação da à saúde e da higiene, conquistado pelas mulheres. Pois bem, a CLT não mais assegura esse direito, desde 11/11/2017.

7.7 GESTANTES E LACTANTES PASSARAM A PODER TRABALHAR EM AMBIENTE E ATIVIDADES DE INSALUBRIDADE MÉDIA E MÍNIMA

Antes da Reforma Trabalhista, a CLT vedava à gestante e à lactante (mãe que está amamentando) quaisquer atividades, operações ou locais insalubres. Vejamos o texto da lei:

> *Art. 394-A. A empregada gestante ou lactante será afastada, enquanto durar a gestação e a lactação, de quaisquer atividades, operações ou locais insalubres, devendo exercer suas atividades em local salubre. (Incluído pela Lei nº 13.287, de 2016).*

É interessante dizer que a CLT prevê insalubridade de graus mínimo, médio e máximo.

Pois a partir de 11/11/2017, graças à Reforma Trabalhista, só ficou proibido às gestantes e às lactantes o trabalho em atividades insalubres de grau máximo.

Ou seja, desde 11/11/2017, toda gestante e lactante, a princípio, poderá trabalhar em atividades, operações e ambientes com insalubridade nos graus médio e mínimo. Somente não trabalharão se apresentarem atestado de seu médico de confiança recomendando o afastamento desse tipo de trabalho insalubre durante a gestação ou a lactação.

Todavia, é alvissareiro o fato de o Supremo Tribunal Federal, em face da Ação Direta de Inconstitucionalidade nº 5938, ajuizada pela Confederação Nacional dos Trabalhadores Metalúrgicos, haver decidido, em 29.05.2019, por maioria, julgar procedente o pedido formulado na aludida ação direta para declarar a inconstitucionalidade da expressão "quando apresentar atestado de saúde, emitido por médico de confiança da mulher, que recomende o afastamento", contida nos incisos II e III do art. 394-A da Consolidação das Leis do Trabalho (CLT), inseridos pelo art. 1º da Lei 13.467/2017, nos termos do voto do Relator, Min. Alexandre de Moraes, vencido o Ministro Marco Aurélio. Eis a ementa da aludida decisão:

> "AÇÃO DIRETA DE INCONSTITUCIONALIDADE 5.938 DISTRITO FEDERAL – EMENTA: DIREITOS SOCIAIS. REFORMA TRABALHISTA. PROTEÇÃO CONSTITUCIONAL À MATERNIDADE. PROTEÇÃO DO MERCADO DE TRABALHO DA MULHER. DIREITO À SEGURANÇA NO EMPREGO. DIREITO À VIDA E À SAÚDE DA CRIANÇA. GARANTIA CONTRA A EXPOSIÇÃO DE GESTANTES E LACTANTES A ATIVIDADES INSALUBRES. 1. O conjunto dos Direitos sociais foi consagrado constitucionalmente como uma das espécies de direitos fundamentais, caracterizando-se como verdadeiras liberdades positivas, de observância obrigatória em um Estado Social de Direito, tendo por finalidade a melhoria das condições de vida aos hipossuficientes, visando à concretização da igualdade social, e são consagrados como fundamentos do Estado Democrático, pelo art. 1º, IV, da Constituição Federal. 2. A Constituição Federal proclama importantes direitos em seu artigo 6º, entre eles a proteção à maternidade, que é a ratio para inúmeros outros direitos sociais instrumentais, tais como a licença-gestante e o direito à segurança no emprego, a proteção do mercado de trabalho da mulher, mediante incentivos específicos, nos termos da lei, e redução dos riscos inerentes ao trabalho, por meio de normas de saúde, higiene e segurança. 3. A proteção contra a exposição da gestante e lactante a atividades insalubres caracteriza-se como importante direito social instrumental protetivo tanto da mulher quanto da criança, tratando-se de normas de salvaguarda dos direitos sociais da mulher e de efetivação de integral proteção ao recém-nascido, possibilitando seu pleno desenvolvimento, de maneira harmônica, segura e sem riscos decorrentes da exposição a ambiente insalubre (CF, art. 227). 4. A proteção à maternidade e a integral proteção à criança são direitos irrenunciáveis

e não podem ser afastados pelo desconhecimento, impossibilidade ou a própria negligência da gestante ou lactante em apresentar um atestado médico, sob pena de prejudicá-la e prejudicar o recém-nascido. 5. Ação Direta julgada procedente"

Por fim, convém anotar que a Lei da Reforma também estabeleceu que, nos casos em que não for possível lotar a gestante ou a lactante em local salubre na empresa, o caso será considerado como de gravidez de risco e a empregada será encaminhada ao INSS de modo a ficar recebendo o salário-maternidade durante todo o período de afastamento.

7.8 OS HORÁRIOS DOS DESCANSOS PARA AMAMENTAÇÃO PODERÃO SER DEFINIDOS EM ACORDO INDIVIDUAL ENTRE PATRÃO E EMPREGADO

A CLT prevê, no seu art. 396, que a mulher tem direito, durante a jornada de trabalho, a 2 (dois) descansos especiais, de meia hora cada um, para amamentar o seu filho, inclusive se adotado, até que este complete 6 (seis) meses de idade. Segue o teor legal:

> *Art. 396. Para amamentar seu filho, inclusive se advindo de adoção, até que este complete 6 (seis) meses de idade, a mulher terá direito, durante a jornada de trabalho, a 2 (dois) descansos especiais de meia hora cada um.*

A partir de 11/11/2017, por força da Reforma Trabalhista, passou a ser possível estabelecer esses intervalos (ou seja, os horários de sua fruição) por ajuste entre empregado e empregador. Eis o acréscimo feito ao art. 396 da CLT:

> *§ 2º Os horários dos descansos previstos no caput deste artigo deverão ser definidos em acordo individual entre a mulher e o empregador.*

Parece-me que a reforma, lamentavelmente, não levou em conta que os horários de descanso para a amamentação deveriam atender às necessidades do filho da empregada. Tal como previsto pela Lei 13.467/17, há inegável risco de serem ajustados horários de descanso não coincidentes com a necessidade/fome do recém-nascido.

Anoto, por fim, que, segundo a jurisprudência do Tribunal Superior do Trabalho (TST), os intervalos de amamentação não podem ocorrer coincidentes total ou parcialmente com o intervalo de descanso e alimentação da mãe. E nem podem ser ajustados para um deles se seguir imediatamente ao outro.

7.9 ALGUMAS PARCELAS PAGAS AO EMPREGADO NÃO MAIS INTEGRAM A REMUNERAÇÃO E NEM GERARÃO REFLEXOS EM OUTRAS VERBAS CONTRATUAIS

Parcelas como auxílio-alimentação, gratificações ajustadas, diárias para viagem (que excedam de 50% do salário percebido pelo empregado), prêmios e abonos deixaram de ter natureza salarial a partir de novembro/2017.

Ainda que habituais, a ajuda de custo, o auxílio-alimentação, as diárias para viagem, os prêmios e os abonos não mais se incorporarão ao contrato, podendo ser retirados a qualquer tempo. Eis o novo texto legal, contido na CLT:

> *Art. 457. Compreendem-se na remuneração do empregado, para todos os efeitos legais, além do salário devido e pago diretamente pelo empregador, como contraprestação do serviço, as gorjetas que receber.*
>
> *§ 1º Integram o salário a importância fixa estipulada, as gratificações legais e as comissões pagas pelo empregador.*
>
> *§ 2º As importâncias, ainda que habituais, pagas a título de ajuda de custo, auxílio-alimentação, vedado seu pagamento em dinheiro, diárias para viagem, prêmios e abonos não integram a remuneração do empregado, não se incorporam ao contrato de trabalho e não constituem base de incidência de qualquer encargo trabalhista e previdenciário.*

Importante destacar que, no mesmo sentido trilhado pela Lei da Reforma Trabalhista (Lei nº13.467/17), a Medida Provisória nº 905/2019 promoveu alteração no § 5º, do art. 458 da CLT. Contudo, aludida MP terminou sendo revogada.

Com efeito, para que o leitor perceba mais facilmente a alteração havida em decorrência da Lei nº 13.467/2017, é conveniente o cotejo da antiga e da atual redação do parágrafo 1º, do citado art. 457, da CLT:

Como era: § 1º - Integram o salário não só a importância fixa estipulada, como também as comissões, percentagens, gratificações ajustadas, diárias para viagens e abonos pagos pelo empregador.

Como ficou: § 1º - Integram o salário a importância fixa estipulada, as gratificações legais e as comissões pagas pelo empregador.

Em resumo:

- Ajuda de custo;
- Auxílio-alimentação, vedado seu pagamento em dinheiro;
- Diárias para viagem (ainda que superiores a 50% do salário);

- Prêmios; e
- Abonos

Não integram a remuneração do empregado, não se incorporam ao contrato de trabalho e não constituem base de incidência de qualquer encargo trabalhista.

A propósito do tema, são utilidades concedidas pelo empregador e não consideradas salário segundo o art. 458, § 2°, da CLT:

> I – vestuários, equipamentos e outros acessórios fornecidos aos empregados e utilizados no local de trabalho, para a prestação do serviço;
>
> II – educação, em estabelecimento de ensino próprio ou de terceiros, compreendendo os valores relativos a matrícula, mensalidade, anuidade, livros e material didático;
>
> III – transporte destinado ao deslocamento para o trabalho e retorno, em percurso servido ou não por transporte público;
>
> IV – assistência médica, hospitalar e odontológica, prestada diretamente ou mediante seguro-saúde;
>
> VI – previdência privada;
>
> VIII - o valor correspondente ao vale-cultura.

Quanto ao trabalhador doméstico, convém salientar, à luz do art. 18, da Lei Complementar n° 150/2015, que é vedado, ao seu empregador, efetuar descontos no salário do empregado por fornecimento de alimentação, vestuário, higiene ou moradia, bem como por despesas com transporte, hospedagem e alimentação em caso de acompanhamento em viagem.

Todavia, poderão ser descontadas as despesas com moradia, quando essa se referir a local diverso da residência em que ocorrer a prestação de serviço, desde que essa possibilidade tenha sido expressamente acordada entre as partes.

Observe-se que as despesas com alimentação, vestuário, higiene ou moradia, bem como por despesas com transporte, hospedagem e alimentação em caso de acompanhamento em viagem não têm natureza salarial, nem se incorporam à remuneração para quaisquer efeitos.

Por fim, anoto que o fornecimento de moradia ao empregado doméstico na própria residência ou em morada anexa, de qualquer natureza, não gera ao empregado qualquer direito de posse ou de propriedade sobre a referida moradia.

7.10 FICOU MAIS DIFÍCIL O EMPREGADO CONSEGUIR EQUIPARAÇÃO SALARIAL COM UM COLEGA DA MESMA EMPRESA

É comum o empregado ir à Justiça do Trabalho pedir equiparação salarial. Ou seja, o empregado pretende receber o mesmo salário pago a um colega dele, o qual, no linguajar jurídico, chamamos de "empregado paradigma" ou simplesmente "paradigma".

Porém, para que se reconheça o direito à equiparação, a lei exige que alguns requisitos sejam preenchidos pelo paragonado, ou seja, pelo empregado que pretende ser equiparado ao paradigma.

Aliás, se esses requisitos são evidenciados ainda na vigência do contrato de trabalho, o empregador está obrigado a pagar o mesmo salário a todos os empregados que atendam aos aludidos requisitos.

Antes da Reforma Trabalhista, o art. 461 da CLT previa que, sendo idêntica a função, "a todo trabalho de igual valor", prestado ao mesmo empregador, na mesma localidade, corresponderá igual salário, sem distinção de sexo, nacionalidade ou idade.

Mas o que seria trabalho de igual valor?

A CLT dá a resposta: trabalho de igual valor é o que for feito com igual produtividade e com a mesma perfeição técnica, entre pessoas cuja diferença de tempo de serviço não for superior a 2 (dois) anos.

Ocorre que a Reforma Trabalhista alterou o citado art. 461 da CLT. Aumentou o número de requisitos para que a equiparação salarial ocorra. Em resumo, dificultou a equiparação salarial.

Para começar, mudou, consideravelmente, o conceito de trabalho de igual valor. Trabalho de igual valor passou a ser aquele que for feito com igual produtividade e com a mesma perfeição técnica, entre pessoas cuja diferença de tempo de serviço para o mesmo empregador não seja superior a quatro anos e a diferença de tempo na função não seja superior a dois anos.

Por outro lado, se, antes da Reforma, era possível a equiparação entre empregados (de um mesmo empregador com função idêntica e trabalho de igual valor) que atuavam numa mesma localidade (o TST entende que mesma localidade significa além da área de um município, entendendo-se como tal inclusive uma mesma região metropolitana), após a Lei da Reforma Trabalhista a equiparação só é possível entre empregados que atuem no mesmo estabelecimento empresarial.

Ou seja, antes da Lei 13.467/17, o empregado poderia buscar equiparação salarial com um colega que atuasse em qualquer estabelecimento do empregador sediado na mesma cidade ou mesma região metropolitana. Mas, a partir de 11/11/2015, quando começa a vigência da Lei 13.467/2017 (Lei da Reforma Trabalhista), a equiparação salarial, além da exigência de idêntica função e prestação de trabalho de igual valor, passou a exigir que paragonado (empregado que deseja a equiparação salarial) e paradigma prestem serviço no mesmo estabelecimento empresarial (mesma indústria, mesma loja, mesma filial... etc.).

Não bastasse toda essa dificuldade imposta pela Reforma para uma equiparação salarial, há outro requisito novo: a equiparação salarial só será possível entre empregados contemporâneos no cargo ou na função, ficando vedada a indicação de paradigmas remotos, ainda que o paradigma contemporâneo tenha obtido a vantagem em ação judicial própria.

Eis o novo ordenamento contido na CLT acerca do tema:

> *Art. 461. Sendo idêntica a função, a todo trabalho de igual valor, prestado ao mesmo empregador, no mesmo estabelecimento empresarial, corresponderá igual salário, sem distinção de sexo, etnia, nacionalidade ou idade.*
>
> *§ 1º Trabalho de igual valor, para os fins deste Capítulo, será o que for feito com igual produtividade e com a mesma perfeição técnica, entre pessoas cuja diferença de tempo de serviço para o mesmo empregador não seja superior a quatro anos e a diferença de tempo na função não seja superior a dois anos.*
>
> *§ 2º Os dispositivos deste artigo não prevalecerão quando o empregador tiver pessoal organizado em quadro de carreira ou adotar, por meio de norma interna da empresa ou de negociação coletiva, plano de cargos e salários, dispensada qualquer forma de homologação ou registro em órgão público.*
>
> *§ 3º No caso do § 2º deste artigo, as promoções poderão ser feitas por merecimento e por antiguidade, ou por apenas um destes critérios, dentro de cada categoria profissional.*
>
> *§ 4º O trabalhador readaptado em nova função por motivo de deficiência física ou mental atestada pelo órgão competente da Previdência Social não servirá de paradigma para fins de equiparação salarial.*
>
> *§ 5º A equiparação salarial só será possível entre empregados contemporâneos no cargo ou na função, ficando vedada a indicação de paradigmas remotos, ainda que o paradigma contemporâneo tenha obtido a vantagem em ação judicial própria.*

7.11 NÃO É MAIS NECESSÁRIO FIRMAR CONVENÇÃO COLETIVA OU ACORDO COLETIVO PARA A ADOÇÃO DO REGIME DE TRABALHO 12 X 36

Acordo coletivo de trabalho é um acerto entre empresa(s) e o sindicato dos trabalhadores. Convenção coletiva de trabalho é um acordo celebrado entre o sindicato ou federação dos empresários e o sindicato/federação dos empregados.

Antes da Reforma Trabalhista, a CLT não previa, especificamente, a possibilidade de adoção do sistema de trabalho na escala 12 x 36. Mas se é verdade que o regime de 12 horas de trabalho por 36 horas ininterruptas de descanso não estava especificamente previsto na CLT, também é certo que se trata de um sistema de escala de trabalho tolerado pela jurisprudência do TST.

Pois bem, a Lei da Reforma Trabalhista veio prevendo, expressamente, não só a possibilidade de adoção do sistema 12 x 36, como também que esse regime de trabalho excepcional seja adotado por simples acordo individual entre patrão e empregado. Porém, esse acordo individual haverá de ser escrito. A adoção do regime também pode ser feita por acordo coletivo ou convenção coletiva de trabalho.

Vejamos o teor do dispositivo celetista em comento:

> *Art. 59. A duração diária do trabalho poderá ser acrescida de horas extras, em número não excedente de duas, por acordo individual, convenção coletiva ou acordo coletivo de trabalho.*
>
> *§ 1º A remuneração da hora extra será, pelo menos, 50% (cinquenta por cento) superior à da hora normal.*
>
> *§ 2º Poderá ser dispensado o acréscimo de salário se, por força de acordo ou convenção coletiva de trabalho, o excesso de horas em um dia for compensado pela correspondente diminuição em outro dia, de maneira que não exceda, no período máximo de um ano, à soma das jornadas semanais de trabalho previstas, nem seja ultrapassado o limite máximo de dez horas diárias.*
>
> *§ 3º Na hipótese de rescisão do contrato de trabalho sem que tenha havido a compensação integral da jornada extraordinária, na forma dos §§ 2º e 5º deste artigo, o trabalhador terá direito ao pagamento das horas extras não compensadas, calculadas sobre o valor da remuneração na data da rescisão.*
>
> *§ 4º ... revogado pela Lei nº 13.467/2017.*
>
> *§ 5º O banco de horas de que trata o § 2º deste artigo poderá ser pactuado por acordo individual escrito, desde que a compensação ocorra no período máximo de seis meses.*

*§ 6º **É lícito o regime de compensação de jornada estabelecido por acordo individual, tácito ou escrito, para a compensação no mesmo mês.** (gn)*

*Art. 59-A. Em exceção ao disposto no art. 59 desta Consolidação, é facultado às partes, **mediante acordo individual escrito**, convenção coletiva ou acordo coletivo de trabalho, estabelecer horário de trabalho de doze horas seguidas por trinta e seis horas ininterruptas de descanso, observados ou indenizados os intervalos para repouso e alimentação. (gn)*

Parágrafo único. A remuneração mensal pactuada pelo horário previsto no caput deste artigo abrange os pagamentos devidos pelo descanso semanal remunerado e pelo descanso em feriados, e serão considerados compensados os feriados e as prorrogações de trabalho noturno, quando houver, de que tratam o art. 70 e o § 5º do art. 73 desta Consolidação.

Art. 59-B. O não atendimento das exigências legais para compensação de jornada, inclusive quando estabelecida mediante acordo tácito, não implica a repetição do pagamento das horas excedentes à jornada normal diária se não ultrapassada a duração máxima semanal, sendo devido apenas o respectivo adicional.

Parágrafo único. A prestação de horas extras habituais não descaracteriza o acordo de compensação de jornada e o banco de horas.

7.12 O INTERVALO PARA REPOUSO E ALIMENTAÇÃO NO TRABALHO NA ESCALA 12 X 36 PODERÁ SER INDENIZADO, AO INVÉS DE USUFRUÍDO

O TST sempre entendeu que deveria ser garantido ao empregado que trabalha na escala 12 x 36 o direito ao intervalo para repouso e alimentação. Isso porque o empregado precisa gozar o descanso restaurador de suas forças física e mental. Quando não era assegurado esse intervalo (de, no mínimo, 1 hora), o empregado conquistava o direito de receber o pagamento total do período de descanso suprimido com acréscimo de, no mínimo, 50% sobre o valor da remuneração da hora normal de trabalho.

Ou seja, caso o empregador colocasse o empregado para trabalhar na escala 12 x 36 e não lhe concedesse intervalo algum de descanso ou o concedesse parcialmente (ex: 30 minutos apenas), teria de pagar ao empregado todo o tempo de intervalo suprimido, acrescido de 50% (como se fosse hora extra).

O TST também entendia que, uma vez sendo habitual a supressão total ou parcial do intervalo, o pagamento a ele referente possuía natureza salarial, portanto gerando acréscimos no cálculo de outras parcelas devidas ao empregado, como, por exemplo, 13° salário, férias, FGTS e aviso prévio.

Ou seja, gerava os chamados reflexos das horas extras relativas ao intervalo de descanso não usufruído.

Pois a reforma trabalhista autorizou ajustar o aludido regime de trabalho sem qualquer intervalo para repouso e alimentação. Ou seja, permite que o intervalo de descanso, ao invés de usufruído pelo empregado (para recobrar as suas forças e se alimentar), seja indenizado.

Eis o texto legal:

> *CLT/Art. 59-A. Em exceção ao disposto no art. 59 e em leis específicas, é facultado às partes, por meio de convenção coletiva ou acordo coletivo de trabalho, estabelecer horário de trabalho de doze horas seguidas por trinta e seis horas ininterruptas de descanso,* ***observados ou indenizados os intervalos para repouso e alimentação****. (gn)*

Ora, permitir que patrão e empregado ajustem a supressão do intervalo intrajornada leva à privação de descanso imprescindível, máxime se o obreiro irá laborar por 12 horas a fio. Não descarto malferimento aos artigos 6° e 7° da CF. E indago ao leitor: será que trabalhar 12 horas sem parar para descanso e alimentação viola o direito à saúde (art. 6°, CF)?

Tal inovação legislativa atenta contra o previsto no art. 7° da CF. Afinal, referido dispositivo constitucional prevê que os trabalhadores urbanos e rurais têm direito à *"redução dos riscos inerentes ao trabalho, por meio de normas de saúde, higiene e segurança".* Ou seja, o Estado tem o dever de assegurar esse direito ao cidadão trabalhador. No entanto, a Lei da Reforma Trabalhista, no tocante aos que cumprem jornada 12 x 36, fez foi o contrário. Afinal, o labor por 12 horas seguidas, sem intervalo, potencializa os "riscos inerentes ao trabalho".

Sem dúvida, essa alteração prevista na Lei da Reforma Trabalhista ensejará graves comprometimentos à saúde do trabalhador. Aumentará, em muito, os índices de acidentes de trabalho típicos e de adoecimentos. Sem falar na qualidade do serviço prestado, que ficará comprometida pela falta de descanso e exaustão do obreiro.

Você, leitor, já se imaginou tendo o seu patrimônio guardado por um vigilante armado que trabalha nessa sistemática e não goza do intervalo intrajornada? Ele tenderá a dormir em serviço, desprotegendo o seu patrimônio. E, decerto, terá a arma subtraída pelo marginal, que não hesitará em lhe tirar a vida.

Aliás, isso não é bom nem para o empregador, que terá que indenizar o trabalhador acidentando.

Enfim, quando se esperava do legislador que editasse normas zelosas com a saúde, a higiene e a segurança do trabalhador, como exige a Lei Maior do país, veio ele com uma "reforma modernizadora" que parece em sentido contrário.

7.13 ESCALA 12 X 36 – O PAGAMENTO PELO INTERVALO SUPRIMIDO NÃO MAIS REFLETIRÁ NAS OUTRAS VERBAS CONTRATUAIS

O TST também entendia que, uma vez sendo habitual a supressão total ou parcial do intervalo, o pagamento a ele referente possuía natureza salarial, gerando, por conseguinte, acréscimos no cálculo de outras parcelas devidas ao empregado, como, por exemplo, 13° salário e férias. Os chamados reflexos da hora extra relativa ao intervalo de descanso não usufruído.

Pois a Lei da Reforma Trabalhista autoriza ajustar o aludido regime de trabalho sem qualquer intervalo para repouso e alimentação. Vale dizer, permite que o intervalo de descanso, ao invés de usufruído pelo empregado para recobrar as suas forças e se alimentar, seja indenizado. Vejamos o novo texto da CLT, no tocante:

> *Art. 59-A. Em exceção ao disposto no art. 59 e em leis específicas, é facultado às partes, por meio de convenção coletiva ou acordo coletivo de trabalho, estabelecer horário de trabalho de doze horas seguidas por trinta e seis horas ininterruptas de descanso, observados ou* ***indenizados*** *os intervalos para repouso e alimentação.*

A expressão *"indenizados os intervalos para repouso e alimentação"*, sutilmente inserida na norma em tela, também indica que, quando os intervalos forem indenizados, tal pagamento não terá natureza salarial e, portanto, não repercutirá, a título de reflexos, em outras verbas.

Sem dúvida, mais uma alteração nociva à classe trabalhadora.

7.14 ESCALA 12 X 36 – A REMUNERAÇÃO AJUSTADA PARA QUEM TRABALHAR NA ESCALA 12 X 36 JÁ CONTEMPLA OS DOMINGOS E FERIADOS TRABALHADOS

Outra novidade introduzida pela Lei da Reforma Trabalhista consta no § 1°, do art. 59-A, da CLT. Segundo esse dispositivo legal, a remuneração mensal pactuada para o trabalhador que cumpre escala 12 x 36 já abrange os pagamentos devidos pelo descanso semanal remunerado e pelo descanso em feriados. Mais uma perda para o trabalhador. Eis o texto legal:

> *§ 1º A remuneração mensal pactuada pelo horário previsto no caput abrange os pagamentos devidos pelo descanso semanal remunerado e pelo descanso em feriados e serão considerados compensados os feriados e as prorrogações de trabalho noturno, quando houver, de que tratam o art. 70 e o § 5º do art. 73.*

Não eram raras as ações trabalhistas nas quais o empregado submetido à escala 12 x 36 afirmava que não gozara folga nos dias feriados e nos domingos. As empresas, por sua vez, alegavam que, como o trabalhador folgava 36 horas, após 12 horas de trabalho, não teria direito a folgar nos feriados e domingos. Os juízes oscilavam quanto ao tema. Uns entendiam que o empregado teria direito a receber pelos feriados e domingos trabalhador. Outros juízes, não. Essa nova regra vai acabar com esse tipo de discussão. A meu ver, em prejuízo do trabalhador.

7.15 ESCALA 12 X 36 E O TRABALHO INSALUBRE – DISPENSA DE AUTORIZAÇÃO DO MINISTÉRIO DO TRABALHO

Antes da Reforma Trabalhista, a CLT previa, no seu art. 60, que:

> *Art. 60. Nas atividades insalubres, assim consideradas as constantes dos quadros mencionados no capítulo 'Da Segurança e da Medicina do Trabalho', ou que neles venham a ser incluídas por ato do Ministro do Trabalho, Industria e Comercio, quaisquer prorrogações só poderão ser acordadas mediante licença prévia das autoridades competentes em matéria de higiene do trabalho, as quais, para esse efeito, procederão aos necessários exames locais e à verificação dos métodos e processos de trabalho, quer diretamente, quer por intermédio de autoridades sanitárias federais, estaduais e municipais, com quem entrarão em entendimento para tal fim.*

Todavia, a Lei nº 13.467/17 introduziu um parágrafo único no referido dispositivo legal, o qual consagrou uma abominável exceção, *in verbis:*

> *Parágrafo único. Excetuam-se da exigência de licença prévia as jornadas de doze horas de trabalho por trinta e seis horas ininterruptas de descanso.*

Portanto, desde o advento da Lei da Reforma Trabalhista, não mais se exige licença prévia das autoridades competentes em matéria de sanidade do trabalho para o labor insalubre na jornada 12 x 36.

Ou seja, para esse tipo de trabalhador, a Reforma Trabalhista deu, além da queda, um coice, como se diz popularmente. Deu a possibilidade de trabalhar 12 horas, sem intervalo, em atividade insalubre não devidamente licenciada pelas autoridades competentes. É o que se chama de carta branca para o atentado à saúde do trabalhador.

Não há dúvida de que se trata de mais uma alteração levada a efeito pela Lei da Reforma Trabalhista com desdém à Constituição Federal. Primeiro, porque viola o direito à saúde (art. 6°, CF). Segundo, porque, como já salientado, o art. 7° da Lei Fundamental prevê que os trabalhadores urbanos e rurais tenham direito à "redução dos riscos inerentes ao trabalho, por meio de normas de saúde, higiene e segurança". O dispositivo alterado vai na contramão da norma constitucional.

7.16 A ESCALA 12 X 36 E O FIM DA REMUNERAÇÃO DA HORA NOTURNA PRORROGADA

A CLT prevê, no seu art. 73, que o trabalho noturno urbano é todo aquele executado entre as 22 horas de um dia e as 5 horas do dia seguinte. Já o trabalho noturno rural na lavoura é aquele desenvolvido das 21 hs de um dia até às 5 horas do dia seguinte. Por fim, o trabalho noturno na pecuária é o que ocorre das 20 hs de um dia às 4 hs do dia seguinte.

Prevê, também, a CLT, que o trabalho noturno terá remuneração superior à do diurno, sendo esse acréscimo da ordem de 20%, pelo menos, se for trabalho urbano. E de 25%, se rural.

Por fim, o § 5° do art. 73 da CLT prevê que às prorrogações do trabalho noturno, ou seja, todo o trabalho que se prorroga para além das 5 horas da manhã (urbano e rural na lavoura) ou além das 4 hs (rural pecuária), deve também ser paga com o acréscimo mínimo de 20% ou 25% em relação ao valor do trabalho diurno, conforme seja urbano ou rural.

Supondo que o trabalhador urbano começou a trabalhar na noite de um dia e foi até às 8 hs da manhã do dia seguinte, as horas trabalhadas das 5 hs às 8 hs, embora diurnas, até antes da Reforma Trabalhista deveriam ser pagas com o adicional noturno correspondente. São as chamadas horas noturnas por prorrogação.

Pois bem, tratando-se de empregado que atua na escala 12 x 36, a Lei da Reforma Trabalhista simplesmente retirou o direito ao adicional noturno relativo às horas ditas de prorrogação (§ 1º do art. 59-A, CLT). Eis o texto legal agora vigente:

> *Art. 59-A. (...)*
>
> *Parágrafo único. A remuneração mensal pactuada pelo horário previsto no caput deste artigo abrange os pagamentos devidos pelo descanso semanal remunerado e pelo descanso em feriados, e serão considerados compensados os feriados* ***e as prorrogações de trabalho noturno, quando houver****, de que tratam o art. 70 e o § 5º do art. 73 desta Consolidação.*

Na verdade, não deixa de ser uma mal disfarçada forma de autorizar a contratação de salário complessivo, prática tradicionalmente repudiada pela jurisprudência, inclusive a do TST, como se extrai de suas Súmulas nºs 91, 99 e 199.

Enfim, mais uma perda sofrida pelos empregados.

7.17 ESCALA 12 X 36 – A PRESTAÇÃO DE HORAS EXTRAS HABITUAIS NÃO MAIS DESCARACTERIZA O ACORDO DE COMPENSAÇÃO DE JORNADA E O BANCO DE HORAS

Vamos a um exemplo esclarecedor.

Antes da Reforma, o TST admitia a pactuação excepcional de trabalho no sistema 12 x 36, desde que por ajuste celebrado pelo sindicato operário com a empresa ou com a representação sindical dos empresários. Porém, se o empregado atuava no sistema 12 x 36 sem que esse regime estivesse respaldado em acordo coletivo ou convenção coletiva de trabalho, o TST entendia que era devido o adicional relativo à cada uma das horas laboradas além da oitava diária, isso quando não ultrapassado o módulo semanal de 44 horas.

Contudo, se o empregado era posto a trabalhar de modo que ultrapassasse o módulo semanal de 44 horas de trabalho, a jurisprudência do TST era no sentido de que havia o desvirtuamento, a descaracterização do sistema de compensação e, portanto, todas as horas laboradas além da oitava diária deveriam ser pagas como horas extras, mesmo com ajuste coletivo autorizando o sistema 12 x 36, por exemplo.

Pois bem, a Reforma Trabalhista veio dar status de lei ao entendimento do TST que dizia ser devido somente o adicional de horas extras se adotado o regime 12 x 36 sem apoio em ajuste coletivo ou individual. Contudo, no tocante aos casos de trabalho ultrapassando o módulo semanal de 44 horas de trabalho, nos regimes de compensação, foi de encontro à jurisprudência do TST, afrontando-a com a seguinte previsão legal:

> *Parágrafo único. A prestação de horas extras habituais não descaracteriza o acordo de compensação de jornada e o banco de horas.*

Em resumo, desde 11.11.2017, a CLT tem a seguinte ostenta o seguinte regramento acerca do tema:

> *Art. 59-B. O não atendimento das exigências legais para compensação de jornada, inclusive quando estabelecida mediante acordo tácito, não implica a repetição do pagamento das horas excedentes à jornada normal diária se não ultrapassada a duração máxima semanal, sendo devido apenas o respectivo adicional.*
>
> *Parágrafo único. A prestação de horas extras habituais não descaracteriza o acordo de compensação de jornada e o banco de horas.*

Convém aqui destacar que o empregado, no regime 12 x 36, labora ¼ das horas de um mês (12 + 36 = 48 e 12 é ¼ de 48) e folga 3/4. Como são 720 horas a cada mês, o empregado trabalha 180 horas. Não há, a princípio, horas extras, já que o trabalho normal mensal é de 189 horas.

Mas o leitor deve estar intrigado: por que o autor deixou entrever que haveria horas extras se, pelos cálculos utilizados, não haveria labor além das 189 horas normais mensais?

A resposta é simples e pode ser colhida do que está posto no art. 7º, XIII, da CF/88. No caso de empregado que trabalha no sistema "12 x 36", vai interessar se existe ou não acordo ou convenção coletiva de trabalho respaldando tais regimes. Se houve a pactuação prevista no art. 7º, XIII, da Constituição Federal, certamente não se poderá falar em horas extras. Se, no entanto, esse regime não foi ajustado mediante acordo individual escrito, convenção coletiva ou acordo coletivo de trabalho, seriam devidas não propriamente horas extras, mas tão somente o adicional de horas extras (50%) relativo às horas excedentes da oitava diária.

Com efeito, quem trabalha no regime "12 x 36" sem o respaldo de acordo individual escrito, acordo coletivo ou convenção coletiva de trabalho, tem direito ao adicional de horas extras relativamente a 60 horas mensais (180 : 12 = 15 x 4hs que superam a oitava diária = 60). O valor apurado nesse caso é idêntico ao devido por 20 horas extras mensais, já que três adicionais de 50% equivalem a uma hora extra (1,5 h, normal).

7.18 HORAS *IN ITINERE* OU HORAS DE PERCURSO NÃO CONFIGURAM TEMPO À DISPOSIÇÃO DO EMPREGADOR

Desde 2001 a CLT previa que deveriam ser computadas na jornada de trabalho o tempo despendido pelo empregado até o local de trabalho e para o seu retorno, desde que ele se desloque em meio de transporte fornecido pelo empregador e o local de trabalho seja de difícil acesso ou não servido por transporte público. Eram as chamadas horas *in itinere* ou de percurso.

A nova redação dada pela Lei nº 13.467/17 ao § 2º do art. 58 retirou esse direito dos trabalhadores. É clara ao estabelecer que o tempo de percurso não será computado na jornada de trabalho, "por não ser tempo à disposição do empregador".

Vejamos o texto da lei:

> *Art. 58. (...)*
>
> *§ 2º O tempo despendido pelo empregado desde a sua residência até a efetiva ocupação do posto de trabalho e para o seu retorno, caminhando ou por qualquer meio de transporte, inclusive o fornecido pelo empregador, não será computado na jornada de trabalho, por não ser tempo à disposição do empregador.*

Sem dúvida, os empregados terão prejuízo com a alteração da redação do § 2º, do art. 58, da CLT. Afinal, perderão a remuneração pelo tempo de permanência no veículo fornecido pelo empregador no trajeto de casa para o trabalho e do trabalho para casa. Todavia, devo reconhecer que a alteração legislativa em comento poderá resultar em proveito para a generalidade dos empregados, portanto, em melhoria de sua condição social.

Com efeito, embora, à primeira vista, possa representar uma perda para os trabalhadores, o fim do pagamento das conhecidas horas *in itinere* deverá servir como incentivo a que mais empresários invistam buscando propiciar transporte a um número bem maior de empregados.

Sempre me pareceu injusto onerar o empregador que fornece transporte aos empregados. O empregado dos grandes centros sofre horas na espera e apertado em péssimos transportes públicos e não tem esse tempo de sofrida espera remunerado. Trabalhadoras são vítimas do assédio de inescrupulosos, havendo notícia de homens que se masturbam e ejaculam nas mulheres nos transportes públicos de grandes centros. Certamente essas trabalhadoras prefeririam fazer uso de veículo fornecido pelos seus empregadores.

Portanto, onerar o empregador que fornece transporte para conduzir os empregados de casa para o trabalho e do trabalho para casa é, sem dúvida, um desestímulo aos que empreendem melhorias visando o bem do trabalhador, mesmo que também disso retirem proveito.

Contudo, a aparentemente despretensiosa expressão "por não ser tempo à disposição do empregador" vinha gerando polêmica em meio aos operadores do direito.

Referia-me às repercussões dessa expressão no tocante ao acidente de trabalho de percurso e o aparente conflito legislativo da Lei da Reforma Trabalhista com o previsto no art. 21, IV, d, da Lei 8.213/91. No tópico a seguir, tratarei do tema de modo mais minudente, cabendo destacar, de já, que a alteração prevista na MP 905/19, acerca de acidente de trabalho de percurso, não mais vigora, haja vista que essa medida provisória foi revogada.

7.19 AS HORAS *IN ITINERE* E O ACIDENTE DE TARABALHO DE PERCURSO

A Lei da Reforma Trabalhista alterou a redação do § 2º do art. 58 da CLT, passando a prever que:

> *O tempo despendido pelo empregado desde a sua residência até a efetiva ocupação do posto de trabalho e para o seu retorno, caminhando ou por qualquer meio de transporte, inclusive o fornecido pelo empregador, não será computado na jornada de trabalho, por não ser tempo à disposição do empregador.*

Dias após o advento da Lei da Reforma Trabalhista li um artigo doutrinário no qual o seu autor praticamente incentivava as empresas a alegarem que não mais lhes cabia responsabilidade alguma por acidente de trabalho de percurso sofrido por seus empregados, haja vista que, segundo o aludido articulista, o acidente ocorrera quando o empregado já não mais estava à sua disposição. Seria como um acidente sofrido por ele na sua residência, num dia de folga.

Sucede que a Lei 8.213/91 prevê, no seu art. 21, que:

> *Art. 21. Equiparam-se também ao acidente do trabalho, para efeitos desta Lei:*
>
> *(...)*
>
> *IV – o acidente sofrido pelo segurado ainda que fora do local e horário de trabalho:*

(...)

d) no percurso da residência para o local de trabalho ou deste para aquela, qualquer que seja o meio de locomoção, inclusive veículo de propriedade do segurado.

Ora, antes da Reforma Trabalhista sempre houve empregado que se dirigia ao trabalho e retornava de lá, seja em transporte próprio ou da empresa, ou mesmo em transporte público. E jamais se alegou que o acidente de trabalho deixara de existir em situações que tais, quando o empregador se encontrava instalado na zona urbana, servida de transporte público. Nem se disse que o empregado, em todas essas hipóteses, estava à disposição do empregador. Portanto, não me parece que a Lei da Reforma importe alteração no entendimento jurisprudencial acerca da matéria.

Ademais, mesmo que se queira sustentar em contrário, é preciso observar que a Lei nº 13.467/2017 não revogou a Lei nº 8.213/91. E, diante de conflito de fontes normativas de igual hierarquia, há que se decidir em prol do trabalhador, à vista do princípio da norma mais favorável, de inegável vigência no Direito do Trabalho.

Ressalte-se que a MP nº 905/19 que, no seu art. 51, revogava, taxativamente, dispositivos da Lei nº 8.213, de 1991 (art. 18, inciso III, alínea "b" e inciso IV, alínea "d", do art 21) não chegou a ser convertida em lei.

7.20 INTERVALO INTRAJORNADA PARCIALMENTE USUFRUÍDO E O DIREITO LIMITADO AO PAGAMENTO DO TEMPO DE INTERVALO RESTANTE

O art. 71 da CLT, no seu *caput*, prevê que:

Em qualquer trabalho contínuo, cuja duração exceda de 6 (seis) horas, é obrigatória a concessão de um intervalo para repouso ou alimentação, o qual será, no mínimo, de 1 (uma) hora e, salvo acordo escrito ou contrato coletivo em contrário, não poderá exceder de 2 (duas) horas.

Interpretando esse dispositivo legal, o TST consagrou o entendimento segundo o qual a não concessão ou a concessão parcial do intervalo mínimo, para repouso e alimentação, a empregados urbanos e rurais, implicaria no pagamento total do período correspondente (e não apenas daquele suprimido) com acréscimo de, no mínimo, 50% sobre o valor da remuneração da hora normal de trabalho.

Ou seja, caso o empregador não concedesse intervalo algum de descanso ou o concedesse parcialmente (ex: 30 minutos apenas), teria que pagar ao empregado todo o tempo de intervalo (o valor de 1 hora, p ex.), acrescido de 50% (como se fosse 1 hora extra).

Agora, com o advento da Lei da Reforma Trabalhista, só será devido o pagamento relativo à parte suprimida (não usufruída) do intervalo. Eis o texto legal:

> *Art. 71. (...)*
>
> *§ 4º A não concessão ou a concessão parcial do intervalo intrajornada mínimo, para repouso e alimentação, a empregados urbanos e rurais, implica o pagamento, de natureza indenizatória, apenas do período suprimido, com acréscimo de 50% (cinquenta por cento) sobre o valor da remuneração da hora normal de trabalho.*

Ou seja, se o intervalo era para ser de uma hora e o empregado usufruiu apenas 40 minutos, o patrão não mais estará obrigado a lhe pagar uma hora de intervalo. Deverá pagar tão somente o valor correspondente aos 20 minutos que faltaram para completar o intervalo de uma hora. Só os 20 minutos suprimidos, com o acréscimo de 50%.

Além disso, cumpre-me destacar que o novel dispositivo da CLT prevê que o pagamento pelo tempo de intervalo não gozado pelo empregado tem natureza indenizatória. É dizer, não há cogitar de reflexos desse pagamento a título de férias, 13º salário, aviso prévio, sequer de incidência do FGTS sobre o respectivo valor.

Como se vê, o legislador reformista não levou em conta que a supressão de intervalo compromete a saúde do trabalhador e até dos que com ele laboram. Sem intervalo, maior será a sua fadiga. Reduzidos ficam os seus reflexos. Maior, portanto, a probabilidade de o empregado se acidentar no trabalho, causando prejuízos a si, aos demais empregados e até mesmo ao seu empregador, o qual fica suscetível de condenação reparatória do dano advindo do infortúnio. Daí porque, antes da Reforma, o legislador impunha ao empregador pagar por todo o intervalo. Era uma forma de obrigá-lo a respeitar o intervalo intrajornada. Esse caráter punitivo, pedagógico mesmo, agora foi afastado.

Com efeito, estamos diante de outra inovação prejudicial aos trabalhadores, desatenta ao disposto no art. 7º da CF, o qual prevê que não se pode legislar sobre direito dos trabalhadores sem promover a melhoria de sua condição social.

7.21 O TABELAMENTO DA INDENIZAÇÃO DO DANO EXTRAPATRIMONIAL

A Lei da Reforma Trabalhista alterou drasticamente o tratamento a ser dado ao trabalhador vítima de dano moral praticado pelo empregador ou seus prepostos. A começar por introduzir um limitativo sistema tarifário para a fixação do valor da indenização por dano extrapatrimonial.

Portanto, o dano moral que o empregador ou um de seus prepostos venha a causar a um empregado, seja por ação ou omissão, consistente em ofensa à honra, assédio moral, assédio sexual ou mesmo de acidente de trabalho, ou até por submeter o obreiro à condição análoga à de escravo ou trabalho degradante, em nenhum desses casos, segundo a Lei 13.467/2017, o juiz poderá condenar o empregador a uma indenização superior a cinquenta vezes o último salário contratual do ofendido.

Esse é o limite máximo previsto para uma indenização por dano moral, estético ou existencial previsto na Lei da Reforma Trabalhista, pouco importando o potencial financeiro do patrão causador do dano.

Essa previsão se mostrava absurda e discriminatória, haja vista que impõe apenas ao juiz do trabalho obediência a limites no arbitramento desse tipo de indenização, algo não previsto nos outros ramos do direito público ou privado.

Com efeito, se tomarmos, a título de exemplo, um trabalhador que ganha salário mínimo, é correto dizer que, por todo mal causado pelo empregador à sua honra, à sua reputação, à sua imagem, à sua intimidade ou à sua aparência, causando-lhe angústia e tristeza, atingindo, evidentemente, a sua dignidade, o valor máximo a ser pago a esse trabalhador, a título de indenização, seria 50 vezes o salário do empregado. É o que está na nova CLT.

Mesmo ficando esse empregado tetraplégico, desfigurado ou cego, vítima de acidente de trabalho, até assim a indenização por dano moral não ultrapassaria esse valor. E se, por exemplo, ele morresse em um acidente de trabalho, a indenização por dano moral, a ser paga à sua esposa, seria de, no máximo, 50 vezes o salário do *de cujos*. E isso ainda que o empregador causador do dano seja um megaempresário, acostumado a obter lucro líquido anual na casa dos bilhões de reais.

Todavia, para que o leitor veja com mais clareza o despautério cometido pelos artífices da Reforma Trabalhista, vou comparar o previsto na CLT com o conhecido caso do pedreiro Amarildo de Souza, sequestrado e morto em 2013 por policiais militares na Rocinha, no Rido de Janeiro.

O Tribunal de Justiça do Rio confirmou, no dia 28/08/2018, a sentença da Juíza Maria Paula Galhardo, da 4ª Vara da Fazenda Pública, a qual condenara aquele estado a pagar indenização de R$ 500.000,00 à esposa e R$ 500.000,00 a cada um dos seis filhos do pedreiro. Como dito, o pedreiro foi morto em 2013. Na época, o piso salarial de um pedreiro, no Rio de Janeiro, era R$ 1.430,00, segundo o SINTRACONSTRIO (http://www.sintraconstrio.org.br/portal/index.php/pisos?id=112).

Como se vê, a sentença foi proferida por uma juíza de direito do Estado do Rio, sentença confirmada pelo Tribunal de Justiça, não se tratando, evidentemente, de decisão da Justiça do Trabalho. Nesse julgamento, o pedreiro Amarildo foi encarado como um cidadão fluminense, marido e pai de família, morto por agentes do Governo do Estado do Rio. E, por não ser juíza do Trabalho, a magistrada que julgou o processo jamais esteve presa a parâmetros de indenização prévia e legalmente fixados. Ou seja, a lei não impõe ao juiz de direito a observância a parâmetros ou limites de valores quando da fixação da indenização por dano moral.

Contudo, se o pedreiro Amarildo tivesse morrido em 2018, em decorrência de um acidente de trabalho (caído de um andaime, p. ex.), por culpa exclusiva do empregador (que não lhe dera cinto de segurança ou outra proteção), a viúva e os seus filhos, segundo a CLT reformada, não receberiam mais do que R$ 71.500,00, cada um. Ou seja, uma indenização correspondente a 50 vezes o piso de um pedreiro no Estado do Rio à época da morte de Amarildo e quase 7 (sete) vezes menor do que a indenização fixada pelo Tribunal de Justiça do Rio.

Essa discrepância ocorre porque a Lei da Reforma Trabalhista inovou ao estabelecer o que os juristas usam chamar de tabelamento, tarifação ou parametrização da indenização do dano moral. A CLT reformada agora impõe limites ao juiz do trabalho na fixação do valor da indenização por dano patrimonial. Limites que, como já mencionado, não são impostos a qualquer outro magistrado brasileiro. Segundo o art. 223-G da CLT em vigor:

> *§ 1º Ao julgar procedente o pedido, o juízo fixará a reparação a ser paga, a cada um dos ofendidos, em um dos seguintes parâmetros, vedada a acumulação:*
>
> *I – ofensa de natureza leve – até três vezes o último salário contratual do ofendido;*
>
> *II – ofensa de natureza média – até cinco vezes o último salário contratual do ofendido;*

III – ofensa de natureza grave – até vinte vezes o último salário contratual do ofendido;

IV – ofensa de natureza gravíssima – até cinquenta vezes o último salário contratual do ofendido;

(...)

Em outras palavras, embora a CLT agora preveja que a honra, a imagem, a intimidade, a liberdade, a autoestima, a sexualidade, a saúde e a integridade física são bens juridicamente tutelados e inerentes à pessoa física, também recomendou que, quando essa pessoa física for um trabalhador, ofendido enquanto tal, a Justiça deverá tratá-lo com um ser moralmente inferior, se comparado aos demais cidadãos brasileiros. Não há como entender diferentemente, à vista da Lei nº 13.467/2017. E isso é lamentável.

Contudo, não poderia deixar de mencionar que o STF, por ocasião do julgamento do RE nº 396.386-4, de São Paulo, Relator Min. Carlos Velloso, decidiu que o art. 52 da Lei 5.250/67 – Lei de Imprensa, não havia sido recepcionado pela Constituição ora vigente, haja vista que "A Constituição de 1988 emprestou à reparação decorrente do dano moral tratamento especial – CF, art. 5º, V e X – desejando que a indenização decorrente desse dano fosse a mais ampla. Posta a questão nesses termos, não seria possível sujeitá-la aos limites estreitos da lei de imprensa. Se o fizéssemos, estaríamos interpretando a Constituição no rumo da lei ordinária, quando é de sabença comum que as leis devem ser interpretadas no rumo da Constituição".

Ora, o que fez o legislador reformista ao introduzir o parágrafo único do art. 223-G na da CLT se não repetir o equívoco censurado na decisão do STF acima transcrita?

Tanto no art. 52 da Lei de Imprensa quanto no parágrafo único do art. 223-G na da CLT, o legislador impôs incabível e inconstitucional limite à reparação decorrente do dano moral. É de se esperar que, enquanto a discussão não chega ao STF, os juízes do trabalho, nos casos concretos, em controle difuso de constitucionalidade, afastem a aplicação do absurdo sistema tarifário imposto pela Reforma Trabalhista.

Mas se é fato que a Reforma Trabalhista merece crítica por haver introduzido o sistema parametrizado de fixação de indenização por dano moral, por outro lado me parece que o art. 223-G da CLT, que elenca requisitos a serem considerados na fixação do valor da indenização, vem auxiliar os juízes e advogados. De lamentar, todavia, o previsto no seu inciso XI.

Doravante, tem-se menos subjetividade na apreciação de pleitos de indenização por dano extrapatrimonial.

A seguir, a inovação legal que estou a louvar:

> *Art. 223-G. Ao apreciar o pedido, o juízo considerará:*
>
> *I – a natureza do bem jurídico tutelado;*
>
> *II – a intensidade do sofrimento ou da humilhação;*
>
> *III – a possibilidade de superação física ou psicológica;*
>
> *IV – os reflexos pessoais e sociais da ação ou da omissão;*
>
> *V – a extensão e a duração dos efeitos da ofensa;*
>
> *VI – as condições em que ocorreu a ofensa ou o prejuízo moral;*
>
> *VII – o grau de dolo ou culpa;*
>
> *VIII – a ocorrência de retratação espontânea;*
>
> *IX – o esforço efetivo para minimizar a ofensa;*
>
> *X – o perdão, tácito ou expresso;*
>
> *XI – a situação social e econômica das partes envolvidas;*
>
> *XII – o grau de publicidade da ofensa.*

Fiz reserva ao inciso XI porque não me parece que a condição social e econômica da vítima do dano extrapatrimonial deve servir como atenuante ao agravante. Tomemos como exemplo uma ofensa moral dirigida pelo empregador a um pedreiro e a um engenheiro da mesma obra, feita de modo a atingir as mães de ambos. Se o juiz estipula indenização superior em favor do engenheiro, levando em conta o aludido critério do inciso XI, estará como que a consagrar que a honra da mãe de um doutor vale mais do que a honra da mãe de um trabalhador sem formação superior.

7.22 A INDENIZAÇÃO DO DANO EXTRAPATRIMONIAL E O SISTEMA TARIFÁRIO OU PARAMETRIZADO – CONSEQUÊNCIAS JURÍDICAS DO ACIDENTE DE TRABALHO COM RESULTADO MORTE

Segundo o art. 19 da Lei nº 8.213/91, *"Acidente do trabalho é o que ocorre pelo exercício do trabalho a serviço de empresa ou de empregador doméstico ou pelo exercício do trabalho dos segurados referidos no inciso VII do art. 11 desta Lei, provocando lesão corporal ou perturbação funcional que cause a morte ou a perda ou redução, permanente ou temporária, da capacidade para o trabalho".*

Essa é a definição legal do acidente de trabalho típico, ou acidente tipo, valendo destacar que o aludido diploma legal também conceitua o que se conhece como acidente de trabalho por equiparação. Com efeito, o seu art. 20 prevê que também se consideram acidente do trabalho as seguintes entidades mórbidas:

> *I – doença profissional, assim entendida a produzida ou desencadeada pelo exercício do trabalho peculiar a determinada atividade e constante da respectiva relação elaborada pelo Ministério do Trabalho e da Previdência Social;*
>
> *II – doença do trabalho, assim entendida a adquirida ou desencadeada em função de condições especiais em que o trabalho é realizado e com ele se relacione diretamente, constante da relação mencionada no inciso I.*

Já no art. 21, a Lei nº 8.213/91 prevê que também se equiparam ao acidente do trabalho:

> *I – o acidente ligado ao trabalho que, embora não tenha sido a causa única, haja contribuído diretamente para a morte do segurado, para redução ou perda da sua capacidade para o trabalho, ou produzido lesão que exija atenção médica para a sua recuperação;*
>
> *II – o acidente sofrido pelo segurado no local e no horário do trabalho, em conseqüência de:*
>
> *a) ato de agressão, sabotagem ou terrorismo praticado por terceiro ou companheiro de trabalho;*
>
> *b) ofensa física intencional, inclusive de terceiro, por motivo de disputa relacionada ao trabalho;*
>
> *c) ato de imprudência, de negligência ou de imperícia de terceiro ou de companheiro de trabalho;*
>
> *d) ato de pessoa privada do uso da razão;*
>
> *e) desabamento, inundação, incêndio e outros casos fortuitos ou decorrentes de força maior;*
>
> *III – a doença proveniente de contaminação acidental do empregado no exercício de sua atividade;*
>
> *IV – o acidente sofrido pelo segurado ainda que fora do local e horário de trabalho:*
>
> *a) na execução de ordem ou na realização de serviço sob a autoridade da empresa;*
>
> *b) na prestação espontânea de qualquer serviço à empresa para lhe evitar prejuízo ou proporcionar proveito;*
>
> *c) em viagem a serviço da empresa, inclusive para estudo quando financiada por esta dentro de seus planos para melhor capacitação da mão-de-obra,*

> *independentemente do meio de locomoção utilizado, inclusive veículo de propriedade do segurado;*
>
> *d) no percurso da residência para o local de trabalho ou deste para aquela, qualquer que seja o meio de locomoção, inclusive veículo de propriedade do segurado.*

E esclarece, por fim, no seu § 1°, que, "Nos períodos destinados a refeição ou descanso, ou por ocasião da satisfação de outras necessidades fisiológicas, no local do trabalho ou durante este, o empregado é considerado no exercício do trabalho'.

Aqui, o objeto de estudo é, exatamente, o acidente típico, previsto no *caput* do art. 19 da Lei n° 8.213/91.

7.22.1 Os acidentes de trabalho e as lamentáveis estatísticas brasileiras

Segundo a OIT, a cada três minutos um trabalhador perde a vida no mundo, em consequência de acidente de trabalho ou doença ocupacional. E, a cada segundo, pelo menos quatro trabalhadores sofrem algum tipo de lesão corporal em decorrência do trabalho. O Brasil, lamentavelmente, ocupa o quarto lugar no nada glorioso ranking mundial em número de acidentes do trabalho, figurando, à sua frente, apenas a China, a Índia e a Indonésia.

Dados apresentados no Anuário Estatístico da Previdência Social apontam que o número médio de acidentes de trabalho no Brasil, nos últimos seis anos, superou 711.164, dos quais 14.811 com incapacidade permanente e mais de 2.880 com resultado morte. Contudo, esses números alarmantes, sequer são precisos. Eles consideram tão somente os chamados acidentes de trabalho notificados, ou seja, aqueles relativamente aos quais houve a devida expedição de CAT – Comunicação de Acidente de Trabalho à Previdência Social.

A propósito, a Lei n° 8.213/91, no seu art. 22, prevê que a empresa ou o empregador doméstico deverão comunicar o acidente do trabalho à Previdência Social até o primeiro dia útil seguinte ao da ocorrência e, em caso de morte, de imediato, à autoridade competente, sob pena de multa variável entre o limite mínimo e o limite máximo do salário de contribuição, sucessivamente aumentada nas reincidências, aplicada e cobrada pela Previdência Social. Prevê, ainda, no seu art. 22, § 2°, que, na falta de comunicação por parte da empresa, podem formalizá-la o próprio acidentado, os seus dependentes, a entidade sindical competente, o médico que o assistiu ou qualquer autoridade pública, não prevalecendo, nestes casos, o prazo previsto neste artigo. Sucede que muitos empregadores se esquivam ao cumprimento da citada lei e, não raro, os demais habilitados ao comunicado à Previdência Social desconhecem que são dotados de legitimidade para fazê-lo. Resultado: o número de casos de acidentes de trabalho levados ao conhecimento da Previdência Social é bem inferior ao número real.

Não bastasse isso, inúmeros acidentes de trabalho acontecem país afora em meio a uma relação de emprego não formalizada. Nesses casos, o empregador, por se encontrar irregular, não emite CAT quando ocorre acidente de trabalho típico ou mesmo quando o empregado adoece em razão do trabalho. Por conseguinte, esses acidentes não figuram nas estatísticas oficiais.

O mesmo acontece quando o empregador, embora mantendo empregado regular, com registro em CTPS, deixa de comunicar o acidente ao INSS para se esquivar da obrigação de recolher o FGTS do empregado acidentado, enquanto ele permanece inativo. Ou porque pretende impedir que o empregado venha a usufruir da estabilidade no emprego, assegurada pelo art. 118, da Lei nº 8.213/1991, o qual preceitua que "O segurado que sofreu acidente do trabalho tem garantida, pelo prazo mínimo de doze meses, a manutenção do seu contrato de trabalho na empresa, após a cessação do auxílio-doença acidentário, independentemente de percepção de auxílio-acidente".

Portanto, se o número oficial de acidentes de trabalho no Brasil já nos colocava muito mal no cenário mundial, mais desolador ainda é saber que o número real de acidentados supera, consideravelmente, os números estatísticos.

Visando comover o leitor acerca da realidade brasileira, convém recuarmos um pouco no tempo e fazermos alguns comparativos. No dia 17 de Julho de 2007, um Airbus A320-233 da TAM Linhas Aéreas (atual LATAM Airlines Brasil), partindo do Aeroporto Internacional de Porto Alegre, com destino ao Aeroporto de Congonhas, ao tentar pousar na pista 35L em São Paulo, não conseguiu frear, ultrapassando os limites da pista, colidindo com o prédio da TAM Express e com um posto de gasolina da Shell. Todos os 187 passageiros e tripulantes a bordo do A320 morreram. Agora, imagine quantos seriam os mortos se 15 aviões desses caíssem a cada ano. Muitos? Pois seria um número equivalente ao dos brasileiros mortos em acidente de trabalho a cada ano. Sem contar as mortes não informadas à Previdência Social (os chamados acidentes subnotificados).

O leitor também deve se lembrar da tragédia acontecida na madrugada do dia 27 de Janeiro de 2013, na boate Kiss, na cidade de Santa Maria, no

Rio Grande do Sul. Foram 245 os mortos no referido incêndio. Pois bem, no Brasil, acidentes de trabalho matam, por ano, mais de 11 vezes o número de vítimas fatais da Tragédia de Santa Maria.

Por fim, a considerar os acidentes de trabalho fatais notificados e não notificados à Previdência Social, não seria demasiado afirmar que o número anual de mortos no Brasil beira os 3.278 vitimados nos ataques de 11 de Setembro, nos Estados Unidos. Isso, por si só já seria motivo de vergonha nacional. Sucede que, além das vidas perdidas, dados do Ministério Público Trabalho apontam que os acidentes de trabalho custaram mais de R$ 26 bilhões à Previdência Social entre 2012 e 2017, de acordo com o portal G1.

(https://g1.globo.com/economia/noticia/acidentes-de-trabalho-custaram-r-26-bi-a-previdencia-entre-2012-e-2017.ghtml)

7.22.2 Acidentes de trabalho e as suas graves consequências jurídicas

O acidente do trabalho é fato gerador de graves consequências jurídicas, as quais se refletem no contrato de trabalho; na esfera criminal; na infortunística (os benefícios acidentários); ensejam ações regressivas promovidas pelo INSS; motivam inspeções do trabalho, pagamento de indenizações de seguros privados, e ainda permitem que sejam cobradas indenizações por responsabilidade civil. Contudo, vou me ater às consequências no contrato do trabalho e às indenizações por responsabilidade civil.

Quando o empregado morre em decorrência de acidente do trabalho, o seu contrato com a empregadora é extinto. A empresa deverá proceder à rescisão contratual e pagar as correspondentes verbas rescisórias. Segundo a Lei nº 6.858/80, o valor rescisório deverá ser pago, em quotas iguais, aos dependentes do morto habilitados perante a Previdência Social e, na sua falta, aos sucessores previstos na lei civil, indicados em alvará judicial, independentemente de inventário ou arrolamento.

Além disso, os dependentes do trabalhador morto terão direito à percepção do benefício previdenciário (pensão por morte), cujo pagamento é de competência do INSS.

Todavia, a morte de um trabalhador impõe dano gravíssimo aos seus familiares e dependentes. Em face disso, o Código Civil e a CLT asseguram, aos familiares e dependentes do morto, a possibilidade de buscarem, da empregadora, indenizações por danos morais e patrimoniais.

7.22.3 A indenização por dano patrimonial

A Constituição Federal estabelece, no seu art. 5°, inciso X, que *"Todos são iguais perante a lei, sem distinção de qualquer natureza, garantindo-se aos brasileiros e aos estrangeiros residentes no País a inviolabilidade do direito à vida, à igualdade, à segurança e a propriedade, nos termos seguintes: (...) X – são invioláveis a intimidade, a vida privada, a honra e a imagem das pessoas, assegurado o direito a indenização pelo dano material ou moral decorrente de sua violação".*

Já o Código Civil, no seu art. 186, prevê que *"Aquele que, por ação ou omissão voluntária, negligência ou imprudência, violar direito e causar dano a outrem, ainda que exclusivamente moral, comete ato ilícito". O art. 927, do mesmo Código Civil, por sua vez enfatiza: "Aquele que, por ato ilícito (arts. 186 e 187), causar dano a outrem, fica obrigado a repará-lo".* Estamos tratando de responsabilidade civil, sendo que o seu objetivo é reparar o dano causado à vítima.

Nesse sentido, o mesmo Código prescreve, no seu art. 948, que, *"No caso de homicídio, a indenização consiste, sem excluir outras reparações: I – no pagamento das despesas com o tratamento da vítima, seu funeral e o luto da família; II – na prestação de alimentos às pessoas a quem o morto os devia, levando-se em conta a duração provável da vida da vítima".*

O inciso I é de fácil entendimento. Trata dos chamados danos patrimoniais emergentes. Considerando a hipótese de morte decorrente de acidente de trabalho, tem-se que o causador desse dano deverá arcar com os custos de eventual tratamento da vítima, se ela, evidentemente, não teve morte imediata. Se teve, o causador do dano deverá pagar as despesas de seu funeral e do luto da família, nessa expressão incluídos os gastos com funeral, cerimônia religiosa, impressos (santinhos), jazigo, remoção do corpo, etc.

Já o inciso II do citado art. 948 do Código Civil cuida dos lucros cessantes (ou dano futuro). Ou seja, cogita do dano que atinge o patrimônio futuro da vítima, abalando ganho futuro certo, quase certo, provável, esperável (segundo o curso normal das coisas) que terminou frustrado pelo ato praticado pelo causador do dano (art. 402, Código Civil).

Considerando que o objetivo deste artigo é abordar a reparação dos danos decorrentes de morte do trabalhador em acidente do trabalho, especificamente a morte que não foi antecedida de atendimento médico-hospitalar (o que denominei morte de imediato), a indenização por dano patrimonial (também conhecido como dano material) é a que visa reparar o prejuízo causado aos que, de alguma forma, dependiam, financeiramente, da remuneração do trabalhador falecido. Mas como se apura o valor dessa indenização?

A reparação do dano material visa assegurar aos dependentes do morto as mesmas condições financeiras que eles teriam se o acidente fatal não tivesse ocorrido. Ou seja, enquanto o trabalhador estava vivo, sustentava a si e os seus dependentes com a remuneração recebida da sua empregadora. Portanto, o dano patrimonial sofrido pelos dependentes do trabalhador morto consistiu, basicamente, em ficarem, eles, privados dos proveitos ensejados pelo salário do falecido.

Com efeito, para a completa reparação desse dano, poder-se-ia afirmar que a empregadora deveria continuar pagando o salário do empregado falecido. Todavia, é esse um raciocínio equivocado, segundo prestigiados juristas. Afinal, parte da remuneração paga ao trabalhador era por ele gasta em benefício próprio, na sua mantença, e este dispêndio cessou no momento da sua morte. Por isso, doutrina e decisões majoritárias nos tribunais orientam presumir que o morto usava 1/3 de sua remuneração com os seus gastos pessoais e, por conseguinte, os outros 2/3 dos seus ganhos eram usados no sustento dos seus dependentes. Essa presunção, devo destacar, é relativa, admitindo, portanto, prova em contrário.

Portanto, o que se deve tomar com valor básico para o cálculo da indenização por dano material é o equivalente a 2/3 da remuneração do trabalhador falecido.

Também é preciso perquirir acerca da idade do empregado quando de sua morte. E, por fim, é necessário identificar a sua expectativa de vida, à vista das informações contidas na Tábua Completa de Mortalidade publicada pelo IBGE (art. 2° do Decreto n° 3.266/1999). Isso porque a reparação do dano patrimonial deve considerar que o morto, se vivo estivesse, manteria os seus dependentes até a data de sua morte natural, momento que foi antecipado por culpa de sua empregadora, causadora do acidente que o vitimou.

Por fim, devo ressaltar que, embora encontremos alguns julgados recomendando incluir o FGTS dos meses de expectativa de vida da vítima no cálculo da indenização por dano patrimonial, na modalidade de lucros cessantes, o certo é que predomina, no âmbito do colendo TST, entendimento contrário, como se depreende do trecho de ementa de acórdão a seguir transcrito:

> *INCLUSÃO DO FGTS. PENSÃO MENSAL. INDENIZAÇÃO POR DANOS MATERIAIS. Em observância ao disposto no art. 950 do Código Civil e ao princípio do* restitutio in integrum, *a jurisprudencial do TST é quanto à base de cálculo da pensão mensal ser a remuneração global da vítima, devendo incluir o décimo terceiro salário e o 1/3 constitucional das férias. Dessemelhantes do décimo terceiro salário e do 1/3 constitucional de férias, os depósitos efetuados na conta vinculada do obreiro referente ao FGTS não compõem a sua remuneração. O falecimento do empregado, mesmo decorrente de acidente de trabalho, implica a extinção do vínculo empregatício, motivo pelo qual o empregador deixa de ser obrigado quanto ao recolhimento dos depósitos do FGTS. Os valores pagos a título de FGTS também não passam a integrar a pensão porventura devida aos dependentes, porquanto não compõem a remuneração e não configuram "a importância do trabalho para que se inabilitou" de que dispõe o art. 950 do Código Civil. Recurso de revista conhecido e não provido. (Processo: RR – 1157300-77.2009.5.09.0014 – Órgão Judicante: Subseção I Especializada em Dissídios Individuais – Relator: Min. Augusto César Leite de Carvalho).*

De posse desses dados, restam a ser cumpridas algumas operações aritméticas para se chegar ao *quantum* da indenização por dano patrimonial devida aos dependentes do empregado extinto. Ei-las:

(1) Apura-se o valor equivalente a 2/3 da remuneração do morto;

(2) Multiplica-se esse valor por 13, já que é direito do empregado receber, anualmente, 12 remunerações e, ainda, o 13° salário (ou seja, 13 x 2/3 da remuneração);

(3) Busca-se na Tábua Completa de Mortalidade publicada pelo IBGE (art. 2°, do Decreto n° 3.266/1999) o número de anos de expectativa de vida do empregado falecido. Essa tábua apresenta um quadro relativo a cada sexo. Por exemplo, um trabalhador que tinha 38 anos, segundo a tábua específica para o sexo masculino, teria 38,5 anos de expectativa de vida;

(4) Multiplica-se o número de anos de expectativa de vida do morto pelo valor resultante da resultante da operação descrita no item n° 2 retro (ou seja, tomando-se como exemplo um empregado de 38 anos, teríamos: 13 x 2/3 da remuneração x 38,5);

(5) Haveremos ainda que apurar o valor equivalente a 1/3 das férias do empregado morto. Afinal, considera-se que a morte o privou

não só da remuneração mensal, mas também do 1/3 de férias referente a cada ano de sua expectativa de vida;

(6) Encontrado esse valor, ele deverá ser também multiplicado pelo número de anos da expectativa de vida do empregado falecido (no exemplo, 1/3 de férias x 38,5 anos de expectativa de vida);

(7) O resultado dessa última multiplicação será somado ao resultado apurado na operação citada no item nº 4 acima. E o que resultar dessa soma será o valor total da indenização por dano patrimonial/material devido aos dependentes do empregado morto no acidente.

7.22.4 A idade limite de recebimento de pensão pelos filhos e o direito de acrescer dos beneficiários remanescentes

A pensão por morte, paga pelo empregador aos dependentes do empregado morto em acidente de trabalho, deixa de ser exigível quando os filhos dele atingem a maioridade?

Tratando-se de ressarcimento por dano material, a jurisprudência tem sedimentado o entendimento segundo o qual o pensionamento pela morte do pai é devido aos seus dependentes memores até que eles atinjam a idade de vinte e cinco anos, quando se presume que o filho adquire autonomia econômica.

Isso se explica porque, se o pai fosse vivo, o fato de um filho seu não mais dele depender levaria a que o valor antes consumido com a mantença desse filho fosse destinado a gastos com os demais membros da família. Isso é o que ocorre, de regra. O pai melhor assistiria aos seus dependentes remanescentes, até quando outro alcançasse a idade-limite de 25 anos e também adquirisse autonomia econômica. Ou seja, o empregador condenado a pagar indenização por morte na forma de pensionamento não se desobriga de pagá-la porque filhos do empregado falecido em acidente de trabalho alcançam a maioridade. Em outras palavras, o beneficiário da pensão decorrente do acidente de trabalho tem o direito de acrescer à sua quota o montante devido a esse título aos outros dependentes que atingem a citada idade.

Nesse sentido consolidou-se a jurisprudência do C. Superior Tribunal de Justiça, a qual orienta que a pensão, em decorrência da morte do pai, deve alcançar a idade em que os filhos beneficiários completem 25 anos (REsp nº 402.443/MG, Relator para o acórdão o Ministro Castro Filho, DJ de 1º/3/04; REsp nº 275.274/MG, DJ 03/09/2001, Redator p/Ac. Min. Antônio de Pádua Ribeiro; REsp nº 86.450/MG, DJ 13/11/2000, Relator Min. Aldir Passarinho Júnior; REsp nº 136.116/RJ, DJ 25/02/98, Relator Min. Nilson Naves).

Com efeito, quando o filho mais velho do trabalhador falecido completar 25 anos, a pensão passará a ser paga, em seu valor integral, aos demais beneficiários ainda menores e à viúva, caso existente, os quais acrescerão à parte de cada um uma quota-parte do que, antes, tocava ao filho de 25 anos.

Essa matéria já está pacificada no âmbito do Direito Previdenciário, consoante art. 77, § 1º, da Lei 8.213/91. É plenamente cabível a sua aplicação, diante da omissão do Código Civil, por analogia ao pensionamento proveniente de ato ilícito. Nesse sentido a jurisprudência:

> *PENSÃO MENSAL VITALÍCIA. "DIREITO DE ACRESCER". O chamado "direito de acrescer", na esfera previdenciária, deriva de expressa previsão legal (art. 77, § 1º, da Lei nº 8.213/91) e, no tocante às pensões provenientes de responsabilidade civil, inclusive as decorrentes de acidente do trabalho, encontra amplo respaldo na doutrina e na jurisprudência. Trata-se do direito conferido ao beneficiário remanescente de pleitear a reversão dos quinhões antes recebidos por outros beneficiários, cujo direito à pensão houver cessado. Segundo leciona Sebastião Geraldo de Oliveira, "o fundamento doutrinário para justificar o direito de acrescer reside na constatação lógica de que a vítima, se viva fosse, quando cessasse o desembolso para algum dos dependentes, presumivelmente assistiria melhor aos demais" (OLIVEIRA, Sebastião Geraldo de. Indenizações por acidente do trabalho, ou doença ocupacional. 4. ed. rev., ampl. São Paulo: LTr, 2008, p. 261). (Tribunal Regional do Trabalho da 3ª Região – 1ª Turma – acórdão: 2012-11-19;0000424-20.2011.5.03.0108)*

> *DIREITO DE ACRESCER. DEPENDENTES REMANESCENTES. POSSIBILIDADE. Quando um dos beneficiários da indenização por danos materiais, no transcurso do lapso temporal do cumprimento da obrigação, perde o direito ao pensionamento, seja pela morte, seja pelo alcance de sua data-limite, é possível a reversão de sua quota-parte aos demais dependentes do trabalhador falecido. (Tribunal Regional do Trabalho da 3ª Região/MG. 4ª Turma – acórdão: 2013-10-09;0001163-87.2012.5.03.0033 – 09/10/2013)*

7.22.5 Acerca da indenização por dano moral (ou extrapatrimonial)

A Lei nº 13.467, de 2017, conhecida como Lei da Reforma Trabalhista, inovou, acrescentando à CLT inúmeros dispositivos, entre eles o art. 223-

B, o qual prevê que "Causa dano de natureza extrapatrimonial a ação ou omissão que ofenda a esfera moral ou existencial da pessoa física ou jurídica, as quais são as titulares exclusivas do direito à reparação". Já o art. 223-C, igualmente novo, define que "A honra, a imagem, a intimidade, a liberdade de ação, a autoestima, a sexualidade, a saúde, o lazer e a integridade física são os bens juridicamente tutelados inerentes à pessoa física".

Ora, além do dano patrimonial, já comentado em tópico anterior, é inegável que a morte de um empregado, por culpa da empregadora, causa gravíssimo dano extrapatrimonial aos seus familiares. Mas como se apuraria a indenização reparadora desse dano?

A Lei nº 13.467/2017 alterou, drasticamente, o tratamento dado ao trabalhador vítima de dano moral praticado pelo empregador. O mesmo se diga em relação ao tratamento devotado aos familiares do trabalhador que falece em razão de acidente do trabalho. Referida lei inovou, estabelecendo um tabelamento para a fixação do valor da indenização a ser paga em razão desse tipo de dano (art. 223-G, § 1º, da CLT). Eis o tabelamento:

> *§ 1º Ao julgar procedente o pedido, o juízo fixará a reparação a ser paga, a cada um dos ofendidos, em um dos seguintes parâmetros, vedada a acumulação:*
>
> *I – ofensa de natureza leve – até três vezes o último salário contratual do ofendido;*
>
> *II – ofensa de natureza média – até cinco vezes o último salário contratual do ofendido;*
>
> *III – ofensa de natureza grave – até vinte vezes o último salário contratual do ofendido;*
>
> *IV – ofensa de natureza gravíssima – até cinquenta vezes o último salário contratual do ofendido.*

Portanto, à vista da CLT reformada, em casos de dano moral decorrente da morte do empregado em acidente de trabalho, por culpa da empregadora, o juiz do trabalho não poderá condená-la ao pagamento de indenização superior a cinquenta vezes o último salário contratual do falecido, pouco importando o potencial financeiro da empresa causador do dano. Esse valor, ressalto, é o limite a ser pago a cada vítima do dano moral.

Essa previsão se mostra absurda, até porque impõe ao juiz do trabalho obediência a limites no arbitramento desse tipo de indenização, algo não previsto nos outros ramos do direito público ou privado. E, mais grave, vulnera o art. 5°, V e X, da Constituição Federal, como evidenciarei mais adiante.

Com efeito, se tomarmos, a título de exemplo, um trabalhador que ganhava R$ 2.000,00 e faleceu em decorrência de acidente do trabalho, segundo a CLT atual, é correto dizer que, por toda a dor causada a sua esposa, o valor máximo a ser a ela pago, a título de indenização por dano moral, será R$ 100.000,00. O valor a ser pago a cada um dos filhos também não ultrapassaria R$ 100.000,00. E isso ainda que o empregador causador do dano seja uma empresa acostumada a obter lucro líquido anual de bilhões de reais.

Para que o leitor perceba, com mais clareza, o tamanho da irracionalidade cometida pelos promotores da Reforma Trabalhista no tocante ao dano moral causado ao trabalhador ou aos seus familiares, convém comparar a previsão contida na CLT com o que foi decidido no caso do pedreiro Amarildo de Souza, sequestrado e morto em 2013 por policiais militares na Rocinha, no Rio de Janeiro.

O Tribunal de Justiça do Rio confirmou, em 28/08/2018, a sentença da Juíza Maria Paula Galhardo, da 4ª Vara da Fazenda Pública, a qual condenara aquele estado a pagar indenização de R$ 500.000,00 à esposa e R$ 500.000,00 a cada um dos seis filhos do pedreiro. Como dito, o pedreiro foi morto em 2013. Na época, o piso salarial de um pedreiro, no Rio de Janeiro, era R$ 1.430,00, segundo dados do Sindicato dos Trabalhadores na Construção Civil – SINTRACONST/RIO. (http://www.sintraconstrio.org.br/portal/index.php/pisos?id=112)

Nesse julgamento, o pedreiro Amarildo foi considerado como um cidadão fluminense, marido e pai de família, morto por agentes do Governo do Estado do Rio. Todavia, por não ser juíza do Trabalho e não aplicar ao caso concreto norma introduzida na CLT pela Reforma Trabalhista (CLT 223-G, § 1°), a magistrada que julgou a ação jamais esteve presa a parâmetros ou limites de valores quando da fixação da indenização por dano moral.

Diferentemente ocorreria se o pedreiro Amarildo tivesse morrido após a Reforma Trabalhista e em decorrência de um acidente de trabalho ocasionado por negligência patronal. A viúva e os filhos do morto, segundo a CLT, não receberiam mais do que R$ 71.500,00, cada um. Ou seja, uma indenização correspondente a 50 vezes o piso salarial de um pedreiro carioca à época da morte de Amarildo e quase 7 (sete) vezes menor do que a indenização fixada pelo Tribunal de Justiça do Rio.

No caso da tragédia de Brumadinho, noticiou-se que a proprietária de uma pousada também fora vítima fatal. Caso os seus familiares decidam cobrar, judicialmente, indenização por dano moral, terão que fazê-lo perante a Justiça Comum, ante a inexistência de vínculo empregatício entre a vítima e a empresa causadora do dano. E lá, o juiz que vier a julgara causa, caso entenda pela pertinência do pedido, não haverá de observar qualquer tabelamento de valores indenizatórios.

Em resumo, a CLT, no seu art. 223-G, trata o empregado e seus familiares como seres inferiores, se comparados aos demais cidadãos brasileiros. Não há como entender diferentemente, à vista da Lei nº 13.467/2017. E isso é lamentável.

Contudo, não poderia deixar de mencionar que o STF, por ocasião do julgamento do RE nº 396.386-4, de São Paulo, Relator Min. Carlos Velloso, decidiu que o art. 52, da Lei 5.250/67 (Lei de Imprensa) não havia sido recepcionado pela Constituição ora vigente, haja vista que "A Constituição de 1988 emprestou à reparação decorrente do dano moral tratamento especial – CF, art. 5º, V e X – desejando que a indenização decorrente desse dano fosse a mais ampla. Posta a questão nesses termos, não seria possível sujeitá-la aos limites estreitos da lei de imprensa. Se o fizéssemos, estaríamos interpretando a Constituição no rumo da lei ordinária, quando é de sabença comum que as leis devem ser interpretadas no rumo da Constituição".

No mesmo sentido a decisão do STF no AI 595.395/SP, Relator Min. Celso de Melo – DJ 03/08/2007. E, em data menos distante, no julgamento de Arguição por Descumprimento de Preceito Fundamental (ADPF 130-7), apresentada pelo PDT, no dia 30 de abril de 2009, o Supremo Tribunal Federal declarou que a Lei de Imprensa (Lei nº 5.250/67) é incompatível com a atual ordem constitucional (Constituição Federal de 1988). Para mais fácil compreensão do leitor, mostra-se oportuna a transcrição dos artigos 51 e 52 da Lei de Imprensa, *in verbis*:

> *Art. 51. A responsabilidade civil do jornalista profissional que concorre para o dano por negligência, imperícia ou imprudência, é limitada, em cada escrito, transmissão ou notícia:*
>
> *I – a 2 salários-mínimos da região, no caso de publicação ou transmissão de notícia falsa, ou divulgação de fato verdadeiro truncado ou deturpado (art. 16, ns. II e IV).*
>
> *II – a cinco salários-mínimos da região, nos casos de publicação ou transmissão que ofenda a dignidade ou decôro de alguém;*

> *III – a 10 salários-mínimos da região, nos casos de imputação de fato ofensivo à reputação de alguém;*
>
> *IV – a 20 salários-mínimos da região, nos casos de falsa imputação de crime a alguém, ou de imputação de crime verdadeiro, nos casos em que a lei não admite a exceção da verdade (art. 49, § 1º).*
>
> *Art. 52. A responsabilidade civil da emprêsa que explora o meio de informação ou divulgação é limitada a dez vêzes as importâncias referidas no artigo anterior, se resulta de ato culposo de algumas das pessoas referidas no art. 50.*

Não precisa maior esforço para perceber que o sistema de parametrização ou de tabelamento do dano extrapatrimonial, adotado pela Lei nº 13.467/2017, parece ter sido a inspiração e é bastante similar ao adotado na Lei de Imprensa. Ora, o que fez o legislador reformista ao introduzir o parágrafo único do art. 223-G na da CLT senão repetir o equívoco censurado nessas decisões do STF acima referidas? Tanto no art. 52 da Lei de Imprensa quanto no parágrafo único do art. 223-G na da CLT, o legislador impôs estreito, incabível e inconstitucional limite à reparação decorrente do dano moral. É de se esperar, portanto, que, enquanto a discussão não chega ao STF, os juízes do trabalho, nos casos concretos, em controle difuso de constitucionalidade, afastem a aplicação do absurdo sistema tarifário imposto pela Reforma Trabalhista.

A propósito, registro que a Associação Nacional dos Magistrados do Trabalho (Anamatra) ajuizou uma ação direta de inconstitucionalidade contra as novas regras da CLT que fixam valor de indenização por dano moral. A entidade pugnou no sentido de que o STF permita que os juízes fixem, eventualmente, indenizações superiores aos limites agora previstos na CLT.

A reforma trabalhista recebeu mais um questionamento no Supremo Tribunal Federal. Dessa vez, a Associação Nacional dos Magistrados do Trabalho (ANAMATRA) ajuizou uma ação direta de inconstitucionalidade contra as novas regras da CLT que fixam valor de indenização por dano moral. A entidade pede que, "no mínimo", seja dada interpretação conforme à Constituição, caso não seja declarada a nulidade da tarifação. No aludido pleito, a entidade assim consignou: *"O dano moral decorrente da perda de funções é exponencialmente mais impactante no trabalhador de menor renda. Ainda assim, o legislador fez a opção de adotar como parâmetro para a fixação da indenização o valor do salário percebido pelo trabalhador. Não há como negar que esse parâmetro afronta os princípios da isonomia, da razoabilidade e da proporcionalidade".*

Ainda segundo a ANAMATRA, a limitação contraria o princípio da isonomia. "A indenização decorrente de um mesmo dano moral (tetraplegia de um servente ou de um diretor de empresa, por exemplo) terá valor diferente em razão do salário de cada ofendido", consignou, acrescentando que, *"Na parte que toca ao dano moral decorrente de acidente de trabalho, os trabalhadores haveriam de ser considerados como iguais, de sorte a merecer tratamento isonômico para a fixação da indenização".*

Também aduziu a referida entidade que a regra parametrizadora inserida na CLT estaria restringindo a atuação do Poder Judiciário nos casos de dano moral decorrente de relação de trabalho *"ao impedir que o órgão judicante fixe, em favor do trabalhador, a indenização ampla eventualmente aplicável ao caso".* Por fim, argumentou que seria aceitável a manutenção do texto que impõe a tarifação, mas *"desde que os limites nela previstos não sejam tidos como impeditivos a fixação de valor superior" e que os julgadores possam eventualmente, de forma justificada, fixar valores superiores "para poder conferir a indenização ampla prevista no texto constitucional".*

Malgrado, é força reconhecer que há juízes e tribunais observando, rigorosamente, o tabelamento imposto pela Lei nº 13.467/2017, como se infere do julgado a seguir transcrito:

> *DANOS MORAIS. A análise dos pedidos de indenização de danos morais antes da vigência de Lei 13.467/2017 tinha como fundamento o artigo 5º, X, da CF/88 e os artigos 186 e 927 do Código Civil. Com a reforma trabalhista, o legislador dedicou o Título II-A da CLT exclusivamente ao dano extrapatrimonial, caracterizando e alargando as hipóteses de sua incidência. No mesmo título, as reparações foram graduadas de acordo com sua natureza em leve, média, grave e gravíssima, fixando-se parâmetros para nortear os Magistrados na análise dos pedidos. Não obstante, ainda prevalece o entendimento de que mero dissabor, desconforto emocional, mágoa, irritação ou sensibilidade exacerbada estão fora da órbita do dano extrapatrimonial. (Tribunal Regional do Trabalho da 3ª Região – 5ª Turma – Acórdão 2018-02-28;0011498-97.2016.5.03.0075;28.02.2018).*

7.22.6 A importância de investir em segurança e prevenção de acidentes

Pode-se afirmar que, em decorrência dos acidentes de trabalho perdem o empregado acidentado; a sua família, muitas vezes privada do ente querido; a empresa, que fica suscetível de arcar com inúmeras indenizações, além de multas aplicadas pelos auditores do trabalho; a Previdência Social, que tem elevados custos com aposentadorias e pensões e, por conseguinte, toda a sociedade.

Portanto, investir em segurança e prevenção de acidentes proporciona diversos benefícios. Primeiramente, redução considerável no número de infortúnios no ambiente de trabalho. Retorno financeiro para o empregador. Reconhecimento dos trabalhadores pelo padrão ético da empresa. Melhoria das contas da previdência social. E ganho emocional dos empregados, que se sentirão valorizados e respeitados.

7.23 O DIREITO DE IMAGEM DO EMPREGADO E O USO DE UNIFORME COM LOGOMARCA DOS PARCEIROS COMERCIAIS DO EMPREGADOR OU DOS PRODUTOS DESTE

O direito de imagem do empregado também não foi devidamente resguardado na Reforma Trabalhista.

A SBDI-1 do TST firmou entendimento de que configura dano à imagem do empregado o uso de farda com logomarcas dos produtos comercializados pelo empregador, desde que não tenha tido autorização do trabalhador ou a devida compensação pecuniária.

A Lei da Reforma Trabalhista, tomando o rumo oposto, considera lícita a inclusão, no uniforme, de logomarcas tanto da empresa empregadora, como de suas parceiras e de outros itens de identificação relacionados à atividade por ela desempenhada, tais como logos dos produtos comercializados pelo empregador.

Vejamos a previsão legal:

> *Art. 456-A. Cabe ao empregador definir o padrão de vestimenta no meio ambiente laboral, sendo lícita a inclusão no uniforme de logomarcas da própria empresa ou de empresas parceiras e de outros itens de identificação relacionados à atividade desempenhada.*
>
> *Parágrafo único. A higienização do uniforme é de responsabilidade do trabalhador, salvo nas hipóteses em que forem necessários procedimentos ou produtos diferentes dos utilizados para a higienização das vestimentas de uso comum.*

7.24 TELETRABALHO E HORAS EXTRAS

Ainda a pretexto de modernização, os defensores da reforma trabalhista costumavam citar o teletrabalho como novidade a ser festejada. Sucede que o trabalho à distância nada tem de novo. Está previsto na CLT desde 2011 (art. 6°). Novidade, mesmo, é a introdução de um inciso III no art. 62 da CLT, tentando retirar do teletrabalhador a possibilidade de receber horas extras. Diz a lei:

> *Art. 62. Não são abrangidos pelo regime previsto neste capítulo:*
>
> *(...)*
>
> *III – os empregados em regime de teletrabalho.*

O art. 75-B da CLT, com a redação que lhe foi dada pela Lei 13.467/17, considera teletrabalho "a prestação de serviços preponderantemente fora das dependências do empregador, com a utilização de tecnologias de informação e de comunicação que, por sua natureza, não se constituam como trabalho externo".

Já o parágrafo único do referido artigo vaticina que "O comparecimento às dependências do empregador para a realização de atividades específicas que exijam a presença do empregado no estabelecimento não descaracteriza o regime de teletrabalho".

A reforma trabalhista terminou por formalizar uma prática que já vinha sendo adotada por várias empresas e profissionais.

Quando o empregado for contratado para laborar no regime de teletrabalho tal situação deverá ser previamente ajustada entre ele e o patrão, mediante contrato escrito, com a indicação, ainda, das atividades a serem desenvolvidas (artigo 75-C).

Além disso, preceituam os §§ 1° e 2° do artigo 75-C que, no curso de um contrato de trabalho, as partes, consensualmente, são livres para formalizar alteração do regime presencial para o de teletrabalho, desde que esse fato seja registrado em aditivo contratual. E, ainda, se o empregador não estiver satisfeito com o desempenho do empregado, tem a faculdade de promover o retorno para o presencial, garantido o prazo de transição mínimo de 15 dias, sendo imprescindível o correspondente aditivo contratual.

No art. 75-D, o legislador consignou que deverá constar no contrato escrito celebrado pelas partes (empregador e empregado), as disposições relativas à responsabilidade pela aquisição, manutenção ou fornecimento dos equipamentos tecnológicos e da infraestrutura necessária e adequada à prestação do trabalho remoto, bem como ao reembolso de despesas arcadas pelo empregado.

Já o art.75-E da CLT disciplina que "O empregador deverá instruir os empregados, de maneira expressa e ostensiva, quanto às precauções a tomar a fim de evitar doenças e acidentes de trabalho".

Por fim, anoto o meu entendimento particular segundo o qual, se o teletrabalhador tiver como provar que era submetido a algum tipo de controle de jornada, terá, sim, direito a horas extras.

7.24.1 Teletrabalho: previsão contratual como requisito para a sua adoção

A Lei da Reforma prevê que a prestação de serviços na modalidade de teletrabalho deverá constar expressamente do contrato individual de trabalho, o qual deverá especificar as atividades que serão realizadas pelo empregado.

Poderá ser realizada a alteração do regime presencial para o de teletrabalho desde que haja mútuo acordo entre as partes, registrado em aditivo contratual.

Já a alteração do regime de teletrabalho para o presencial poderá ser realizada por simples determinação do empregador, garantido, no entanto, o prazo de transição mínimo de quinze dias, com correspondente registro em aditivo contratual.

7.25 FÉRIAS: FRACIONAMENTO – EMPREGADOS MENORES E OS MAIORES DE 50 ANOS

A Lei da Reforma Trabalhista trouxe previsão possibilitando o gozo das férias em três períodos, desde que com anuência do empregado. Porém, revogou o dispositivo que garantia férias gozadas de uma só vez aos menores de 18 e aos maiores de 50 anos.

Com efeito, estabelece o novel art. 134 que *"As férias serão concedidas por ato do empregador, em um só período, nos 12 (doze) meses subsequentes à data em que o empregado tiver adquirido o direito"*. Já no seu § 1° conta: *Desde que haja concordância do empregado, as férias poderão ser usufruídas em até três períodos, sendo que um deles não poderá ser inferior a quatorze dias corridos e os demais não poderão ser inferiores a cinco dias corridos, cada um.*

7.26 A REFORMA TRABALHISTA E A DURAÇÃO DE CONVENÇÃO COLETIVA LIMITADA A DOIS ANOS – VEDAÇÃO À ULTRATIVIDADE

A Súmula 277 do TST consubstanciava entendimento jurisprudencial acerca da ultratividade dos acordos coletivos e convenções coletivas, no sentido de que os benefícios ao empregado neles ajustados, independentemente da cessação do período de vigência do respectivo instrumento normativo, integram os contratos individuais de trabalho, até que nova negociação seja firmada.

Todavia, a Reforma Trabalhista veio impedir isso.

Ou seja, vencida a vigência da norma coletiva, não há mais falar que prevalecem benefícios nela estipulados enquanto não são celebrados novos CCT ou ACT. É evidente o prejuízo para o trabalhador. Eis o teor do art. 614 da CLT:

> *Art. 614. Os Sindicatos convenentes ou as emprêsas acordantes promoverão, conjunta ou separadamente, dentro de 8 (oito) dias da assinatura da Convenção ou Acôrdo, o depósito de uma via do mesmo, para fins de registro e arquivo, no Departamento Nacional do Trabalho, em se tratando de instrumento de caráter nacional ou interestadual, ou nos órgãos regionais do Ministério do Trabalho e Previdência Social, nos demais casos.*
>
> *§ 1º As Convenções e os Acôrdos entrarão em vigor 3 (três) dias após a data da entrega dos mesmos no órgão referido neste artigo.*
>
> *§ 2º Cópias autênticas das Convenções e dos Acordos deverão ser afixados de modo visível, pelos Sindicatos convenentes, nas respectivas sedes e nos estabelecimentos das emprêsas compreendidas no seu campo de aplicação, dentro de 5 (cinco) dias da data do depósito previsto neste artigo.*
>
> ***§ 3º Não será permitido estipular duração de convenção coletiva ou acordo coletivo de trabalho superior a dois anos, sendo vedada a ultratividade.*** *(Redação dada pela Lei nº 13.467, de 2017)*

7.27 INTERRUPÇÃO DA PRESCRIÇÃO APENAS PELO AJUIZAMENTO DE RT – OJ 392 DA SDI I-TST

O *caput* do art. 11 da CLT também sofreu alteração pela Lei 13.467/17. Em sua nova redação, consta que *"A pretensão quanto a créditos resultantes das relações de trabalho prescreve em cinco anos para os trabalhadores urbanos e rurais, até o limite de dois anos após a extinção do contrato de trabalho"*.

Até aí, nada de novo. Apenas uma melhora técnica na redação. Contudo, é importante ressaltar que o art. 11 recebeu mais dois parágrafos, um deles apenas dando moldura legal ao que já era entendimento do TST. Já o outro, trazendo mais um tratamento discriminatório ao trabalhador, na medida em que restringe as hipóteses de interrupção da prescrição.

Com efeito, a Lei da Reforma Trabalhista inseriu no art. 11 da CLT o § 2º, segundo o qual, *"Tratando-se de pretensão que envolva pedido de prestações sucessivas decorrente de alteração ou descumprimento do pactuado, a prescrição é total, exceto quando o direito à parcela esteja também assegurado por preceito de lei"*.

Mas também introduziu um § 3º, o qual prevê que *"A interrupção da prescrição somente ocorrerá pelo ajuizamento de reclamação trabalhista, mesmo que em juízo incompetente, ainda que venha a ser extinta sem resolução do mérito, produzindo efeitos apenas em relação aos pedidos idênticos"*.

Para que se veja o tratamento discriminatório e prejudicial dispensado ao trabalhador, basta que vejamos o disposto no art. 202 do CC, *in verbis:*

> *Art. 202. A interrupção da prescrição, que somente poderá ocorrer uma vez, dar-se-á:*
>
> *I – por despacho do juiz, mesmo incompetente, que ordenar a citação, se o interessado a promover no prazo e na forma da lei processual;*
>
> *II – por protesto, nas condições do inciso antecedente;*
>
> *III – por protesto cambial;*
>
> *IV – pela apresentação do título de crédito em juízo de inventário ou em concurso de credores;*
>
> *V – por qualquer ato judicial que constitua em mora o devedor;*
>
> *VI – por qualquer ato inequívoco, ainda que extrajudicial, que importe reconhecimento do direito pelo devedor.*

7.28 A POSSIBILIDADE DE PACTUAÇÃO DE CLÁUSULA COMPROMISSÓRIA DE ARBITRAGEM – MITIGAÇÃO DA ATUAÇÃO DA JUSTIÇA DO TRABALHO

No caso de empregados com salários elevados, a Lei da Reforma trouxe uma novidade. A possibilidade de pactuação de cláusula compromissória de arbitragem, desde que por iniciativa do empregado ou mediante a sua concordância expressa.

Prevê o art. 507-A da CLT que:

> *Art. 507-A. Nos contratos individuais de trabalho cuja remuneração seja superior a duas vezes o limite máximo estabelecido para os benefícios do Regime Geral de Previdência Social, poderá ser pactuada cláusula compromissória de arbitragem, desde que por iniciativa do empregado ou mediante a sua concordância expressa, nos termos previstos na Lei nº 9.307, de 23 de setembro de 1996.*

Pelo visto, não só os trabalhadores perderam com a Reforma Trabalhista. A Justiça do Trabalho também perderá em relevância. Isso fica claro quando se lê o teor do referido dispositivo.

Sobressai mais uma clara evidência de que os promotores da Reforma Trabalhista se empenharam em afastar a intervenção do Estado nas relações de trabalho.

Num cenário de recessão e baixa empregabilidade como o que atravessamos, não será fácil encontrar um trabalhador, qualquer que venha a ser o salário a ele oferecido, que venha a se opor a qualquer proposta do patrão. Menos ainda se a proposta for para assinar um documento contendo cláusula compromissória de arbitragem.

Com efeito, mesmo tendo uma remuneração superior a duas vezes o limite máximo estabelecido para os benefícios do Regime Geral de Previdência Social, creio que o empregado sucumbirá à proposta patronal, pactuando cláusula compromissória de arbitragem. Em o fazendo, no caso de eventual descumprimento do contrato de trabalho, tipo não pagamento de algum direito, a resolução do conflito daí decorrente deverá ser buscada através de arbitragem, tal como previsto na Lei nº 9.307, de 23 de setembro de 1996. Não mais na Justiça do Trabalho.

Ressalto, por oportuno, que o Supremo Tribunal Federal, no julgamento do RE nº 5206 AgR, proclamou que a Lei da Arbitragem é constitucional e que a parte, ao firmar contrato com previsão de cláusula compromissória, não ofende o art. 5º, XXXV, da CF/88. Ou seja, não importa violação ao princípio da inafastabilidade da jurisdição.

7.29 PLANO DE DEMISSÃO VOLUNTÁRIA (PDV) EM CCT OU ACT – ADESÃO E QUITAÇÃO PLENA

O art. 477-B, introduzido na CLT pela Lei da Reforma Trabalhista, exige do trabalhador muita cautela ao firmar um Plano de Demissão Voluntaria – PDV. A pretensão do legislador reformista foi a de afastar do controle jurisdicional discussão acerca da correção de pagamentos rescisórios nos casos de PDV. É, pois, recomendável que o empregado consigne a ressalva da limitação da quitação às verbas efetivamente pagas na adesão ao PDV, resguardando-se no direito de buscar eventual saldo na Justiça, sem ter que discutir acerca da validade e plenitude da quitação.

Vejamos como foi lavrado o dispositivo legal em comento:

> *Art. 477-B. Plano de Demissão Voluntária ou Incentivada, para dispensa individual, plúrima ou coletiva, previsto em convenção coletiva ou acordo coletivo de trabalho, enseja quitação plena e irrevogável dos direitos decorrentes da relação empregatícia, salvo disposição em contrário estipulada entre as partes.*

7.30 O TERMO DE QUITAÇÃO ANUAL DE OBRIGAÇÕES TRABALHISTAS, PERANTE O SINDICATO DOS EMPREGADOS DA CATEGORIA, COM EFICÁCIA LIBERATÓRIA

O propósito de escapar da atuação da Justiça do Trabalho, desejo de muitos empregadores, também fica evidente no art. 507-B, introduzido na CLT. Referido dispositivo faculta a empregados e empregadores, na vigência ou não do contrato de emprego, firmar o termo de quitação anual de obrigações trabalhistas, perante o sindicato dos empregados da categoria.

Ou seja, o projeto de reforma trabalhista pretende dar plena eficácia liberatória a um termo de quitação anualmente assinado pelo empregado, como que a buscar impedir o trabalhador de recorrer à Justiça, ao final de um longo contrato, para discutir acerca de direitos que ele considere sonegados ao longo do vínculo.

Assim como outras tantas advindas com a Lei da Reforma Trabalhista, a inovação em foco visou embaraçar o acesso à jurisdição, sobressaindo, nela, mais um dos muitos atentados ao princípio fundamental da indeclinabilidade da jurisdição.

Com esse propósito de afastar o empregado da Justiça do Trabalho, muitos outros muros normativos foram construídos pelos arquitetos da Reforma Trabalhista. Todavia, o art. 5°, XXXV, da Constituição Federal ainda assegura o amplo acesso à Justiça, sendo que o princípio da indeclinabilidade da jurisdição não poderia, claro, ser revogado por lei ordinária.

7.31 O AUTÔNOMO COM EXCLUSIVIDADE E VINCULADO DE FORMA CONTÍNUA AO CONTRATANTE SEM SER EMPREGADO

A Lei da Reforma Trabalhista criou a estranha figura do autônomo com exclusividade e vinculado de forma contínua sem ser empregado.

Estranhíssima porque é muito difícil, quiçá impossível, um prestador de serviço se manter autônomo, ou seja, não subordinado, vinculando-se ao tomador de seus serviços de forma contínua e com exclusividade. Cotejando-se o dispositivo legal que trata do tal autônomo com o disposto no art. 3° da CLT, o qual emoldura o clássico conceito de empregado, percebe-se que parecem cuidar de uma mesma figura. Senão, vejamos:

> *Art. 442-B. A contratação do autônomo, cumpridas por este todas as formalidades legais, com ou sem exclusividade, de forma contínua ou não, afasta a qualidade de empregado prevista no art. 3º desta Consolidação.*
>
> *Art. 3º Considera-se empregado toda pessoa física que prestar serviços de natureza não eventual a empregador, sob a dependência deste e mediante salário.*

Ora, nenhuma estranheza causa o novel dispositivo legal enquanto trata do autônomo clássico, aquele que presta serviço a outrem sem exclusividade e de forma não contínua. O problema é quando se pretende apresentar como autônomo o trabalhador vinculado de forma contínua e com exclusividade ao tomador de seu serviço.

Tem-se, pois, um trabalhador, pessoa física, que presta serviço a outrem, de forma contínua (o que sugere não eventualidade) e com exclusividade (o que também sugere não eventualidade), sendo que a associação de exclusividade e forma contínua aponta, claramente, para a existência de trabalho subordinado. Quanto à onerosidade, não é mencionada no art. 442-B da CLT. Porém, não precisava, já que inimaginável mesmo para um autônomo prestar serviço sem intenção de receber pelo que faz.

7.32 O CONTRATO DE TRABALHO INTERMITENTE

Imagine o seguinte cenário: o trabalhador não ter uma jornada de trabalho determinada e ficar, todos os dias da semana, à disposição do empregador, que poderá chamá-lo a qualquer momento para o serviço. Agora imagine essa espera se estendendo por dias, semanas e até meses, sem qualquer ganho ao longo do período de espera. Pois bem, outra inovação trazida pela Lei da Reforma Trabalhista foi a permissão para a celebração do chamado contrato de trabalho intermitente, no qual o período de inatividade do empregado, aguardando ordens do empregador, não será considerado tempo à disposição do empregador.

Nesse tipo de contrato, o empregado não dispõe de horário fixo para trabalhar. Não possui jornada de trabalho previamente estabelecida e sequer conta com salário certo ao final do mês, ficando disponível a qualquer hora do dia, da noite, da semana, do mês, podendo alternar períodos de prestação de serviços e de inatividade a depender da necessidade do patrão. Trata-se, sem dúvida, de algo nefasto e que, afora maquiar índices estatísticos de (falsa) alta empregabilidade, atenta, ao meu ver, contra a dignidade do trabalhador.

Inicialmente, a proposta era a permissão desse modelo de contratação apenas nas empresas e setores que passam por períodos de baixo movimento ou inatividade, como é o caso de empresas dos ramos de hotelaria, turismo, eventos e até bares e restaurantes. Contudo, ao longo do tramitar do projeto de lei da Reforma Trabalhista, resolveram os seus artífices alargar o alcance da inovação. E o contrato de trabalho intermitente findou sendo admitido para qualquer atividade.

Mas o contrato de trabalho intermitente não é criação brasileira. É visto tanto na Europa, quanto em outros continentes. E, como se sabe, virou moda, por aqui, o uso de remissão aos Estados Unidos e à Europa para emplacar alguma novidade. É uma estratégia de convencimento. E isso ocorre até mesmo quando se quer alterar a legislação.

Nessa senda, os relatores da Reforma Trabalhista na Câmara e no Senado, respectivamente, assim como os empenhados porta-vozes do Governo Temer na mídia, repetiram, à exaustão, que o contrato de trabalho intermitente dera muito certo lá fora e, por isso, teria tudo para ser a salvação do trabalhador brasileiro. Sucede que a figura do empregado intermitente do exterior não foi importada com fidelidade ao modelo lá existente. Vejamos:

Na Alemanha, vige o *Arbeit Auf Abruf*, o qual prevê a fixação de um número mínimo de dias e horas de trabalho por convocação, sob pena de ser por dez horas semanais.

Na Itália, tem-se o "Contrato di Lavoro Intermitente" ou "Contrato di Lavoro a Chiamata", o qual é celebrado via negociação coletiva ou autorizado pelo MT e fica limitado a certo número de dias por ano. É aplicável somente aos menores de 25 e os maiores de 55 anos. Vedado para a substituição de grevistas e despedidos em massa. E há garantia de um "subsídio de disponibilidade".

Em Portugal, há garantia de pagamento de 20% da remuneração base paga pelo empregador durante os períodos de inatividade. O trabalho nesse modelo é restrito a alguns setores como entretenimento, hotelaria e alimentação. E há um número anual mínimo de horas de trabalho.

Na Inglaterra, vige o *Zero Hour Contract* e nos EUA, o *Jus in Time*. Em nenhum deles há garantia de um mínimo de horas por convocação e, por conseguinte, do valor da remuneração. Não há participação de sindicato. Sem garantia de ganho na inatividade. Porém utilizados mais em redes de *fast-food*, restaurantes e no comércio varejista.

Por fim, destaco que há grande discussão sobre o tema no Reino Unido.

Ou seja, importaram uma versão mutilada desses modelos, sem muitas das vantagens concedidas ao intermitente estrangeiro. Sem ser leviano, eu diria que trouxeram um produto adulterado.

Diferentemente do que se vê em alguns desses países, no modelo de contrato de trabalho intermitente brasileiro não se garante um mínimo remuneratório ao empregado que a ele se submete. Se ele não for convocado para atuar num determinado mês, nada receberá.

Também não se assegura ao trabalhador intermitente brasileiro um número mínimo de dias de trabalho a cada mês. Nem o empregado tem assegurada por lei a garantia de que, ao final de um determinado período de liame na condição de intermitente, terá, obrigatoriamente, o seu contrato convertido em contrato de trabalho por prazo indeterminado com jornada normal de trabalho, portanto com garantia de ganho igual ou superior ao salário mínimo.

Todas ou pelo menos parte dessas garantias consta nos modelos de contrato de trabalho intermitente vigentes na Europa e nos Estados Unidos. Já no modelo brasileiro (ele, sim, uma jaboticaba das mais indigestas), o que se garantiu ao trabalhador foi o "direito" de compartilhar os riscos da atividade econômica com o seu empregador, além de se violar, claramente, princípios fundamentais previstos na Constituição Federal. Submeter um trabalhador ao modelo de contrato de trabalho intermitente brasileiro é, antes de mais nada, permitir um atentado à sua dignidade de pessoa humana (CF, art. 1°, III).

Quando se prestigia a livre iniciativa antes mesmo de prestigiar os valores sociais do trabalho, como ocorreu na adoção do contrato de trabalho intermitente brasileiro, afronta-se, também, a Lei Maior do país (CF, art. 1°, VII e art. 170, III).

Quando se adota esse modelo de contrato intermitente previsto na Lei n° 13.467/2017 não se está contribuindo para a construção de uma sociedade justa e solidária, nem para a erradicação da pobreza e das desigualdades sociais, portanto violando a CF (art. 3°, I e III).

Por fim, a adoção de uma forma deturpada do *zero-hour contract* (contrato de zero hora) jamais pode ser encarada como cumprimento do dever constitucional, imposto também e principalmente ao legislador, de assegurar, aos trabalhadores, a melhoria de sua condição social.

Portanto, é impossível deixar de enxergar inconstitucionalidades no famigerado contrato de trabalho intermitente.

Vejamos, a seguir, como o contrato de trabalho intermitente foi disciplinado pela Lei n° 13.467/2017:

> *CLT/Art. 452-A. O contrato de trabalho intermitente deve ser celebrado por escrito e deve conter especificamente o valor da hora de trabalho, que não pode ser inferior ao valor horário do salário mínimo ou àquele devido aos demais empregados do estabelecimento que exerçam a mesma função em contrato intermitente ou não.*
>
> *§ 1º O empregador convocará, por qualquer meio de comunicação eficaz, para a prestação de serviços, informando qual será a jornada, com, pelo menos, três dias corridos de antecedência.*
>
> *§ 2º Recebida a convocação, o empregado terá o prazo de um dia útil para responder ao chamado, presumindo-se, no silêncio, a recusa.*
>
> *§ 3º A recusa da oferta não descaracteriza a subordinação para fins do contrato de trabalho intermitente.*
>
> *§ 4º Aceita a oferta para o comparecimento ao trabalho, a parte que descumprir, sem justo motivo, pagará à outra parte, no prazo de trinta dias, multa de 50% (cinquenta por cento) da remuneração que seria devida, permitida a compensação em igual prazo.*
>
> *§ 5º O período de inatividade não será considerado tempo à disposição do empregador, podendo o trabalhador prestar serviços a outros contratantes.*
>
> *§ 6º Ao final de cada período de prestação de serviço, o empregado receberá o pagamento imediato das seguintes parcelas:*
>
> *I – remuneração;*

> *II – férias proporcionais com acréscimo de um terço;*
>
> *III – décimo terceiro salário proporcional;*
>
> *IV – repouso semanal remunerado; e*
>
> *V – adicionais legais.*
>
> *§ 7º O recibo de pagamento deverá conter a discriminação dos valores pagos relativos a cada uma das parcelas referidas no § 6º deste artigo.*
>
> *§ 8º O empregador efetuará o recolhimento da contribuição previdenciária e o depósito do Fundo de Garantia do Tempo de Serviço, na forma da lei, com base nos valores pagos no período mensal e fornecerá ao empregado comprovante do cumprimento dessas obrigações.*
>
> *§ 9º A cada doze meses, o empregado adquire direito a usufruir, nos doze meses subsequentes, um mês de férias, período no qual não poderá ser convocado para prestar serviços pelo mesmo empregador.*

Portanto, pode-se afirmar que faltou no modelo brasileiro o seguinte:

- limitação a determinados setores da economia, dos quais são exemplo entretenimento; bares e restaurantes; buffets; turismo e hotelaria;
- garantia de um número mínimo de horas de trabalho no mês ou no ano;
- garantia de um "subsídio de disponibilidade".

É importante ainda ressaltar que, segundo o art. 452-A, o empregador convocará o empregado para o trabalho intermitente por qualquer meio de comunicação eficaz, informando qual será a jornada, com, pelo menos, três dias corridos de antecedência.

Recebida a convocação, o empregado terá o prazo de um dia útil para responder ao chamado, presumindo-se, no silêncio, a recusa.

A recusa da oferta não descaracteriza a subordinação para fins do contrato de trabalho intermitente.

Uma vez aceita a oferta para o comparecimento ao trabalho, a parte (empregado ou empregador) que descumprir o compromisso, sem justo motivo, pagará à outra parte, no prazo de trinta dias, multa de 50% (cinquenta por cento) da remuneração que seria devida, permitida a compensação em igual prazo.

Segundo o disposto no § 5° do citado art. 452-A da CLT, *"O período de inatividade não será considerado tempo à disposição do empregador, poden-*

do o trabalhador prestar serviços a outros contratantes". E, ao final de cada período de prestação de serviço, o empregado, à vista do §6º desse artigo, receberá o pagamento imediato das seguintes parcelas:

- I – remuneração;
- II – férias proporcionais com acréscimo de um terço;
- III – décimo terceiro salário proporcional;
- IV – repouso semanal remunerado; e
- V – adicionais legais.

O recibo de pagamento deverá conter a discriminação dos valores pagos relativos a cada uma das parcelas referidas no § 6º deste artigo.

A cada doze meses, o empregado adquire direito a usufruir, nos doze meses subsequentes, um mês de férias, período no qual não poderá ser convocado para prestar serviços pelo mesmo empregador (§ 9º).

O empregador efetuará o recolhimento da contribuição previdenciária e o depósito do Fundo de Garantia do Tempo de Serviço, na forma da lei, com base nos valores pagos no período mensal e fornecerá ao empregado comprovante do cumprimento dessas obrigações (§ 8º).

7.33 A CONTAGEM DE PRAZOS PROCESSUAIS

Deixando patente que jamais pretendeu agilizar o processo do trabalho, o legislador reformista alterou a forma de contagem de prazos processuais.

O novo regramento da CLT, tal como previsto no CPC de 2015, estabelece que os prazos processuais devem ser contados em dias úteis. Se é, de algum modo, conveniente para os operadores do direito, a uniformização do sistema de contagem de prazos, também é certo que a sintonia dos sistemas ignorou uma verdade inolvidável: no processo trabalhista, de regra, o trabalhador busca receber verbas de natureza alimentar.

Vejamos um comparativo da legislação anterior à Reforma com a que veio com ela.

CLT antes da reforma:

> *Art. 775. Os prazos estabelecidos neste Título contam-se com exclusão do dia do começo e inclusão do dia do vencimento, e são contínuos e ir-*

relleváveis, podendo, entretanto, ser prorrogados pelo tempo estritamente necessário pelo juiz ou tribunal, ou em virtude de força maior, devidamente comprovada.

Parágrafo único. Os prazos que se vencerem em sábado, domingo ou dia feriado, terminarão no primeiro dia útil seguinte.

CLT pós-reforma:

> *Art. 775. Os prazos estabelecidos neste Título serão contados em dias úteis, com exclusão do dia do começo e inclusão do dia do vencimento.*
>
> *§ 1º Os prazos podem ser prorrogados, pelo tempo estritamente necessário, nas seguintes hipóteses:*
>
> *I – quando o juízo entender necessário;*
>
> *II – em virtude de força maior, devidamente comprovada.*
>
> *§ 2º Ao juízo incumbe dilatar os prazos processuais e alterar a ordem de produção dos meios de prova, adequando-os às necessidades do conflito de modo a conferir maior efetividade à tutela do direito.*

7.34 O ARQUIVAMENTO DA RECLAMAÇÃO E A SUA RENOVAÇÃO: EMBARAÇO AO ACESSO À JURISDIÇÃO

Eis outro claro óbice ao acesso do trabalhador à jurisdição.

Antes da Lei da Reforma Trabalhista, assim disciplinava o art. 844 da CLT:

> *Art. 884. O não-comparecimento do reclamante à audiência importa o arquivamento da reclamação, e o não-comparecimento do reclamado importa revelia, além de confissão quanto à matéria de fato.*

Ou seja, se o trabalhador faltava à audiência inaugural de seu processo, a reclamação era arquivada, mas ele poderia renová-la sem maiores embaraços, até porque, de regra, os juízes o dispensavam de pagar as custas do processo. Em que pese acontecer de o trabalhador faltar, indevida ou irresponsavelmente, à audiência, isso era algo raríssimo. Afinal, a esmagadora maioria dos trabalhadores que buscam a Justiça do Trabalho se encontram desempregados. E, *data venia,* não parece fazer muito sentido alguém que se encontra desempregado, muitas vezes sem meios de subsistência e dependendo da caridade de familiares, perder uma oportunidade de receber, por via de acordo, algum valor que lhe socorra.

A Lei nº 13.467/2017, vigente a partir de 11.11.2017, alterou o aludido dispositivo celetista, nele introduzindo parágrafos que impõe restrição à repetição da reclamação arquivada, exigindo que o trabalhador comprove motivo legalmente justificável para ter faltado à audiência na qual se dera o arquivamento ou recolha, previamente, as custas do processo arquivado, isso como condição para admissão de sua nova reclamação. Isso ainda que ele seja beneficiário da justiça gratuita e o juiz lhe conceda os benefícios pertinentes. Eis os parágrafos enfocados:

> *§ 2º Na hipótese de ausência do reclamante, este será condenado ao pagamento das custas calculadas na forma do art. 89 desta Consolidação, ainda que beneficiário da justiça gratuita, salvo se comprovar, no prazo de quinze dias, que a ausência ocorreu por motivo legalmente justificável.*
>
> ***§ 3º O pagamento das custas a que se refere o § 2º é condição para a propositura de nova demanda.***

Com todo o respeito que merecem os legisladores, mas essa previsão legal me parece absurda, teratológica mesmo. Cabe indagar: se o trabalhador terá que recolher as custas do processo no caso de arquivamento de sua reclamação, de que serve a gratuidade de justiça a ele concedida?

Entendo que o dispositivo ora comentado ignora e, portanto, vulnera o disposto no art. 5º, LXXIV, da Constituição Federal, *in verbis:*

> *CF/Art. 5º Todos são iguais perante a lei, sem distinção de qualquer natureza, garantindo-se aos brasileiros e aos estrangeiros residentes no País a inviolabilidade do direito à vida, à liberdade, à igualdade, à segurança e à propriedade, nos termos seguintes:*
>
> *(...)*
>
> ***LXXIV - o Estado prestará assistência jurídica integral e gratuita aos que comprovarem insuficiência de recursos;***
>
> *(...)*

Como já mencionado, cerca de 80% dos que recorrem à Justiça do Trabalho são desempregados. Evidentemente, não tem como pagar as custas processuais sem prejuízo do próprio sustento.

Mas a infelicidade da adoção de tal regramento pelo legislador reformista não fica nisso. Embora ele tenha cogitado de um motivo "legalmente justificável" para a ausência do reclamante na audiência inaugural de seu processo, jamais cuidou em disciplinar, na mesma Lei 13.467/17, o que seria um "motivo legalmente justificável" bastante a impedir o arquivamento da ação.

Como o legislador não cuidou em definir isso, creio que os juízes usarão de analogia para solucionar o problema. Decerto considerarão motivos legalmente relevantes para o adiamento da audiência os apontados nos arts. 131 e 473 da CLT. Ei-los:

- licenciamento compulsório da empregada por motivo de maternidade ou aborto, observados os requisitos para percepção do salário-maternidade;
- acidente do trabalho ou enfermidade atestada pelo INSS;
- falecimento do cônjuge, ascendente, descendente, irmão ou pessoa que, declarada em sua carteira de trabalho e previdência social, viva sob sua dependência econômica;
- em virtude de casamento;
- nascimento de filho no decorrer da primeira semana;
- em caso de doação voluntária de sangue devidamente comprovada;
- para o fim de se alistar eleitor;
- provas de exame vestibular;
- acompanhar consultas médicas e exames complementares durante o período de gravidez de sua esposa ou companheira;
- acompanhar filho de até 6 (seis) anos em consulta médica;
- representante de entidade sindical, quando estiver participando de reunião oficial de organismo internacional do qual o Brasil seja membro;
- Cumprimento de exigências do Serviço Militar.

Evidentemente, essa lista não esgota o rol de motivações que podem levar ao adiamento da audiência. Afigurando-se ponderoso o motivo apresentado pelo reclamante, para ter faltado à audiência, os juízes deverão considerar justificável a ausência, permitindo a repetição da reclamação, sem a exigência de prévio recolhimento de custas.

7.35 O ABRANDAMENTO DOS EFEITOS DA REVELIA PARA O RECLAMADO CUJO ADVOGADO COMPAREÇA À AUDIÊNCIA MUNIDO DE DEFESA

A Lei da Reforma Trabalhista também introduziu os §§ 4° e 5° no art. 844 da CLT, alterações de muita relevância, como veremos a seguir.

Art. 844. (...)

§ 4º A revelia não produz o efeito mencionado no caput deste artigo se:

I – havendo pluralidade de reclamados, algum deles contestar a ação;

II – o litígio versar sobre direitos indisponíveis;

III – a petição inicial não estiver acompanhada de instrumento que a lei considere indispensável à prova do ato;

IV – as alegações de fato formuladas pelo reclamante forem inverossímeis ou estiverem em contradição com prova constante dos autos.

§ 5º Ainda que ausente o reclamado, presente o advogado na audiência, serão aceitos a contestação e os documentos eventualmente apresentados.

Embora a disciplina contida no § 4º do art. 844 da CLT seja importante para a atuação jurisdicional, mormente quando assenta que não deve o julgador ter como verdadeiro o fato inverossímil não contestado ou a alegação de fato que esteja em contradição com prova constante dos autos, o propósito deste escriba, agora, é tecer comentário acerca da ressalva inovadora prevista no § 5º do citado art. 844 celetário.

Desde a vigência da Lei nº 13.467/17, 11/11/2017, o trabalhador/reclamante que não comparece à primeira audiência do seu processo terá a sua reclamação arquivada, só podendo repeti-la (ajuizá-la de novo) se recolher as custas do processo ou se apresentar uma justificativa legalmente aceitável. Não há dúvida que a Lei da Reforma dificultou as coisas para o trabalhador.

Por outro lado, desde o surgimento da CLT e até o dia 11.11.2017, se o reclamado (ex: o empregador) faltava, injustificadamente, à audiência inicial do processo, era considerado revel e confesso. Mesmo que o seu advogado se fizesse presente. Caso ele já tivesse protocolado a defesa e juntado documentos, os juízes, na sua imensa maioria, ignoravam tanto a defesa, quanto os documentos com ela advindos. O resultado era que o juiz presumia verdadeiros os fatos alegados na inicial, o que, quase sempre, levava ao deferimento das verbas pleiteadas na inicial.

Sucede que, a partir de 11.11.2017, a ausência do reclamado na audiência inaugural não mais gera essa consequência. Ou seja, a Lei da Reforma Trabalhista foi bem menos severa com o reclamado, se comparado ao que mudou em desfavor do reclamante. Na verdade, os empregadores passaram a usufruir de um tratamento bem mais favorável do que aquele que lhes era reservado pela antiga CLT. Afinal, *"ainda que ausente o reclamado, presente o advogado na audiência, serão aceitos a contestação e os documentos eventualmente apresentados"*.

Ora, trata-se de uma grande vantagem, se comparado ao que acontecia outrora. Mesmo que ausente o reclamado, e embora declarado revel e confesso, pelo que se colhe do referido § 5° o juiz deverá se cientificar da tese de defesa apresentada pelo reclamado. Não só isso, entendendo necessário à sua convicção, deverá interrogar o reclamante e até mesmo as testemunhas deste, baseado na tese esboçada na contestação e acerca de documentos com ela advindos. E, quando do julgamento, também deverá considerar a prova colacionada com a defesa.

7.36 ATÉ QUANDO A RECLAMADA PODERÁ APRESENTAR A SUA DEFESA NO PROCESSO JUDICIAL ELETRÔNICO – PJE?

O art. 847 da CLT foi alterado. Ganhou um parágrafo único, o qual estabelece que *"A parte poderá apresentar defesa escrita pelo sistema de processo judicial eletrônico até a audiência"*.

Entendo que, iniciada audiência, não será mais possível a apresentação da defesa no sistema PJe. No entanto, defendo que o aludido dispositivo celetista não vedou a possibilidade de a reclamada ainda poder formular a sua defesa oralmente, em audiência. Essa certeza sobressai, primeiro, do fato de que a Reforma não revogou o *caput* do art. 847 da CLT, o qual prevê que *"Não havendo acordo, o reclamado terá vinte minutos para aduzir sua defesa"*.

Por outro lado, o parágrafo único introduzido no citado art. 847 celetista prevê que a parte "poderá" apresentar defesa escrita pelo PJe até a audiência, deixando claro se tratar de uma faculdade do reclamado escolher entre a defesa oral e a defesa protocolada via sistema PJe.

7.37 DA DESISTÊNCIA DA RECLAMAÇÃO NO PJE

Entendo que a regra insculpida no novo § 3° do art. 841 da CLT teve o propósito de pacificar a controvérsia acerca da possibilidade de desistência da ação, sem auscultar o reclamado, quando já protocolada a contestação no sistema PJe.

Diferentemente do processo comum, mormente o disciplinado pelo CPC de 1973, a CLT prevê a contestação verbal, formulada em audiência. Reza o seu art. 847 que *"Não havendo acordo, o reclamado terá vinte minutos para aduzir sua defesa, após a leitura da reclamação, quando esta não for dispensada por ambas as partes"*.

Sucede que há anos a contestação verbal cedeu lugar à contestação escrita, de modo que o costume se sobrepôs ao previsto na lei. Raramente se vê defesa oral. Portanto, como a defesa era apresentada (em papel ou verbal) após formulada e frustrada a proposta de acordo, permitia-se a desistência da ação mesmo na audiência, contanto que antes de a contestação ser apresentada ao juiz no referido ato.

Ou seja, do ajuizamento da RT até a entrega da contestação em meio físico ou verbal, na sala de audiência, era possível ao reclamante desistir da reclamação independentemente de anuência do reclamado. Até porque, se a CLT não tinha regra própria a respeito, o CPC previa que só depois de decorrido o prazo para a resposta é que o autor não poderia, sem o consentimento do réu, desistir da ação (§ 4º do art. 267, CPC/73). Ora, o prazo de resposta/defesa no processo do trabalho ocorre em audiência. Portanto, até o segundo anterior à entrega da defesa ou à sua formulação verbal, a desistência da ação não dependia de anuência do reclamado.

Veio então o PJe e os juízes passaram a cobrar dos advogados dos reclamados que protocolassem as contestações de seus clientes até uma hora antes da audiência. Não havia lei ou resolução do CSJT ou do CNJ impondo que assim fosse feito, embora houvesse recomendação nesse sentido.

Foi quando grassou a polêmica acerca do último momento para o reclamante desistir da reclamação sem depender de anuência do reclamado. Poderia ele desistir se a contestação já estivesse nos autos, mesmo antes da audiência? Nesse caso, o juiz deveria ou não consultar o reclamado acerca do pedido de desistência? Ou deveria, como antes do PJe, considerar que o prazo para a desistência sem anuência da parte contrária ía até o instante seguinte ao malogro da primeira tentativa de conciliação?

Lamentavelmente, o legislador reformista não foi claro como deveria. Se pretendeu fixar o momento derradeiro em que a desistência se tornava possível sem a anuência do reclamado, que o definisse aludindo à primeira proposta de acordo. Se pretendia eleger como marco final para a desistência sem anuência da parte contrária o simples protocolar da defesa no PJe, que fosse claro quanto a isso. Não, ele não foi claro. Eis o texto legal vigente pós-Reforma:

> *Art. 841. (...)*
>
> *§ 3º Oferecida a contestação, ainda que eletronicamente, o reclamante não poderá, sem o consentimento do reclamado, desistir da ação.*

A mim me parece que o legislador reformista pretendia, mesmo, condicionar à aceitação do reclamado a desistência da reclamação nos casos em que a contestação já tivesse sido protocolada nos autos. Esse é o entendimento que mais se coaduna com os propósitos de favorecimento ao empresariado já tantas vezes revelado nestes comentários. Contudo, como a redação do dispositivo não se mostra precisa, cabe, sim, argumento em sentido diverso.

Com efeito, protocolada e oferecida são expressões distintas e inconfundíveis. Só se oferece contestação se não há acordo. Portanto, a despeito de introduzida no PJe, ou seja, de protocolada, a defesa, a rigor, não foi oferecida porque a oportunidade de oferecimento de defesa só ocorre após baldado o primeiro esforço conciliatório do juiz.

Aliás, não se pode entender diferentemente ante o novel texto do art. 847 da CLT, também da lavra reformista. A previsão de apresentação/oferecimento da defesa vem num parágrafo. E a técnica legislativa orienta que nos parágrafos são abordadas as exceções, restrições, definições e medidas complementares ao assunto contido no caput do artigo. Portanto, se o caput cogitou de defesa oral e o parágrafo de defesa pelo PJe, impõe-se reconhecer que, tanto uma forma de apresentação de defesa, quanto a outra, hão de acontecer quando não houver acordo. Ou seja, após frustrada a tentativa de conciliação. Destarte, não se poderia considerar defesa protocolada como defesa oferecida. Vejamos a força elucidativa do art. 847 da CLT reformada:

> *Art. 847. Não havendo acordo, o reclamado terá vinte minutos para aduzir sua defesa, após a leitura da reclamação, quando esta não for dispensada por ambas as partes.*
>
> *Parágrafo único. A parte poderá apresentar defesa escrita pelo sistema de processo judicial eletrônico até a audiência.*

Portanto, embora acredite que não foi esse o verdadeiro escopo dos artífices da Reforma Trabalhista, parece-me sustentável a exegese do novo texto celetista em aqui defendida. Nada teria mudado, portanto, no tocante à possibilidade de o reclamante poder desistir da reclamação até o memento em que o juiz tem por malograda a primeira tentativa de acordo.

A propósito, notícia publicada em 13/07/20, no site do TST, informa que a sua 5ª Turma rejeitara recurso da Sotreq S/A, de Fortaleza (CE), contra a homologação da desistência manifestada por um engenheiro civil após a empresa ter apresentado a contestação. Para a Turma, o fato de a contestação haver sido protocolada antecipadamente no PJe não invalida o pedido de desistência, apresentado durante a audiência de conciliação.

Segundo a matéria publicada, a reclamação fora ajuizada em 29/7/2013, e a audiência foi marcada para 25/9. No dia anterior, a empresa juntou ao processo a sua contestação, por meio do sistema do Processo Judicial Eletrônico (Pje). Na audiência, o engenheiro manifestou o seu propósito de desistir da reclamação, desistência essa homologada pelo juízo da 12ª Vara do Trabalho de Fortaleza. A sentença homologatória foi mantida pelo Tribunal Regional do Trabalho da 7ª Região (CE).

No recurso de revista, a empresa Sotreq sustentou que a defesa fora protocolada antes da audiência no Processo Judicial Eletrônico (Pje) e, por isso, o empregado não poderia desistir da reclamação sem o seu consentimento. Segundo a empresa, o engenheiro pôde ter acesso à toda a argumentação defensiva com antecedência, pois a contestação fora protocolada sem sigilo. Por isso, disse que se manifestou na audiência contra o pedido de desistência com base no artigo 267 do Código de Processo Civil de 1973, vigente na época. O dispositivo previa que, após oferecida a contestação, o autor não poderá desistir da ação sem o consentimento da parte contrária.

Ainda segundo a notícia, o relator do recurso de revista, ministro Breno Medeiros, ao votar, sustentara que, de acordo com o artigo 847 da CLT, quando não há acordo, a parte reclamada tem 20 minutos para apresentar a defesa, após a leitura da reclamação. Assim, o momento de apresentação da defesa seria o que sucede à tentativa de acordo (que, no caso, nem chegou a existir), e a inserção da contestação no PJe, antecipadamente, não se prestaria à finalidade pretendida pela empresa. Outro ponto destacado pelo relator foi o registro do TRT de que a tese de que o engenheiro tivera conhecimento do conteúdo da contestação antes da audiência não foi comprovada e de que não se poderia presumir essa alegação e impedir o empregado de exercer o seu direito de desistir da ação.

Para se chegar a uma conclusão contrária, seria necessário reexaminar as provas, procedimento vedado pela Súmula 126 do TST. Segue a ementa da referida decisão:

> *Processo: Ag-RR-1120-71.2013.5.07.0012*
>
> *PROCESSO Nº TST-Ag-RR-1120-71.2013.5.07.0012*
>
> *ACÓRDÃO(5ª Turma)*
>
> *AGRAVO. RECURSO DE REVISTA. ACÓRDÃO PUBLICADO NA VIGÊNCIA DA LEI Nº 13.015/2014. NULIDADE DA SENTENÇA. DESISTÊNCIA DO RECLAMANTE LOGO APÓS A JUNTADA DA CONTESTAÇÃO NO PJe. Constou da decisão agravada que, nos termos da interpretação sistemática das normas inseridas nos arts. 267, §4º, do CPC/73, 485, § 4º, do atual CPC, 847, caput, da CLT, o momento de apresentação da defesa é aquele que sucede à tentativa de acordo, sendo certo que a inserção da contestação no sistema eletrônico, de forma antecipada, não se presta à finalidade pretendida pela reclamada, até porque a aludida desistência foi apresentada antes do referido momento processual. Acrescente-se que ficara registrado no acórdão regional que a tese da reclamada, no sentido de que o reclamante teria prévio conhecimento do conteúdo da contestação, não fora provado nos autos, motivo pelo qual não se poderia presumir tal alegação e impor ao reclamante o prejuízo do não exercício do seu direito de desistência da ação, sob o jugo da concordância da reclamada. Além disso, ressaltou que o desentranhamento da defesa foi determinado de plano pelo magistrado em audiência que homologou o pedido de desistência independentemente da anuência da parte reclamada. Nesse contexto, para se chegar a conclusão contrária, como insiste a agravante, necessário seria o reexame do contexto fático probatório dos autos, procedimento este vedado em sede de recurso de revista por conta do que estabelece a Súmula 126 do TST.Considerando a improcedência do recurso, aplica-se à parte agravante a multa prevista no art. 1.021, § 4º, do CPC.Agravo não provido, com aplicação de multa.*

7.38 A REFORMA TRABALHISTA E A TERCEIRIZAÇÃO

Evolução histórica:

> 1986 – TST/Súmula 256: Terceirização limitada ao Trabalho temporário e ao Serviço de Vigilância.
>
> 1994: Súmula 331 do TST: alargou o campo de incidência da legalização da terceirização: foram inseridos os serviços de conservação e limpeza e qualquer serviço, desde que especializado e ligado à atividade-meio da empresa contratante.
>
> Intensa utilização da terceirização pela Administração Pública.

Agora, a terceirização irrestrita – Leis nºs 13.429/2017 e 13.467/2017.

Em síntese, até a entrada em vigor da Lei nº 13.249/17, a empresa tão somente poderia terceirizar serviços que não fossem atinentes à sua atividade-fim, ou seja, que não fossem o seu serviço principal, sob pena de, se judicializado o caso, advir a declaração de vínculo para com a tomadora dos serviços, bem como o pagamento de vantagens, equiparação salarial, etc.

Segundo o art. 4º da Lei nº 6.019/74, alterada pela Lei da Reforma Trabalhista, *"Considera-se prestação de serviços a terceiros a transferência feita pela contratante da execução de quaisquer de suas atividades, inclusive sua atividade principal, à pessoa jurídica de direito privado prestadora de serviços que possua capacidade econômica compatível com a sua execução"*.

O § 1º do citado art. 4º prevê a possibilidade não só de terceirização, mas de quarteirização de serviço:

> *§ 1º A empresa prestadora de serviços contrata, remunera e dirige o trabalho realizado por seus trabalhadores, ou subcontrata outras empresas para realização desses serviços.*

Aliás, convém registrar que o Plenário do Supremo Tribunal Federal (STF), em 30/08/2018, acolheu a Arguição de Descumprimento de Preceito Fundamental (ADPF) nº 324 e deu provimento, por maioria de votos, ao Recurso Extraordinário (RE) nº 958.252, referente ao Tema 725, com repercussão geral, editando a tese de que "é lícita a terceirização ou qualquer outra forma de divisão do trabalho entre pessoas jurídicas distintas, independentemente do objeto social das empresas envolvidas, mantida a responsabilidade subsidiária das empresas contratantes". Com essa ressalva no corpo do acórdão, a Segunda Turma, do Egrégio TRT da 3ª Região lavrou esclarecedora ementa:

> *TERCEIRIZAÇÃO DE ATIVIDADE-FIM. DECISÃO DO EX. STF NA ADPF Nº 324 E RE 958.252. DISTINGUISHING. CRITÉRIO DE DISTINÇÃO DE APLICABILIDADE COM BASE NA EXISTÊNCIA DE SUBORDINAÇÃO DIRETA ENTRE EMPREGADOS DA PRESTADORA DE SERVIÇOS E A TOMADORA. ART. 3º E 9º DA CLT. O excelso STF, no julgamento da Arguição de Descumprimento de Preceito Fundamental – ADPF nº 324 e do Recurso Extraordinário – RE nº 958.252, com repercussão geral reconhecida, fixou tese, de observância obrigatória pelos juízes e Tribunais, de que "é lícita a terceirização ou qualquer outra forma de divisão do trabalho entre pessoas jurídicas distintas, independentemente do objeto social das empresas envolvidas, mantida a*

> *responsabilidade subsidiária da empresa contratante". Trata-se de decisão com efeito vinculante, de observância obrigatória por todos os Tribunais inferiores e magistrados, conforme art. 10, §3º, da Lei nº 9.882/99, e que, por consequência, deve ser considerada como fato novo, apto a ensejar inclusive a alteração de acórdão anterior, como previsto no art. 493 do CPC e na Súmula 394 do TST. Na apreciação do caso concreto, a situação fática capaz de ensejar a declaração de nulidade da terceirização (distinguishing) é a evidência do desvirtuamento da terceirização em si, com a subordinação direta dos empregados da prestadora de serviços à tomadora, formando-se com esta os elementos configuradores da relação de emprego (artigos 3º e 9º, da CLT). (PROCESSO nº 0010205-13.2018.5.03.0014 (RO) – 28/02/2019. DEJT/TRT3/Cad.Jud. Página 1065)*

Ainda acerca do tema terceirização, é importante registrar que um grande inconveniente dela é que a atividade é, de regra, terceirizada a empresas inidôneas. São empresas muitas vezes de fachada, que só existem no papel, no contrato social, e que não têm condições de honrar dívidas trabalhistas. Muitos de seus titulares até ficam ricos e desaparecem. A maioria, contudo, não resiste por longo tempo, indo à falência quando perde contratos com o poder público. Por isso, quando se promovia a alteração legislativa pertinente ao trabalho terceirizado, imaginei que seria o momento oportuno para o legislador impor mais exigências e condições àqueles que atuam ou pretendiam atuar no ramo das empresas de terceirização. Afinal, nunca entendi como tantas empresas atuavam sem a mínima condição patrimonial. Como o legislador autorizava que empresas sem lastro patrimonial algum contratassem com o poder público, por exemplo. Era uma oportunidade para interromper o interminável crescente de trabalhadores miseráveis indo cobrar na Justiça o que a patroa terceirizada não lhes dera.

Aliás, boa parte de tais reclamações não resulta em ganho algum para o trabalhador. Não porque ele é vencido no litígio. Ele ganha, mas não leva, como se diz vulgarmente. E não leva porque muitas das empresas de terceirização, como já mencionado, não tem patrimônio, não tem com o que lhe pagar.

Contudo, a oportunidade de moralizar a criação e a funcionamento de empresas de prestação de serviço a terceiros não foi bem aproveitada. Basta que se considere os requisitos exigidos pela Lei nº 13.429/17 para o funcionamento da empresa de prestação de serviços a terceiros. Essa lei, também gestada na onda reformista do Governo Temer, alterou dispositivos da Lei nº 6.019/74, a qual passou a ser intitulada Lei Geral das Terceirizações. Dispõe o seu art. 4º-B:

> *Art. 4º-B. São requisitos para o funcionamento da empresa de prestação de serviços a terceiros:*
>
> *I – prova de inscrição no Cadastro Nacional da Pessoa Jurídica (CNPJ);*
>
> *II – registro na Junta Comercial;*
>
> *III – Capital Social compatível com o número de empregados, observando-se os seguintes parâmetros:*
>
> *a) empresas com até dez empregados – capital mínimo de R$ 10.000,00;*
>
> *b) empresas com mais de dez e até vinte empregados – capital mínimo de R$ 25.000,00;*
>
> *c) empresas com mais de vinte e até cinquenta empregados – capital mínimo de R$ 45.000,00;*
>
> *d) empresas com mais de cinquenta e até cem empregados – capital mínimo de R$ 100.000,00;*
>
> *e) empresas com mais de cem empregados – capital mínimo de R$ 250.000,00.*

Importante registrar que, a princípio, a empresa contratante é subsidiariamente responsável pelas obrigações trabalhistas e recolhimento das contribuições previdenciárias referentes ao período em que ocorrer a prestação de serviços.

A Súmula 331, do colendo TST, assim disciplina:

> *CONTRATO DE PRESTAÇÃO DE SERVIÇOS. LEGALIDADE (nova redação do item IV e inseridos os itens V e VI à redação) – Res. 174/2011, DEJT divulgado em 27, 30 e 31.05.2011*
>
> I – A contratação de trabalhadores por empresa interposta é ilegal, formando-se o vínculo diretamente com o tomador dos serviços, salvo no caso de trabalho temporário (Lei nº 6.019, de 03.01.1974).
>
> *II – A contratação irregular de trabalhador, mediante empresa interposta, não gera vínculo de emprego com os órgãos da Administração Pública direta, indireta ou fundacional (art. 37, II, da CF/1988).*
>
> *III – Não forma vínculo de emprego com o tomador a contratação de serviços de vigilância (Lei nº 7.102, de 20.06.1983) e de conservação e limpeza, bem como a de serviços especializados ligados à atividade-meio do tomador, desde que inexistente a pessoalidade e a subordinação direta.*
>
> *IV – O inadimplemento das obrigações trabalhistas, por parte do empregador, implica a responsabilidade subsidiária do tomador dos serviços quanto àquelas obrigações, desde que haja participado da relação processual e conste também do título executivo judicial.*
>
> *V – Os entes integrantes da Administração Pública direta e indireta respondem subsidiariamente, nas mesmas condições do item IV, caso evidenciada*

a sua conduta culposa no cumprimento das obrigações da Lei n.º 8.666, de 21.06.1993, especialmente na fiscalização do cumprimento das obrigações contratuais e legais da prestadora de serviço como empregadora. A aludida responsabilidade não decorre de mero inadimplemento das obrigações trabalhistas assumidas pela empresa regularmente contratada.

VI – A responsabilidade subsidiária do tomador de serviços abrange todas as verbas decorrentes da condenação referentes ao período da prestação laboral.

Contudo, a citada Lei 6.019/74, no seu art. 5°-A, § 1°, veda à contratante/tomadora de serviços a utilização dos trabalhadores terceirizados em atividades distintas daquelas que foram objeto do contrato com a empresa prestadora de serviços.

Importante ressaltar que é muito comum a reclamatória ser ajuizada contra a empresa de terceirização e também contra a tomadora do serviço, a chamada empresa cliente. E, não raro, após transita em julgado a sentença e deflagrada a execução em face da devedora principal (a empresa de terceirização de serviço), o juiz constata, após uso de ferramentas de elementar pesquisa patrimonial (Bacenjud e Renajud), que ela não tem dinheiro em conta bancária, nem veículos registrados em seu nome. Nesse caso, é comum o juiz intimar o reclamante credor para dizer o que pretende seja feito daí em diante. Ocorre, então, o dilema: solicita-se o prosseguimento da pesquisa patrimonial em relação à devedora principal (empresa de terceirização – EPST) ou deve o advogado do credor lançar mão do incidente de desconsideração da personalidade jurídica da empresa? Ou deve, ele, pedir que a execução seja direcionada contra a devedora subsidiária (a empresa cliente)?

Para que seja executada a devedora subsidiária não é necessário que, antes, se esgotem todas as possibilidades de recebimento do crédito junto à devedora principal, sendo suficiente a demonstração de sua insolvência. É esse o entendimento pacificado na jurisprudência, inspirado no princípio da razoabilidade da duração do processo, garantia constitucional (art. 5°, LXXVIII, CF) assegurada ao jurisdicionado. E porque o ônus do lapso temporal do processo deve ser favorável ao exequente, titular de crédito privilegiado, porque alimentar, o qual deve ser satisfeito da maneira mais célere possível.

Aliás, o juízo da execução não está obrigado à desconsideração da personalidade jurídica da devedora principal, dado que a responsabilidade dos sócios também é subsidiária e entre responsáveis de uma mesma classe (sócios e devedora subsidiária) não há benefício de ordem. Sendo que, em relação à empresa cliente há a vantagem de já se ter um título executivo, o que aponta para um prosseguimento mais tranquilo, do que se a opção fosse pelo IDPJ, o qual abre muitas oportunidades para recursos sem que se possa exigir, dos sócios da devedora principal, que garantam o juízo ou mesmo que realizem o depósito recursal.

Por fim, averbo que não se aplica o benefício de ordem quando a devedora subsidiária não comprova a existência de bens livres, de propriedade da devedora principal suficientes à garantia do cumprimento integral da execução.

7.38.1 Terceirização e quarentena

A Lei nº 13.467 também alterou a Lei 6.019/74, introduzindo nesta o art. 5º-D, o qual prevê que "o empregado que for demitido não poderá prestar serviços para esta mesma empresa na qualidade de empregado de empresa prestadora de serviços antes do decurso de prazo de dezoito meses, contados a partir da demissão do empregado".

Com o mesmo escopo de impedir que empresas despedissem os seus empregados para, em seguida, contratá-los pagando menos, na condição de terceirizados, o legislador inseriu o art. 5º-C na citada Lei nº 6.019/74 estabelecendo que a terceirização não poderia ser contratada a uma pessoa jurídica "cujos titulares ou sócios tenham, nos últimos dezoito meses, prestado serviços à contratante na qualidade de empregado ou trabalhador sem vínculo empregatício, exceto se os referidos titulares ou sócios forem aposentados".

7.38.2 Da responsabilidade do contratante de serviço terceirizado no tocante às obrigações trabalhistas em sentido restrito.

A Lei nº 6.019/74 prevê, no seu art 5º, § 5º, que a empresa contratante, ou seja, a tomadora de serviço terceirizado, é subsidiariamente responsável pelas obrigações trabalhistas referentes ao período em que ocorrer a prestação de serviços, e o recolhimento das contribuições previdenciárias observará o disposto no art. 31 da Lei nº 8.212, de 24 de julho de 1991.

A propósito, a Súmula 331, item IV, do TST assim recomenda: "O inadimplemento das obrigações trabalhistas, por parte do empregador, implica na responsabilidade subsidiária do tomador dos serviços, quanto àquelas obrigações, inclusive quanto aos órgãos da administração direta, das autarquias, das fundações públicas, das empresas públicas e sociedades de economia mista, desde que hajam participado da relação processual e constem também do título executivo judicial (art. 71 da Lei 8.666/1993)".

7.38.3 Terceirização e responsabilidade civil

A Constituição Federal, no seu art. 7°, prevê que são direitos dos trabalhadores urbanos e rurais, além de outros que visem à melhoria de sua condição social: XXII – a redução dos riscos inerentes ao trabalho, por meio de normas de saúde, higiene e segurança.

Portanto, compete ao contratante de serviço terceirizado zelar pela a higidez do meio ambiente de trabalho, sendo que a Lei n° 6.019/74, no seu art 5°, § 3°, estabelece que é responsabilidade da contratante garantir as condições de segurança, higiene e salubridade dos trabalhadores, quando o trabalho for realizado em suas dependências ou local previamente convencionado em contrato.

Portanto, a empresa cliente ou contratante de serviço terceirizado deverá zelar ao máximo no tocante à conservação de um meio ambiente de trabalho salubre e equilibrado não só em relação aos trabalhadores a si vinculados, como também no tocante aos trabalhadores terceirizados que estão lhe prestando serviço, sob pena de vir a responder por eventuais danos morais e materiais sofridos por estes ao longo da execução do trabalho contratado, sejam esses danos decorrentes, por exemplo, de acidentes de trabalho ou mesmo de assédio moral ou assédio sexual.

A propósito, o Código Civil prevê, no seu art. 942, que os bens do responsável pela ofensa ou violação do direito de outrem ficam sujeitos à reparação do dano causado; e, se a ofensa tiver mais de um autor, todos responderão solidariamente pela reparação. Já o seu parágrafo único estabelece que são solidariamente responsáveis com os autores os co-autores e as pessoas designadas no art. 932.

Ou seja, enquanto a empresa cliente/contratante de serviço terceirizado responde, subsidiariamente, pelo inadimplemento de obrigações trabalhistas descumpridas pela empresa de terceirização, a sua responsabilidade é solidária, no que tange à reparação de danos materiais e morais sofridos pelo empregado terceirizado enquanto executava trabalho objeto do contrato de terceirização.

Ainda no tocante a esse tema, é importante mencionar que a Lei nº 13.467/2017 acrescentou os seguintes dispositivos à CLT:

> *Art. 223-B. Causa dano de natureza extrapatrimonial a ação ou omissão que ofenda a esfera moral ou existencial da pessoa física ou jurídica, as quais são as titulares exclusivas do direito à reparação.*
>
> *Art. 223-C. A honra, a imagem, a intimidade, a liberdade de ação, a autoestima, a sexualidade, a saúde, o lazer e a integridade física são os bens juridicamente tutelados inerentes à pessoa física.*
>
> *Art. 223-D. A imagem, a marca, o nome, o segredo empresarial e o sigilo da correspondência são bens juridicamente tutelados inerentes à pessoa jurídica.*

Já o Código Civil, assim estabelece:

> *Art. 186. Aquele que, por ação ou omissão voluntária, negligência ou imprudência, violar direito e causar dano a outrem, ainda que exclusivamente moral, comete ato ilícito.*
>
> *Art. 927. Aquele que, por ato ilícito (arts. 186 e 187), causar dano a outrem, fica obrigado a repará-lo.*

7.39 A REFORMA TRABALHISTA E O VALOR MÁXIMO A SER RECOLHIDO A TÍTULO DE CUSTAS PROCESSUAIS

Na Justiça do Trabalho, as custas relativas ao processo são em valor equivalente a 2% (dois por cento) do valor arbitrado para a condenação, observado, no entanto, o mínimo de R$ 10,64 (dez reais e sessenta e quatro centavos).

Mas não havia um valor máximo. Portanto, se a condenação fosse arbitrada, por exemplo, em 5 milhões de reais, as custas do processo seriam de 100 mil reais.

A partir de 11/11/2017, Lei da Reforma inovou ao limitar o valor máximo das custas processuais a quatro vezes o valor máximo dos benefícios do Regime Geral de Previdência Social.

7.40 HOMOLOGAÇÃO DE ACORDO EXTRAJUDICIAL E SEU PROCEDIMENTO

Antes da Reforma, a CLT não previa a possibilidade de patrão e empregado submeterem um acordo extrajudicial à homologação judicial. Durante muito tempo os juízes resistiram a fazê-lo, sob o argumento de falta de interesse jurídico processual dos acordantes.

Dizia-se: se patrão e empregado estavam acertados extrajudicialmente, por que ocupar a Justiça? Um pedido desse era fadado a ser extinto ao chegar na Justiça.

E o que acontecia? O empregador, com receio de ajustar com o empregado, quitar o acordo extrajudicial e vir a sofrer reclamação judicial posteriormente, engendrava uma lide simulada. O reclamante era levado a ajuizar uma reclamação já informado, de antemão, pelo empregador, que, na audiência, o acordo extrajudicial seria noticiado ao juiz e homologado. Não poderia, jamais, confessar a simulação de litígio.

Ou seja, o patrão temia que o empregado, gastando o dinheiro recebido, procurasse advogado e ele, empregador, viesse a enfrentar uma ação na Justiça. Queria, enfim, uma quitação segura, feita perante o juiz, que lhe livrasse de pagar de novo.

Porém, não raro, os juízes percebiam que estavam sendo usados para dar ares de solenidade a algo que de litigioso nada tinha. Então, recusavam-se à homologação do acordo e até adotavam providência severas contra os advogados e partes envolvidos na tal lide simulada.

Em grande parte dos casos, essas reclamações simuladas eram feitas por orientação de empregadores que não dispunham de dinheiro para quitar a dívida trabalhista à vista, no sindicato do empregado, no momento da homologação da rescisão do contrato.

Como se sabe, o sindicato não homologava a rescisão senão diante do pagamento integral ao reclamante.

O impasse estava criado. Ruim para o patrão carente de recursos financeiros que não resolvia o pagamento rescisório. Péssimo para o trabalhador, que ficava sem receber, nem mesmo em parcelas. O que fazer? Surgia a ideia da lide simulada, nem sempre bem-sucedida.

Pois bem, o § 1° do art. 477 da CLT, aquele que previa a exigência de assistência do sindicato ou do agente do Ministério do Trabalho para validar pedido de demissão ou recibo de quitação de rescisão de contrato de trabalho com mais de 1 (um) ano, foi revogado pela Lei da Reforma Trabalhista. E agora?

Desde 11/11/2017, a CLT passou a ter um artigo que permite ao patrão e ao empregado celebrarem um acordo fora da justiça (extrajudicial), podendo eles se dirigirem ao juiz do trabalho apenas para buscar a homologação do acordo. Não carecerá mais forjar uma reclamação trabalhista. Vejamos a inovação legislativa:

> *Art. 652. Compete às Varas do Trabalho:*
>
> *(...)*
>
> *f) decidir quanto à homologação de acordo extrajudicial em matéria de competência da Justiça do Trabalho.*

Ou seja, essa alteração na CLT vai favorecer, principalmente, àquele empregador que está em dificuldade financeira. Os empregados não serão mais obrigados a litigar na Justiça do Trabalho ou mesmo fingir um litígio para receber as suas verbas de rescisão contratual de forma integral ou mesmo parcelada ou aquém do que seria devido.

Portanto, desde que escute o empregado e o empregador, conhecendo os motivos que os levaram a celebrar o acordo extrajudicial, o juiz deverá homologá-lo, salvo se entender que o acordo é prejudicial ao trabalhador, a parte mais frágil da relação de emprego.

Um detalhe importante: Para saber se o valor do acordo está condizente com a capacidade econômica do empregador, o juiz poderá, inclusive, valer-se de uma pesquisa patrimonial superficial, afastando, dessa forma, eventual aviltamento do interesse do trabalhador.

De resto, também entendo que o empregador precisa de certeza e segurança quanto ao ajustado e pago, o que não lhe ocorrerá se se limitar a fazer um acordo sem a devida chancela judicial.

Quanto à conduta a ser adotada para o pedido de homologação do acordo extrajudicial, tem-se que empregador e empregado deverão se valer de advogados, cada um com o seu. Não poderão, ao meu ver, ser advogados de um mesmo escritório. Os advogados, então, apresentam o acordo em uma petição assinada pelos dois (petição conjunta). O trabalhador poderá ser assistido pelo advogado do sindicato de sua categoria.

Apresentado o pedido de homologação do acordo extrajudicial na JT, no prazo de quinze dias o juiz o analisará e, se entender necessário, designará audiência, na qual ouvirá trabalhador e empregador e, entendendo conveniente, proferirá a sentença homologatória do acordo.

Ou seja, o juiz poderá, sim, homologar o acordo sem trabalhador e empregador (tomador de serviços). Se ele entender que as cláusulas do acordo são razoáveis e não prejudiciais ao trabalhador, homologará o ajuste celebrado fora da Justiça.

Importante ressaltar que a petição de homologação de acordo extrajudicial suspende o prazo prescricional (de dois anos) da ação quanto aos direitos nela especificados.

E mais: o dito prazo prescricional voltará a fluir no dia útil seguinte ao do trânsito em julgado da decisão que negar a homologação do acordo.

7.41 O DEPÓSITO RECURSAL EM CONTA VINCULADA AO JUÍZO

Da decisão que homologa acordo as partes não podem recorrer. É o que se estabelecido no art. 831, da CLT:

> *Art. 831. A decisão será proferida depois de rejeitada pelas partes a proposta de conciliação.*
>
> *Parágrafo único. No caso de conciliação, o termo que for lavrado valerá como decisão irrecorrível, salvo para a Previdência Social quanto às contribuições que lhe forem devidas.*

Todavia, a decisão que homologa acordo pode ser objeto de impugnação. Contudo, por via de ação rescisória, protocolada no TRT. A propósito, é oportuno transcrever a jurisprudência sedimentada no TST, *in verbis:*

> *Súmula nº 259 do TST – TERMO DE CONCILIAÇÃO. AÇÃO RESCISÓRIA (mantida) – Res. 121/2003, DJ 19, 20 e 21.11.2003 –* ***Só por ação rescisória é impugnável o termo de conciliação previsto no parágrafo único do art. 831 da CLT.***

Contudo, é cediço que o litigante insatisfeito com a decisão judicial pode dela recorrer, objetivando a sua reforma ou mesmo que ela seja declarada nula.

Sucede que para o demandado recorrer ao TRT contra uma decisão do juiz da Vara do Trabalho, ou mesmo para recorrer contra um acórdão de uma das Turmas do TRT, de modo a que o seu recurso seja examinado por uma das Turmas do TST, em todos esses casos haverá de atender a alguns pressupostos. Tecnicamente, eles são chamados de pressupostos de admissibilidade do recurso. Entre eles está fazer o depósito recursal.

Antes da Reforma Trabalhista, o depósito recursal era efetuado em conta vinculada aberta para esse fim, mediante a utilização da Guia de Recolhimento de FGTS e Informações à Previdência Social, a chamada GFIP.

Desde o dia 11/11/2017, o depósito recursal passou a ser feito não mais em GFIP, mas em conta vinculada ao juízo e corrigido com os mesmos índices da poupança. Eis o teor do art. 899, § 4º:

> *Art. 899. Os recursos serão interpostos por simples petição e terão efeito meramente devolutivo, salvo as exceções previstas neste Título, permitida a execução provisória até a penhora.*
>
> *(...)*
>
> *§ 4º O depósito recursal será feito em conta vinculada ao juízo e corrigido com os mesmos índices da poupança.*

Ou seja, quando devido, o depósito recursal deverá ser feito em guias de depósito judicial, as quais ficam disponíveis tanto nos postos de atendimento do Banco do Brasil e da Caixa Econômica federal, postos esses normalmente existentes fóruns da Justiça do Trabalho.

Trata-se de uma boa mudança na legislação. Afinal, tanto a efetivação do depósito via GFIP, como, principalmente, o levantamento do valor depositado, é muito burocrático e demorado. Não se consegue resgatar o dinheiro depositado antes de três dias. Sem dúvida, tanto os litigantes, quanto os advogados vão gostar da mudança, já que farão o saque do valor depositado com bem mais agilidade.

7.42 O DEPÓSITO RECURSAL PELA METADE OU DISPENSADO – INOVAÇÃO TRAZIDA PELA REFORMA TRABALHISTA

O empregador ou tomador de serviço que venha a perder a causa, total ao parcialmente, terá que efetuar o depósito recursal caso queira recorrer da sentença para o Tribunal.

Anualmente, o Tribunal Superior do Trabalho divulga os (novos) valores limites referentes ao depósito recursal.

A novidade, no tocante ao depósito recursal, é que ele será reduzido pela metade para entidades sem fins lucrativos, empregadores domésticos, microempreendedores individuais, microempresas e empresas de pequeno porte.

Empresa de Pequeno Porte (EPP) é um empreendimento com faturamento bruto anual entre R$ R$ 360 mil e R$ 3,6 milhões.

Já as entidades filantrópicas e as empresas em recuperação judicial passaram a ser totalmente isentas do depósito recursal, assim como os beneficiários da justiça gratuita.

Mais uma novidade: o depósito recursal poderá ser substituído por fiança bancária ou seguro garantia judicial.

7.43 SOBRE OS HONORÁRIOS PERICIAIS PROVISÓRIOS

Com a Lei da Reforma Trabalhista, os juízes do trabalho ficaram proibidos de determinar que a reclamada adiante valores para a realização de perícias.

Alguns juízes, entre eles a maioria dos juízes do TRT da 16ª Região/MA, costumavam determinar que as reclamadas adiantassem parte dos honorários do perito oficial. Ou seja, fizessem um depósito antecipado a título de honorários do perito. Eram os chamados honorários periciais provisórios ou provisionais. Mas isso só ocorria quando a empresa reclamada se mostrava financeiramente capaz de fazer o depósito do referido valor.

Já os honorários periciais definitivos, fixados na sentença (depois da juntada do laudo no processo), esses os juízes estipulavam em valores um pouco mais elevados do que os arbitrados a título provisório, dependendo da qualidade do laudo e da dificuldade da realização da perícia.

Nos casos em que o trabalhador era vencido no pedido que exigia perícia e a reclamada tinha antecipado os honorários provisórios, a União reembolsava a reclamada o que ela antecipara a título de honorários periciais provisórios.

Com a nova regra da CLT, sinto que voltamos aos tempos em que pouquíssimos médicos ou engenheiros do trabalho se interessavam em servir à Justiça. Os processos se arrastavam por anos, enquanto os juízes procuravam um perito que aceitasse fazer a perícia. Depois da Lei 13.467/17, muitos médicos já comunicaram aos juízes do TRT 16 de sua indisposição de continuar servindo à Justiça do Trabalho. Isso era esperado!

Dificilmente um médico ou engenheiro deixará os seus afazeres para realizar perícias e elaborar laudos circunstanciados recebendo menos de

R$ 400,00 a título de antecipação de honorários, aceitando aguardar o término do processo para receber o restante.

Sem dúvida, veremos muitos reclamantes desistindo dos seus pedidos de adicionais de insalubridade ou periculosidade vencidos pela ciência da demora que as perícias por eles requeridas ensejarão ao desfecho dos seus processos.

7.44 HONORÁRIOS PERICIAIS DEFINITIVOS A SEREM PAGOS AO PERITO DA JUSTIÇA

Com a reforma, a CLT mudou, radicalmente, no tocante aos honorários do perito nomeado pelo juiz.

A responsabilidade pelo pagamento dos honorários periciais sempre foi da parte que perdia a causa no tocante ao pedido que levara o juiz a determinar a realização da prova pericial. Ou seja, o encargo de remunerar o perito cabia à parte sucumbente no pedido objeto da perícia.

Disso ciente, imagine um trabalhador que vai à Justiça cobrar aviso prévio, horas extras, férias e adicional de insalubridade. Caso ele seja vencido quanto ao pedido de adicional de insalubridade, haverá de pagar os honorários do perito. Ainda que o juiz o reconheça como merecedor do benefício da justiça gratuita. É exatamente isso o que diz a CLT reformada.

E esse valor dos honorários a serem pagos ao perito poderá ser extraído do valor que o trabalhador ganhar na causa (valores referentes a outras verbas pedidas na reclamação).

Se ele não ganhar nada (perder totalmente a causa), mas tiver outro processo na Justiça do Trabalho e tiver crédito a receber, o juiz, segundo a CLT, mandará que os honorários do perito sejam pagos com parte ou mesmo todo o valor que o reclamante tenha a receber nesse outro processo.

7.45 A REFORMA ESTABELECEU HIPÓTESES QUE NÃO PODEM SER CONFIGURADAS COMO TEMPO À DISPOSIÇÃO DO EMPREGADOR

Considero o dispositivo legal louvável porque enseja maior segurança jurídica.

Segundo a nova redação do art. 4º, § 2º, da CLT, algumas situações que acontecem após a jornada do trabalhador não devem ser consideradas como tempo à disposição do empregador e, por isso, o tempo consumido nelas não deve ser computado como período de trabalho extraordinário.

Portanto, não deverá contar como de trabalho ou tempo à disposição do empregador o que exceder a jornada normal quando o empregado, por escolha própria, permanecer nas dependências da empregadora para buscar proteção pessoal, em caso de insegurança nas vias públicas ou más condições climáticas.

Da mesma forma, não deverá contar como de trabalho ou tempo à disposição do empregador o que exceder a jornada normal quando o empregado permanecer ou estiver nas dependência da empregadora para exercer atividades particulares, entre as quais: participar de práticas religiosas; estiver em descanso, em lazer, em estudo, em alimentação; estiver realizando atividades de relacionamento social; estiver fazendo a sua higiene pessoal ou quando estiver trocando de roupa ou uniforme, quando não houver obrigatoriedade de realizar a troca na empresa. Eis o texto legal atualmente em vigor:

> *Art. 4º Considera-se como de serviço efetivo o período em que o empregado esteja à disposição do empregador, aguardando ou executando ordens, salvo disposição especial expressamente consignada.*
>
> *§ 1º Computar-se-ão, na contagem de tempo de serviço, para efeito de indenização e estabilidade, os períodos em que o empregado estiver afastado do trabalho prestando serviço militar e por motivo de acidente do trabalho.*
>
> *§ 2º Por não se considerar tempo à disposição do empregador, não será computado como período extraordinário o que exceder a jornada normal, ainda que ultrapasse o limite de cinco minutos previsto no § 1º do art. 58 desta Consolidação, quando o empregado, por escolha própria, buscar proteção pessoal, em caso de insegurança nas vias públicas ou más condições climáticas, bem como adentrar ou permanecer nas dependências da empresa para exercer atividades particulares, entre outras:*
>
> *I – práticas religiosas;*
>
> *II – descanso;*
>
> *III – lazer;*
>
> *IV – estudo;*
>
> *V – alimentação;*
>
> *VI – atividades de relacionamento social;*

> *VII – higiene pessoal;*
>
> *VIII – troca de roupa ou uniforme, quando não houver obrigatoriedade de realizar a troca na empresa.*

7.46 EQUIPARAÇÃO SALARIAL E DISCRIMINAÇÃO POR MOTIVO DE SEXO OU ETNIA – PREVISÃO DE MULTA

Vimos aqui que a Reforma Trabalhista dificultou a possibilidade de o empregado conseguir ter o seu salário equiparado ao de um colega de trabalho. A partir de 11/11/2107, a CLT restringiu a possibilidade de equiparação salarial, impondo mais requisitos do que a legislação anterior.

No entanto, a mesma Lei nº 13.467/17 merece aplauso quando prevê multa no caso em que for verificada a desigualdade salarial motivada por discriminação por motivo de sexo ou etnia. Vejamos o teor do § 6º, introduzido no art. 461 da CLT:

> *§ 6º No caso de comprovada discriminação por motivo de sexo ou etnia, o juízo determinará, além do pagamento das diferenças salariais devidas, multa, em favor do empregado discriminado, no valor de 50% (cinquenta por cento) do limite máximo dos benefícios do Regime Geral de Previdência Social.*

7.47 PAGAMENTO RESCISÓRIO – ÉPOCA PRÓPRIA – E POSSIBILIDADE DE PAGAMENTO VIA DEPÓSITO BANCÁRIO

A CLT, na sua redação anterior à Reforma, previa que o pedido de demissão ou recibo de quitação de rescisão, do contrato de trabalho, firmado por empregado com mais de 1 (um) ano de serviço, só seria válido quando feito com a assistência do respectivo Sindicato ou perante a autoridade do Ministério do Trabalho e Previdência Social.

A Lei da Reforma alterou essa norma. Como já dito, não mais será obrigatório fazer, com a assistência sindical, a homologação da rescisão contratual dos empregados com mais de um ano de casa. Em vista disso, a reforma também estabeleceu que não mais será obrigatório o pagamento da rescisão no ato da homologação.

Na verdade, a nova CLT estabelece que *"o pagamento dos valores constantes do instrumento de rescisão ou recibo de quitação deverão ser efetuados até dez dias contados a partir do término do contrato" (art. 477, § 6º).*

Entretanto, é oportuno ressaltar que a MP nº 905/2019 alterou a redação do §8º, do aludido art. 477, o qual passou a prever que *"a inobservância ao disposto no § 6º sujeitará o infrator ao pagamento da multa em favor do empregado, em valor equivalente ao seu salário, exceto quando, comprovadamente, o empregado der causa à mora"*, sem prejuízo da aplicação da multa prevista no inciso II do caput do art. 634-A, da CLT.

Quanto à forma como deve acontecer o pagamento das verbas rescisórias ao empregado, o § 4º, do art. 477 celetista prevê o seguinte:

> *§ 4º O pagamento a que fizer jus o empregado será efetuado:*
>
> *I – em dinheiro, depósito bancário ou cheque visado, conforme acordem as partes; ou*
>
> *II – em dinheiro ou depósito bancário quando o empregado for analfabeto.*

Portanto, as partes (empregador e empregado) poderão ajustar o pagamento em dinheiro, via depósito bancário ou cheque visado ou somente em dinheiro ou depósito bancário quando o empregado for analfabeto. A grande novidade, nesse tocante, é a possibilidade de pagar a rescisão via depósito bancário.

7.48 EXTINÇÃO DO CONTRATO DE TRABALHO POR ACORDO ENTRE EMPREGADO E EMPREGADOR (ART. 484-A)

A Lei da Reforma Trabalhista introduziu o art. 484-A na CLT. Com essa inovação, o legislador assegurou a possibilidade de o contrato de trabalho ser extinto por acordo entre empregado e empregador, prevendo, nesse caso, mais proveito ao empregado do que o que lhe caberia se optasse por pedir demissão.

Ou seja, no tocante às verbas rescisórias devidas ao empregado, essa nova modalidade de rescisão contratual enseja ao empregado como que um meio termo entre o que lhe seria devido na dispensa sem justa causa e o que lhe caberia no pedido de demissão.

Portanto, o contrato de trabalho poderá ser extinto por acordo entre empregado e empregador, caso em que serão devidas as seguintes verbas trabalhistas:

> I – por metade:
>
> a) o aviso prévio, se indenizado; e

> b) a indenização sobre o saldo do Fundo de Garantia do Tempo de Serviço, prevista no § 1º do art. 18 da Lei nº 8.036, de 11 de maio de 1990;
>
> II – na integralidade, as demais verbas trabalhistas.

A extinção do contrato por acordo entre patrão e empregado também permitirá o saque do FGTS, porém limitada até 80% (oitenta por cento) do valor que houver na contados vinculada do empregado.

Por fim, a extinção do contrato por acordo não autorizará o ingresso no Programa de Seguro-Desemprego.

Creio que essa previsão legal irá reduzir ou mesmo acabar com fraudes realizadas visando o ilegal saque de FGTS e irregular recebimento do seguro-desemprego.

Essa fraude tem ocorrido quando o empregado deseja pedir demissão, porém quer que o empregador formalize uma dispensa sem justa causa. O patrão, todavia, não aceita arcar com os custos dessa modalidade rescisória (p.ex.: pagar o aviso prévio e a multa do FGTS) e eles, patrão e empregado, em conluio, simulam uma dispensa imotivada, sendo que o valor do aviso prévio indenizado consta no termo rescisório, mas não é pago, e a multa de 40% do FGTS é depositada, mas, depois, é devolvida ao empregador, podendo o empregado, no entanto, sacar o FGTS depositado na sua conta vinculada e se habilitar ao seguro-desemprego. O novo texto trazido pela Lei da Reforma Trabalhista vai resolver esse problema e acabar com essa farsa.

7.49 REFORMA TRABALHISTA – A PREVALÊNCIA DO CONVENCIONADO SOBRE O LEGISLADO

A Lei nº 13.467/17 veio permitir que sindicatos de empregados e empresários fiquem livres para fixar condições de trabalho mais desfavoráveis ao laborista do que o previsto em lei. Refiro-me ao art. 611-A da CLT, o qual assegura a prevalência do negociado sobre o legislado.

Esse artigo prevê que a convenção coletiva e o acordo coletivo de trabalho têm prevalência sobre a lei quando, por exemplo, dispuserem sobre enquadramento do grau de insalubridade.

Vejamos o texto da lei:

> *Art. 611-A. A convenção coletiva e o acordo coletivo de trabalho têm prevalência sobre a lei quando, entre outros, dispuserem sobre:*
>
> *I – pacto quanto à jornada de trabalho, observados os limites constitucionais;*

> *II – banco de horas anual;*
>
> *III – intervalo intrajornada, respeitado o limite mínimo de trinta minutos para jornadas superiores a seis horas;*
>
> *IV – adesão ao Programa Seguro-Emprego (PSE), de que trata a Lei nº 13.189, de 19 de novembro de 2015;*
>
> *V – plano de cargos, salários e funções compatíveis com a condição pessoal do empregado, bem como identificação dos cargos que se enquadram como funções de confiança;*
>
> *VI – regulamento empresarial;*
>
> *VII – representante dos trabalhadores no local de trabalho;*
>
> *VIII – teletrabalho, regime de sobreaviso, e trabalho intermitente;*
>
> *IX – remuneração por produtividade, incluídas as gorjetas percebidas pelo empregado, e remuneração por desempenho individual;*
>
> *X – modalidade de registro de jornada de trabalho;*
>
> *XI – troca do dia de feriado;*
>
> *XII – enquadramento do grau de insalubridade;*
>
> *XIII – prorrogação de jornada em ambientes insalubres, sem licença prévia das autoridades competentes do Ministério do Trabalho;*
>
> *XIV – prêmios de incentivo em bens ou serviços, eventualmente concedidos em programas de incentivo;*
>
> *XV – participação nos lucros ou resultados da empresa.*

Todavia, se for pactuada cláusula que reduza o salário ou a jornada, a convenção coletiva ou o acordo coletivo de trabalho deverão prever a proteção dos empregados contra dispensa imotivada durante o prazo de vigência do instrumento coletivo.

Outro detalhe importante é que há direitos do trabalhador que não podem ser objeto de negociação. Em relação a eles, a convenção coletiva ou o acordo coletivo de trabalho jamais prevalecerão sobre a lei. São direitos assegurados no art. 7° da Constituição Federal. A Reforma ressalvou isso no art. 611-B introduzido na CLT:

> Art. 611-B. Constituem objeto ilícito de convenção coletiva ou de acordo coletivo de trabalho, exclusivamente, a supressão ou a redução dos seguintes direitos:
>
> *I – normas de identificação profissional, inclusive as anotações na Carteira de Trabalho e Previdência Social;*
>
> *II – seguro-desemprego, em caso de desemprego involuntário;*
>
> *III – valor dos depósitos mensais e da indenização rescisória do Fundo de Garantia do Tempo de Serviço (FGTS);*

IV – salário mínimo;

V – valor nominal do décimo terceiro salário;

VI – remuneração do trabalho noturno superior à do diurno;

VII – proteção do salário na forma da lei, constituindo crime sua retenção dolosa;

VIII – salário-família;

IX – repouso semanal remunerado;

X – remuneração do serviço extraordinário superior, no mínimo, em 50% (cinquenta por cento) à do normal;

XI – número de dias de férias devidas ao empregado;

XII – gozo de férias anuais remuneradas com, pelo menos, um terço a mais do que o salário normal;

XIII – licença-maternidade com a duração mínima de cento e vinte dias;

XIV – licença-paternidade nos termos fixados em lei;

XV – proteção do mercado de trabalho da mulher, mediante incentivos específicos, nos termos da lei;

XVI – aviso prévio proporcional ao tempo de serviço, sendo no mínimo de trinta dias, nos termos da lei;

XVII – normas de saúde, higiene e segurança do trabalho previstas em lei ou em normas regulamentadoras do Ministério do Trabalho;

XVIII – adicional de remuneração para as atividades penosas, insalubres ou perigosas;

XIX – aposentadoria;

XX – seguro contra acidentes de trabalho, a cargo do empregador;

XXI – ação, quanto aos créditos resultantes das relações de trabalho, com prazo prescricional de cinco anos para os trabalhadores urbanos e rurais, até o limite de dois anos após a extinção do contrato de trabalho;

XXII – proibição de qualquer discriminação no tocante a salário e critérios de admissão do trabalhador com deficiência;

XXIII – proibição de trabalho noturno, perigoso ou insalubre a menores de dezoito anos e de qualquer trabalho a menores de dezesseis anos, salvo na condição de aprendiz, a partir de quatorze anos;

XXIV – medidas de proteção legal de crianças e adolescentes;

XXV – igualdade de direitos entre o trabalhador com vínculo empregatício permanente e o trabalhador avulso;

XXVI – liberdade de associação profissional ou sindical do trabalhador, inclusive o direito de não sofrer, sem sua expressa e prévia anuência, qualquer cobrança ou desconto salarial estabelecidos em convenção coletiva ou acordo coletivo de trabalho;

> *XXVII – direito de greve, competindo aos trabalhadores decidir sobre a oportunidade de exercê-lo e sobre os interesses que devam por meio dele defender;*
>
> *XXVIII – definição legal sobre os serviços ou atividades essenciais e disposições legais sobre o atendimento das necessidades inadiáveis da comunidade em caso de greve;*
>
> *XXIX – tributos e outros créditos de terceiros;*
>
> *XXX – as disposições previstas nos arts. 373-A, 390, 392, 392-A, 394, 394-A, 395, 396 e 400 desta Consolidação.*

Importante notar o previsto no parágrafo único do enfocado artigo 611-B, norma que, ao meu sentir, consagra uma teratologia. Ei-la:

> *Parágrafo único. Regras sobre duração do trabalho e intervalos não são consideradas como normas de saúde, higiene e segurança do trabalho para os fins do disposto neste artigo.*

Será que expor o trabalhador a longa jornada de trabalho, sem intervalo, não afeta a sua saúde? E, exausto, não fica ele mais suscetível a se envolver em acidentes de trabalho típicos ou mesmo adquirir doença ocupacional? Diante desse dispositivo, imagino o legislador inovando, estabelecendo em lei que o sol não mais nascerá a cada dia.

Por outro lado, a inovação trazida pela Reforma Trabalhista, prestigiando o convencionado pelos sindicatos sobre o legislado, além de desagradar os trabalhadores, poderá desagradar a muitos empresários que ainda não se deram conta do potencial nocivo dessa novidade. É que, ao permitir acordos coletivos restritivos de direitos, a CLT poderá gerar graves comprometimentos ao equilíbrio do mercado. Favorecerá a prática do chamado *dumping* social.

Destarte, como os ajustes poderão ser celebrados por empresa, individualmente, é possível que determinada(s) empresa(s) consiga(m) ajustar de modo a reduzir mais direitos de seus empregados do que uma sua concorrente. Por conseguinte, terá menor custo. E poderá vender o seu produto por menor preço, levando a(s) concorrente(s) à bancarrota, às custas da precarização dos direitos de seus "colaboradores".

Por fim, destaco como louvável a previsão inserta no § 3º do art. 611-A da CLT, o qual prevê que, *"quando for pactuada cláusula que reduza o salário ou a jornada, a convenção coletiva ou o acordo coletivo de trabalho deverão prever a proteção dos empregados contra dispensa imotivada durante o prazo de vigência do instrumento coletivo".*

7.50 A MAJORAÇÃO DA MULTA POR EMPREGADO SEM ANOTAÇÃO EM CTPS (ART. 47)

A Lei da Reforma Trabalhista alterou os valores das multas aplicáveis a empregadores encontrados com empregados sem registro contratual.

> *CLT/Art. 47. O empregador que mantiver empregado não registrado nos termos do art. 41 desta Consolidação ficará sujeito a multa no valor de R$ 3.000,00 (três mil reais) por empregado não registrado, acrescido de igual valor em cada reincidência.*
>
> *§ 1º Especificamente quanto à infração a que se refere o caput deste artigo, o valor final da multa aplicada será de R$ 800,00 (oitocentos reais) por empregado não registrado, quando se tratar de microempresa ou empresa de pequeno porte.*
>
> *§ 2º A infração de que trata o caput deste artigo constitui exceção ao critério da dupla visita.*

7.51 VALOR DO GRAVAME DE HORA EXTRA – ATUALIZAÇÃO PARA 50% CONFORME CF – (ART. 59, § 1º)

Embora desde 5.10.1988 a Constituição Federal já previsse, no seu art. 7º, inciso XVI, que a hora extra deveria ser remunerada com um acréscimo mínimo de 50% em relação à hora normal de trabalho, o certo é que a CLT, nesse tocante, carecia de uma atualização, haja vista que o seu art. 59 ainda mantinha a seguinte redação:

> *Art. 59. A duração normal do trabalho poderá ser acrescida de horas suplementares, em número não excedente de 2 (duas), mediante acordo escrito entre empregador e empregado, ou mediante contrato coletivo de trabalho.*
>
> *§ 1º Do acordo ou do contrato coletivo de trabalho deverá constar, obrigatoriamente, a importância da remuneração da hora suplementar, que será, pelo menos, 20% (vinte por cento) superior à da hora normal.*

Pois bem, a Lei 13.467/17 promoveu a atualização almejada. Eis a atual redação do art. 59 celetista, agora conforme a previsão constitucional:

> *Art. 59. A duração diária do trabalho poderá ser acrescida de horas extras, em número não excedente de duas, por acordo individual, convenção coletiva ou acordo coletivo de trabalho.*
>
> *§ 1º A remuneração da hora extra será, pelo menos, 50% (cinquenta por cento) superior à da hora normal.*

7.52 O CÁLCULO DAS HORAS EXTRAS NOS REGIMES 12 X 36, 12 X 24, 12 X 48, 24 X 24 E 24 X 48

A propósito da escala de trabalho 12 x 36, tantas vezes mencionada em tópicos anteriores deste manual, creio seja de interesse do leitor as anotações que seguem.

Certa feita, consultando o site do Tribunal Superior do Trabalho, deparei-me com notícia acerca de decisão da colenda Seção Especializada em Dissídios Individuais (SDI-1), pertinente a uma trabalhadora que esteve submetida ao sistema 12 x 36, o qual tinha previsão em acordo coletivo. Na matéria publicada pela assessoria jurídica do TST, referente à aludida decisão, proferida nos autos do E-RR-804453/2001.0, o eminente relator considerara que *"enquanto o trabalhador que cumpre 44 horas semanais trabalha 220 horas por mês, o do regime de 12 X 36 trabalha, no máximo, 192 horas".*

Assim como o insigne relator, este escriba, em artigo publicado há alguns anos, considerou que *"o trabalhador que cumpre 44 horas semanais trabalha 220 horas por mês".* Esse, aliás, foi e é o entendimento esposado em muitos acórdãos e por muitos autores, entre os quais relaciono José Serson, Juiz do Trabalho de São Paulo, no conhecido "Curso de Rotinas Trabalhistas", LTr, 32ª edição, p. 146, e Antônio Gomes das Neves, no seu "Manual de Cálculo Para Liquidação de Sentença Trabalhistas", LTr, 2ª edição, p. 48.

Todavia, logo após publicar o referido artigo, convenci-me de que tal entendimento, *data venia*, mostrava-se equivocado e merecia ser corrigido.

Mas onde reside o propalado equívoco?

O engano está justamente em partir do pressuposto de que *"o trabalhador que cumpre 44 horas semanais trabalha 220 horas por mês".*

Para facilitar a compreensão do leitor, tentarei evidenciar o equívoco a partir de trechos do "Manual de Cálculo", do citado Antônio Gomes das Neves. Na página 48 desse livro, o autor assevera:

> *"Jornada legal depois da CF/88.*
>
> *Diária – no máximo 8 (oito) horas.*
>
> *Semanal – no máximo 44 (quarenta e quatro) horas.*
>
> *Mensal – no máximo 220 (duzentos e vinte) horas.*

Porém, no tópico "5.4.5 – Formas de apuração do número de horas extras", inserto na página 50 da mesma obra, o ilustre autor apresenta a seguinte fórmula:

> *Encontrar o número de semanas que compõe o mês:*
>
> *Nº de semanas no mês = 30:7 = 4.2857.*
>
> *Onde:*
>
> *30 (trinta) – corresponde ao número de dias do mês;*
>
> *7 (sete) – correspondente ao número de dias na semana.*
>
> *Nestes termos, multiplicando-se o número de horas extras trabalhadas na semana por 4.2857 (número de semanas no mês), temos o número de horas extras no mês".*

Não resta dúvida de que a fórmula acima apresentada está perfeita. Mas se o indigitado autor afirma, taxativamente, que 4.2857 é o número de semanas do mês, mostra-se, *data venia*, paradoxal a sua afirmação anterior, segundo a qual quem trabalha no módulo normal de 44 horas labora 220 horas mensais. Afinal, o resultado da multiplicação de 44 x 4.2857 não é 220. É 188,57 (arredondando, 189).

Aliás, não se compreende como é que o mencionado autor (e muitos outros) ao apontar o número de horas semanais da "jornada legal depois da CF/88" informa 44 e, quando indica o número mensal, acusa 220. Por que ele conta as horas do RSR no módulo mensal e não faz o mesmo em relação ao módulo semanal? Pouca gente atenta para esse detalhe. Ou melhor, para esse outro equívoco.

Com efeito, 220 não é o número de horas mensalmente trabalhadas por quem tem jornada de 8 horas e módulo semanal de 44 horas. Esse 220 é, na verdade, o número pelo qual deverá ser dividida a remuneração do autor, para a apuração do valor de cada hora por ele trabalhada, desde que cumpra jornada de 8 horas diárias em módulo de 44 horas na semana.

Ou seja, nessas 220 horas estão inseridas as 8 (oito) horas de domingo as quais, no módulo de 44 previsto no art. 7º, XIII, da CF/88, não são trabalhadas.

Portanto, o número de horas efetivamente trabalhadas ao mês por quem tem jornada semanal de 44 horas é, em média, 189 (44 x 4,2857 = 189, com o arredondamento).

Destarte, já com os necessários ajustes, apresento, a seguir, as fórmulas que levam aos números de horas extras nos sistemas de trabalho mencionados no título deste tópico.

HORAS EXTRAS

REGIME 12 X 24

*Primeira observação: somando-se 12 + 24, chega-se a 36. Ou seja, para cada 36 horas vividas, 12 são trabalhadas. Ora, 12 é 1/3 de 36.

Pois bem, usando-se de igual proporção e consideradas todas as horas de um mês, tem-se que quem trabalha 12 horas e folga 24 horas, na verdade labora 1/3 das horas de um mês e folga 2/3. Vale dizer: de cada 720 horas (total mensal = 24hs. x 30dias) há trabalho em 240 horas, o que resulta em 51 horas extras/mês (240 – 189 = 51).

REGIME 12 X 36

*Usando o mesmo raciocínio utilizado no regime 12 x 24, tem-se que o empregado, no regime 12 x 36, labora ¼ das horas de um mês (12 + 36 = 48 e 12 é ¼ de 48) e folga 3/4. Como são 720 horas a cada mês, o empregado trabalha 180 horas. Não há, a princípio, horas extras, já que o trabalho normal mensal é de 189 horas.

REGIME 12 X 48

Usando o mesmo raciocínio utilizado em relação aos sistemas antes mencionados, tem-se que o empregado que trabalha no sistema 12 x 48 labora 1/5 das horas de um mês, ou seja, 144 horas a cada mês. Explico: 12hs de trabalho + 48hs de folga = 60 horas.

Pode-se afirmar que de cada 60 horas vividas, o empregado trabalha 12. Ou seja, 1/5 das horas vividas. Analisando-se o quadro mensal e usando de igual proporção, tem-se que este mesmo empregado trabalha 1/5 das horas vividas em um mês. Como um mês é composto de 720 horas (24hs x 30d = 720hs), conclui-se que ele trabalhava 144 horas/mês, número equivalente a 1/5 de 720.

Nesse caso, tal como no sistema 12 x 36, não haveria, a princípio, horas extras.

REGIME 24 X 24

* Com a mesma metodologia, tem-se que o empregado trabalha metade (½) das horas de um mês (24 + 24 = 48 e 24 é ½ de 48) e folga na outra

metade. Como são 720 horas a cada mês, o empregado, no regime 24 x 24, labora 360 horas, o que resulta em 171 horas extras mensais (360 – 189 = 171).

REGIME 24 X 48

* Tem-se que o empregado trabalha 1/3 das horas de cada mês (24 + 48 = 72 e 24 é 1/3 de 72). 1/3 de 720 é igual a 240. São, tal como no 12 x 24, 51 horas extras/mês.

Mas o leitor deve estar intrigado: por que o autor, ao tratar dos sistemas 12 x 36 e 12 x 48, deixou entrever que haveria horas extras se, pelos cálculos utilizados, não haveria labor além das 189 horas normais mensais?

A resposta é simples e pode ser colhida do que está posto no art. 7º, XIII, da CF/88 e na Lei 13.467/2017. Vejamos o que diz os arts. 59-A e 59-B da CLT reformada:

> *Art. 59-A. Em exceção ao disposto no art. 59 desta Consolidação, é facultado às partes, mediante acordo individual escrito, convenção coletiva ou acordo coletivo de trabalho,* ***estabelecer horário de trabalho de doze horas seguidas por trinta e seis horas ininterruptas de descanso****, observados ou indenizados os intervalos para repouso e alimentação.*
>
> *Art. 59-B.* ***O não atendimento das exigências legais para compensação de jornada, inclusive quando estabelecida mediante acordo tácito, não implica a repetição do pagamento das horas excedentes à jornada normal diária se não ultrapassada a duração máxima semanal, sendo devido apenas o respectivo adicional.***

No caso de empregado que trabalha no sistema "12 x 36", vai interessar se existe ou não acordo individual escrito, acordo coletivo ou convenção coletiva de trabalho estabelecendo tais regimes. Se houve a pactuação prevista no art. 7º, XIII, da Constituição Federal e nos arts. 59-A e 59-B da CLT, certamente não se poderá falar em horas extras. Se, todavia, esses regimes não foram ajustados consoante previsão legal *(mediante acordo individual escrito ou acordo coletivo ou convenção coletiva)*, ou se isso não for provado nos autos, serão devidas não propriamente horas extras, mas tão somente o adicional de horas extras (50%) relativo às horas excedentes da oitava diária. Era o que previa a Súmula 85, do colendo TST.

Com efeito, quem trabalha no regime "12 x 36", sem o respaldo de acordo individual escrito, acordo coletivo ou convenção coletiva, tem direito ao adicional de horas extras relativamente a 60 horas mensais (180 : 12 = 15 x 4hs que superam a oitava diária = 60). O valor apurado nesse caso é idêntico ao devido por 20 horas extras mensais, já que três adicionais de 50% equivalem a uma hora extra (1,5 h, normal).

E quem trabalha no regime "12 x 48" sem o respaldo de acordo individual escrito ou acordo coletivo ou convenção coletiva tem direito ao adicional de horas extras relativamente a 48 horas mensais (144 : 12 = 12 x 4hs que superam a oitava diária = 48). O valor apurado será, nesse caso, igual ao devido por 16 horas extras/mês.

A propósito, tenho por equivocado o entendimento de alguns juízes que, calculando sobrelabor, usam de contar as horas decorrentes da ficção jurídica criada pelo § 1° do art. 73, da CLT.

Não resta dúvida de que referido dispositivo pertine tão somente ao trabalho noturno. Não cabe outra exegese. Só se pode considerar (computar) a "hora ficta" nele tratada quando se está apurando as horas sobre as quais incidirá o adicional noturno. Jamais quando se contabiliza horas extras. *Data venia*, parece ilógico contar 13 horas de trabalho, por exemplo, no sistema 12 x 24. Se fosse para ser assim, deveríamos ter um esdrúxulo 13 x 24. Chancelando esse equívoco, a Justiça contraria a *mens legis*, impondo dupla e descabida oneração ao empregador.

Por fim, ciente de que os corridos dias hodiernos imprimiram o gosto pela consulta a tabelas, apresento a síntese dos argumentos acima lançados:

TABELA DE HORAS EXTRAS SEGUNDO OS REGIMES/ESCALAS DE TRABALHO:

REGIME/ESCALA 12 x 24 = São 51 horas extras/mês.

REGIME//ESCALA 12 x 36 = Se amparado em acordo individual escrito, ACT ou CCT, não haverá hora extra. Sem esse amparo, é devido apenas o adicional de horas extras relativo a 60 hs./mês.

REGIME//ESCALA 12 X 48 = Se amparado em ACT ou CCT, não haverá hora extra. Sem ACT ou CCT, é devido o adicional de horas extras relativo a 48 hs/mês.

REGIME//ESCALA 24 x 24 = são 171 horas extras/mês.

REGIME//ESCALA 24 X 48 = são 51 horas extras/mês.

7.53 A LEI DA LIBERDADE ECONÔMICA E AS ALTERAÇÕES NO TOCANTE À REGISTRO DE JORNADA DE TRABALHO

A recente Lei nº 13.874, de 20.09.2019, que instituiu a Declaração de Direitos de Liberdade Econômica, promoveu significativas alterações na CLT. Uma delas diz respeito ao número mínimo de empregados para fins de obrigatório registro de jornada. Se, antes, a exigência de manter registros de ponto era feita ao empregador que contasse com mais de 10 (dez) trabalhadores, doravante, a exigência é feita somente ao empregador que conte com mais de 20 (vinte).

Também passou a ser permitida a utilização de registro de "ponto por exceção", mediante acordo individual escrito, convenção coletiva ou acordo coletivo de trabalho. Isso significa que não é necessário anotar todas os horários no controle de ponto, pois a jornada padrão é presumida, de modo que devem ser anotadas apenas as exceções, tais como faltas, saídas antecipadas e horas extras.

Vejamos a nova redação do art. 74 da CLT, *in verbis:*

> *Art. 74. O horário de trabalho será anotado em registro de empregados.*
>
> *§ 1º (Revogado).*
>
> *§ 2º Para os estabelecimentos com mais de 20 (vinte) trabalhadores será obrigatória a anotação da hora de entrada e de saída, em registro manual, mecânico ou eletrônico, conforme instruções expedidas pela Secretaria Especial de Previdência e Trabalho do Ministério da Economia, permitida a pré-assinalação do período de repouso.*
>
> *§ 3º Se o trabalho for executado fora do estabelecimento, o horário dos empregados constará do registro manual, mecânico ou eletrônico em seu poder, sem prejuízo do que dispõe o caput deste artigo.*
>
> *§ 4º Fica permitida a utilização de registro de ponto por exceção à jornada regular de trabalho, mediante acordo individual escrito, convenção coletiva ou acordo coletivo de trabalho. (NR)*

Além do art. 74, foram alterados os arts. 14, 15 e 16 da CLT. Doravante, a CTPS terá como identificação única do empregado o número de inscrição no Cadastro de Pessoas Físicas (CPF). A Lei da Liberdade Econômica também prevê que a Carteira de Trabalho será emitida, preferencialmente, em meio eletrônico.

Outro dispositivo alterado foi o art. 29 da CLT. O prazo para o empregador anotar o registro na Carteira de Trabalho, que era de 48 horas, passou a ser de 5 dias úteis.

Também merece ser destacado que o citado art. 29 da CLT, no seu § 4°, estabelece ser vedado ao empregador efetuar anotações desabonadoras à conduta do empregado em sua Carteira de Trabalho e Previdência Social, sob pena de pagamento da multa.

Essa multa, segundo o § 5°, do mesmo dispositivo consolidado, é a prevista no art. 52, da CLT, para o caso de extravio ou inutilização da Carteira de Trabalho e Previdência Social por culpa da empresa. Ou seja, multa de valor irrisório, igual à metade do salário mínimo.

7.54 SOBRE ASSÉDIO MORAL E ASSÉDIO SEXUAL NO TRABALHO

Porque muito frequentes os debates em sala de audiência acerca da temática do assédio moral e do assédio sexual no trabalho, entendi oportuno fazer um sumário relativo ao assunto neste livro.

Com efeito, o assédio moral é uma das espécies do gênero dano moral e está intimamente ligado aos direitos humanos. E, como tal, é tratado pela legislação. A propósito, o art. 1° da Constituição prevê que a República Federativa do Brasil tem como um de seus fundamentos a dignidade da pessoa humana.

Já o seu art. 170 prevê que "A ordem econômica, fundada na valorização do trabalho humano e na livre iniciativa, tem por fim assegurar a todos existência digna, conforme os ditames da justiça social.

Por outro lado, o art. 5° estabelece que todos são iguais perante a lei, sem distinção de qualquer natureza, garantindo-se aos brasileiros e aos estrangeiros residentes no país a inviolabilidade do direito à vida, à liberdade, à igualdade, à segurança e à propriedade, acentuando, no seu inciso X, que "são invioláveis a intimidade, a vida privada, a honra e a imagem das pessoas, assegurado o direito a indenização pelo dano material ou moral decorrente de sua violação".

Destarte, não resta dúvida que práticas como assédio moral e assédio sexual no ambiente de trabalho violam direitos e garantias fundamentais, haja vista que, inegavelmente, vulneram a dignidade da pessoa humana do trabalhador, daí porque não se pode compactuar com tais práticas nocivas.

Aliás, nunca é demais ressaltar que o art. 186, do Código CiviL, estabelece que "Aquele que, por ação ou omissão voluntária, negligência ou imprudência, violar direito e causar dano a outrem, ainda que exclusivamente moral, comete ato ilícito", sendo que o art. 927, do mesmo diploma legal, enuncia que "Aquele que, por ato ilícito, causar dano a outrem, fica obrigado a repará-lo".

A propósito, convém lembrar que "São também responsáveis pela reparação civil: III – o empregador ou comitente, por seus empregados, serviçais e prepostos, no exercício do trabalho que lhes competir, ou em razão dele" (Art. 932, CC).

Portanto, aquele que, no ambiente de trabalho, causar a outrem dano moral, assédio moral ou assédio sexual, comete ato ilícito e haverá de reparar o dano causado.

7.54.1 Assédio Moral – Conceito

Marie-France Irigoyen, in "Assédio Moral: A Violência Perversa do Cotidiano", leciona que assédio moral é "qualquer conduta abusiva que atente, por sua repetição ou sistematização, contra a dignidade ou integridade psíquica ou física de uma pessoa, ameaçando o seu emprego ou degradando o clima de trabalho". Em síntese, assediar significa perseguir com insistência, importunar alguém com perguntas, propostas, pretensões e ofensas. Ementas de acórdãos do e.TRT da 3ª Região/MG elucidam, a contento, o que vem a ser assédio no trabalho, *in verbis*:

> *EMENTA: ASSÉDIO MORAL E DANO MORAL. GÊNERO E ESPÉCIE. O assédio moral é uma das espécies do dano moral. O dano moral é gênero. Nem todo dever de indenizar por danos morais é decorrente de assédio moral. O assédio moral tem pressupostos muito específicos, tais como: conduta rigorosa reiterada e pessoal, diretamente em relação ao empregado; palavras, gestos e escritos que ameaçam, por sua repetição, a integridade física ou psíquica;*

> *o empregado sofre violência psicológica extrema, de forma habitual por um período prolongado com a finalidade de desestabilizá-lo emocionalmente. Se existir uma conduta ilícita do empregador, de forma isolada, seja durante a execução do contrato, seja na rescisão contratual, gera direito à indenização por dano moral, mas não decorrente de assédio moral. O assédio moral, via de regra, não se consubstancia na prática de um ato único do empregador, ainda que contrário a direito. Isto não significa que não exista o dever de indenizar e nem o dano moral. O que não se pode é jogar situações díspares em uma vala comum. (Tribunal Regional do Trabalho. 6ª Turma – 00456-2007-061-03-00-8; 05/11/2007)*

> ASSÉDIO MORAL. *NÃO CONFIGURAÇÃO- A vitimóloga francesa Marie-France Hirigoyen conceituou o* assédio moral *da seguinte maneira: "Por* assédio moral *em um local de trabalho temos que entender toda e qualquer conduta abusiva manifestando-se sobretudo por comportamentos, palavras, atos, gestos, escritos que possam trazer dano à personalidade, à dignidade, ou à integridade física ou psíquica de uma pessoa, pôr em perigo seu emprego ou degradar o ambiente de trabalho." (* Assédio moral: *a violência perversa do cotidiano. Tradução Maria Helena Kuhner, 8ª ed., Rio de Janeiro; Bertrand Brasil, 2006, p. 65). De conseguinte, sob uma de suas faces, o* assédio moral *caracteriza-se como um ato trabalhista ilícito, que, em alguns casos, se reveste de repetição e progressividade. Em outras palavras, o* assédio moral, *sob uma de suas inúmeras faces, é uma forma de gestão por terror, isolado, repetitivo ou esporádico. O* assédio moral *não se confunde com os dissabores das relações de trabalho, que são dinâmicas, uma vez que os direitos e as obrigações das partes desdobram-se em incontáveis prestações sucessivas. A empregadora emite ordens; o empregado as obedece. Esse cotidiano pode, às vezes, ser marcado por desentendimentos pequenos ou até por leves e passageiros dissabores, sem que esses comportamentos, só por si, configurem, necessariamente, o* assédio moral. (PROCESSO nº 0010965-78.2013.5.03.0032 (RO) – Primeira Turma – 01/10/2014)

O assédio moral também é conhecido com outras nomenclaturas como *mobbing, bullyng, bossing,* psicoterror e até mesmo manipulação perversa.

7.54.2 Tipos de assédio moral

Assédio Moral Vertical descendente: quando o assédio moral é praticado por superior hierárquico em relação a um subordinado, a um comandado. O chefe assedia o chefiado.

Assédio Moral Horizontal ou Paritário: assediante(s) e assediado se encontram em igual nível hierárquico. É o praticado por colega(s) de trabalho sobre um outro colaga de mesmo nível hierárquico na organização.

Assédio Moral Vertical Ascendente: o (s) chefiado(s) assediam o chefe. Embora um tanto mais raro de acontecer, configura-se quando, por exemplo, um grupo de empregados apresenta resistência a um novo chefe de setor ou da organização, sabotando-o ao lhe negar informações ou ignorando a sua presença.

7.54.3 Assédio moral no trabalho – Iniciativa

- Atos comissivos ou omissivos, atitudes, gestos e comportamentos hostis;
- do patrão;
- da direção da empresa;
- de gerente;
- de chefe, de superior hierárquico;
- ou dos próprios colegas.

7.54.4 Os própositos do assediador

- Desqualificar e destruir a auto-estima da vítima do assédio;
- Desestabilizá-la emocionalmente;
- Ameaçar o emprego da vítima;
- Ou degradar o meio ambiente de trabalho.

7.54.5 O processo de assédio moral: elementos componentes e característicos

- Conduta abusiva.
- Repetição ou sistematização.
- Manifesta-se por inúmeras formas.
- Causa dano à integridade psíquica ou física da vítima.
- Mostra-se como ameaça ao emprego.
- Ou visa a degradação do meio ambiente de trabalho.

7.54.6 As vítimas potenciais do assédio moral

No ambiente de trabalho, o assédio moral é mais comum em relações de hierarquia, ou seja, entre chefe e empregado, mas não restritas a estes.

- As mulheres são as vítimas preferenciais do assédio;
- Empregado que goza de estabilidade ou de alguma garantia de emprego, de que são exemplos gestantes, dirigentes sindicais, cipeiros representantes dos empregados, empregados que retornam ao trabalho após afastamento decorrente de acidente de trabalho;
- Empregado que tem ação trabalhista contra o patrão;
- Empregado que apresenta deficiência física;
- Empregado que se revela muito capacitado (e o chefe se sente ameaçado de para ele perder a chefia);
- Empregados negros ou homossexuais.

7.54.7 Condutas tipificadoras de assédio moral – as mais comuns

- Isolamento do empregado;
- "Pagamento de Prendas", como por a vítima a "dançar na boquinha da garrafa", homem vestir roupas femininas, desfilar com penico na cabeça;
- Premiar a vítima do assédio com troféus aviltantes como "O Bundão do Mês", "Troféu Galinha Morta" e "Troféu Tartaruga";
- Deixar de passar atribuições à vítima ("ócio compulsório") ou passar atribuições desnecessárias, irrealizáveis ou estranhas à função do empregado;
- Ameaças constantes de dispensa;
- Superior hierárquico pondo sempre em dúvida o trabalho e a capacidade do empregado;
- Chefe que trata os empregados rudemente, com agressões verbais e sistemáticas;
- Proibição de se comunicar com outros colegas de trabalho;

- Recusa à comunicação direta com a vítima, dando-lhe ordens através de colegas;
- Supressão de documentos, instrumentos de trabalho e de informações importantes;
- Por o empregado a trabalhar em espaço exíguo, mal iluminado ou mal instalado;
- Ridicularização das convicções religiosas e da opção sexual do empregado;
- Gozação sobre os defeitos físicos e cor da pele;
- Brincadeiras de mau gosto, pequenas insinuações malévolas, evoluindo para a difusão de um mal-entendido;
- Proferir o empregador ou prepostos comentários maldosos de ordem sexual, racial ou social;
- Fazer circular rumores relativos à vítima. (Fala-se mal da vítima pelas costas. Quando esta aparece em meio ao grupo, cai um silêncio fúnebre);
- A utilização de gestos de desprezo (suspiros, olhares, dar de ombros, etc.);
- Atribuir problemas psicológicos ao trabalhador;
- Delegação de tarefas inferiores ou superiores à capacidade do empregado;
- Imputação de erros inexistentes;
- Imposição de horários injustificados;
- Cobrança de urgência desnecessária.

7.54.8 Assédio sexual – Conceito

Decorrente de tradição cultural machista e patriarcal. É uma forma de limitação e privação da liberdade sexual das pessoas.

Colho de decisão do e. TRT da 3ª Região que "A doutrina destaca dois conceitos básicos do assédio sexual. O primeiro deles, chamado de assédio sexual por chantagem, ocorre quando o agressor se vale da sua posição hierárquica superior e comete verdadeiro abuso de autoridade ao exigir favor sexual sob ameaça de perda de benefícios. Quando esse tipo de assédio é praticado na relação de emprego, a coação resulta da possibilidade da vítima perder o emprego.

A segunda hipótese de assédio sexual, chamada assédio por intimidação, ocorre quando se verifica a prática de incitações sexuais inoportunas, solicitações sexuais ou qualquer manifestação dessa mesma índole, verbal ou física, cujo efeito é prejudicar a atuação da vítima, por criar uma situação que lhe é hostil. A casuística dessa modalidade de assédio sexual é ampla e abrange abuso verbal, comentários sexistas sobre a aparência física do empregado; frases ofensivas ou de duplo sentido; alusões grosseiras, humilhantes ou embaraçosas; perguntas indiscretas sobre a vida privada do trabalhador; além de insinuações sexuais inconvenientes e ofensivas." (Tribunal Regional do Trabalho. 7ª Turma – acordao: 2007-05-10;01161-2006-081-03-00-2)

7.54.8.1 Assédio sexual por chantagem (ou por intercâmbio)

Requisitos essenciais para a configuração do assédio sexual por chantagem:

- A existência de uma ação de constranger ao favorecimento sexual próprio ou de terceiro;
- Uma conduta não desejada pela vítima;
- A recusa da vítima;
- O potencial de prejuízo laboral.

7.54.8.2 Assédio sexual ambiental (ou por intimidação)

O assédio sexual por intimidação se caracteriza por incitações sexuais inoportunas ou humilhações reiteradas da vítima, tornando o ambiente de trabalho ofensivo, hostil e prejudicial. Pode ser vertical ou horizontal.

Visa desestabilizar o(a) trabalhador(a), trazer inconveniente à sua atuação laboral, objetivando criar clima hostil que leve à perda do cargo ou do posto de trabalho ou gratificação. Promove a degradação de seu ambiente laboral.

7.54.8.3 Evidências de assédio sexual ambiental

Referências aos dotes físicos da empregada;

Gracejos de natureza sexual;

Indesejáveis liberdades físicas (abraços, beijos);

Comentários obscenos, chulos sobre partes físicas da vítima;

Passar as mãos em partes íntimas;

Exibição de material pornográfico;

Tocar ou roçar o corpo da vítima do assédio de forma forçada ou não quista;

Agarrões, beliscões e assovios.

As decisões a seguir transcritas são deveras esclarecedoras acerca do tema em foco:

> *ASSÉDIO SEXUAL POR INTIMIDAÇÃO. CONFIGURAÇÃO. REPARAÇÃO PECUNIÁRIA POR DANOS MORAIS. DEVIDA. O assédio sexual por intimidação, também denominado assédio sexual ambiental, caracteriza-se por incitações sexuais inoportunas, solicitações sexuais ou outras manifestações da mesma índole, verbais ou físicas, com o efeito de prejudicar a atuação de uma pessoa ou de criar uma situação ofensiva, hostil, de intimidação ou abuso no ambiente de trabalho em que é intentado. Evidenciado, no caso concreto, que a reclamante era importunada sexualmente por seu superior hierárquico, o qual pegava em suas partes íntimas, inobstante a sua recusa, criando um ambiente de trabalho hostil e ofensivo, além de acarretar abalo moral à trabalhadora, agravado pelo fato de o marido dela também trabalhar na reclamada, fica caracterizado o assédio sexual por intimidação, fazendo jus a trabalhadora à indenização por danos morais, nos moldes dos artigos 186 e 927, do Código Civil. (TRT 3ª R/7ª TURMA – Ac. 2015-09-08;0011045-18.2014.5.03.0061).*

> *EMENTA: ASSÉDIO SEXUAL "POR INTIMIDAÇÃO" – CARACTERIZAÇÃO – INDENIZAÇÃO POR DANOS MORAIS. No âmbito das relações trabalhistas, o assédio sexual não se caracteriza apenas por chantagens e ameaças praticadas pelo agressor em relação ao trabalhador, valendo-se de sua ascendência hierárquica na estrutura organizacional da empresa, de modo a obter, por meio da coerção, algum favorecimento ou vantagem de ordem sexual. A conduta abusiva, indecorosa, persistente e sempre com incitação sexual, que tem como resultado a intimidação psíquica da vítima, o aviltamento de sua dignidade e a degradação de seu ambiente laboral também caracteriza hipótese de assédio sexual "por intimidação", ensejando o direito à reparação indenização pelos danos morais sofridos. (TRT 3ª R – 00053-2013-094-03-00-8-RO)*

7.54.8.4 Assédio moral e sexual – principais consequências.

A Empresa Brasileira de Serviços Hospitalares (Ebserh), vinculada ao Ministério da Educação (MEC), a qual, segundo informa o seu portal na internet, tem por finalidade "prestar serviços gratuitos de assistência médico-hospitalar, ambulatorial e de apoio diagnóstico e terapêutico à comunidade, assim como prestar às instituições públicas federais de ensino ou instituições congêneres serviços de apoio ao ensino, à pesquisa e à extensão, ao ensino-aprendizagem e à formação de pessoas no campo da saúde pública", editou interessante cartilha na qual elencou aquelas que seriam as principais consequências do assédio moral para o indivíduo assediado, para o ambiente de trabalho e para a sociedade. A seguir alguns desses efeitos enumeradas pela citada empresa pública:

Para o Indivíduo Assediado:

- Crise de choro.
- Dores generalizadas.
- Palpitações.
- Distúrbios digestivos.
- Dores de cabeça.
- Hipertensão arterial.
- Alteração de sono.
- Estresse.
- Depressão.
- Suicídio.

Para a Organização/Empresa

- Redução da produtividade.
- Aumento na rotatividade.
- Aumento de erros e acidentes.
- Absenteísmo.
- Licenças médicas.
- Gastos com demissões.
- Aposentadoria prematura.
- Multas administrativas.
- Passivos trabalhistas para indenização.
- Clima desfavorável.

Para a Sociedade

- Custos com tratamentos médicos e reabilitação.
- Despesas com benefícios sociais.
- Custos de processos administrativos.
- Custos de processos judiciais.

A propósito de assédio moral como gerador de sérias consequências para o trabalhador vítima dessa perversidade, para a empresa e para a sociedade, colho do noticiário essas lamentáveis informações:

> Professora da Faculdade de Educação da Universidade de São Paulo, Maria da Glória do Nascimento, após sofrer assédio moral por anos em seu local de trabalho, suicidou-se, atirando-se do 7º andar do prédio onde residia, após ter sido afastada do trabalho, com diagnóstico de assédio moral.
>
> http://www.pco.org.br/conoticias/movimento-estudantil/professoraevitima-de-assedio-moralese-suic...
>
> A auxiliar de enfermagem do Hospital Luiz Palmier, São Gonçalo, Rio de Janeiro. A servidora cometeu suicídio após sofrer assédio moral sistemático e ser transferida para um setor no qual não tinha nenhuma condição de trabalhar. Ela não resistiu e se envenenou, aparentemente com chumbinho.
>
> http://cspconlutasrj.wordpress.com/saúde/assedio-moral-provoca-novo-suicidio-na-saúde-municipal-em-s...

7.54.8.5 Provas do assédio.

São meios aptos à prova do assédio moral e do assédio sexual, o seguintes:

- Documentos,
- Testemunhas,
- Declarações das partes,
- Perícias,
- Inspeções judiciais,
- Escuta telefônica,

- Fotos e filmagens,
- SMS, Whats App, e-mail, entre outras evidências do fato.

7.54.8.6 Efeitos jurídicos dos assédios moral e sexual no trabalho

O empregado vítima de assédio moral ou de assédio sexual poderá ingressar em juízo com reclamação pleiteando a rescisão indireta do contrato de trabalho. Afinal, o empregador teria praticado o que se usa chamar de justa causa patronal. E isso ocorre seja o empregador o praticante do assédio ou mesmo quando, embora não o praticando, tolerou que fosse praticado por um de seus prepostos, um de seus empregados.

CLT – Art. 483 – O empregado poderá considerar rescindido o contrato e pleitear a devida indenização quando:

c) correr perigo manifesto de mal considerável;

d) não cumprir o empregador as obrigações do contrato;

e) praticar o empregador ou seus prepostos, contra ele ou pessoas de sua família, ato lesivo da honra e boa fama.

7.54.8.7 Efeitos jurídicos quando o assédio é praticado por outro empregado e não pelo empregador

O empregador não deve ser tolerante com o seu empregado que pratica assédio moral ou sexual no ambiente de trabalho. Caso essas violações ocorram, está legalmente autorizado a dispensar o empregado assediador, por justa causa. Vejamos o que a lei prescreve:

CLT. Art. 482 – Constituem justa causa para rescisão do contrato de trabalho pelo empregador:

b) incontinência de conduta ou mau procedimento;

j) ato lesivo da honra ou da boa fama praticado no serviço contra qualquer pessoa, ou ofensas físicas, nas mesmas condições, salvo em caso de legítima defesa, própria ou de outrem.

7.54.8.8 A Reforma Trabalhista e o tabelamento do dano moral

A Lei nº 13.467/2017, conhecida como a Lei da Reforma Trabalhista, inovou a CLT, nela também introduzindo o art. 223 – G, o qual tem a seguinte redação:

> Art. 223-G. Ao apreciar o pedido, o juízo considerará:
>
> I – a natureza do bem jurídico tutelado;
>
> II – a intensidade do sofrimento ou da humilhação;
>
> III – a possibilidade de superação física ou psicológica;
>
> V – os reflexos pessoais e sociais da ação ou da omissão;
>
> V – a extensão e a duração dos efeitos da ofensa;
>
> VI – as condições em que ocorreu a ofensa ou o prejuízo moral;
>
> VII – o grau de dolo ou culpa;
>
> VIII – a ocorrência de retratação espontânea;
>
> IX – o esforço efetivo para minimizar a ofensa;
>
> X – o perdão, tácito ou expresso;
>
> XI – a situação social e econômica das partes envolvidas;
>
> XII – o grau de publicidade da ofensa.

Já o § 1º, do citado art. 223-G, disciplina o tabelamento do dano moral, nos seguintes termos:

> § 1º Se julgar procedente o pedido, o juízo fixará a indenização a ser paga, a cada um dos ofendidos, em um dos seguintes parâmetros, vedada a acumulação:
>
> I – ofensa de natureza leve, até (3) três vezes o último salário contratual do ofendido;
>
> II – ofensa de natureza média, até (5) cinco vezes o último salário contratual do ofendido;
>
> III – ofensa de natureza grave, até (20) vinte vezes o último salário contratual do ofendido;
>
> IV – ofensa de natureza gravíssima, até (50) cinquenta vezes o último salário contratual do ofendido.
>
> § 3º Na reincidência entre partes idênticas, o juízo poderá elevar ao dobro o valor da indenização.

Como já mencionado em outro trecho desta obra, a possibilidade de tarifação ou tabelamento do dano moral já foi objeto de apreciação pelo STF, tendo os seus eminentes ministros declarado a inconstitucionalidade do dispositivo similar inserto na Lei de Imprensa. Considerando que a composição do STF foi bastante alterada desde o citado julgamento até esta parte, resta saber se a decisão será no mesmo sentido quando aludida Corte for decidir acerca do sistema de tabelamento do dano moral decorrente das relações de trabalho.

7.54.8.9 Assédio moral e assédio sexual – efeitos jurídicos de natureza criminal

Assédio Sexual

Código Penal – Art. 216-A. Constranger alguém com o intuito de obter vantagem ou favorecimento sexual, prevalecendo-se o agente da sua condição de superior hierárquico ou ascendência inerentes ao exercício de emprego, cargo ou função.

Pena – detenção, de 1 (um) a 2 (dois) anos.

§ 2° A pena é aumentada em até um terço se a vítima é menor de 18 (dezoito) anos.

Assédio Moral

O Código Penal Brasileiro não tem dispositivo prevendo como crime o assédio moral, diferentemente do que ocorre em relação ao assédio sexual por chantagem, como visto acima. Todavia, o Plenário da Câmara dos Deputados aprovou, em 12.03.2019, o Projeto de Lei 4742/01, o qual tipifica o crime de assédio moral no ambiente de trabalho.

Segundo o texto aprovado na Câmara, o crime será caracterizado quando alguém ofender reiteradamente a dignidade de outro, causando-lhe dano ou sofrimento físico ou mental no exercício de emprego, cargo ou função. Foi estipulada a pena de detenção de um a dois anos e multa, aumentada de um terço se a vítima for menor de 18 anos. Isso sem prejuízo da pena correspondente à violência, quando houver.

Ainda segundo o texto aprovado, a ação penal somente terá início se a vítima representar contra o ofensor. Todavia, a representação é irretratável.

Referido projeto de lei, que objetiva introduzir o art. 146-A no Código Penal Brasileiro, dispondo sobre o crime de assédio moral no trabalho, encontra-se aguardando apreciação pelo Senado Federal.

7.54.8.10 Assédio moral e assédio sexual – responsabilidade civil.

Aqui, ao se falar em responsabilidade civil, está-se cogitando da reparação do dano causado à vítima de assédio moral ou de assédio sexual.

Código Civil – Art. 186. Aquele que, por ação ou omissão voluntária, negligência ou imprudência, violar direito e causar dano a outrem, ainda que exclusivamente moral, comete ato ilícito.

Art. 927. Aquele que, por ato ilícito, causar dano a outrem, fica obrigado a repará-lo.

Art. 932. São também responsáveis pela reparação civil:

III – o empregador ou comitente, por seus empregados, serviçais e prepostos, no exercício do trabalho que lhes competir, ou em razão dele;

Lei da Reforma Trabalhista (13.467/17).

CLT/Art. 223-B. Causa dano de natureza extrapatrimonial a ação ou omissão que ofenda a esfera moral ou existencial da pessoa física ou jurídica, as quais são as titulares exclusivas do direito à reparação.

Bens tutelados e dano extrapatrimonial.

Art. 223-C. A honra, a imagem, a intimidade, a liberdade de ação, a autoestima, a sexualidade, a saúde, o lazer e a integridade física são os bens juridicamente tutelados inerentes à pessoa física.

Capítulo VIII

A FASE DE EXECUÇÃO E O EFETIVO CUMPRIMENTO DA SENTENÇA

Não só do direito material ou do direito processual praticado ao longo da fase de conhecimento o advogado deve conhecer. Cumpre-lhe também dominar o direito processual que será veículo de efetivação do comando emergente da coisa julgada. Não basta saber como se comportar ao longo de uma audiência. Não basta saber sobre o direito material a ser lá defendido. Cumpre ao operador do direito também ter ciência do que haverá de ser feito para que o resultado obtido através de sua atuação (o ajustado em acordo ou o deferido em sentença) seja efetivamente cumprido. Se o leitor vier a atuar como patrono do reclamante, decerto haverá de saber como agir para obter o bem da vida consagrado no julgado. Ou seja, para ver efetivamente cumprida a jurisdição. Por outro lado, caso venha a atuar como patrono do devedor, igualmente deverá saber agir na defesa de seu cliente nessa importante fase processual, na qual se executa a sentença. Doravante, o tema abordado será o cumprimento da sentença, seja ela homologatória de acordo, seja ela condenatória.

8.1 RECLAMAÇÃO TRABALHISTA E PEDIDOS LÍQUIDOS – SENTENÇA LÍQUIDA – CONSIDERÁVEL VANTAGEM PARA A RÁPIDA EXECUÇÃO DA SENTENÇA

A Reforma Trabalhista modificou o artigo da CLT que dizia como a reclamação deveria ser apresentada. Passou a exigir que toda reclamação trabalhista apresente os pedidos determinados e com os respectivos valores que o demandante espera receber.

Ou seja, tomando como exemplo uma reclamação trabalhista, o tipo mais comum de ação ajuizada na Justiça do Trabalho, o trabalhador deverá apontar especificamente as parcelas que ele entende como não pagas e deverá, ainda, indicar o valor que pretende receber relativamente a cada uma delas. Se não apontar o correspondente valor, o processo, no tocante à parcela ilíquida, será extinto sem resolução do mérito.

Diz-se, tecnicamente, que a reclamação deverá apresentar pedidos certos, determinados e líquidos.

Pois bem, sendo líquidos os pedidos formulados na reclamatória, o desejado seria que a sentença condenatória também apresentasse as verbas deferidas com os seus respectivos valores. Ou seja, o ideal seria que as sentenças condenatórias fossem igualmente líquidas. Todavia, nem todo TRT dispõe de quadro de pessoal completo, de modo que alguns juízes enfrentam dificuldades para prolatarem sentenças líquidas.

Contudo, se a sentença prolatada aponta os valores correspondentes a cada uma das parcelas da condenação e assim transita em julgado, tem-se um ganho considerável no trâmite processual, haja vista que não haverá necessidade de se percorrer a chamada fase de liquidação que antecede o cumprimento da sentença.

8.2 LIMITAÇÃO AO IMPULSO OFICIAL – EXECUÇÃO DE SENTENÇA

Antes da Reforma Trabalhista, estando o trabalhador assistido ou não por advogado, uma vez transitando a sentença (ou o acórdão) em julgado e lhe sendo assegurado algum direito, o juiz, independentemente de pedido nesse sentido, formulado nos autos, adotava as medidas necessárias ao cumprimento do que fora decidido. Ou seja, antes da Lei 13.467/17, o juiz deflagrava a execução (ações visando o cumprimento da sentença) de ofício. Portanto, se o juiz age independentemente de pedido da parte e por iniciativa própria, diz-se que ele assim age de ofício ou por impulso oficial.

O impulso oficial era marca registrada do processo do trabalho e visava dar mais agilidade à marcha processual, haja vista que, nesse processo, de regra, discute-se a subsistência do trabalhador e se cobra, do empregador, pós-sentença, verbas de natureza salarial. Assim previa a CLT:

> *Art. 878. A execução poderá ser promovida por qualquer interessado, ou ex officio pelo próprio Juiz ou Presidente ou Tribunal competente, nos termos do artigo anterior.*

A Lei da Reforma Trabalhista também alterou a CLT no tocante à execução (ao cumprimento) da sentença (ou do acórdão, conforme o caso). E essa alteração importou em restrição ao impulso oficial. Com a aprovação da aludida reforma, o impulso oficial ficou limitado aos processos nos quais o reclamante não está assistido por advogado. Ou seja, o juiz só dará início à execução da sentença de ofício, sem requerimento da parte, nos casos em que o credor estiver atuando sem advogado, valendo-se do *jus postulandi*, o que, sem dúvida, poderá ensejar retardamento da prestação jurisdicional nos casos em que o advogado do credor não se mostre diligente. Eis o atual teor do art. 878 da CLT:

> *Art. 878. A execução será promovida pelas partes, permitida a execução de ofício pelo juiz ou pelo Presidente do Tribunal apenas nos casos em que as partes não estiverem representadas por advogado.*

Portanto, o juiz, salvo na execução visando o recebimento de crédito de trabalhador desassistido por advogado, está proibido de agir por iniciativa própria, deflagrando a execução.

A aludida restrição do impulso oficial é mais um claro sintoma do rompimento da tradição, quase secular, do direito processual trabalhista, de tutelar o empregado. O legislador reformista parece ter agora se guiado pelo princípio da proteção ao hipersuficiente/empregador.

Com efeito, os ilustres advogados trabalhistas terão que se adaptar aos novos tempos da Lei nº 13.467/17. Se, antes, contavam com a diligência e a dedicação dos juízes do trabalho ao longo da fase de execução, mormente na busca de bens suscetíveis de penhora, é bom considerar que a coisa mudou. Os advogados terão que ficar mais atentos, jamais esquecendo de pleitear o início da execução.

Aliás, há muitos juízes que sustentam caber ao patrono do exequente requerer não só a deflagração do procedimento executório, mas cada uma das medidas que se afigurem necessárias e eficazes à efetiva entrega da prestação jurisdicional. Desse entendimento não compartilho. É que, malgrado a alteração legislativa aqui enfocada, não foi revogado o art. 765 da CLT, o qual prevê que os Juízos e Tribunais do Trabalho terão ampla liberdade na direção do processo e velarão pelo andamento rápido das causas, podendo determinar qualquer diligência necessária ao esclarecimento delas.

Portanto, a diretriz geral insculpida no art. 765 da CLT deve limitar o rigor do novo artigo 878 da CLT, impondo a compreensão de que a exigência de provocação por parte do patrono do exequente só se mostra necessária para dar início ao procedimento executivo. Quanto ao mais, esse pedido autoriza o juiz a buscar os meios necessários ao cumprimento do comando sentencial. Em respaldo ao que estou a sustentar, transcrevo jurisprudência que reputo avisada:

> *EXTINÇÃO DA EXECUÇÃO. ART. 771 E ART. 485, III CPC. APLICAÇÃO AO PROCESSO TRABALHISTA APÓS A VIGÊNCIA DA LEI 13.467/2017. ART. 40, §3º DA LEI 6.830/80. PROVIMENTO GERAL DO TRT 3ª REGIÃO. ARQUIVAMENTO PROVISÓRIO. RETOMADA DA EXECUÇÃO SE LOCALIZADOS BENS PASSÍVEIS DE PENHORA. (...) E, não obstante a nova redação do art. 878/CLT condicionar a instauração da execução a requerimento do credor, quando assistido por advogado, a promoção da execução de que trata o referido dispositivo legal, com a redação dada pela Lei 13.467/17, diz respeito apenas ao impulso inicial. Não se pode exigir do exequente requerimento expresso de todas as medidas necessárias à satisfação de seu crédito, cabendo ao magistrado trabalhista praticar todos os atos necessários ao cumprimento da decisão transitada em julgado. Tratando-se de execução que já foi iniciada, ela deve ser impulsionada pelo magistrado. Nos termos do art. 765/CLT, o Juiz possui ampla liberdade na direção do processo, sendo seu dever zelar pelo rápido andamento das causas, considerando-se ainda que a alteração promovida pela Reforma Trabalhista não pode impedir a faculdade do magistrado de promover atos com o objetivo de satisfazer o comando exequendo, assegurando efetividade à jurisdição e celeridade do processo. Não se pode olvidar da aplicação subsidiária do art. 40, §3º da Lei 6.830/80 ao processo do trabalho, o qual estabelece que "encontrados que sejam, a qualquer tempo, o devedor ou os bens, serão desarquivados os autos para o prosseguimento da execução". (3ª Região – Minas Gerais – Tribunal Regional do Trabalho. 1ª Turma – 22/08/2018 – 0098500-52.1997.5.03.0114)*

Por fim, e ainda visando lembrar o credor acerca do cuidado em deflagrar a execução de sentença, anoto que a Reforma também consagrou a prescrição intercorrente no processo do trabalho, sendo ela declarável de ofício, como sobressai do art. 11-A, da CLT, *in verbis:*

> *§ 2º A declaração da prescrição intercorrente pode ser requerida ou declarada de ofício em qualquer grau de jurisdição.*

8.3 A APLICAÇÃO DA PRESCRIÇÃO INTERCORRENTE NO PROCESSO DO TRABALHO

A Lei da Reforma Trabalhista operou alteração no tocante à aplicação da prescrição intercorrente no âmbito da execução trabalhista. Introduziu o art. 11-A, na CLT, o qual tem a seguinte redação:

> *Art. 11-A. Ocorre a prescrição intercorrente no processo do trabalho no prazo de dois anos.*
>
> *§ 1º A fluência do prazo prescricional intercorrente inicia-se quando o exequente deixa de cumprir determinação judicial no curso da execução.*
>
> *§ 2º A declaração da prescrição intercorrente pode ser requerida ou declarada de ofício em qualquer grau de jurisdição.*

O TST, por muitos anos, rejeitou a aplicação da prescrição intercorrente no âmbito do processo do trabalho. A sua Súmula 114 encontra-se assim lavrada: *"É inaplicável, na Justiça do Trabalho, a prescrição intercorrente".*

Já o STF previa diferentemente. Súmula 327 do STF: *"O direito trabalhista admite a prescrição intercorrente".*

A Lei nº 13.467/17 pôs fim à polêmica. Agora, a prescrição intercorrente está prevista na CLT. E até a polêmica quanto ao seu prazo foi dissipada. Sem dúvida, favorece aos reclamados que enfrentam credores descuidados na cobrança de seus créditos.

Mas há algo de positivo nessa inovação legislativa: afasta a controvérsia no tocante ao prazo da prescrição intercorrente e os juízes não desperdiçarão energia atuando em execuções sabidamente fadadas ao insucesso.

8.4 LIQUIDAÇÃO DA SENTENÇA – VISTA OBRIGATÓRIA ÀS PARTES, PARA IMPUGNAÇÃO FUNDAMENTADA DA CONTA DE LIQUIDAÇÃO

Quando a sentença assegura direitos ao autor, mas não aponta os valores correspondentes a esses direitos, é necessário que se promova a chamada liquidação da sentença. Em síntese, a liquidação de sentença é o procedimento que visa apurar os valores devidos ao autor e como tais reconhecidos na decisão judicial exequenda, seja ela sentença ou acórdão. Diz-se exequendo a decisão que será objeto de execução. Antes da Reforma, o art. 879, da CLT, assim previa:

> *Art. 879. Sendo ilíquida a sentença exeqüenda, ordenar-se-á, previamente, a sua liquidação, que poderá ser feita por cálculo, por arbitramento ou por artigos.*
>
> *(...)*
>
> *§ 2º Elaborada a conta e tornada líquida, o Juiz* ***poderá*** *abrir às partes prazo sucessivo de 10 (dez) dias para impugnação fundamentada com a indicação dos itens e valores objeto da discordância, sob pena de preclusão.*

Observe o leitor que, na redação antiga da CLT, era uma faculdade do juiz abrir vista às partes para dizerem acerca dos cálculos de liquidação. De regra, os juízes não exerciam essa faculdade, porque se entendia que ela contribuía para retardar o procedimento executivo. Simplesmente homologavam os cálculos de liquidação (se corretos, evidentemente) e já intimavam o devedor para pagamento ou para oferecimento de bem à penhora. Uma vez garantida a execução por depósito em dinheiro ou outros bens, aí, sim, abriam oportunidade para o devedor e o credor dizerem se os cálculos de liquidação estavam corretos e fiéis ao estabelecido na sentença ou no acórdão, conforme fosse o caso.

Todavia, a Lei da Reforma Trabalhista alterou essa ritualística. Eis a nova redação do § 2° do art. 879 da CLT, ora vigente:

> *Art. 879. Sendo ilíquida a sentença exeqüenda, ordenar-se-á, previamente, a sua liquidação, que poderá ser feita por cálculo, por arbitramento ou por artigos.*
>
> *(...)*
>
> *§ 2º Elaborada a conta e tornada líquida, o juízo* ***deverá*** *abrir às partes prazo comum de oito dias para impugnação fundamentada com a indicação dos itens e valores objeto da discordância, sob pena de preclusão.*

Essa inovação poderá importar, sim, em retardamento do cumprimento da sentença, haja vista que permitirá ao devedor embaraçar a execução, apresentando impugnação à liquidação sem oferecimento de qualquer garantia, seja em dinheiro, seja em outros bens.

Além disso, caso ele impugne os cálculos de liquidação, nada obsta que renove a impugnação em sede de embargos à execução.

Porém, caso o devedor não impugne a conta de liquidação, precluirá o seu direito de fazê-lo em sede de embargos à execução. O prazo para impugnação passa a ser comum às partes e de 8 dias úteis.

Mas não é de todo ruim a aludida alteração legislativa. Afinal, há uma exigência que pode levar a um recebimento mais ágil se não de todo, pelo menos de parte do crédito pelo trabalhador, isso caso o devedor resolva impugnar os cálculos de liquidação. Vejamos a lei:

> *§ 2º Elaborada a conta e tornada líquida, o juízo deverá abrir às partes prazo comum de oito dias para impugnação fundamentada com a indicação dos itens e valores objeto da discordância, sob pena de preclusão.*

Com efeito, embora o juiz esteja obrigado a abrir às partes prazo para se manifestarem acerca da liquidação, é certo que, aquele que divergir, haverá de formular impugnação "fundamentada com a indicação dos itens e valores objeto da discordância". Ou seja, se o devedor opta por impugnar os cálculos de liquidação, deverá fazê-lo indicando o que entende equivocado, de modo fundamentado e, ainda, deverá dizer qual seria o valor por ele entendido como correto, sob pena de sua impugnação ser liminarmente rejeitada e ficando ele impedido de tornar a tratar do tema em nova impugnação, mesmo que em sede de embargos à execução.

Portanto, se o devedor decide impugnar os cálculos de liquidação, haverá de informar qual o valor que ele reputa acertado, o chamado valor incontroverso da dívida, podendo o juiz, desde logo, a requerimento do credor, promover a execução quanto a esse valor. Isso, sem dúvida, agiliza a execução.

8.5 O RITO DA EXECUÇÃO – A REFORMA TRABALHISTA, A SUPOSTA MODERNIDADE E A EFICIÊNCIA DO PROCEDIMENTO

Se fosse propósito do legislador reformista modernizar o processo do trabalho, teria tomado de empréstimo a legislação do CPC referente ao cumprimento de sentença, arts. 523 e seguintes.

Todavia, a Reforma Trabalhista, no tocante à execução, não se mostrou tão preocupada com a celeridade processual. Ressuscitou a possibilidade de oferecimento de bens à penhora. O devedor será instado a garantir a execução com bens. Oferecerá, como era a praxe, bens sem valor ou mesmo cacarecos, reabrindo uma porta que já vinha se fechando com a aplicação, pelos juízes mais vanguardistas, do art. 475-J do CPC/1973 e do art. 523 do CPC de 2015.

Ou seja, mais embaraços foram possibilitados à efetividade da prestação jurisdicional. Mais tempo demorará o credor trabalhista para ter o seu crédito satisfeito, se comparado ao credor comum.

Vejamos um comparativo entre o rito da CLT e o do CPC, destacando que, no processo do trabalho, de regra a sentença assegura verba de natureza alimentar, exigindo, portanto, uma solução rápida, diferentemente do que ocorre no processo comum.

> CLT
>
> *Art. 880. Requerida a execução, o juiz ou presidente do tribunal mandará expedir mandado de citação do executado, a fim de que cumpra a decisão ou o acordo no prazo, pelo modo e sob as cominações estabelecidas* ***ou, quando se tratar de pagamento em dinheiro, inclusive de contribuições sociais devidas à União, para que o faça em 48 (quarenta e oito) horas ou garanta a execução, sob pena de penhora. (negritei)***
>
> *Art. 882. O executado que não pagar a importância reclamada poderá garantir a execução mediante depósito da quantia correspondente, atualizada e acrescida das despesas processuais, apresentação de seguro garantia judicial ou nomeação de bens à penhora, observada a ordem preferencial estabelecida no art. 835 da Lei nº 13.105, de 16 de março de 2015 – Código de Processo Civil.*

Agora, analisemos o tratamento que o CPC dispensa ao executado. Bem mais severo. E, por isso, lá se tem um rito mais célere e eficaz.

> *CPC*
>
> *Art. 523. No caso de condenação em quantia certa, ou já fixada em liquidação, e no caso de decisão sobre parcela incontroversa, o cumprimento definitivo da sentença far-se-á a requerimento do exequente, sendo o executado intimado para pagar o débito, no prazo de 15 (quinze) dias, acrescido de custas, se houver.*
>
> *§ 1º Não ocorrendo pagamento voluntário no prazo do caput, o débito será acrescido de multa de dez por cento e, também, de honorários de advogado de dez por cento.*

Observe o leitor que, no rito do CPC, o devedor, diferentemente do que ocorre ao devedor trabalhista, não é intimado para pagar ou oferecer bens à penhora. É intimada para pagar. E, não ocorrendo pagamento voluntário no prazo de 15 dias, o débito é aumentado, já que será acrescido de multa de dez por cento e, também, de honorários de advogado de dez por cento.

Saliento, por fim, que, embora o art. 800 da CLT cogite de expedição de mandado de citação ao executado, o certo é que, se ele tiver assistido por advogado, a citação (mera intimação) ocorrerá por via eletrônica – PJe. É o que transparece da Lei nº 11.419/06 e da Resolução CSJT nº 185/17, art. 23, *in verbis:*

> *Lei 11.419/2006*
>
> *Art. 9º No processo eletrônico, todas as citações, intimações e notificações, inclusive da Fazenda Pública, serão feitas por meio eletrônico, na forma desta Lei.*
>
> *CSJT – Res. 185*
>
> *Art. 17. No processo eletrônico, as citações, intimações e notificações, inclusive as destinadas à União, Estados, Distrito Federal, Municípios e suas respectivas autarquias e fundações de direito público* ***serão feitas por meio eletrônico, sem prejuízo da publicação no Diário Eletrônico da Justiça do Trabalho (DEJT) nas hipóteses previstas em lei.***
>
> *(...)*
>
> *§ 2º As citações, intimações e notificações destinadas à União, Estados, Distrito Federal, Municípios e suas respectivas autarquias e fundações de direito público serão realizadas perante os órgãos responsáveis por sua representação processual.*

8.6 REFORMA TRABALHISTA – PENHORA – INOVAÇÕES ACERCA DA GARANTIA DO JUÍZO

Reza o art. 884 da CLT que, *"Garantida a execução ou penhorados os bens, terá o executado 5 (cinco) dias para apresentar embargos, cabendo igual prazo ao exeqüente para impugnação"*.

Contudo, a Lei nº 13.467/17 inovou ao estabelecer a exceção que segue:

> *§ 6º A exigência da garantia ou penhora não se aplica às entidades filantrópicas e/ou àqueles que compõem ou compuseram a diretoria dessas instituições.*

O privilégio concedido às entidades filantrópicas é até aceitável. Todavia, não encontro justificativa razoável, motivação humanitária ou ainda mais relevante para justificar o alargamento do referido privilégio aos dirigentes dessas entidades. Mas, é o que está assegurado na nova CLT.

8.7 REFORMA TRABALHISTA – A INCLUSÃO DO NOME DO DEVEDOR EM CADASTRO DE DEVEDORES – ANOTAÇÕES NO BNDT – PROTESTO – SERASAJUD

Antes da Reforma, bastava que se tivesse intimado o devedor ao pagamento da dívida ou para o cumprimento de obrigação de fazer ou não fazer e ele, no prazo legal, não tenha atendido ao comando judicial para o juiz determinar a sua inscrição no BNDT – Banco Nacional de Devedores Trabalhistas.

Esse registro é obrigatório e, no caso de execução por quantia certa, deve ser feito em seguida à ordem de bloqueio de ativos financeiros via Bacenjud. Assim dispunha a RA 1470/2011, do c. TST:

> *Art. 1º (...)*
>
> *§ 1º É obrigatória a inclusão no BNDT do devedor que, devidamente cientificado, não pagar o débito ou descumprir obrigação de fazer ou não fazer, no prazo previsto em lei. (Redação dada pelo Ato TST.GP nº 001/2012, de 02.01.2012)*
>
> *§ 1º-A Antes de efetivar a ordem de inclusão do devedor no BNDT, em caso de execução por quantia certa, o Juízo da Execução determinará o bloqueio eletrônico de numerário por meio do sistema BACENJUD (art. 655, I, CPC) e também registrará no sistema, quando for o caso, a informação sobre a existência de garantia total da execução.*

Detalhe importante: antes da Reforma Trabalhista, mesmo que o devedor tivesse garantido totalmente a execução, dever-se-ia fazer a inclusão do seu nome no BNDT, embora ele pudesse obter Certidão Positiva de Débitos com os efeitos de negativa. Novamente, vejamos o que dispunha a RA 1470/2011 – TST:

> *Art. 1º (...)*
>
> *§ 2º A garantia total da execução por depósito, bloqueio de numerário ou penhora de bens suficientes, devidamente formalizada, ensejará a expedição de Certidão Positiva de Débitos Trabalhistas,* ***com os mesmos efeitos da CNDT.***

No entanto, desde a vigência da Lei 13.467/17, a decisão judicial transitada em julgado somente poderá ser levada a protesto, gerar inscrição do nome do executado em órgãos de proteção ao crédito ou no Banco Nacional de Devedores Trabalhistas (BNDT), nos termos da lei, depois de transcorrido o prazo de quarenta e cinco dias a contar da citação do executado e se não houver garantia do juízo. Vejamos:

> *Art. 883-A. A decisão judicial transitada em julgado somente poderá ser levada a protesto, gerar inscrição do nome do executado em órgãos de pro-*

> *teção ao crédito ou no Banco Nacional de Devedores Trabalhistas (BNDT),* ***nos termos da lei, depois de transcorrido o prazo de quarenta e cinco dias a contar da citação do executado, se não houver garantia do juízo.***

8.8 REFORMA TRABALHISTA – RESPONSABILIDADES DO SÓCIO QUE SE RETIRA DA SOCIEDADE – A REFORMA E A MAIOR SEGURANÇA JURÍDICA

A Lei da Reforma Trabalhista introduziu novo artigo na CLT prevendo que o sócio que se retira da sociedade responde subsidiariamente pelas obrigações trabalhistas da sociedade, porém somente em relação às obrigações relativas ao período no qual ele figurou como sócio e nos casos de ações ajuizadas até dois anos depois de averbada a modificação do contrato na Junta Comercial.

> *Art. 10-A. O sócio retirante responde subsidiariamente pelas obrigações trabalhistas da sociedade relativas ao período em que figurou como sócio, somente em ações ajuizadas até dois anos depois de averbada a modificação do contrato, observada a seguinte ordem de preferência:*
>
> *I – a empresa devedora;*
>
> *II – os sócios atuais; e*
>
> *III – os sócios retirantes.*
>
> *Parágrafo único. O sócio retirante responderá solidariamente com os demais quando ficar comprovada fraude na alteração societária decorrente da modificação do contrato.*

Ser responsável subsidiário quer dizer que, caso o empregado venha a cobrar os seus direitos não quitados, a responsabilidade pelo pagamento é, primeiro, da empresa, a qual tem o seu patrimônio sujeito à ação da Justiça do Trabalho, podendo ser penhorado e leiloado para pagar o empregado.

Caso a Justiça não encontre bens da empresa, nem o advogado do empregado os aponte, a cobrança da dívida passará a ser feita contra os "sócios atuais", ou seja, aqueles que estiverem à frente da empresa quando da cobrança judicial.

Caso os sócios atuais não tenham bens ou os tenham, mas não o suficiente para quitar a dívida, a Justiça passará a cobrar do sócio que se retirou da sociedade. Porém, insisto: o sócio retirante somente responde pelas dívidas relativas ao período no qual ele figurou como sócio e nos casos de ações ajuizadas até dois anos depois de averbada a modificação do contrato na Junta Comercial.

Detalhe importante: O sócio retirante responderá solidariamente, com os sócios atuais quando ficar comprovada fraude na alteração societária decorrente da modificação do contrato. Solidariamente quer dizer no mesmo tempo.

8.9 REFORMA TRABALHISTA – DIFICULDADES PARA A CARACTERIZAÇÃO DO GRUPO ECONÔMICO E RESTRIÇÃO DAS MEDIDAS EXECUTIVAS

Embora a Reforma tenha pacificado a possibilidade de reconhecimento de grupo econômico por coordenação (e não só por subordinação de várias empresas a uma empresa líder ou mãe), ficou bem mais difícil a caracterização do grupo econômico.

A nova CLT prevê que a mera identidade de sócios não basta para a caracterização do grupo econômico, exigindo, para a sua configuração, a demonstração do interesse integrado, a efetiva comunhão de interesses e a atuação conjunta das empresas dele integrantes.

Eis a nova redação:

> *Art. 2º Considera-se empregador a empresa, individual ou coletiva, que, assumindo os riscos da atividade econômica, admite, assalaria e dirige a prestação pessoal de serviço.*
>
> *(...)*
>
> *§ 2º Sempre que uma ou mais empresas, tendo, embora, cada uma delas, personalidade jurídica própria, estiverem sob a direção, controle ou administração de outra, ou ainda quando, mesmo guardando cada uma sua autonomia, integrem grupo econômico, serão responsáveis solidariamente pelas obrigações decorrentes da relação de emprego.*
>
> *§ 3º Não caracteriza grupo econômico a mera identidade de sócios, sendo necessárias, para a configuração do grupo, a demonstração do interesse integrado, a efetiva comunhão de interesses e a atuação conjunta das empresas dele integrantes.*

8.10 A REFORMA TRABALHISTA E O INCIDENTE DE DESCONSIDERAÇÃO DA PERSONALIDADE JURÍDICA DO CPC

Lamentavelmente, ocorre de a execução de sentença não obter resultado. Cerca de 30% dos casos julgados na Justiça do Trabalho não geram efetivo proveito ao vencedor.

Se a sentença foi prolatada condenando uma pessoa jurídica, acontece, algumas vezes, malograr o esforço do juiz, na busca de encontrar patrimônio da empresa, que possa ser penhorado e servir para garantir o crédito do trabalhador. De regra, o juiz constata, após uso de ferramentas de elementar pesquisa patrimonial (Bacenjud e Renajud), que a devedora não tem dinheiro em conta bancária, nem veículos registrados em seu nome. Alguns aprofundam a busca patrimonial, fazendo pesquisa à base de dados da Receita Federal, via Infojud, consultam cartórios de imóveis e até determinam a penhora tradicional de bens do devedor. Mas se, mesmo assim, o patrimônio penhorável do devedor não é encontrado ou bastante ao pagamento da dívida, é comum o juiz intimar o reclamante credor para dizer o que ele pretende que seja feito daí em diante, de modo a tornar a execução frutífera.

Em muitos casos, ante o insucesso das pesquisas levadas a efeito, resta ao credor optar pela desconsideração da personalidade jurídica da empresa executada, de modo que possa a execução atingir o patrimônio de seus sócios constituintes. Quem não conhece caso de empresa que fecha as portas e, nada obstante, os seus titulares ficam a ostentar bens e vida abastada nas redes sociais?

Pois bem, antes da Reforma Trabalhista, os juízes, diante da constatação de inexistência de bens penhoráveis da empresa, por mero despacho e com arrimo nos arts. 50 do Código Civil e/ou 28 do Código de Defesa do Consumidor, redirecionavam a execução de sentença contra os sócios da empresa. Alguns magistrados, na mesma decisão que desconsiderava a personalidade jurídica da empresa devedora, determinavam, de logo, o bloqueio de valores em contas dos seus sócios, via Bacenjud. Outros, menos radicais, após desconsiderarem a personalidade jurídica da empresa devedora, também redirecionavam a execução contra os seus sócios. Todavia, primeiro lhes intimavam, para pagamento do débito ou para que garantissem a execução. E só quando nenhuma dessas atitudes o devedor adotava era que esses juízes determinavam o bloqueio de contas ou outras medidas constritivas visando a penhora e a garantia da execução.

Enfim, como a CLT não disciplinava o incidente em foco, não havia unicidade de procedimento, cada juiz cumprindo-o ao seu modo. Isso gerava, evidentemente, intranquilidade e insegurança jurídica aos atores do processo.

Todavia, com o advento da Lei nº 13.467/17, a CLT passou a ter um dispositivo específico, o qual recomenda adotar o rito do IDPJ previsto no CPC.

Com efeito, o art. 855-A da CLT prevê que *"Aplica-se ao processo do trabalho o incidente de desconsideração da personalidade jurídica previsto nos arts. 133 a 137 da Lei nº 13.105, de 16 de março de 2015 – Código de Processo Civil"*.

Sem dúvida, essa novidade, se atende aos anseios de segurança jurídica, decerto vai importar em considerável retardamento na prestação jurisdicional, havendo juristas de renome lamentando que se imponha ao juiz do trabalho obediência a uma norma do direito processual comum, segundo eles nitidamente prejudicial ao hipossuficiente econômico, haja vista que ignora o fato de, em regra, na lide laboral, o trabalhador almeja receber verba de natureza salarial que lhe fora sonegada.

Mas, enfim, o mandamento celetário é claro no que tange ao compulsório cumprimento do rito do IDPJ previsto no CPC, o qual é assim delineado:

> *Art. 133. O incidente de desconsideração da personalidade jurídica será instaurado a pedido da parte ou do Ministério Público, quando lhe couber intervir no processo.*
>
> *§ 1º O pedido de desconsideração da personalidade jurídica observará os pressupostos previstos em lei.*
>
> *§ 2º Aplica-se o disposto neste Capítulo à hipótese de desconsideração inversa da personalidade jurídica.*
>
> *Art. 134. O incidente de desconsideração é cabível em todas as fases do processo de conhecimento, no cumprimento de sentença e na execução fundada em título executivo extrajudicial.*
>
> *§ 1º A instauração do incidente será imediatamente comunicada ao distribuidor para as anotações devidas.*
>
> *§ 2º Dispensa-se a instauração do incidente se a desconsideração da personalidade jurídica for requerida na petição inicial, hipótese em que será citado o sócio ou a pessoa jurídica.*
>
> *§ 3º A instauração do incidente suspenderá o processo, salvo na hipótese do § 2º.*
>
> *§ 4º O requerimento deve demonstrar o preenchimento dos pressupostos legais específicos para desconsideração da personalidade jurídica.*
>
> *Art. 135. Instaurado o incidente, o sócio ou a pessoa jurídica será citado para manifestar-se e requerer as provas cabíveis no prazo de 15 (quinze) dias.*
>
> *Art. 136. Concluída a instrução, se necessária, o incidente será resolvido por decisão interlocutória.*
>
> *Parágrafo único. Se a decisão for proferida pelo relator, cabe agravo interno.*
>
> *Art. 137. Acolhido o pedido de desconsideração, a alienação ou a oneração de bens, havida em fraude de execução, será ineficaz em relação ao requerente.*

8.10.1 O IDPJ e a lei da liberdade econômica

A Lei n° 13.874/19, conhecida como "Lei da Liberdade Econômica", alterou o art. 50 do Código Civil, o qual passou a ter a seguinte redação:

> *Art. 50. Em caso de abuso da personalidade jurídica, caracterizado pelo desvio de finalidade ou pela confusão patrimonial, pode o juiz, a requerimento da parte, ou do Ministério Público quando lhe couber intervir no processo, desconsiderá-la para que os efeitos de certas e determinadas relações de obrigações sejam estendidos aos bens particulares de administradores ou de sócios da pessoa jurídica beneficiados direta ou indiretamente pelo abuso.*
>
> *§ 1º Para os fins do disposto neste artigo, desvio de finalidade é a utilização da pessoa jurídica com o propósito de lesar credores e para a prática de atos ilícitos de qualquer natureza.*
>
> *§ 2º Entende-se por confusão patrimonial a ausência de separação de fato entre os patrimônios, caracterizada por:*
>
> *I – cumprimento repetitivo pela sociedade de obrigações do sócio ou do administrador ou vice-versa;*
>
> *II – transferência de ativos ou de passivos sem efetivas contraprestações, exceto os de valor proporcionalmente insignificante; e*
>
> *III – outros atos de descumprimento da autonomia patrimonial.*
>
> *§ 3º O disposto no caput e nos §§ 1º e 2º deste artigo também se aplica à extensão das obrigações de sócios ou de administradores à pessoa jurídica.*
>
> *§ 4º A mera existência de grupo econômico sem a presença dos requisitos de que trata o caput deste artigo não autoriza a desconsideração da personalidade da pessoa jurídica.*
>
> *§ 5º Não constitui desvio de finalidade a mera expansão ou a alteração da finalidade original da atividade econômica específica da pessoa jurídica.*

8.11 SUCESSÃO DE EMPREGADORES E AS RESPONSABILIDADES DAS EMPRESAS SUCESSORA E SUCEDIDA

É comum empresários passarem uma empresa para outro(s). Vendem as cotas sociais e a unidade produtiva ou parte dela. Isso importa em alteração na constituição societária da empresa. Temos, em casos como esse, a chamada sucessão de empresa ou de empregadores.

Ocorre que a CLT diz, no seu art. 448, *que "A mudança na propriedade ou na estrutura jurídica da empresa não afetará os contratos de trabalho dos respectivos empregados".*

Já em seu art. 10, a CLT anuncia que *"Qualquer alteração na estrutura jurídica da empresa não afetará os direitos adquiridos por seus empregados"*.

Esses dispositivos legais deixam patente que a alteração na estrutura jurídica da empresa, a saída de um sócio cotista da sociedade ou mesmo de todos, a transferência do empreendimento ou de parte dele para outros sócios, nada disso afetará os contratos de trabalho dos respectivos empregados, haja vista que os contratos de trabalho dos empregados e os seus direitos estão, a rigor, vinculados ao empreendimento. Se o empreendimento é passado a outros donos, os contratos de trabalho dos empregados e os seus direitos seguem o empreendimento.

A Lei da Reforma Trabalhista veio, em boa hora, esclarecer acerca das responsabilidades que cabem à empresas sucedida e à empresa sucessora. É o que veremos a seguir.

> *Art. 448-A. Caracterizada a sucessão empresarial ou de empregadores prevista nos arts. 10 e 448 desta Consolidação, as obrigações trabalhistas, inclusive as contraídas à época em que os empregados trabalhavam para a empresa sucedida, são de responsabilidade do sucessor.*

Porém, o mesmo artigo 448-A, no seu parágrafo único, estabelece e esclarece que *"A empresa sucedida responderá solidariamente com a sucessora quando ficar comprovada fraude na transferência"*.

Ou seja, naqueles casos em que não ocorre efetiva transferência do empreendimento, mas tão somente a transferência "de fachada" (p.ex.: transferência só no papel, no contrato social, usando laranjas para figurarem como novos sócios da empresa, mas sem que os bens e patrimônio da empresa sejam transferidos), nesses casos, em que se verifica fraude na transferência da empresa, a responsabilidade pelo pagamento dos direitos dos empregados, atuais e antigos, é de ambas, sucedida e sucessora. Tanto uma, quanto a outra, respondem pelas dívidas.

Com efeito, o trabalhador poderá ajuizar a sua reclamação somente contra a sucessora, somente contra a sucedida ou contra as duas ao mesmo tempo, sendo que ambas, se condenadas, serão alvo da cobrança da Justiça ao mesmo tempo. Isso ocorre por conta da responsabilidade solidária mencionada no parágrafo único do art. 448-A da CLT, vigente desde 11/11/2017.

8.12 AÇÕES VISANDO A PENHORA DE BENS DO DEVEDOR – FERRAMENTAS QUE AUXILIAM NA IDENTIFICAÇÃO DO PATROMÔNIO DOS DEVEDORES E NA SUA APREENSÃO

O Ministro João Oreste Dalazen, quando Presidente do TST, em matéria publicada no site do COLEPRECOR, de 27.05.11, foi preciso ao afirmar que "(...) muitas sentenças da Justiça do Trabalho acabam se tornando meramente um 'parecer cultural', sem efeito concreto para o trabalhador".

De fato, em muitos casos postos ao julgamento dos juízes do trabalho, o direito material do laborista é reconhecido. Todavia, não há a correspondente integral entrega da prestação jurisdicional. Ou seja, embora total ou parcialmente vencedor no litígio, o trabalhador não recebe o seu crédito, haja vista que a Justiça não logra encontrar patrimônio do devedor suficiente à quitação da dívida. Acontece o popularmente conhecido "ganha, mas não leva".

Doravante, apresentarei ao leitor alguns meios e instrumentos que, sem dúvida, auxiliam na localização não só do devedor, como também do seu patrimônio suscetível de apreensão judicial e conversão em dinheiro, de modo a que ocorra o efetivo e substancial pleno acesso do trabalhador à jurisdição.

Considerando que a execução/cumprimento de sentença, desde o advento da Reforma Trabalhista, depende da iniciativa do credor/exequente, salvo no caso de estar ele se valendo do *jus postulandi*, é inegável a importância do conhecimento acerca de algumas ferramentas de incontestável eficiência para levar a execução a bom termo.

Para começar, anoto que o Tribunal Superior do Trabalho, no seu sítio na internet, mais especificamente na aba que dá acesso a informações de sua Corregedoria Geral, no *link* <http://www.tst.jus.br/web/corregedoria/pesquisa-patrimonial>, disponibilizou as seguintes informações acerca de pesquisa patrimonial:

PESQUISA PATRIMONIAL

A fim de localizar bens passíveis de penhora para o pagamento de dívidas, os juízes do trabalho contam com ferramentas eletrônicas de pesquisa patrimonial. Tais ferramentas utilizam informações oriundas de bases de dados de instituições públicas e privadas, que funcionam como fontes de informação de dados cadastrais ou oferecem cooperação técnica. A maior parte dessas ferramentas são oriundas de convênios celebrados com órgãos do Poder Judiciário, e constituem ferramentas fundamentais para garantia da efetividade da execução trabalhista.

Além do uso dessas ferramentas nas Varas do Trabalho, os juízes também as utilizam nos Núcleos de Pesquisa Patrimonial, criados pela Resolução 138, do Conselho Superior da Justiça do Trabalho. O ato determina que cada Tribunal Regional do Trabalho institua esses núcleos, com a finalidade de promover investigação sobre o patrimônio e a cadeia de responsabilidades nas execuções trabalhistas. Com o trabalho realizado nos núcleos, é possível o rastreamento de patrimônio dos devedores em processos trabalhistas e a identificação de operadores ocultos, utilizados para a ocultação patrimonial.

Os núcleos ainda elaboram estudos sobre técnicas de pesquisa, investigação e avaliação de dados e sobre mecanismos e procedimentos de prevenção, obstrução, detecção e de neutralização de fraudes à execução, produzindo relatórios dos resultados obtidos e gerando bases de dados com essas informações.

O uso das ferramentas eletrônicas de pesquisa patrimonial visa agilizar a solução de processos na fase de execução, que constituem um dos maiores gargalos na tramitação processual da Justiça do Trabalho. Não por outro motivo, a Consolidação dos Provimentos da Corregedoria-Geral da Justiça do Trabalho determina a sua utilização regular pelo magistrado, o que, ademais, deve ser verificado por ocasião da correição ordinária anual em cada Vara do Trabalho.

Nos links abaixo, as informações essenciais a respeito das funcionalidades de cada uma das ferramentas, com os respectivos documentos e atos normativos que as regulamentam.

BACENJUD/SISBAJUD

Regulamento Vigente: 2.0

O Sistema Bacen Jud 2.0 é o instrumento de comunicação entre o Poder Judiciário e as instituições participantes que permite o bloqueio de valores e a requisição de informações.

Com relação ao bloqueio de valores, são participantes do convênio as Instituições Financeiras, Cooperativas de Crédito, Bancos de Investimento, Distribuidoras e Corretoras de Títulos e Valores Mobiliários a as sociedades de crédito, financiamento e investimento.

O sistema permite a requisição de informações com relação a saldo bloqueável, extratos consolidados ou específicos e os três endereços mais recentes cadastrados no sistema.

Usuários:

Os usuários autorizados para o uso do sistema são os Magistrados e os servidores por ele cadastrados.

Acesso:

O acesso se dá através do link https://bacenjud2.bcb.gov.br/ por meio de Certificado Digital ou por *login* e senha fornecidos pelo administrador Máster do Tribunal Regional do Trabalho, através do *link* <https://www3.bcb.gov.br/bacenjud2/dologin>.

Ainda quanto ao Bacenjud, é importante mencionar o advento da Lei n° 13.869/19, publicada no DOU de 05.09.2019, e prevista para entrar em vigor após decorridos 120 (cento e vinte) dias de sua publicação oficial. Referida Lei define os crimes de abuso de autoridade, cometidos por agente público, servidor ou não, que, no exercício de suas funções ou a pretexto de exercê-las, abuse do poder que lhe tenha sido atribuído. Segundo o seu art. 36, configura crime:

> *Art. 36. Decretar, em processo judicial, a indisponibilidade de ativos financeiros em quantia que extrapole exacerbadamente o valor estimado para a satisfação da dívida da parte e, ante a demonstração, pela parte, da excessividade da medida, deixar de corrigi-la:*
>
> *Pena – detenção, de 1 (um) a 4 (quatro) anos, e multa.*

Tem-se notícia de juízes que têm indeferido pedidos de bloqueio Bacenjud, sob o argumento de que o citado artigo 36, da Lei de Abuso de Autoridade, é aberto no que se refere a expressões como "exacerbadamente" e "pela parte" na qual não esclarece se a lei se refere ao autor ou ao réu e "exorbitante". (https://www.conjur.com.br/2019-out-01/juiz-suspende-penhora-online-comarca-causa-lei-abuso). *Data venia,* não encontro razão ponderosa para o juiz deixar de promover bloqueios *on-line* de valores em contas de devedores via Bacenjud. Afinal, o só fato de haver a indisponibilidade de ativos financeiros em excesso não configura o ilícito acima referido. Para que haja o crime tipificado no citado art. 36 é necessário que (1) ocorra bloqueio *on-line* bem além do valor necessário à garantia da execução; (2) além desse gravame excessivo, o devedor tenha demonstrado nos autos o indevido excesso do bloqueio; (3) a despeito disso, o juiz mantenha o apresamento integral do numerário, sem liberar o que excedeu ao necessário à quitação da dívida e (4) deverá ficar evidenciado o dolo na conduta do juiz.

Quanto à necessidade de haver dolo na conduta do juiz, assim o afirmo baseado no que dispõe o § 1° do art. 1° da mencionada Lei n° 13.869/19, o qual assim estabelece:

> *Art. 1° Esta Lei define os crimes de abuso de autoridade, cometidos por agente público, servidor ou não, que, no exercício de suas funções ou a pretexto de exercê-las, abuse do poder que lhe tenha sido atribuído.*
>
> *§ 1° As condutas descritas nesta Lei constituem crime de abuso de autoridade* ***quando praticadas pelo agente com a finalidade específica de prejudicar outrem ou beneficiar a si mesmo ou a terceiro, ou, ainda, por mero capricho ou satisfação pessoal.***

Em agosto de 2020, todavia, em substituição ao Bacenjud, foi iniciado o funcionamento do Sistema de Busca de Ativos do Poder Judiciário (Sisbajud). Desenvolvido pelo Conselho Nacional de Justiça (CNJ), Procuradoria Geral da Fazenda Nacional (PGFN) e Banco Central, o novo sistema foi adotado visando oferecer maior efetividade que o já obsoleto Bacenjud.

Segundo o CNJ, o Sisbajud ampliará as ações de rastreamento de ativos para o pagamento de dívidas e dará mais rapidez nas respostas às ordens dos juízes às instituições financeiras, seja para solicitar informações financeiras dos devedores, seja para bloquear valores em conta.

Ainda segundo informado no site do CNJ, o principal objetivo do desenvolvimento do novo sistema foi a necessidade de renovação tecnológica da ferramenta, para permitir inclusão de novas e importantes funcionalidades, o que já não era possível com o Bacenjud, tendo em vista a natureza defasada das tecnologias nas quais foi originalmente escrito.

Além do envio eletrônico de ordens de bloqueio e requisições de informações básicas de cadastro e saldo, efetivados pelo Bacenjud, o novo sistema permitirá a requisição "de informações detalhadas sobre extratos em conta corrente no formato esperado pelo sistema SIMBA do Ministério Público Federal, e os juízes poderão emitir ordens solicitando das instituições financeiras informações dos devedores tais como: cópia dos contratos de abertura de conta corrente e de conta de investimento, fatura do cartão de crédito, contratos de câmbio, cópias de cheques, além de extratos do PIS e do FGTS. Podem ser bloqueados tanto valores em conta corrente, como ativos mobiliários como títulos de renda fixa e ações".

Com a arquitetura de sistema mais moderna, a expectativa é que o Sisbajud também permita a reiteração automática de ordens de bloqueio (conhecida como "teimosinha"), e a partir da emissão da ordem de penhora on-line de valores, o magistrado possa registrar a quantidade de vezes que a mesma ordem terá que ser reiterada no sistema até o efetivo e integral bloqueio do valor necessário à garantia da execução.

RENAJUD

Permite a consulta sobre a existência de veículos automotores cadastrados no Registro Nacional de Veículos Automotores em propriedade de pessoas jurídicas e naturais, bem como as informações dos veículos e de seus proprietários.

Além disso, o sistema possibilita a inserção e a retirada de restrições judiciais nos veículos, sendo que as restrições podem ser de transferência (impede a mudança de propriedade), licenciamento (impede a mudança de propriedade e novo licenciamento) e circulação (impede o registro da mudança da propriedade, um novo licenciamento e circulação).

Usuários:

Os usuários autorizados para o uso do sistema são os Magistrados e os servidores por ele cadastrados.

Acesso:

O acesso se dá através do *link* <https://renajud.denatran.serpro.gov.br/login.html>, por meio de Certificado Digital.

INFOJUD

O sistema tem por objetivo atender as solicitações feitas pelo Poder Judiciário à Receita Federal. Através dele é possível afastar o sigilo fiscal (declaração de imposto de renda de uma pessoa física ou jurídica), obter declaração de imposto territorial rural e informações cadastrais, bem como identificar os responsáveis fiscais das empresas. É possível ainda consultar a Declaração de Operações Imobiliárias (DOI).

Usuários:

Os usuários autorizados para o uso do sistema são os Magistrados e os servidores por ele cadastrados.

Acesso: O acesso se dá através do *link* <https://cav.receita.fazenda.gov.br/eCAC/publico/login.aspx>, por meio de Certificado Digital.

SIMBA

Acordo de Cooperação Técnica firmado entre o Conselho Superior da Justiça do Trabalho e o Ministério Público Federal para utilização do Sistema de Investigação de Movimentações Bancárias – SIMBA, que permite a movimentação de dados de forma segura pela rede mundial de computadores, entre instituições financeiras e órgãos públicos, mediante prévia determinação judicial de afastamento de sigilo bancário.

O SIMBA constitui ferramenta de afastamento de sigilo bancário para identificação de fraudes, especialmente as financeiras, estando atualmente regulamentado através da Carta Circular n.° 3.454/10 do Banco Central, e no âmbito do Judiciário, pela Instrução Normativa n.° 03/2010 do CNJ e Resolução n.° 140/2014 do CSJT.

A ferramenta não identifica patrimônio do devedor, mas sim aponta as movimentações financeiras realizadas e pode ser utilizada quando há prévios indícios de existência fraude ou ocultação de patrimônio através de operações bancárias irregulares.

Usuários:

Os usuários autorizados para o uso do sistema são os Magistrados.

Acesso:

O acesso se dá através estritamente por computadores ligados à rede da Justiça do Trabalho, através do *link* que segue, por meio de *login* e senha fornecidos pelo Gestor Regional do sistema, após requerimento do Magistrado:

<http://simba.tst.redejt/php/Simba.php>.

CCS

O Cadastro de Clientes do Sistema Financeiro Nacional (CCS) é um cadastro declaratório, no qual as instituições financeiras registram os relacionamentos com os seus clientes, porém não informando valores, movimentações financeiras ou saldos de contas e aplicações.

O cadastro contém as seguintes informações sobre o relacionamento dos clientes com as instituições do Sistema Financeiro Nacional:

- identificação do cliente e de seus representantes legais e procuradores;
- instituições financeiras nas quais o cliente mantém seus ativos e/ou investimentos;
- datas de início e, se houver, de fim de relacionamento.

Usuários:

Os usuários autorizados para o uso do sistema são os Magistrados.

Acesso:

O acesso se dá através de *login* e senha fornecidos pelo Usuário Master do Bacen Jud através do *link* <https://www3.bcb.gov.br/ccs/dologin>.

CNIB

A Central Nacional de Indisponibilidade de Bens é um sistema de alta indisponibilidade criado e regulamentado pelo Provimento N° 39/2014 da Corregedoria Nacional de Justiça e se destina a integrar todas as indisponibilidades de bens imóveis decretadas por Magistrados e por Autoridades Administrativas em território nacional.

Usuários:

Os usuários autorizados para o uso do sistema são os Magistrados e os servidores por ele cadastrados.

Acesso:

O acesso se dá por meio de Certificado Digital através do *link*:

<https://www.indisponibilidade.org.br/autenticacao/>.

CAGED

O Cadastro Geral de Empregados e Desempregados é utilizado como registro permanente de admissões e dispensa de empregados, sob o regime da Consolidação das Leis do Trabalho (CLT).

Permite a consulta de informações sobre admissões, desligamentos e transferência de empregados entre empresas.

É possível ainda verificar detalhes sobre as empresas e a vida funcional de seus empregados e ex-empregados, como por exemplo, cargo ocupado na empresa, data de admissão e desligamento, salário contratual, número da CTPS e PIS, além de outras informações pessoais.

Usuários:

Para ter acesso ao sistema, é necessário que o Tribunal Regional do Trabalho firme termo de compromisso com o Ministério da Economia (que incorporou as atividades do Ministério do Trabalho (art. 57, I da Medida Provisória 870/19) a fim de permitir o acesso *on-line* das informações pelos Magistrados e servidores das varas do trabalho.

Maiores informações: (61) 2031 6136 e cgcipe.sppe@mte.gov.br

Acesso:

O acesso ao sistema se dá através do *link*

<http://caged.mte.gov.br/caged no navegador internet explorer>.

CENSEC

A Central Notarial de Serviços Eletrônicos Compartilhados – CENSEC – é um sistema administrado pelo Colégio Notarial do Brasil – Conselho Federal – CNB-CF – cuja finalidade é gerenciar banco de dados com informações sobre existência de testamentos, procurações e escrituras públicas de qualquer natureza, inclusive separações, divórcios e inventários lavradas em todos os cartórios do Brasil.

Usuários:

Para ter acesso ao sistema, é necessário o requerimento via ofício remetido pelos Magistrados, solicitando o seu acesso e dos servidores da vara. Para tanto, deverá informar o nome dos usuários, CPF e e-mail funcional.

O ofício deverá ser endereçado à CENSEC – Colégio Notorial do Brasil Conselho Federal, na Rua Bela Cintra, 746, 12° andar, conjunto 121, São Paulo/SP, CEP: 01415-000.

Acesso:

Após a realização do cadastramento, a equipe da CENSEC confirmará o cadastro por e-mail e o acesso à área restrita será realizado via certificado digital, através do *link* <http://www.censec.org.br/>.

COAF

Ao Conselho de Controle de Atividades Financeiras compete receber, examinar e identificar as ocorrências suspeitas e comunicar às autoridades competentes quando concluir pela existência de crimes de lavagem de dinheiro, ocultação de bens, direitos e valores.

Ao COAF cabe coordenar e propor mecanismos de cooperação e de troca de informações que viabilizem ações rápidas e eficientes no combate à ocultação ou dissimulação de bens, direitos e valores.

Através do sistema, o Magistrado tem acesso ao Relatório de Inteligência Financeira (RIF) com as informações alimentadas pelos entes obrigados.

Usuários:

Os usuários autorizados para o uso do sistema são os Magistrados, que devem requerer o cadastramento através do link

https://www.servicos.gov.br/servico/cadastrar-se-no-sistema-eletronico-de-intercambio-do-coaf

Acesso:

O acesso ao sistema se dá por meio de *login* e senha, através do *link* <http://www.coaf.sei.fazenda.gov.br/web_pedidos/default.asp>.

INFOSEG

Trata-se de uma Rede de Integração Nacional de Informações de Segurança Pública e Justiça, organizada pelo Ministério da Justiça, que congrega informações de âmbito nacional, entre outras, de dados de indivíduos criminalmente identificados, de armas de fogo, de veículos, de condutores, de empresas nas bases da Receita Federal do Brasil.

Usuários:

Os usuários autorizados para o uso do sistema são os Magistrados e os servidores.

Acesso:

O acesso ao sistema se dá através do *link* <https://infoseg.sinesp.gov.br/>.

ANAC

O Sistema Integrado de Informações da Aviação Civil permite consultar a existência de aeronaves em propriedade de pessoas físicas e jurídicas.

Usuários:

Os usuários autorizados para o uso do sistema são os Magistrados e servidores, que devem requerer o cadastramento através do *link*:

<https://sistemas.anac.gov.br/SACI/SCA/Usuario/SolicitaCadastro.asp>.

Acesso:

O acesso ao sistema se dá por meio de *login* e senha, através do *link* <https://sistemas.anac.gov.br/saci/>.

SNCR

O Sistema Nacional de Cadastro Rural, vinculado às informações do INCRA, possibilita verificar a existência de propriedade rural em nome de pessoas físicas e jurídicas, bem como obter informações detalhadas sobre a propriedade, como por exemplo, área e atividades exploradas na propriedade.

Usuários:

Para ter acesso, é necessário que o Tribunal Regional do Trabalho firme termo de cooperação técnica com o INCRA a fim de permitir o acesso *on-line* das informações pelos Magistrados e servidores das varas do trabalho.

Maiores informações: cadastrof1@gna.incra.gov.br

Acesso:

O acesso ao sistema se dá através do *link* <https://sncr.serpro.gov.br/sncr-web/public/pages/security/login.jsf?windowId=9c2>.

SERASAJUD

A aplicação SerasaJud decorre de Termo de Cooperação Técnica, celebrado entre o Conselho Nacional de Justiça e a SERASA S.A., com o propósito de incentivar a utilização e aperfeiçoar o sistema de atendimento ao Poder Judiciário, bem como agilizar a tramitação dos ofícios entre os Tribunais e a Serasa Experian, mediante a transmissão eletrônica de dados via Internet, utilizando a segurança conferida pelos certificados digitais.

O sistema é utilizado para inserir restrições dos devedores trabalhistas no banco de dados da Serasa Experian.

Usuários:

Para liberar o acesso ao sistema, é necessário que O Tribunal Regional do Trabalho adira ao Termo de Cooperação Técnica 020/2014, celebrado entre o Conselho Nacional de Justiça e a Serasa S.A.

Ato contínuo, a Serasa Experian realizará um pré-cadastro de acordo com a relação completa de magistrados, servidores, e unidades, informados pelo Regional.

Acesso:

O acesso ao sistema se dá com certificado digital, através do *link* <http://www.cnj.jus.br/sistemas/serasajud>.

Além dessas ferramentas de auxílio na identificação, localização e apreensão de devedores e de seu patrimônio, todas elas de uso restrito dos juízes e de servidores públicos por eles autorizados, há outras, de uso aberto ao público, porém igualmente úteis ao mesmo propósito. Todavia, antes de apresenta-las, é importante lembrar que o CPC, subsidiário e supletivo ao normativo processual celetista, alberga normas as quais, aqui, merecem ser enfatizadas. Uma delas é o seu art. 797, *in verbis:*

> *Art. 797. Ressalvado o caso de insolvência do devedor, em que tem lugar o concurso universal,* ***realiza-se a execução no interesse do credor*** *que adquire, pela penhora, o direito de preferência sobre os bens penhorados.*
>
> *Art. 805. Quando por vários meios o exequente puder promover a execução, o juiz mandará que se faça pelo modo menos gravoso para o executado.*
>
> ***Parágrafo Único. Ao executado que alegar ser a medida executiva mais gravosa incumbe indicar outros meios mais eficazes e menos onerosos, sob pena de manutenção dos atos executivos já determinados.***

A propósito desses dispositivos de CPC, impende ressaltar o teor da Instrução Normativa nº 39/2016, do TST, a qual estabelece que o art. 805 do CPC é aplicável ao Processo do Trabalho. Ei-la, no que nos interessa:

> *Art. 3º Sem prejuízo de outros, aplicam-se ao Processo do Trabalho, em face de omissão e compatibilidade, os preceitos do Código de Processo Civil que regulam os seguintes temas:*
>
> *(...)*
>
> *XIV – art. 805 e parágrafo único (obrigação de o executado indicar outros meios mais eficazes e menos onerosos para promover a execução).*

FACEBOOK E INSTAGRAM

Prosseguindo na apresentação de ferramentas relevantes para a obtenção de sucesso na execução, destaco a suma importância do Facebook, do Instagram e das demais mídias e redes sociais.

Vivemos época de culto à própria personalidade, quando ostentar nas redes sociais é algo feito ostensiva e despudoradamente. Aqueles que figuram como devedores na Justiça do Trabalho e em outros ramos da Justiça, em que pese os esforços por eles empreendidos visando ocultar patrimônio, também foram picados pela mosca azul da autopromoção nas redes sociais. E, não raro, esquecem da blindagem que desejam ter, exibindo o seu patrimônio até então escamoteado.

Portanto, uma busca no Facebook, no Instagram e nas demais mídias sociais pode ser utilíssima providência. Quando menos espera, o credor (o seu advogado, principalmente) pode se deparar com o executado ao lado de um bem de elevado valor. Talvez encontre uma foto do devedor, ao lado de um carrão, de uma lancha, de um imóvel ou de outro bem, emoldurada com um "anúncio" do tipo "nada como curtir a vida!". Uma petição ao juiz, apresentando tal foto, pode muito bem ser a pista para a identificação de bens indevidamente registrados em nome de terceiros, todavia "curtidos" e aproveitados pelo executado, o qual uma pesquisa patrimonial mais aprofundada, feita pelo juiz, pode identificar como real proprietário.

A propósito, por mais de uma vez, na minha atividade jurisdicional, vali-me de foto colhida no Facebook para, a partir da placa do veículo no qual o devedor se escorara para ostentar, chegar ao proprietário de fachada do bem, o qual terminou por confessar ser o devedor o real proprietário.

QSA

Outra relevante ajuda na identificação de devedores e de seus patrimônios nos dá a Receita Federal do Brasil. Em certos casos, o sucesso da execução depende totalmente da identificação dos sócios e administradores da empresa devedora, não havendo, nos autos, o respectivo contrato social. O caminho para obtenção dessas informações passa por uma pesquisa feita à base de dados da RFB, como quem pretende a emissão de comprovante de inscrição e de situação cadastral da executada.

O *link* de acesso é o seguinte:

<https://www.receita.fazenda.gov.br/pessoajuridica/cnpj/cnpjreva/cnpjreva_solicitacao.asp>.

Por intermédio dessa pesquisa, é possível encontrar não só o documento CNPJ, com todas as informações relativas à empresa devedora, como também se pode consultar quais são os que compõe o seu quadro social, obtendo, inclusive, dados acerca do capital social da empresa (Consulta QSA/ Capital Social).

PORTAIS DA TRANSPARÊNCIA

Outra providência de eficácia indiscutível é a pesquisa nos portais de transparência dos governos federal, estaduais e municipais.

Acessando, com atenção e cuidado, esses portais, o credor, com alguma sorte, logrará encontrar empresas que mantém contrato com os citados governos e que têm créditos a receber. Esses créditos podem e devem ser apresados para garantir execuções em curso na Justiça do Trabalho – e nos demais ramos do Judiciário.

No caso do Estado do Maranhão, o *link* de acesso ao seu portal da transparência é <http://www.transparencia.ma.gov.br>, o qual leva a inúmeros outros portais como os da Assembleia Legislativa, Tribunal de Justiça do Estado, Tribunal de Contas, Defensoria Pública, Ministério Público e até mesmo ao portal da transparência do Município do São Luís. Isso seguramente também ocorre em relação aos portais da transparência dos outros estados da federação.

No portal do Governo do Maranhão e nos que ele enseja acesso é possível obter informações acerca de empresas que mantém contrato com os respectivos órgãos, além de acesso aos dados contratuais, tais como período de vigência do contrato, valores já repassados à contratada e valores a serem pagos.

Para consulta relativa ao Governo Federal, podem ser acessados os seguintes *links*:

<http://www.portaltransparencia.gov.br/entenda-a-gestao-publica/servidores-publicos> e <http://www.cgu.gov.br/assuntos/transparencia-publica/portal-da-transparencia>.

COMPROT

A existência de valores de tributos federais a serem restituídos a empresas executadas pode ser pesquisada por meio da ferramenta eletrônica COMPROT – COMUNICAÇÃO E PROTOCOLO.

A ferramenta está em funcionamento e pode ser acessada na página do Ministério da Fazenda, no seguinte endereço eletrônico:

<https:// comprot.fazenda.gov.br/comprotegov/site/index.html>.

A ferramenta permite a pesquisa de processos administrativos nos quais as empresas postulam restituição/compensação de tributos federais.

Sendo a pesquisa positiva, o credor deverá solicitar ao juiz que determine a expedição de ofício à Delegacia da Receita Federal do Brasil, na qual esteja em trâmite o processo administrativo, solicitando a reserva do crédito na hipótese de julgamento favorável à restituição/compensação do crédito tributário.

Por fim, devo ressaltar que as ferramentas disponibilizadas ao público em geral também podem ser utilizadas pelos juízes e servidores da Justiça. Contudo, nunca é demais lembrar que às partes cumpre o dever de reverência ao princípio da cooperação (ou da colaboração), insculpido no art. 6º do CPC, subsidiário ao processo do trabalho, o qual prescreve:

> *Art. 6º Todos os sujeitos do processo devem cooperar entre si para que se obtenha, em tempo razoável, decisão de mérito justa e efetiva.*

Sem contar que o credor deve ser o maior interessado em ver cumprido o comando sentencial que lhe foi favorável.

PROJETO GARIMPO: Tratamento Adequado dos Depósitos Judiciais em Processos Arquivados Definitivamente

Ao longo de anos, inúmeros reclamados, de forma descuidada, quitaram débitos oriundos de reclamações trabalhistas, esquecendo-se de que já tinham efetuado algum depósito judicial ou que haviam sofrido algum bloqueio ou penhora de valores no curso do processo. Valores esses que foram retidos e que retidos permaneceram, em contas judiciais, a despeito da quitação do débito. Esses reclamados pagaram as suas dívidas e se esqueceram de solicitar o resgate do que havia sido apreendido pela Justiça. Sem dúvida, faltou maior diligência da parte de quem as defendia.

Muitos também são os reclamantes que deixaram de proceder ao levantamento dos valores a eles liberados mediante alvará. O dinheiro desses trabalhadores permaneceu no banco, a despeito do alvará liberatório do numerário haver sido recebido pelo seu advogado. Isso costumava acontecer quando o alvará era expedido em nome do reclamante e ele desaparecera, perdera o contato com o seu advogado e este aguardava que, um dia, o cliente voltasse a lhe procurar, o que muitas vezes jamais acontecia. Para a Justiça, entregue o alvará ao advogado, o processo era baixado, como solucionado.

Alem desses processos, outros tantos, em menor quantidade, foram arquivados, embora havendo valores em conta judicial a serem destinados ou ainda não levantados por peritos, advogados e até mesmo à União.

Sem ignorar a parcela de responsabilidade da própria Justiça do Trabalho para esse resultado, o certo é que há, em bancos oficiais, centenas de milhões de reais vinculados a processos judiciais há anos arquivados e jamais levantados pelos titulares de tais créditos. Na maior parte, são valores esquecidos por empresas reclamadas.

Todavia, com a evolução tecnológica, a adoção do PJe - Processo Judicial Eletrônico e a conversão dos processos físicos em processos virtuais, foi possível detectar a existência desses valores vinculados a processos arquivados, de modo que, por determinação da Corregedoria Geral da Justiça do Trabalho, juízes trabalhistas e servidores de todos os regionais estão empenhados na identificação de valores vinculados aos vários processos jacentes em arquivo, assim como atuam na busca de entregar créditos aos reclamantes deles destinatários, bem como, em se tratando de valores pertencentes a reclamados, na sua utilização na quitação de outras reclamações porventura existentes em face desses reclamados, entregando o numerário a eles, caso inexistente processo pendente de quitação.

A propósito, o portal da Corregedoria Geral da Justiça do Trabalho informa que, por meio da assinatura do Ato Conjunto CSJT.GP.CGJT n.º 01/2019, publicado em 14 de fevereiro de 2019, foi regulamentado o tratamento adequado dos depósitos judiciais em processos arquivados definitivamente. Uma ferramenta tecnológica desenvolvida pelo TRT da 21ª Região, denominada Sistema Garimpo, foi cedida em cooperação, por meio de Convênio formalizado entre o Conselho Superior da Justiça do Trabalho e o TRT da 21ª Região, e implantada no âmbito dos demais Tribunais Regionais do Trabalho.

Ainda segundo a CGJT, o Sistema Garimpo tem como funcionalidade primária a capacidade de associar as contas judiciais aos processos, ativos ou arquivados, físicos e eletrônicos, a fim de viabilizar o monitoramento dos processos arquivados com saldo em conta judicial. Após ser constatada a existência de passivo nos autos, o sistema define um fluxo para liberação dos valores ao seu destinatário.

No último trimestre de 2019, foi promovido o treinamento de magistrados e servidores de todas as Cortes Regionais para as corretas instalação e operacionalização do Sistema Garimpo, sendo que, ao final do referido ano, todos os Tribunais Regionais do Trabalho já se encontravam aptos a usar a ferramenta em todas as suas funcionalidades.

Para que se tenha uma ideia da importância e eficiência do Sistema Garimpo, no início de fevereiro de 2020, com o sistema efetivamente em operação em 16 Tribunais Regionais e, ainda, sem alcance de todas as unidades jurisdicionais de primeiro grau na maioria deles, haviam sido localizados cerca de 2 bilhões de reais em depósitos judiciais ativos em processos arquivados definitivamente, dos quais aproximadamente 183 milhões já efetivamente distribuídos entre empregados, empregadores, peritos, advogados e a União.

Ainda segundo informação da Corregedoria Geral da Justiça do Trabalho, o aludido Ato Conjunto CSJT.GP.CGJT n.º 01/2019 "criou uma nova rotina para o arquivamento definitivo dos processos judiciais, buscando-se evitar a prática comum e reiterada consistente no arquivamento de processos com saldo em contas judiciais vinculadas a estes. A partir da edição do referido Ato Conjunto, vedou-se o arquivamento definitivo de processos judiciais com depósitos ativos. Porém, fez-se necessário dispor sobre o tratamento dos depósitos judiciais ativos em processos arquivados definitivamente até a edição do referido Ato Conjunto".

Foi, então, delegada, às Corregedoria Regionais, sob a supervisão de Comissão instituída pelo Corregedor-Geral da Justiça do Trabalho, a competência para tratamento dos processos arquivados com depósitos ativos, segundo as diretrizes instituídas no citado Ato Conjunto. Para tanto, adotou-se a ferramenta denominada Sistema Garimpo, desenvolvida pelo Tribunal Regional do Trabalho da 21ª Região.

Nos termos do Ato Conjunto, após a identificação de depósitos judiciais em processos arquivados definitivamente, deve-se verificar se os créditos pertencem ao exequente, ao executado, ao perito ou à União.

Estando o processo com os créditos totalmente satisfeitos e, consequentemente, pertencendo o saldo remanescente ao executado, a unidade judiciária deverá proceder à ampla pesquisa no Setor de Distribuição de Feitos, nos sistemas de gestão de processos judiciais anteriores ao PJe de cada Tribunal Regional do Trabalho e no sistema do Banco Nacional de Débitos Trabalhistas (BNDT), a fim de identificar processos que tramitem em face do mesmo devedor.

Uma vez identificados débitos em face do mesmo executado, o magistrado poderá remanejar os recursos para a quitação das dívidas.

Havendo saldo remanescente e não existindo débitos em face do devedor, este é intimado para levantamento do valor identificado.

Não localizado o devedor, abre-se conta poupança na Caixa Econômica Federal em seu nome, encaminhando-se a informação à Corregedoria Regional, que procederá à publicação de edital, no sítio do Tribunal Regional do Trabalho, com as informações pertinentes.

Transcorrido o prazo de 10 (dez) anos sem o levantamento do valor pelo executado, deve a unidade judiciária expedir alvará determinando a conversão em renda em favor da União, por meio do Documento de Arrecadação de Receitas Federais (DARF), sob o código 3981 - produtos de depósitos abandonados.

Sem dúvida, trata-se de ferramenta utilíssima e de grande potencial voltado à solução de processos com execuções até agora inférteis, mesmo as que foram enviadas ao arquivo provisório das diversas unidades judiciárias.

Também é inegável que reclamantes, reclamados e os respectivos advogados - e até mesmo advogados agora contratados para esse fim específico - poderão diligenciar na busca de saber a quem pertencem os créditos retidos nos processos identificados pelo Sistema Garimpo.

Contudo, penso que o Ato Conjunto CSJT.GP.CGJT n.º 01/2019 não foi feliz ao disciplinar que, havendo saldo remanescente e não existindo débitos em face do devedor, uma vez não sendo ele localizado, o saldo deveria ser depositado em conta poupança na Caixa Econômica Federal em seu nome, "*encaminhando-se a informação à Corregedoria Regional, que procederá à publicação de edital, no sítio do Tribunal Regional do Trabalho, com as informações pertinentes*". Creio que mais acertado teria sido estabelecer que, nessa situação, antes de providenciar o depósito do saldo em conta poupança titularizada pelo destinatário do valor, o juízo deveria buscar a identificação de contas do aludido beneficiário, corrente ou poupança, usando de ferramentas como CCS ou SISBAJUD, ordenando ao gerente da agência bancária onde a conta judicial foi aberta que proceda, para essa conta, à transferência do citado valor, devendo ele fazer a devida e oportuna comprovação da realização da mencionada operação bancária.

Aliás, esse procedimento se afigura eficiente não só para entrega de saldos pertencentes aos reclamados. Serve muito bem à entrega de créditos aos reclamantes. Há alguns anos, na Vara do Trabalho por mim titularizada, quando há crédito a ser liberado ao reclamante e nem ele, nem o seu patrono, são localizados ou se apresentam ao recebimento do alvará quando intimados, é esse procedimento adotado. É uma forma descomplicada e eficaz de solucionar a execução e baixar definitivamente o processo.

8.13 EXECUÇÃO – CUMPRIMENTO DE SENTENÇA – OUTRAS MEDIDAS EFICAZES À ENTREGA DA PRESTAÇÃO JURISDICIONAL

Creio ser importante destacar algumas outras condutas que contribuem para agilizar o procedimento de cumprimento de sentença, vista como tal, também, a sentença homologatória de acordo judicial e extrajudicial.

8.13.1 A remoção imediata do bem móvel penhorado

Sem dúvida, a remoção imediata do bem penhorado concorre para a resolução da execução. A uma, porque estimula o executado ao pagamento.

A duas, porque desestimula embargos protelatórios. Por fim, porque facilita aos licitantes, aqueles que se interessem pela arrematação.

Para adotar tal medida, o juiz deverá se escorar no art. 11, § 3°, da Lei n° 6.830/80, bem como na Lei n. 8.212/91, art. 98, § 10. Ressalto que o art. 889, da CLT, prevê que *"Aos trâmites e incidentes do processo da execução são aplicáveis, naquilo em que não contravierem ao presente Título, os preceitos que regem o processo dos executivos fiscais para a cobrança judicial da dívida ativa da Fazenda Pública Federal".*

> *Lei nº 6.830/80*
>
> *Art. 11. (...)*
>
> *§ 3º O Juiz ordenará a remoção do bem penhorado para depósito judicial, particular ou da Fazenda Pública exeqüente, sempre que esta o requerer, em qualquer fase do processo.*
>
> *Lei nº 8.212/91*
>
> *Art. 98. (...)*
>
> *§ 10. O leiloeiro oficial, a pedido do credor, poderá ficar como fiel depositário dos bens e realizar a respectiva remoção.*

8.13.2 Penhora no rosto dos autos de ações movidas pelo executado em outros ramos da jurisdição

A pesquisa de ações movidas pelo executado noutros ramos da Jurisdição pode levar à identificação de processos nos quais aquele que é devedor na Justiça do Trabalho seja credor em processo movido por ele nos demais ramos da Justiça. Identificado o crédito do devedor trabalhista em processo em curso em outro ramo do Judiciário, deve o credor trabalhista pleitear ao juiz que dirige o seu processo a penhora no rosto dos autos (da outra Justiça), sendo essa uma forma eficiente de se solucionar demandas nas quais não são localizados outros bens do devedor suscetíveis de penhora.

8.13.3 Adjudicação antecipada

A adjudicação é uma modalidade expropriatório mediante a qual o exequente adquire o bem penhorado em pagamento de parte ou de todo o seu crédito.

É uma modalidade muito simplificada de solução da execução, evitando, inclusive, que se façam despesas, agilizando, sem dúvida, o procedimento de cumprimento de sentença.

Pode ser adotada tanto se o crédito trabalhista inferior, igual ou superior à avaliação do bem penhorado, com fundamento no art. 876 do novo CPC:

> *Art. 876. É lícito ao exequente, oferecendo preço não inferior ao da avaliação, requerer que lhe sejam adjudicados os bens penhorados.*

Acrescento, ainda, que, em consonância à nova sistemática processual, de aplicação subsidiária no processo trabalhista, o juízo poderá deferir a adjudicação antes mesmo do leilão judicial. É que, segundo o regramento do CPC de 2015, a adjudicação, pelo credor, passou a ser o meio expropriatório preferencial (art. 825).

Se o valor do crédito for inferior ao dos bens penhorados, o requerente da adjudicação depositará de imediato a diferença, que ficará à disposição do executado. Se superior ao valor dos bens apresados, a execução prosseguirá pelo saldo remanescente (art. 876, § 4º, CPC).

Importante registrar que, não efetivada a adjudicação, o exequente poderá requerer a alienação por sua própria iniciativa ou por intermédio de corretor ou leiloeiro público credenciado perante o órgão judiciário (art. 880, CPC).

8.13.4 Penhora de bem de família suntuoso

A regra da impenhorabilidade do bem de família prevista na Lei nº 8.009/1990 pode ser flexibilizada quando se tratar de bem imóvel suntuoso, mediante a aplicação dos princípios da razoabilidade e da proporcionalidade.

Antecedentes de Tribunais Regionais:

> *BEM DE FAMÍLIA. Aplicação do princípio da proporcionalidade ou razoabilidade que pauta a interpretação e aplicação das normas em confronto, do qual emanam idéias de bom senso, justiça e moderação, a autorizar a manutenção da penhora de bem de família considerado suntuoso para garantia de dívida de natureza alimentar de pequeno valor. (TRT 4ª Região, AP 90225-1995-202-04-00-7, Ac. 2ª T., Rel. Desembargador João Pedro Silvestrin)*

> *BEM DE FAMÍLIA. IMPENHORABILIDADE RELATIVA. A impenhorabilidade assegurada pela Lei 8.009/90 não pode conduzir ao absurdo de se permitir que o devedor mantenha o direito de residir em imóvel suntuoso, de elevado valor, se com a alienação judicial desse bem resta numerário suficiente para a aquisição de outro que lhe proporcione digna e confortável moradia. (TRT 2ª. Região, Acórdão n. 20090624780, Processo n. 00164200004802004 AP, Rel. Desembargador Wilson Fernandes)*

8.13.5 Penhora de bem de família na execução de condenação decorrente de responsabilidade civil

Não é novidade para os operadores do direito que a regra é a impenhorabilidade do bem de família.

Portanto, a previsão do inciso III do art. 3º da Lei nº 8.009/1990 configura uma exceção à regra da impenhorabilidade do bem de família.

Essa exceção ganha importância em face da competência da Justiça do Trabalho para julgar as ações de indenização movidas contra o empregador em razão de acidente do trabalho/doença ocupacional. Afinal, tal dispositivo tem a seguinte redação (atenção para o trecho negritado):

> *Art. 3º A impenhorabilidade é oponível em qualquer processo de execução civil, fiscal, previdenciária, trabalhista ou de outra natureza,* ***salvo se movido:***
>
> *(...)*
>
> *III – pelo credor da pensão alimentícia.*

Acerca do tema, vale conferir a jurisprudência do Superior Tribunal de Justiça:

> *EMENTA: DIREITO PROCESSUAL CIVIL. BEM DE FAMÍLIA. OBRIGAÇÃO ALIMENTAR DECORRENTE DE ATO ILÍCITO. EXCEÇÃO À IMPENHORABILIDADE. 1. A impenhorabilidade do bem de família prevista no art. 3º, III, da Lei nº 8.009/90 não pode ser oposta ao credor de pensão alimentícia decorrente de indenização por ato ilícito. Precedentes. 2. Embargos de Divergência rejeitados. (STJ. EREsp nº 679.456/SP. Embargos de Divergência em Recurso Especial 2008/0008124-7. Min. Sidnei Beneti. 2ª Seção. j. 08.06.2011. DJe 16.06.2011).*

8.13.6 Penhora de salários, de proventos de aposentadoria e de caderneta de poupança no CPC de 2015

A tema ainda é polêmico, havendo muitos operadores do direito resistentes à interpretação aqui tratada. Refiro-me ao avanço empreendido com o advento do CPC de 2015, em relação à possibilidade de penhora de salário do devedor, como forma de tutela do crédito identificado como prestação alimentícia, independentemente de sua origem.

Vejamos o teor do art. 833 do atual CPC, no que nos interessa (atenção especial aos trechos em negrito):

Art. 833. São impenhoráveis:

(...)

IV – os vencimentos, os subsídios, os soldos, os salários, as remunerações, os proventos de aposentadoria, pensões, pecúlios e os montepios, bem como as quantias recebidas por liberalidade de terceiro e destinadas ao sustento do devedor e sua família, os ganhos de trabalhador autônomo e os honorários de profissional liberal, ***ressalvado o § 2º;***

(...)

X – a quantia depositada em caderneta de poupança, até o limite de 40 (quarenta) salários mínimos;

(...)

§ 2º O disposto nos incisos IV e X do caput ***não se aplica à hipótese de penhora para pagamento de prestação alimentícia, independentemente de sua origem,*** *bem como às importâncias excedentes a 50 (cinquenta) salários mínimos mensais, devendo a constrição observar o disposto no art. 528, § 8º e no art. 529, § 3º.*

O jurista Daniel Amorim Assumpção Neves é taxativo ao lecionar o seguinte:

Registre-se que por expressa previsão legal, essa exceção à impenhorabilidade não depende da origem do direito de alimentos, ***aplicando-se àqueles derivados da relação familiar, de casamento ou união estável, verbas trabalhistas lato sensu e decorrentes de ato ilícito.*** (*Novo Código de Processo Civil comentado artigo por artigo*. Salvador: Juspodivm, 2016. p. 1.316)

Wolney de Macedo Cordeiro, por sua vez, advoga:

A partir da vigência do NCPC, ***podemos considerar plenamente possível a penhora da remuneração do devedor, com a finalidade de garantir crédito tipicamente trabalhista*** *e, portanto, dotado de caráter alimentar." ("Causas de impenhorabilidade perante a execução trabalhista e o novo Código de Processo Civil.* (In: *Novo CPC e o Processo do Trabalho*. José Affonso Dallegrave Neto e Rodrigo Fortunato Goulart (coordenadores). São Paulo: LTr, 2016. p. 298)

Destaque-se que a Instrução Normativa nº 39/2016, do colendo TST, consagra que o art. 833 do CPC é aplicável ao Processo do Trabalho, *in verbis:*

Art. 3º Sem prejuízo de outros, aplicam-se ao Processo do Trabalho, em face de omissão e compatibilidade, os preceitos do Código de Processo Civil que regulam os seguintes temas:

(...)

XV – art. 833, incisos e parágrafos (bens impenhoráveis).

Também é sobremodo relevante consignar que o TST atualizou a redação da Orientação Jurisprudencial 153, da SDI-II, compatibilizando-a à previsão do art. 833, § 2°, do CPC de 2015. Embora os debates no Tribunal tenham sido acirrados, ocorreu mudança na redação do citado verbete. Muito sutil, é verdade. Alguns sequer dela se aperceberam, até porque apenas foi acrescentado ao título do verbete a expressão "atualizada em decorrência do CPC de 2015", a qual ficou, inclusive, entre parênteses.

Vejamos a atual redação da OJ 153 da SDI-II do TST:

> *MANDADO DE SEGURANÇA. EXECUÇÃO. ORDEM DE PENHORA SOBRE VALORES EXISTENTES EM CONTA SALÁRIO. ART. 649, IV, DO CPC DE 1973. ILEGALIDADE.* ***(atualizada em decorrência do CPC de 2015)*** *– Res. 220/2017, DEJT divulgado em 21, 22 e 25.09.2017*
>
> *Ofende direito líquido e certo decisão que determina o bloqueio de numerário existente em conta salário, para satisfação de crédito trabalhista, ainda que seja limitado a determinado percentual dos valores recebidos ou a valor revertido para fundo de aplicação ou poupança, visto que o art. 649, IV, do CPC de 1973 contém norma imperativa que não admite interpretação ampliativa, sendo a exceção prevista no art. 649, § 2°, do CPC de 1973 espécie e não gênero de crédito de natureza alimentícia, não englobando o crédito trabalhista."* ***(negritei o ponto relevante)***

Destarte, é correto afirmar que a nova redação da OJ 153, da SDI-II, do TST, consagrou duas diretrizes hermenêuticas:

a) Durante a vigência do CPC de 1973, não se podia penhorar salários, proventos de aposentadoria e valor em caderneta de poupança para pagamento de crédito trabalhista;

b) A partir da vigência do CPC de 2015, tornou-se possível a penhorabilidade de salários, proventos de aposentadoria e valor em caderneta de poupança para pagamento de crédito trabalhista.

Por conseguinte, pode-se afirmar que:

a) a OJ 153 da SDI-II do TST aplica-se quando a penhora foi realizada na vigência do CPC de 1973;

b) a OJ 153 da SDI-II do TST não se aplica quando a penhora foi realizada na vigência do CPC de 2015.

Em reforço do que estou a apregoar, convém colacionar julgados da mais alta corte trabalhista do país:

> *EMENTA: RECURSO ORDINÁRIO EM MANDADO DE SEGURANÇA. ATO COATOR PROFERIDO NA VIGÊNCIA DO CPC DE 2015. DETERMINAÇÃO DE PENHORA SOBRE PERCENTUAL DA APOSENTADORIA. LEGALIDADE. AUSÊNCIA DE OFENSA A DIREITO LÍQUIDO E CERTO DOS IMPETRANTES. ART. 833, § 2º, DO CPC DE 2015. NÃO APLICAÇÃO DA ORIENTAÇÃO JURISPRUDENCIAL 153 DA SBDI-2. 1 – Não se constata ofensa a direito líquido e certo dos impetrantes em decorrência da determinação judicial, proferida na vigência do CPC de 2015, de bloqueio e penhora de percentual sobre proventos de aposentadoria, tendo em vista o disposto no art. 833, § 2º, do CPC de 2015. 2 – Inaplicabilidade da Orientação Jurisprudencial 153 da SBDI-2, porque a diretriz ali definida incide apenas nas hipóteses de penhoras efetuadas quando em vigor o CPC de 1973. Recurso ordinário conhecido e não provido. (RO – 20605-38.2017.5.04.0000, Relatora Ministra: Delaídes Miranda Arantes, Data de Julgamento: 17/10/2017, Subseção II Especializada em Dissídios Individuais, Data de Publicação: DEJT 20/10/2017)*
>
> *EMENTA: RECURSO ORDINÁRIO EM MANDADO DE SEGURANÇA. PENHORA DE 20% DO SALÁRIO. ATO IMPUGNADO PRATICADO NA VIGÊNCIA DO CPC/15. ORIENTAÇÃO JURISPRUDENCIAL Nº 153 DA SBDI-2 INAPLICÁVEL. ABUSIVIDADE NÃO DEMONSTRADA. PREVISÃO LEGAL. ARTIGOS 529, § 3º, E 833, § 2º, DO CPC/15.*
>
> *(...) Diante da inovação legislativa trazida com o CPC/15, e com o fim de evitar aparente antinomia, o Tribunal Pleno, por meio da Resolução 220, de 18/9/2017, alterou a redação da Orientação Jurisprudencial nº 153 da SBDI-2, de modo a adequá-la, limitando sua aplicação aos atos praticados na vigência do CPC/73, o que não é o caso dos autos, haja vista que o ato inquinado de coator se deu na vigência no CPC/15. (...). (Processo: RO – 1153-49.2016.5.05.0000 Data de Julgamento: 20/03/2018, Relator Ministro: Alexandre de Souza Agra Belmonte, Subseção II Especializada em Dissídios Individuais, Data de Publicação: DEJT 23/03/2018)*
>
> *EMENTA: RECURSO ORDINÁRIO EM MANDADO DE SEGURANÇA. PENHORA. INCIDENTE SOBRE PERCENTUAL DO SUBSÍDIO RECEBIDO MENSALMENTE PELO IMPETRANTE. DETERMINAÇÃO EXARADA NA VIGÊNCIA DO CPC DE 2015. ARTIGO 833, IV E § 2º, DO CPC DE 2015. OJ 153 DA SBDI-2 DO TST. LEGALIDADE.*
>
> *(...) De se notar que foi essa a compreensão do Tribunal Pleno desta Corte ao alterar, em setembro de 2017, a redação da OJ 153 da SBDI-2, visando a adequar a diretriz ao CPC de 2015, mas sem interferir nos fatos ainda regulados pela legislação revogada. À luz dessas considerações, é de se concluir que a impenhorabilidade prevista no inciso IV do artigo 833 do CPC de 2015 não pode ser oposta na execução para satisfação do crédito*

> *trabalhista típico, (...)." (Processo: RO – 340-38.2016.5.08.0000. Data de Julgamento: 20/03/2018, Relator Ministro: Douglas Alencar Rodrigues, Subseção II Especializada em Dissídios Individuais, Data de Publicação: DEJT 23/03/2018)*

8.13.7 Medidas indutivas, coercitivas e mandamentais atípicas – retenção de passaporte, de CNH, de cartões de crédito e outras privações

O art. 139, IV, do CPC de 2015 estabelece o seguinte:

> *Art. 139. O juiz dirigirá o processo conforme as disposições deste Código, incumbindo-lhe:*
>
> *(...)*
>
> *IV – determinar todas as medidas indutivas, coercitivas, mandamentais ou sub-rogatórias necessárias para assegurar o cumprimento de ordem judicial, inclusive nas ações que tenham por objeto prestação pecuniária.*

Trata-se de inovação que, se bem utilizada, mostra-se grande eficácia para a resolução da execução. Porém, haverá de ser utilizada com ponderação.

O advento desse permissivo legal levou alguns patronos de credores, tanto na Justiça do Trabalho, quanto nos demais ramos do Judiciário, a formular pedidos no sentido de que fossem os executados privados de Carteira Nacional de Habilitação, passaporte, cartões de crédito, além do bloqueio de seus serviços de telefonia/internet fixa e/ou móvel. Tais pleitos me fizeram lembrar da figura vetusta da *manus iniectio*, que vigorou no Direito Romano até o século III d.C.

Ela se caracterizava, basicamente, por seu elevado rigor em face do executado, traduzindo-se em verdadeira vingança privada, apenas fiscalizada pelo pretor. Nessa época, a execução visava à própria pessoa do executado, vencido na ação. *"A execução se fazia através da manus injectio, que se traduzia no seguinte: o vencedor da demanda, depois de 30 dias do julgado, sem que o vencido cumprisse a obrigação imposta na sentença, conduzia este último, à força, à presença do juízo e, perante testemunhas, lançava-lhe a mão o julgador, manus injectio, gesto que autorizava o credor a encarcerá-lo, transportando-o algemado. Feito isto, devia o credor apregoá-lo em três feiras, a intervalos de nove dias, declarando o valor da condenação para que alguém por ele saudasse o débito. Se não aparecesse alguém para ajudá-lo no cumprimento da obrigação, o credor tinha direito de vendê-lo fora da cidade – trans tiberium – podendo até matá-lo" (O Processo de Execução – Cristiano Júlio Silva Xavier – http://www.egov.ufsc.br/portal/sites/default/files/anexos/5193-5185-1-PB.htm).*

Pois bem, o art. 139, IV, do Código de Processo Civil autoriza que magistrado imponha medidas coercitivas atípicas para assegurar o cumprimento da ordem de pagamento e é certo que a sanção deve ser capaz de pressionar o devedor a cumprir a obrigação. Todavia, o alcance dessa providência é limitado pelos direitos e garantias assegurados na Constituição Federal e no CPC, sob pena de representar verdadeira sanção de ordem pessoal. Nunca é demais lembrar:

> *CPC/Art. 8º Ao aplicar o ordenamento jurídico, o juiz atenderá aos fins sociais e às exigências do bem comum, resguardando e promovendo a dignidade da pessoa humana e observando a proporcionalidade, a razoabilidade, a legalidade, a publicidade e a eficiência.*

É dizer: o credor não pode tentar se valer, de forma ilimitada, de todas as medidas para a satisfação do seu crédito, sendo defeso, portanto, a aplicação de sanções que possam restringir determinados direitos, a exemplo do passaporte, o qual, caso suspenso ou apreendido, implicaria, de certa forma, em limitação ao direito de ir e vir da pessoa natural (art. 5º, XV, da CF), afrontando a sua dignidade.

Ou seja, o poder geral de cautela do julgador não pode ser utilizado como mecanismo para satisfazer, a qualquer custo, os anseios do credor.

Ressalto, ainda, que o bloqueio de cartões de crédito, extrapolando os limites da razoabilidade e proporcionalidade (art. 8º do CPC/2015), traria sérias dificuldades ao devedor em manter a subsistência própria e de seus familiares. O Poder Judiciário jamais poderia satisfazer o interesse do autor em detrimento da sobrevivência do réu.

Lado outro, o provimento pretendido fere os princípios da utilidade e da natureza real (ou da patrimonialidade) da execução, já que a suspensão da CNH não é útil à satisfação da dívida e recai sobre direito pessoal do sócio da empresa e não sobre o seu patrimônio.

Destarte, não vejo com bons olhos o bloqueio de cartões de crédito e de serviços de telefonia/internet fixa e/ou móvel utilizados pelo executado, de suspensão da carteira nacional de habilitação e de apreensão de passaportes, porque tais medidas, além de não satisfazerem o débito, também violam o princípio da menor onerosidade da execução (art. 805 do CPC/15).

8.13.8 A reforma trabalhista e a execução de honorários de sucumbência

Antes da Reforma Trabalhista, vigorava a Súmula nº 219, do c.TST, a qual tem a seguinte redação:

> *Súmula nº 219 do TST*
>
> *HONORÁRIOS ADVOCATÍCIOS. CABIMENTO (alterada a redação do item I e acrescidos os itens IV a VI em decorrência do CPC de 2015) – Res. 204/2016, DEJT divulgado em 17, 18 e 21.03.2016.*
>
> *I – Na Justiça do Trabalho, a condenação ao pagamento de honorários advocatícios não decorre pura e simplesmente da sucumbência, devendo a parte, concomitantemente: a) estar assistida por sindicato da categoria profissional; b) comprovar a percepção de salário inferior ao dobro do salário mínimo ou encontrar-se em situação econômica que não lhe permita demandar sem prejuízo do próprio sustento ou da respectiva família (art. 14, § 1º, da Lei nº 5.584/1970). (ex-OJ nº 305da SBDI-I).*
>
> *II – É cabível a condenação ao pagamento de honorários advocatícios em ação rescisória no processo trabalhista.*
>
> *III – São devidos os honorários advocatícios nas causas em que o ente sindical figure como substituto processual e nas lides que não derivem da relação de emprego.*
>
> *IV – Na ação rescisória e nas lides que não derivem de relação de emprego, a responsabilidade pelo pagamento dos honorários advocatícios da sucumbência submete-se à disciplina do Código de Processo Civil (arts. 85, 86, 87 e 90).*
>
> *V – Em caso de assistência judiciária sindical ou de substituição processual sindical, excetuados os processos em que a Fazenda Pública for parte, os honorários advocatícios são devidos entre o mínimo de dez e o máximo de vinte por cento sobre o valor da condenação, do proveito econômico obtido ou, não sendo possível mensurá-lo, sobre o valor atualizado da causa (CPC de 2015, art. 85, § 2º).*
>
> *VI – Nas causas em que a Fazenda Pública for parte, aplicar-se-ão os percentuais específicos de honorários advocatícios contemplados no Código de Processo Civil.*

A Lei da Reforma Trabalhista (Lei nº 13.467/17) inovou, trazendo a previsão de pagamento de honorários advocatícios sucumbenciais. Vejamos o regramento atual:

CLT/Art. 791-A. Ao advogado, ainda que atue em causa própria, serão devidos honorários de sucumbência, fixados entre o mínimo de 5% (cinco por cento) e o máximo de 15% (quinze por cento) sobre o valor que resultar da liquidação da sentença, do proveito econômico obtido ou, não sendo possível mensurá-lo, sobre o valor atualizado da causa.

§ 1º Os honorários são devidos também nas ações contra a Fazenda Pública e nas ações em que a parte estiver assistida ou substituída pelo sindicato de sua categoria.

§ 2º Ao fixar os honorários, o juízo observará:

I – o grau de zelo do profissional;

II – o lugar de prestação do serviço;

III – a natureza e a importância da causa;

IV – o trabalho realizado pelo advogado e o tempo exigido para o seu serviço.

§ 3º Na hipótese de procedência parcial, o juízo arbitrará honorários de sucumbência recíproca, vedada a compensação entre os honorários.

(...)

§ 5º São devidos honorários de sucumbência na reconvenção.

O tema honorários de sucumbência no processo do trabalho vem suscitando discussões no âmbito dos tribunais. Como mencionado alhures neste manual, tramita no STF a Ação Direta de Inconstitucionalidade nº 5.766 – Distrito Federal tratando do tema aqui enfocado. Nessa ação, a PGR questiona artigos da Lei 13.467/2017, quais sejam, os que preveem que quem perder litígios deverá arcar com o pagamento de custas processuais e honorários advocatícios e periciais de sucumbência. Dois ministros já apresentaram os seus votos.

O Ministro Luís Roberto Barroso, relator, aduzindo que essa era "uma das questões mais interessantes e complexas que a Suprema Corte tem discutido" desde que ele chegara lá, asseverou: "Ninguém aqui está do lado dos mais ricos ou do lado da injustiça. Todo mundo aqui está querendo produzir a solução que seja capaz de melhor distribuir a Justiça e de trazer melhores resultados para a sociedade e para o país".

Afirmando que era excessiva a litigiosidade no âmbito laboral, noticiou que, em 2015, a JT finalizara o exercício com 5 milhões de processos em tramitação, sendo que 4 milhões foram ajuizados naquele ano. Também alegou que que o sistema de litígios trabalhista em funcionamento naquele ano dava todo incentivo para demandar, e nenhum ônus para conter o demandismo. "Criar algum tipo de ônus, modesto como seja, para desincentivar a litigiosidade fútil, me parece uma providência legítima para o legislador", disse o ministro.

Também asseverou que *"a reforma trabalhista enfrenta um problema que é um excesso de judicialização por parte dos empregados". "Temos um sistema cuja estrutura dava excessivos incentivos à litigância. As pessoas na vida, como regra, fazem escolhas racionais e se movem por incentivos e riscos. A mesma lógica se aplica aos litígios judiciais"*. E arrematou: *"Boa parte das regras aqui introduzidas se volta mesmo é contra o comportamento de maus advogados, e contra um estilo de litigância de má-fé que infelizmente não é incomum".*

O ministro julgou procedente em parte a ADIn para fazer interpretação conforme a CF dos dispositivos impugnados, assentando como teses de julgamento:

1. *O direito à gratuidade de Justiça pode ser regulado de forma a desincentivar a litigância abusiva, inclusive por meio da cobrança de custas e honorários a seus beneficiários;*
2. *A cobrança de honorários sucumbenciais poderá incidir i) sobre verbas não alimentares, a exemplos de indenizações por danos morais, em sua integralidade; ii) sobre o percentual de até 30% do valor que exceder ao teto do regime geral de previdência social quando pertinentes a verbas remuneratórias;*
3. *É legítima a cobrança de custas judiciais em razão da ausência do reclamante à audiência mediante sua previa intimação pessoal para que tenha a oportunidade de justificar o não comparecimento.*

Já o Ministro Luiz Edson Fachin, ao contrário de Barroso, considerou os dispositivos impugnados integral e completamente inconstitucionais. *"É preciso restabelecer a integralidade do acesso à Justiça, conforme prevê a Constituição Federal. É muito provável que esses cidadãos não reúnam as condições mínimas necessárias para reivindicar seus direitos perante a Justiça do Trabalho com as mudanças introduzidas"*, argumentou.

De acordo com ele, em mudanças legislativas de restrição de direitos fundamentais o risco é evidente e real, porque não se está atacando esses direitos em si apenas, mas todo um sistema jurídico-constitucional.

O ministro citou ainda o decano da corte, Celso de Mello, para quem restrições indevidas a garantias institucionais podem converter liberdades e direitos em proclamações inúteis e promessas vãs. *"A proteção constitucional de acesso à Justiça também encontra guarida na jurisprudência desta corte"*, afirmou ao dar exemplos de outros julgamentos. E mais:

> *Entendo que há integral e completa inconstitucionalidade. (...) Não se pode deixar de ressaltar que a gratuidade da Justiça apresenta-se como um pressuposto para o exercício do direito fundamental ao acesso à própria Justiça.*

Além de citar precedentes e o que está previsto na CF, Fachin destacou que o direito do acesso à Justiça está protegido em normas internacionais, nomeadamente o art. 8° da Convenção Interamericana de Direitos Humanos, o Pacto de São José da Costa Rica, segundo o qual toda pessoa tem direito de ser "ouvida" pela Justiça. *"A desigualdade social gerada pelas dificuldades de acesso isonômico à educação, mercado de trabalho, à saúde, dentre outros direitos que têm cunho econômico, social e cultural, impõe seja reforçado o âmbito de proteção do direito, que garante outros direitos, e garante também a isonomia", ressaltou.*

O ministro entende que a restrição no âmbito trabalhista como fez a nova lei "*pode conter em si a aniquilação do único caminho que dispõe esses cidadãos para verem garantidos seus direitos sociais trabalhistas*". *"A defesa em juízo de direitos fundamentais que não foram espontaneamente cumpridos ao longo da vigência dos respectivos contratos de trabalho em muitas situações depende da dispensa inicial e definitiva das custas do processo e despesas daí recorrentes, sob pena de não ser viável a defesa dos interesses legítimos dos trabalhadores."*

Para o citado jurista, a reforma, ao atualizar o modelo de gratuidade da justiça laboral, impôs condições restritivas ao exercício desse direito. *"O risco de violação em cascata é iminente e real."* Ou seja, embora o dispositivo tenha como interesse assegurar maior responsabilidade e compromisso com a litigância, verifica-se a imposição de barreiras que podem tornar inacessíveis os meios de reivindicação de direitos, entendeu o ministro.

O ministro votou no sentido de que o STF julgasse integralmente procedente a ADIn.

Enquanto o STF não soluciona, definitivamente, a referida ADIn, a legislação processual comum e a jurisprudência do STJ servirão como norte para aqueles que perfilham o entendimento do Ministro Barros, daí porque transcrevo, a seguir, essas referências:

> *SUBSIDIARIEDADE DO CPC.*
>
> *Art. 86. Se cada litigante for, em parte, vencedor e vencido, serão proporcionalmente distribuídas entre eles as despesas.*

Parágrafo único. Se um litigante sucumbir em parte mínima do pedido, o outro responderá, por inteiro, pelas despesas e pelos honorários.

SÚMULA nº. 326 do STJ:

Na ação de indenização por dano moral, a condenação em montante inferior ao postulado na inicial não implica sucumbência recíproca.

Verifica-se polêmica também no tocante à novel previsão legal acerca do modo como o trabalhador reclamante pagará os honorários de sucumbência. Vejamos o texto legal:

CLT

Art. 791-A. (...)

§ 4º Vencido o beneficiário da justiça gratuita, desde que não tenha obtido em juízo, ainda que em outro processo, créditos capazes de suportar a despesa, as obrigações decorrentes de sua sucumbência ficarão sob condição suspensiva de exigibilidade e somente poderão ser executadas se, nos dois anos subsequentes ao trânsito em julgado da decisão que as certificou, o credor demonstrar que deixou de existir a situação de insuficiência de recursos que justificou a concessão de gratuidade, extinguindo-se, passado esse prazo, tais obrigações do beneficiário.

É difícil entender como, em sede trabalhista, o beneficiário da justiça gratuita, sucumbente, possa ser condenado a pagar honorários advocatícios de sucumbência, quando, no âmbito do processo civil, onde não vige o princípio tutelar, existe dispositivo isentando o hipossuficiente tanto de pagar honorários de advogado, quanto honorários periciais. Vejamos o CPC:

CPC/2015

Art. 98. (...)

§ 1º A gratuidade da justiça compreende:

(...)

VI – os honorários do advogado e do perito e a remuneração do intérprete ou do tradutor nomeado para apresentação de versão em português de documento redigido em língua estrangeira;

(...)

Não bastasse isso, o art. 791-A, § 4º, da CLT, inserido pela Reforma, prevê que, uma vez obtendo em juízo, ainda que em outro processo, créditos capazes de suportar a despesa, o sucumbente beneficiário da justiça gratuita, arcará com os honorários devidos ao advogado da parte contrária.

Ora, raras são as ações na JT nas quais o trabalhador não postula verba salarial. E salário, como já aventado neste manual, ainda tem muitos que resistem à sua penhorabilidade. Cabe indagar: no que difere, substancialmente, a penhora de salário da retenção de crédito salarial assegurado numa sentença trabalhista, no mesmo ou em outro processo, para pagar honorários de sucumbência (§ 4°, do art. 791-a, da CLT)?

Não me parece que exista diferença alguma. Isso vem gerando acirradas discussões no âmbito trabalhista, inclusive na jurisprudência. Até porque a penhora de salário, malgrado a citada alteração da Orientação Jurisprudencial n° 153 da SBDI-2, do TST, ainda é matéria polêmica.

8.13.9 Execução individual da decisão genérica proferida nos autos da ação coletiva

Nada obsta que a execução das sentenças genéricas, proferidas em ação de caráter coletivo, seja realizada por meio de ação executiva individual, sem vinculação àquela e sem prevenção do juízo prolator da decisão. É o que se colhe da jurisprudência mais avisada, *in verbis*:

> *EXECUÇÃO INDIVIDUAL DE AÇÃO COLETIVA PRINCIPAL – INEXISTÊNCIA DE PREVENÇÃO DO JUÍZO DA AÇÃO COLETIVA – A ação executiva, originada de sentença condenatória proferida em julgamento de ação coletiva, pode ser processada e julgada sem vinculação ou prevenção da ação principal (art. 98, § 2°, I do CDC – Lei 8.078/1990). Entretanto, se o exequente opta pelo foro da condenação, não se pode determinar a distribuição aleatória, pois se encontra vinculado à Vara que proferiu a condenação. (TRT da 3ª Região – Sétima Turma – 0010635-77.2018.5.03.0009 (AP) – 27.05.2019)*

Ou seja, ao interpretar os preceitos legais dos artigos 97 e 98 do CDC, o TST se posicionou no sentido de que, no procedimento de execução de sentença prolatada em ação coletiva, há autorização para a iniciativa individual do interessado, pelo que os créditos reconhecidos como devidos na ação coletiva poderão ser individualizados e apurados por meio de liquidação de sentença, em ação de execução autônoma individual, proposta pelo empregado substituído, ou nos próprios autos da ação coletiva mediante iniciativa do sindicato autor, por se tratar de legitimação concorrente e não subsidiária, na forma da dicção da regra prevista nos mencionados preceitos do CDC, dispositivos com aplicação ao processo do trabalho, porquanto consentâneos com os seus princípios informadores. Eis aresto emblemático:

> *"RECURSO DE REVISTA. PROCESSO EM FASE DE EXECUÇÃO DE SENTENÇA. LEGITIMIDADE ATIVA. EXECUÇÃO INDIVIDUAL. SENTENÇA PROFERIDA EM AÇÃO COLETIVA. I. O Tribunal Regional considerou que a Reclamante não possui legitimidade para ajuizar a ação individual de execução da sentença coletiva. II. O art. 97 do CDC (Lei nº 8.078/90) dispõe que "a liquidação e a execução de sentença poderão ser promovidas pela vítima e seus sucessores, assim como pelos legitimados de que trata o art. 82". Ao interpretar o referido preceito legal, esta Corte Superior já se posicionou no sentido de que, no procedimento de execução de sentença prolatada em ação coletiva, há autorização para a iniciativa individual do interessado. Precedente. III. Assim, ao entender que a Reclamante não possui legitimidade para ajuizar a ação individual de execução da sentença coletiva, a Corte Regional impediu o acesso da Recorrente ao Poder Judiciário, garantido pelo art. 5º, XXXV, da CF/88. IV. Recurso de revista de que se conhece, por violação do art. 5º, XXXV, da CF/88, e a que se dá provimento". (Processo: RR – 1057-44.2012.5.15.0049 Data de Julgamento: 17/05/2017, Relatora Desembargadora Convocada: Cilene Ferreira Amaro Santos, 4ª Turma, Data de Publicação: DEJT 19/05/2017).*

Com efeito, de regra a liquidação/execução nos autos da ação coletiva tendem a gerar uma considerável demora na definição do *quantum debeatur*. Aliás, dificulta sobremaneira o exercício do direito à ampla defesa e ao contraditório. Sem falar que poderá abrir espaço para inúmeros incidentes na execução, embaraçando a administração adequada e célere da jurisdição, assim eternizando o conflito, o que, sem dúvida, vulnera a garantia fundamental da razoável duração do processo (art. 5°, inc. LXXVIII, da CRFB/88) e a própria exigência constitucional de pacificação dos conflitos.

Ou seja, se liquidações e execuções envolvendo um único empregado não raro demoram consideravelmente porque passíveis de inúmeros incidentes processuais, não carece maior esforço para reconhecer a dificuldade que é levar a cabo uma liquidação/execução envolvendo inúmeros trabalhadores, muitas vezes centenas deles. É imenso e evidente o potencial de isso ensejar dificuldades ao calculista da VT, às partes e, mais ainda, ao juiz que preside o feito. Sem contar que leva ao sacrifício da defesa da demandada. Poder-se-ía até dizer que até para os substituídos é um péssimo negócio, manterem-se atrelados uns aos outros, de modo que o incidente que atinja a um ou alguns deles venha a atrapalhar o curso da execução no tocante a todos os demais.

É importante anotar que, nesse tipo de ação em que se visa execução de sentença de natureza coletiva, de regra se impõe aferir o perfeito enquadramento do autor no provimento-tipo, ou seja, na situação tipo estabelecida na decisão exequenda, bom como a apuração do valor devido (*quantum debeatur*) ao empregado alcançado pela referida decisão, o que há de ser feito através de simples procedimento de liquidação por artigos (procedimento comum, na dicção do CPC de 2015).

A propósito do tema, devo ressaltar que o Exmo. Sr. Ministro Lelio Bentes Corrêa, à época Corregedor-Geral da Justiça do Trabalho (18/02/2020), respondendo à consulta de número 1000171-51.2019.5.00.0000, formulada pelo então Juiz Auxiliar da Presidência do Tribunal Superior do Trabalho, acerca das diretrizes para padronização do PJe em relação à execução individual de ações coletivas, assim despachou:

> *1) Qual a classe processual que deve ser utilizada para execução individual de ações coletivas?*
>
> *R: Classe 156 – Cumprimento de Sentença, vinculada obrigatoriamente ao processo referência (ação coletiva).*
>
> *2) Essa classe deve gerar prevenção do juízo responsável pelo trâmite da ação principal?*
>
> *R: Não há prevenção. Embora haja vinculação.*
>
> *3) É possível distribuir esse tipo de ação em órgão julgador diverso do qual tramita a ação principal ou o Sistema deve vetar essa possibilidade? Por exemplo: Ação Coletiva tramitando na 1ª Vara do Trabalho de Brasília pode ter a ação de execução individual distribuída para um órgão julgador do Rio de Janeiro? Em quais hipóteses isso será admitido?*
>
> *R: A execução individual de sentença coletiva pode ser distribuída para qualquer uma das varas na localidade onde tramitou a ação coletiva ou no domicílio do exequente, à sua escolha.*
>
> *4) A distribuição de classes incidentais, tais como cumprimento de sentença, execução provisória, tutelas, etc. deve ser computada para fins de distribuição? Em caso positivo, deve ter o mesmo peso das ações principais? Esclareço nesse ponto que todas as ações distribuídas no PJe atualmente possuem o mesmo peso, sejam elas principais ou incidentais.*
>
> *R: A execução individual de sentença coletiva, mediante a classe incidental "cumprimento de sentença" deve ser computada para fins de distribuição, com o mesmo peso das ações principais (atualmente sendo peso 2.0, conforme informado pelo Comitê Gestor Nacional do PJe).*

Aliás, no tocante à inexistência de prevenção, enaltecida pelo Exmo. Ministro Corregedor, considero importante colacionar trecho importante da argumentação jurídica utilizada para embasar a sua resposta:

"O art. 877 da CLT dispõe que é competente para a execução o juízo que tiver julgado originariamente a ação principal. Ocorre que a referida regra não

se mostra adequada às ações coletivas. Ante a ausência de previsão na CLT, aplica-se às ações coletivas o Código de Defesa do Consumidor e a Lei de Ação Civil.

Tanto o CDC (art. 101, I), quanto a LACP (art.21), preveem a possibilidade de execução no domicílio do autor. Justifica tal previsão a consideração de que, nessa fase, os parâmetros da condenação já estão definidos na sentença, cabendo ao judiciário apenas a análise das questões particulares e individuais relacionadas aos direitos subjetivos de cada um dos exequentes.

Num tal contexto, impõe-se priorizar o acesso à justiça também na execução, cabendo ao autor escolher onde ajuizará a execução: se no juízo onde se processou a ação coletiva ou no de seu domicílio.

Nesse sentido as decisões proferidas pela SBDI-II do TST, em sede de Conflito de Competência (os grifos foram acrescidos):

> *CONFLITO NEGATIVO DE COMPETÊNCIA. EXECUÇÃO INDIVIDUAL DE SENTENÇA COLETIVA. PROVIMENTO CONDENATÓRIO PROFERIDO EM SÃO PAULO/SP E EXECUÇÃO PROCESSADA EM BARRETOS/SP. APLICAÇÃO DAS NORMAS QUE COMPÕEM O SISTEMA PROCESSUAL COLETIVO. OPÇÃO DO TRABALHADOR POR JUÍZO DE SUA CONVENIÊNCIA, ONDE DOMICILIADO. Com inspiração no ideal protetivo que fundamenta o direito material do trabalho, os critérios legais que definem a competência territorial dos órgãos da Justiça do Trabalho objetivam facilitar ao trabalhador, reputado hipossuficiente pela ordem jurídica, o amplo acesso à justiça (CF, artigo 5º, XXXV). Enquanto garantia fundamental da cidadania, deduzida na Carta Magna em forma de princípio, o amplo acesso à Justiça representa horizonte axiológico e parâmetro hermenêutico que deve orientar o julgador na definição da norma jurídica do caso concreto. Se a lei confere ao trabalhador a possibilidade de optar pelo juízo que lhe for conveniente para a execução da sentença coletiva, deve ser respeitada a escolha do exequente, em consonância com as normas de regência (artigo 98, § 2º, I, do CDC c/c artigo 516, parágrafo único, do CPC de 2015), desde que dentro dos parâmetros legais e sem prejuízo para a parte executada. Conflito de competência admitido para declarar a competência do MM. Juízo da Vara do Trabalho de Barretos/SP, suscitante. (CC 9604-96.2019.5.00.0000, Relator(a): Min. Douglas Alencar Rodrigues, julgado em 04/02/2020, publicado em 07/02/2020).*

Vale ressaltar que, já que a escolha do local onde se processará a execução individual caberá ao exequente, não há falar em prevenção, mesmo quando o autor ajuizá-la na mesma localidade em que se processou a ação de conhecimento.

Assim, ainda que o exequente opte por ajuizar a execução individual na mesma localidade onde se processou a ação coletiva, o processo deverá ser livremente distribuído entre as varas existentes na localidade.

Nesse sentido vem se posicionando o STF:

> *4. A sentença proferida em ação coletiva torna certa a obrigação em relação a cada um dos substituídos, estando pacificado na jurisprudência pátria o entendimento de que a execução deverá ser ajuizada individualmente ou em pequenos grupos, e que o Juízo competente será determinado por livre distribuição, sob pena da Vara em que foi proferida a sentença de procedência ficar sobrecarregada com o volume da execução em detrimento dos demais jurisdicionados.*
>
> *5. Não se configura litispendência quando o beneficiário de ação coletiva busca executar individualmente a sentença da ação principal, mesmo já havendo execução pelo ente sindical que encabeçara a ação. Precedentes STJ".*

Por fim, registro o destaque feito pelo eminente Ministro Corregedor chamando a atenção para o fato de que a execução individual de ações coletivas não se confunde com uma execução comum, *in verbis*:

> *"Consequentemente, como a distribuição é livre na classe "cumprimento de sentença", conclui-se que a execução individual de ação coletiva deve ter o mesmo peso das ações principais para fins de distribuição. Com efeito, apesar de se tratar de execução de título judicial, cada ação individual demandará produção de provas e análise individualizada da situação fática, inclusive com relação à legitimidade ativa do exequente – sendo razoável, portanto, que lhe seja atribuído o mesmo peso adotado para fins de distribuição das demais ações. Nesse sentido (os grifos foram acrescidos):*
>
> *A ação objetivando a satisfação do direito reconhecido na sentença condenatória genérica, proferida em ação coletiva, **não é uma ação de execução comum, possuindo elevada carga cognitiva, pois nela se promove, além da individualização e liquidação do valor devido, também juízo sobre a titularidade do exequente em relação ao direito material**. Desse modo, em que pese a atuação do sindicato na ação coletiva ter sido em defesa da categoria, na execução autônoma da sentença, devem ser apresentados todos os documentos necessários para comprovar que os servidores e/ou pensionistas indicados na petição inicial ostentam a qualidade de substituídos abrangidos pelo título proferido no processo coletivo, além daqueles indispensáveis a qualquer execução individual de sentença coletiva. (RE 1057670, Relator(a): Min. ROBERTO BARROSO, julgado em 01/08/2017, publicado em PROCESSO ELETRÔNICO DJe-175 DIVULG 08/08/2017 PUBLIC 09/08/2017)".*

8.13.10 ACERCA DA POSSIBILIDADE DE PARCELAMENTO DA DÍVIDA – ART. 916 DO CPC

No âmbito do processo do trabalho, poderia o reclamado devedor pleitear o parcelamento do seu débito, arrimado no art. 916, do CPC?

O Código de Processo Civil de 2015, evidenciando a preocupação e o interesse do legislador em incentivar o pagamento espontâneo do débito cobrado em execução de título extrajudicial, estabeleceu, no seu art. 916, a possibilidade de o devedor efetuar o pagamento de forma parcelada, desde que atendidos alguns requisitos. Segundo o prestigiado Fredie Didier Júnior, no seu *Curso de Direito Processual Civil*: Execução. 7. ed. Salvador: Juspodivm, o legislador teria conferido uma espécie de favor legal ao executado, estimulando-o ao cumprimento espontâneo da obrigação. Eis a literalidade do aludido dispositivo:

> *Art. 916. No prazo para embargos, reconhecendo o crédito do exequente e comprovando o depósito de trinta por cento do valor em execução, acrescido de custas e de honorários de advogado, o executado poderá requerer que lhe seja permitido pagar o restante em até 6 (seis) parcelas mensais, acrescidas de correção monetária e de juros de um por cento ao mês.*
>
> *§ 1º O exequente será intimado para manifestar-se sobre o preenchimento dos pressupostos do caput , e o juiz decidirá o requerimento em 5 (cinco) dias.*
>
> *§ 2º Enquanto não apreciado o requerimento, o executado terá de depositar as parcelas vincendas, facultado ao exequente seu levantamento.*
>
> *§ 3º Deferida a proposta, o exequente levantará a quantia depositada, e serão suspensos os atos executivos.*
>
> *§ 4º Indeferida a proposta, seguir-se-ão os atos executivos, mantido o depósito, que será convertido em penhora.*
>
> *§ 5º O não pagamento de qualquer das prestações acarretará cumulativamente:*
>
> *I – o vencimento das prestações subsequentes e o prosseguimento do processo, com o imediato reinício dos atos executivos;*
>
> *II – a imposição ao executado de multa de dez por cento sobre o valor das prestações não pagas.*
>
> *§ 6º A opção pelo parcelamento de que trata este artigo importa renúncia ao direito de opor embargos*
>
> ***§ 7º O disposto neste artigo não se aplica ao cumprimento da sentença.***

Se tomado ao pé da letra, o parcelamento do débito, previsto no art. 916, do CPC, não seria aplicável no âmbito do processo do trabalho quando em curso execução **de título judicial**, como ocorre, por exemplo, nos casos de execução baseada em sentença, em acórdão ou em sentença homologatória de acordo judicial. É o que sobressai da literalidade do §7º acima transcrito e destacado.

> A propósito, é importante chamar a atenção do leitor para o fato de que o CPC de 2015 passou a distinguir a execução conforme o título que lhe dá ensejo. Usa a nomenclatura execução quando se trata de título extrajudicial. E se utiliza de cumprimento de sentença quando se cuida de execução de título judicial.

Com efeito, no seu Título II, o CPC trata do **cumprimento da sentença**, ou seja, da execução de títulos judiciais, entre os quais se inserem as sentenças e acórdãos que reconheçam a exigibilidade de obrigação de pagar quantia, de fazer, de não fazer ou de entregar coisa; as sentenças homologatórias de acordos extrajudiciais (decisão homologatória de autocomposição extrajudicial de qualquer natureza – art. 515, III) e as sentenças homologatórias de acordos havidos em meio a um litígio (decisão homologatória de autocomposição judicial - art. 515, II).

Já no seu Livro II, o CPC de 2015 disciplina o chamado **processo de execução**, enfatizando, no seu art. 771, que "*Este Livro regula o procedimento da execução fundada em título extrajudicial, e suas disposições aplicam-se, também, no que couber, aos procedimentos especiais de execução, aos atos executivos realizados no procedimento de cumprimento de sentença*", deixando clara a distinção de nomenclaturas e de procedimentos aqui mencionada.

Pois bem, não é difícil encontrar julgados apontando alguma resistência à aplicação do referido art. 916, do CPC, nos casos de execução arrimada em título judicial. Contudo, a interpretação meramente literal nem sempre é a mais avisada. As interpretações sistemática e teleológica devem ser prestigiadas. É dizer: o art. 916, § 7°, do CPC/2015, não pode ser interpretado de maneira isolada, ignorando-se comandos normativos da grandeza daqueles que consagram os princípios da cooperação e da razoável duração do processo, de modo a impedir que o litígio tenha um fim mais rápido e atinja o seu objetivo principal, que é a pacificação do conflito, com a efetiva entrega da prestação jurisdicional.

Desrtarte, há que se mitigar o formalismo da interpretação gramatical em favor da solução definitiva da lide. Ou seja, deve ser estimulada a aplicação do art. 916 do CPC no âmbito trabalhista, inclusive nas execuções de título judicial, haja vista a omissão da CLT no tocante e a compatibilidade com as normas e princípios do Direito Processual do Trabalho.

Por outro lado, é força reconhecer que há certa controvérsia quanto à (im)prescindibilidade da concordância do credor para o deferimento do parcelamento previsto em lei. A propósito, vejamos julgados em sentidos opostos:

> *AGRAVO DE PETIÇÃO. PARCELAMENTO DO PAGAMENTO DO VALOR EXECUTADO. Nos casos de título executivo decorrente de sentença proferida em reclamação trabalhista, o parcelamento do débito depende de expressa concordância do exequente. (TRT da 3.ª Região; PJe: 0011578-37.2015.5.03.0062 (AP); Disponibilização: 08/02/2017; Órgão Julgador: Segunda Turma; Relator: Lucas Vanucci Lins)*

> *AGRAVO DE PETIÇÃO DA EXECUTADA. PARCELAMENTO DA DÍVIDA. ARTIGO 916 DO CPC/2015. A atual jurisprudência deste Colegiado é no sentido da prescindibilidade de anuência do credor, e plena aplicação do instituto em execução fundada em título executivo judicial. Recurso provido para deferir o pagamento parcelado da dívida, nos termos do artigo 916 do CPC/2015. (TRT da 4ª Região - Órgão Julgador: Seção Especializada em Execução - Acórdão - Processo 0020007-63.2017.5.04.0007 (AP) - Data: 04/09/2020*

Com todas as vênias aos que pensam diferente, sigo o norte esboçado no último julgado acima transcrito. Entendo que a concordância do exequente não é requisito indispensável para o deferimento do pedido de parcelamento da dívida, não havendo qualquer disposição legal que aponte para tal interpretação, especialmente por não existir qualquer prejuízo para o credor.

É fato que o art. 916 do CPC, no seu § 1°, determina que "*O exequente será intimado para manifestar-se sobre o preenchimento dos pressupostos do caput, e o juiz decidirá o requerimento em 5 (cinco) dias*". É inegável que o aludido codex, nesse e em muitos outros de seus dispositivos, prestigiou sobremodo os princípios constitucionais do contraditório e da ampla defesa, inclusive estabelecendo que os juízes não deveriam proferir decisão contra uma das partes sem antes a ela oportunizar manifestação (arts. 9° e 10). Contudo, não se pode confundir garantia do contraditório com obrigatoriedade de acatamento judicial ao que interessa a qualquer das partes.

Portanto, impõe-se ao juiz intimar o credor, para que se manifeste acerca do pedido de parcelamento protocolado pelo devedor. E ao credor, se pretende ver indeferido o pedido de parcelamento, caberá comprovar, no prazo assinalado, que o devedor não atendeu aos requisitos previstos no citado art. 916, ou seja: que o devedor formulou pedido quando já decorrido o prazo a ele reservado para embargar a execução; que não consta nos autos comprovação do depósito de trinta por cento do valor em execução, acrescido de custas e de honorários de advogado.

Quanto ao reconhecimento do crédito exequendo, previsto também como requisito para o deferimento do parcelamento, entendo que o simples fato de o devedor formular o seu pedido invocando o art. 916 do CPC já atende a esse requisito, embora nada obste e seja recomendável que ele assim o reconheça taxativamente.

Importante destacar que, a depender do tempo decorrido entre o protocolo do pedido de parcelamento pelo devedor e a data em que o reclamante/credor é intimado a sobre ele se pronunciar, um ou mais meses já pode(m) ter se passado. Nesse caso, se pretende ver rejeitado o pedido de parcelamento pelo juiz, caberá ao credor verificar se o devedor depositou as parcelas até então vencidas, haja vista do disposto no § 2°, do art. 916, do CPC, acusando eventual inadimplemento.

Portanto, sem estar advogando a indiscriminada aplicação do art. 916 do CPC, entendo que não se impõe ao juiz acatar a manifestação do credor contra o parcelamento do débito se ele não aponta e comprova o desatendimento aos requisitos elencados no art. 916 do CPC. Penso que: (a) embora deva intimar o credor a se manifestar acerca do pedido de parcelamento do débito, o juiz não está obrigado a acatar a sua manifestação contrária a essa forma de quitação; (b) o credor deverá apontar e comprovar o desatendimento aos requisitos elencados no art. 916 do CPC e/ou as desvantagens que terá em sendo o parcelamento acatado e (c) em se revelando desarrazoada ou sendo meramente caprichosa a irresignação do credor, não deverá ser acolhida pelo juiz, o qual haverá de deferir o pleito do devedor. A propósito, é oportuno transcrever recente e elucidativa jurisprudência do e. TRT da 4ª Região:

> *EMENTA: MONPAR CONSTRUCOES. AGRAVO DE PETIÇÃO DO EXEQUENTE. PARCELAMENTO DA DÍVIDA NOS TERMOS DO ART. 916 DO CPC. PREVALÊNCIA DA JURISPRUDÊNCIA DESTA SEÇÃO ESPECILIZADA EM EXECUÇÃO. DISCORDÂNCIA DO EXEQUENTE IRRELEVANTE. Nos termos da OJ nº 43 desta Seção Especializada, o procedimento previsto no art. 916 do CPC é compatível com o Processo do Trabalho, ainda que estabeleça uma faculdade ao Magistrado de conceder ou não o parcelamento da dívida e não garantia ao executado.* ***Esta Seção Especializada firmou o entendimento de que a discordância da parte exequente não é óbice para que seja deferido o parcelamento na forma do art. 916 do CPC, desde que sejam atendidos os requisitos previstos no dispositivo legal.*** *Caso em que o executado depositou o equivalente a 30% da dívida total quando apresentado o pedido, bem como vem depositando mensalmente as demais parcelas, a despeito da discordância do exequente. Agravo de petição a que se nega provimento. (Órgão Julgador: Seção Especializada em Execução - Acórdão - Processo 0001405-06.2013.5.04.0511 (AP) Redator: JANNEY CAMARGO BINA - Data: 04/05/2020) – negritei.*

Quanto à inaplicabilidade do parcelamento do débito em casos de cumprimento de sentença, preconizada no art. 916, §7°, do CPC, entendo, como já anunciado alhures, que tal dispositivo deve ser interpretado em conformidade com os princípios da economia processual e da razoável duração do processo, este com sede constitucional. Portanto, a sua aplicação na execução de título judicial só deverá ser afastada quando prejudicar a entrega da prestação jurisdicional. Não por acaso o TST, considerando o percentual considerável de execuções ineficazes, editou a Instrução Normativa 39/2016, a qual consagra ser compatível com o processo do trabalho a aplicação do art. 916, do CPC. Em abono do que estou a sustentar, trago mais um julgado do TRT4:

> *EMENTA AGRAVO DE PETIÇÃO DA EXEQUENTE. PARCELAMENTO DA DÍVIDA. DEFERIMENTO. ARTIGO 916 DO CPC. A Orientação Jurisprudencial n. 43 desta SEEx firma o entendimento deste Colegiado no sentido de que o procedimento previsto no art. 916 do CPC/2015, que trata do parcelamento da dívida, é compatível com o processo do trabalho. Muito embora se tenha assente que o parcelamento do débito não é uma garantia da parte executada, mas uma faculdade do Juiz, o procedimento segue alinhado ao princípio de que a execução, quando puder ser promovida por vários meios, será feita pelo modo menos gravoso para o executado (art. 805 do CPC/2015). Embora o §7º do art. 916 do CPC/2015 estabeleça que o procedimento não se aplicaria ao cumprimento de sentença, cabe salientar que a atual e reiterada jurisprudência deste Colegiado é no sentido de que é possível o pagamento parcelado do débito também na fase de cumprimento de sentença/execução de título judicial. Provimento negado. (Órgão Julgador: Seção Especializada em Execução - Acórdão - Processo 0020206-97.2019.5.04.0821 (AP) - Redator: ANA ROSA PEREIRA ZAGO SAGRILO - ata: 06/07/2020)*

Aliás, é importante alertar para outro detalhe significativo: quando o reclamante concorda em abrir mão do seu direito de exigir a prática de atos executivos visando receber, de uma só vez, o valor integral da dívida, aproveita-se, em contrapartida, do fato de o devedor abdicar da apresentação de embaraços à execução e, por conseguinte, da interposição de eventual recurso contra a sentença de embargos, o que é sobremodo vantajoso para o credor, já que isso viabiliza um mais rápido e satisfatório desfecho para a execução.

Com efeito, admitido o parcelamento, o credor recebe, de logo, 30% do valor do seu crédito, sendo que o saldo restante haverá de ser pago em seis meses, acrescido de juros de mora e correção monetária. Ora, não são poucas as execuções que se arrastam, por longo tempo, sem que o reclamante sequer tenha o juízo garantido. Portanto, ao credor que se vê diante de um pedido de parcelamento de dívida arrimado no art. 916 do CPC, antes de verberar baseado em dogmas nada pragmáticos, cumpre ser objetivo. Ou seja, deve o reclamante credor – e o seu advogado - ponderar se ele teria a garantia de que, recusando o parcelamento do débito, a execução seria definitivamente solucionada em prazo igual ou menor. Isso é o que deve importar.

Portanto, o credor e o seu patrono ainda devem ponderar se o devedor tem dinheiro bastante ao pagamento da dívida. Se não tem dinheiro, teria outros bens passíveis de garantir a execução? Caso tenha esses bens, o credor estaria disposto a adjudicá-los? Se não, saberia dizer quanto tempo levaria para que fosse realizado o leilão dos aludidos bens? E se não aparecer interessado na arrematação? Saberia o credor dizer qual é o percentual de êxito dos leilões na sua região? Isso sem contar que o devedor, em tendo o parcelamento negado, não estaria privado de questionar essa decisão nas demais instâncias. Sem falar na possibilidade de embargos à arrematação, com caminho aberto para novos recursos.

É claro que o leitor, em buscando resposta para essas indagações, já está convicto de que seis meses não é tanto tempo assim. Vale dizer, o credor do exemplo aqui usado, em sendo indeferido o parcelamento da dívida, muito dificilmente receberia o seu crédito em seis meses, prazo previsto para o pagamento parcelado.

Aliás, o leitor deve ser alertado para o que está posto no art. 895, do CPC, subsidiariamente aplicável ao processo do trabalho:

> *Art. 895. O interessado em adquirir o bem penhorado em prestações poderá apresentar, por escrito:*
>
> *I - até o início do primeiro leilão, proposta de aquisição do bem por valor não inferior ao da avaliação;*
>
> *II - até o início do segundo leilão, proposta de aquisição do bem por valor que não seja considerado vil.*
>
> *§ 1º A proposta conterá, em qualquer hipótese, oferta de pagamento de pelo menos vinte e cinco por cento do valor do lance à vista* ***e o restante parcelado em até 30 (trinta) meses****, garantido por caução idônea, quando se tratar de móveis, e por hipoteca do próprio bem, quando se tratar de imóveis.*
>
> *§ 2º As propostas para aquisição em prestações indicarão o prazo, a modalidade, o indexador de correção monetária e as condições de pagamento do saldo.*

Como se vê, caso o reclamante credor tenha sorte e apareça quem queira arrematar os bens penhorados, o CPC lhe permite parcelar o pagamento do valor da arrematação. Não me parece ser uma estratégia inteligente recusar o parcelamento do art. 916, do CPC, optando por correr o risco de, lá mais adiante, após atravessar o embaraçável curso da execução, receber a integralidade do crédito ao fim de 30(trinta) meses.

De resto, não ignoro o escólio de Manoel Antônio Teixeira (Execução no Processo do Trabalho, Ltr, 12ª Edição, p. 91), segundo o qual o credor se encontra "em estado de preeminência", ao passo que o do devedor é "de sujeição ao comando do preceito sancionatório, que se irradia do título exeqüendo". Não desconheço que, como enaltecido pelo citado mestre, "na execução, não há mais um equilíbrio jurídico entre as partes, em face da referida preeminência legal do credor, em cujo interesse se realizam os atos executivos (CPC, art. 797)". E também sou ciente de que há juristas sustentando que seria desprezo à aludida preeminência do interesse do credor, em exagerado prestígio ao princípio da menor gravosidade ao devedor, autorizar o parcelamento da dívida a quem notoriamente detém patrimônio apto a garantir a execução. Contudo, para além da mera retórica, importa saber é se, preferindo o apresamento de bens do devedor dotado de notório patrimônio, o credor terá a garantia e a certeza de que receberá o seu crédito em menos de seis meses. Lamentavelmente, o que vemos com frequência são executados que, a despeito de terem patrimônio apresado por determinação judicial, usam de inúmeros recursos, retardando ao máximo a entrega do crédito reconhecido em favor do trabalhador. Aliás, o próprio TST, em matérias divulgadas no seu site no correr dos anos, vem destacando que "A execução é avaliada como um dos grandes gargalos da Justiça do Trabalho".

Portanto, por razões que se afiguram óbvias e prestigiando o princípio da razoável duração do processo, emanado do art. 5°, inciso LXXVIII, da Constituição Federal, bem como atento à recomendação do art. 6°, do CPC, segundo a qual "*todos os sujeitos do processo devem cooperar entre si para que se obtenha, em tempo razoável, decisão de mérito justa e efetiva*", penso que, uma vez atendidos os requisitos aqui destacados, mormente quando comprovado o depósito de trinta por cento do valor do débito em execução, mostra-se sensato e atua acertadamente o credor que acata a proposta de parcelamento.

Capítulo IX

O PROCESSO DO TRABALHO – FASE COGNITIVA – GUIA SINTÉTICO

Ainda no escopo de auxiliar o leitor, apresento, a seguir, uma exposição sintetizada do que foi tratado nesse livro, com alguns acréscimos igualmente relevantes, tudo de modo a ensejar uma destacada atuação profissional.

A Justiça do Trabalho integra o Poder Judiciário da União e tem sua estrutura federalizada.

A Justiça do Trabalho está estruturada em três graus de jurisdição.

CF/ Art. 111. São órgãos da Justiça do Trabalho:

- I – o Tribunal Superior do Trabalho;
- II – os Tribunais Regionais do Trabalho;
- III – Juízes do Trabalho.

São 24 (vinte e quatro) Tribunais Regionais, que estão distribuídos pelo território nacional.

Ressalte-se que o estado de São Paulo abriga dois Tribunais Regionais do Trabalho: o da 2ª Região, sediado na capital do estado. E o da 15ª Região, com sede em Campinas.

COMPOSIÇÃO E FUNCIONAMENTO DO TST

- CF – Art. 111-A. O Tribunal Superior do Trabalho compor-se-á de vinte e sete Ministros, escolhidos dentre brasileiros com mais de 35 anos e menos de 65 anos, de notável saber jurídico e reputação ilibada, nomeados pelo Presidente da República após aprovação pela maioria absoluta do Senado Federal, sendo:

- I – um quinto dentre advogados com mais de dez anos de efetiva atividade profissional e membros do Ministério Público do Trabalho com mais de dez anos de efetivo exercício, observado o disposto no art. 94;
- II – os demais dentre juízes dos Tribunais Regionais do Trabalho, oriundos da magistratura da carreira, indicados pelo próprio Tribunal Superior.

COMPOSIÇÃO E FUNCIONAMENTO DOS TRTs

- CF/Art. 115. Os Tribunais Regionais do Trabalho compõem-se de, no mínimo, sete juízes, recrutados, quando possível, na respectiva região, e nomeados pelo Presidente da República dentre brasileiros com mais de trinta e menos de sessenta e cinco anos, sendo:
- I – um quinto dentre advogados com mais de dez anos de efetiva atividade profissional e membros do Ministério Público do Trabalho com mais de dez anos de efetivo exercício, observado o disposto no art. 94;
- II – os demais, mediante promoção de juízes do trabalho por antigüidade e merecimento, alternadamente.

O PRIMEIRO GRAU DE JURISDIÇÃO NA JT

- Varas do trabalho
- (CEJUSC)
- Juízes do Trabalho:
- Juiz Titular
- Juiz Substituto

ÓRGÃOS CORREICIONAIS

- Corregedoria-Geral (CGJT):
- I – Exerce funções de inspeção e correição permanente com relação aos Tribunais Regionais e seus presidentes;
- II – Decide reclamações contra os atos atentatórios da boa ordem processual praticados pelos Tribunais Regionais e seus presidentes, quando inexistir recurso específico;
- Corregedorias-Regionais.

PRINCÍPIOS FUNDAMENTAIS/CONSTITUCIONAIS DO PROCESSO

- Princípio do Devido Processo Legal (art. 5°, LIV): consiste no direito que tem o cidadão de ser processado por regras já existentes e que sejam devidamente observadas pelo Judiciário.
- *Óbice à privação da vida, liberdade e da propriedade.*
- Princípio da Igualdade ou da Isonomia (art. 5°, CF);
- Princípio da Ampla Defesa e do Princípio do Contraditório (art. 5°, LV, CF);
- Princípio da Imparcialidade do Juiz (e as garantias especiais – CF – art. 95)
- Princípio da Motivação das Decisões – art. 93, IX, da CF.
- Princípio da Razoável Duração do Processo (EC 45/2004 – CF, 5°,LXXVIII).
- Princípio do Duplo Grau de Jurisdição.
- Princípio da vedação da prova ilícita (5°, LVI, da CF)
- Princípio da Inafastabilidade do Controle Jurisdicional ou da Indeclinabilidade da Jurisdição (art. 5°, XXXV, CF).
- Princípio da Publicidade (art. 93, IX, da CF e 5°, LX).

PRINCÍPIOS COMUNS AO DIREITO PROCESSUAL CIVIL E AO DIREITO PROCESSUAL DO TRABALHO

- Princípio Dispositivo ou da Demanda ou da Inércia da Jurisdição
- CPC/1973 – Art. 2° Nenhum juiz prestará a tutela jurisdicional senão quando a parte ou o interessado a requerer, nos casos e forma legais.
- CPC/2015 – Art. 2° O processo começa por iniciativa da parte e se desenvolve por impulso oficial, salvo as exceções previstas em lei.
- * "Nemo judex sine actore"
- Princípios da Boa-Fé Processual e da Cooperação
- CPC – Art. 4° As partes têm o direito de obter em prazo razoável a solução integral do mérito, incluída a atividade satisfativa.

- Art. 5º Aquele que de qualquer forma participa do processo deve comportar-se de acordo com a boa-fé.
- Art. 6º Todos os sujeitos do processo devem cooperar entre si para que se obtenha, em tempo razoável, decisão de mérito justa e efetiva.

- Princípio Inquisitivo ou do Impulso Oficial.
- CPC/2015 – Art. 2º O processo começa por iniciativa da parte e se desenvolve por impulso oficial, salvo as exceções previstas em lei.
- CLT – Art. 765 – Os Juízos e Tribunais do Trabalho terão ampla liberdade na direção do processo e velarão pelo andamento rápido das causas, podendo determinar qualquer diligência necessária ao esclarecimento delas.

- Princípio do Impulso Oficial (Reforma Trabalhista – Mitigação)
- CLT antes da Reforma – Art. 878 – Execução de ofício.
- Art. 878 – A execução poderá ser promovida por qualquer interessado, ou *ex officio* pelo próprio Juiz ou Presidente ou Tribunal competente, nos termos do artigo anterior.
- Lei 13.467/2017 – Reforma:
- Art. 878. A execução será promovida pelas partes, permitida a execução de ofício pelo juiz ou pelo Presidente do Tribunal apenas nos casos em que as partes não estiverem representadas por advogado.

- Princípio da Instrumentalidade (das Formas) ou da Finalidade.
- O processo não é um fim em si mesmo. Ao contrário, deve ser instrumento de justiça. Está a serviço do direito material.
- *CPC/Art. 188. Os atos e os termos processuais independem de forma determinada, salvo quando a lei expressamente a exigir, considerando-se válidos os que, realizados de outro modo, lhe preencham a finalidade essencial.*

- Princípio da Impugnação Específica
- CPC – Art. 341. Incumbe também ao réu manifestar-se <u>precisamente</u> sobre as alegações de fato constantes da petição inicial, presumindo-se verdadeiras as não impugnadas, salvo se:

- I – não for admissível, a seu respeito, a confissão;
- II – a petição inicial não estiver acompanhada de instrumento que a lei considerar da substância do ato;
- III – estiverem em contradição com a defesa, considerada em seu conjunto.
- Parágrafo único. O ônus da impugnação especificada dos fatos não se aplica ao defensor público, ao advogado dativo e ao curador especial.
- Portanto, a resposta/defesa deve examinar os fatos com exaustão.
- A defesa por negação geral não produz efeito, porque corresponde à ausência de contestação.

- Princípio da Eventualidade.
- As partes devem alegar, na oportunidade própria prevista em lei, todas as matérias de defesa ou de seu interesse. Tem estreita relação com o princípio da impugnação específica.
- CPC – Art. 336. Incumbe ao réu alegar, na contestação, toda a matéria de defesa, expondo as razões de fato e de direito com que impugna o pedido do autor e especificando as provas que pretende produzir.

- Princípio da Preclusão.
- O processo é um andar para frente.
- Os momentos e etapas ultrapassadas não retornam.
- Preclusão: a perda de determinada faculdade processual pelo não exercício dela na ordem legal (no tempo próprio), ou por se haver realizado uma atividade incompatível com tal exercício, ou, ainda, por já ter sido ela validamente exercitada.
- Assim, pode-se concluir que preclusão é a perda da possibilidade de executar determinado ato processual.
- Alguns dispositivos legais que tratam de preclusão:
- *CPC/2015 – Art. 278. A nulidade dos atos deve ser alegada na primeira oportunidade em que couber à parte falar nos autos, sob pena de preclusão.*

- *Art. 507. É vedado à parte discutir no curso do processo as questões já decididas a cujo respeito se operou a preclusão.*
- *CLT – Art. 795 – As nulidades não serão declaradas senão mediante provocação das partes, as quais deverão argui-las à primeira vez em que tiverem de falar em audiência ou nos autos.*
- *CLT – Art. 879, § 1º – Na liquidação, não se poderá modificar, ou inovar, a sentença liquidanda nem discutir matéria pertinente à causa principal.*
- Preclusão – classificação:
- Preclusão consumativa – *ocorre com a prática do ato.*
- Preclusão temporal – "*dormientibus non succurrit jus*".
- Preclusão lógica – *prática de ato incompatível com ato anteriormente praticado.*
- Preclusão máxima – *coisa julgada – art. 836, clt.*
- Preclusão *pro judicato (Art. 836 da CLT) – salvo ED e Ação Rescisória.*

- Princípio da Oralidade, o qual se exterioriza interagindo com:
- *O Princípio da Imediatidade ou da imediação – art. 820 da CLT.*
- *E com o Princípio da Concentração dos atos processuais – orienta a apuração de provas e julgamento em única audiência – art. 849 e 852-C, CLT.*

- Princípio da Economia Processual: o máximo de resultados, com o mínimo de atos processuais.

- Princípio da Lealdade Processual ou da Probidade:
- Tem por escopo impor aos litigantes uma conduta moral, ética e de respeito mútuo, que possa ensejar o curso natural do processo, sem embaraços à efetividade da jurisdição e à paz social.
- *CPC/2015 – Art. 5º Aquele que de qualquer forma participa do processo deve comportar-se de acordo com a boa-fé.*
- *Art. 79. Responde por perdas e danos aquele que litigar de má-fé como autor, réu ou interveniente.*

- *Art. 80. Considera-se litigante de má-fé aquele que:*
- *I – deduzir pretensão ou defesa contra texto expresso de lei ou fato incontroverso;*
- *II – alterar a verdade dos fatos;*
- *III – usar do processo para conseguir objetivo ilegal;*
- *IV – opuser resistência injustificada ao andamento do processo;*
- *V – proceder de modo temerário em qualquer incidente ou ato do processo;*
- *VI – provocar incidente manifestamente infundado;*
- *VII – interpuser recurso com intuito manifestamente protelatório.*
- *Art. 81. De ofício ou a requerimento, o juiz condenará o litigante de má-fé a pagar multa, que deverá ser superior a um por cento e inferior a dez por cento do valor corrigido da causa, a indenizar a parte contrária pelos prejuízos que esta sofreu e a arcar com os honorários advocatícios e com todas as despesas que efetuou.*
- *A CLT reformada:*
- *Art. 793-A. Responde por perdas e danos aquele que litigar de má-fé como reclamante, reclamado ou interveniente.*
- *Art. 793-B. Considera-se litigante de má-fé aquele que: ...idem CPC 2015.*

- Princípio do Ônus da Prova:
- *Art. 818. O ônus da prova incumbe:*
- *I – ao reclamante, quanto ao fato constitutivo de seu direito;*
- *II – ao reclamado, quanto à existência de fato impeditivo, modificativo ou extintivo do direito do reclamante.*
- *§ 1° Nos casos previstos em lei ou diante de peculiaridades da causa relacionadas à impossibilidade ou à excessiva dificuldade de cumprir o encargo nos termos deste artigo ou à maior facilidade de obtenção da prova do fato contrário, poderá o juízo atribuir o ônus da prova de modo diverso, desde que o faça por decisão fundamentada, caso em que deverá dar à parte a oportunidade de se desincumbir do ônus que lhe foi atribuído.*

PRINCÍPIOS PECULIARES AO DIREITO PROCESSUAL DO TRABALHO.

- Princípio da Proteção Processual ou Tutelar (ou da correção de desigualdades)
- *Foi bastante mitigado pela Lei 13.467/2017 – Reforma Trabalhista.*

- Princípio da Busca da Verdade Real:
- *Art. 765 da CLT confere ampla liberdade ao juiz na direção do processo, para determinar diligências buscando esclarecer a verdade.*
- *Relacionado ao princípio do direito material, conhecido como princípio da primazia da realidade.*

- Princípio da Conciliação – arts. 764, 831, 846, 850 da CLT.
- *Art. 764 – Os dissídios individuais ou coletivos submetidos à apreciação da Justiça do Trabalho serão sempre sujeitos à conciliação.*
- *§ 1º – Para os efeitos deste artigo, os juízes e Tribunais do Trabalho empregarão sempre os seus bons ofícios e persuasão no sentido de uma solução conciliatória dos conflitos.*
- *A equiparação da conciliação homologada à coisa julgada – art. 831, CLT.*

JURISDIÇÃO E COMPETÊNCIA

- *JURISDIÇÃO – JURIS DICERE*:
- CONCEITO: O poder, função e a atividade de dizer o direito aplicável ao caso concreto,.
- Transparece por meio do processo.
- E é provocada por meio da ação.
- *A jurisdição é una e homogênea, qualquer que seja a natureza jurídica do conflito que deva ser solucionado.*
- *Todavia, com base nas regras de competência estabelecidas na CF, a doutrina vem distinguindo, dentre as diversas "justiças", as que exercem jurisdição comum e as que exercem jurisdição especial.*
- *De acordo com a CF, a jurisdição comum abrange a Justiça Federal e as Justiças Estaduais ordinárias.*

- *Já a jurisdição especial é composta pela Justiça do Trabalho, pela Justiça Eleitoral e pela Justiça Militar.*

- COMPETÊNCIA:
- *Perguntar qual é a competência de um juiz equivale, por conseguinte, a perguntar quais são os tipos de causas sobre as quais tal juiz é chamado a prover" (Piero Calamendrei).*
- Todos os juúzes exercem jurisdição. Contudo, exercem-na com uma certa limitação, sendo competentes para processar e julgar determinadas causas e outras não. Por exemplo, o juiz do trabalho não julga ação de divórcio. A competência, assim, é a medida da jurisdição de cada órgão judicial.

- MATÉRIAS DE COMPETÊNCIA DA JT
- CF/Art. 114. Compete à Justiça do Trabalho processar e julgar:
- I – as ações oriundas da relação de trabalho, abrangidos os entes de direito público externo e da administração pública direta e indireta da União, dos Estados, do Distrito Federal e dos Municípios;
- * Obs: O STF suspendeu a parte final do inciso I do art. 114 da CF. Portanto, desde então tem-se que falta competência à JT para julgar ações de servidores submetidos ao regime administrativo/estatutário (ADIn 3.395).
- II – as ações que envolvam exercício do direito de greve;
- III – as ações sobre representação sindical, entre sindicatos, entre sindicatos e trabalhadores, e entre sindicatos e empregadores;
- IV – os mandados de segurança, habeas corpus e habeas data, quando o ato questionado envolver matéria sujeita à sua jurisdição;
- V – os conflitos de competência entre órgãos com jurisdição trabalhista, ressalvado o disposto no art. 102, I, o;
- VI – as ações de indenização por dano moral ou patrimonial, decorrentes da relação de trabalho;
- VII – as ações relativas às penalidades administrativas impostas aos empregadores pelos órgãos de fiscalização das relações de trabalho;

- VIII – a execução, de ofício, das contribuições sociais previstas no art. 195, I, a, e II, e seus acréscimos legais, decorrentes das sentenças que proferir;
- IX – outras controvérsias decorrentes da relação de trabalho, na forma da lei.
- **OBS: Não são da competência da JT as ações previdenciárias, visando benefícios em face do INSS; ações criminais movidas pelo Estado em razão de crimes contra a organização do trabalho ou trabalho escravo*

- RECLAMAÇÃO TRABALHISTA
- *Jus Postulandi*: É a capacidade de postular em juízo conferida à própria parte na Justiça do Trabalho, nos termos do art. 791 da CLT. Ou seja, a parte não precisa de advogado para postular na Justiça do Trabalho.
- *CLT/Art. 791 – Os empregados e os empregadores poderão reclamar pessoalmente perante a Justiça do Trabalho e acompanhar as suas reclamações até o final.*
- Pode ser usado até qual instância?
- Súmula nº 425 do TST e IN/TST 27/2005.
- "Jus postulandi na Justiça doTtrabalho. Alcance. O *jus postulandi* das partes, estabelecido no art. 791 da CLT, limita-se às Varas do Trabalho e aos Tribunais Regionais do Trabalho, *não alcançando a ação rescisória, a ação cautelar, o mandado de segurança e os recursos de competência do Tribunal Superior do Trabalho".*

- RITOS PROCESSUAIS

- RITO SUMÁRIO: se o valor da causa for de até 2 (dois) salários mínimos, o processo deve seguir o rito sumário.
- De regra, não cabe recurso contra a sentença prolatada no processo submetido ao rito sumário. São causas de única instância e quando um processo segue esse rito (alçada única).
- A única exceção permitida é quando há a violação de preceito constitucional, sendo assim, poderá haver o Recurso Extraordinário, destinado ao STF.

O rito sumário está previsto no art. 2º, §§ 3º e 4º da Lei nº 5.584/70.

- RITO SUMARÍSSIMO: (< ou = 40 sm)
- CLT/*Art. 852-A. Os dissídios individuais cujo valor não exceda a quarenta vezes o salário mínimo vigente na data do ajuizamento da reclamação, ficam submetidos ao procedimento sumaríssimo.*
- *Parágrafo único. Estão excluídas do procedimento sumaríssimo as demandas em que é parte a Administração Pública direta, autárquica e fundacional.*
- Ou seja, quando o valor da causa estiver entre 2 (dois) salários mínimos e 40 (quarenta) salários mínimos, inclusive.

- RITO ORDINÁRIO: (> 40sm)
- Rito é utilizado quando o valor da causa for superior a 40 (quarenta) salários mínimos.
- De regra, utilizado para situações de maior complexidade.
- OBS: E demandas em que, independente do valor da causa, a Administração Pública direta, autárquica e fundacional é parte.

- ESTRUTURA DE UMA RECLAMAÇÃO TRABALHISTA
- *CLT – Art. 840 – A reclamação poderá ser escrita ou verbal.*
- *§ 1º Sendo escrita, a reclamação deverá conter a designação do juízo, a qualificação das partes, a breve exposição dos fatos de que resulte o dissídio, o pedido, que deverá ser certo, determinado e com indicação de seu valor, a data e a assinatura do reclamante ou de seu representante.*
- *§ 3º Os pedidos que não atendam ao disposto no § 1º deste artigo serão julgados extintos sem resolução do mérito.*

- DAS AUDIÊNCIAS
- *Art. 813 – As audiências dos órgãos da Justiça do Trabalho serão públicas e realizar-se-ão na sede do Juízo ou Tribunal em dias úteis previamente fixados, entre 8 (oito) e 18 (dezoito) horas, não podendo ultrapassar 5 (cinco) horas seguidas, salvo quando houver matéria urgente.*

- *§ 1º – Em casos especiais, poderá ser designado outro local para a realização das audiências, mediante edital afixado na sede do Juízo ou Tribunal, com a antecedência mínima de 24 (vinte e quatro) horas.*
- *§ 2º – Sempre que for necessário, poderão ser convocadas audiências extraordinárias, observado o prazo do parágrafo anterior.*

- AUDIÊNCIA – HORÁRIOS E ATRASOS
- *Art. 815 – À hora marcada, o juiz ou presidente declarará aberta a audiência, sendo feita pelo secretário ou escrivão a chamada das partes, testemunhas e demais pessoas que devam comparecer.*
- *Parágrafo único – Se, até 15 (quinze) minutos após a hora marcada, o juiz ou presidente não houver comparecido, os presentes poderão retirar-se, devendo o ocorrido constar do livro de registro das audiências.*
- Obs: Essa tolerância se aplica somente ao juiz, não beneficiando as partes.
- E se refere ao atraso para a primeira audiência da pauta.
- *OJ SDI – 1 DO TST: 245. REVELIA. ATRASO. AUDIÊNCIA – Inexiste previsão legal tolerando atraso no horário de comparecimento da parte na audiência.*

- A AUDIÊNCIA UNA E O SEU FRACIONAMENTO
- A sistemática idealizada pela CLT visava que toda audiência fosse una (única) e contínua. Aplicação do princípio da concentração. Contudo, dado o volume de serviço e complexidade de muitas causas, os juízes costumam fracionar as audiências, com amparo legal:
- *Art. 849 – A audiência de julgamento será contínua; mas, se não for possível, por motivo de força maior, concluí-la no mesmo dia, o juiz ou presidente marcará a sua continuação para a primeira desimpedida, independentemente de nova notificação.*
- Daí, vermos, em alguns casos, uma audiência inaugural e uma seguinte, para a instrução processual, razões finais e última proposta de conciliação, sendo os autos conclusos, para sentença.

- DO COMPARECIMENTO DAS PARTES EM AUDIÊNCIA
- *CLT/Art. 844 – O não-comparecimento do reclamante à audiência importa o arquivamento da reclamação, e o não-comparecimento do reclamado importa revelia, além de confissão quanto à matéria de fato.*
- Representação do Empregado
- CLT/Art. 843 – § 2° Se por doença ou qualquer outro motivo poderoso, devidamente comprovado, não for possível ao empregado comparecer pessoalmente, poderá fazer-se representar por outro empregado que pertença à mesma profissão, ou pelo seu sindicato.
- Nesse caso: a audiência será adiada, não ocorrendo, portanto, o arquivamento da reclamação.
- Representação do Empregador – Preposto
- *CLT – Art. 843 – § 1º É facultado ao empregador fazer-se substituir pelo gerente, ou qualquer outro preposto que tenha conhecimento do fato, e cujas declarações obrigarão o proponente.*
- *§ 3º O preposto a que se refere o § 1º deste artigo não precisa ser empregado da parte reclamada.*

- AUSÊNCIA DAS PARTES POR MOTIVO RELEVANTE
- *CLT/Art. 844 – Parágrafo único – Ocorrendo, entretanto, motivo relevante, poderá o presidente suspender o julgamento (a audiência), designando nova audiência.*
- ENFERMIDADE – O atestado médico, por si só, elide a revelia e confissão?
- *Súmula nº 122 do TST*
- *REVELIA. ATESTADO MÉDICO (incorporada a Orientação Jurisprudencial nº 74 da SBDI-1) – Res. 129/2005, DJ 20, 22 e 25.04.2005*
- *A reclamada, ausente à audiência em que deveria apresentar defesa, é revel, ainda que presente seu advogado munido de procuração, podendo ser ilidida a revelia mediante a apresentação de atestado médico, que deverá declarar, expressamente, a impossibilidade de locomoção do empregador ou do seu preposto no dia da audiência.*

(primeira parte – ex-OJ nº 74 da SBDI-1 – inserida em 25.11.1996; segunda parte – ex-Súmula nº 122 – alterada pela Res. 121/2003, DJ 21.11.2003)

- MITIGAÇÃO DOS EFEITOS DA REVELIA E PRESENÇA DO ADVOGADO NA AUDIÊNCIA – LEI 13.467/17 – REFORMA TRABALHISTA.
- *CLT/Art. 844 – O não-comparecimento do reclamante à audiência importa o arquivamento da reclamação, e o não-comparecimento do reclamado importa revelia, além de confissão quanto à matéria de fato.*
- *§ 1° Ocorrendo motivo relevante, poderá o juiz suspender o julgamento, designando nova audiência.*
- *Art. 844, § 5º Ainda que ausente o reclamado, presente o advogado na audiência, serão aceitos a contestação e os documentos eventualmente apresentados.*

- ACORDO JUDICIAL – O PROCESSO DO TRABALHO ENFATIZA A CONCILIAÇÃO COMO MEIO DE SOLUÇÃO DOS CONFLITOS
- *Art. 764 – Os dissídios individuais ou coletivos submetidos à apreciação da Justiça do Trabalho serão sempre sujeitos à conciliação.*
- *§ 3º – É lícito às partes celebrar acordo que ponha termo ao processo, ainda mesmo depois de encerrado o juízo conciliatório.*
- O CEJUSC – A conciliação é buscada em juízo, com a presença do juiz ou do conciliador que participa ativamente das tratativas, inclusive fazendo propostas para a solução do conflito.
- A JT prestigia a conciliação como forma primordial de solução do conflito trabalhista (art. 764, CLT), a ponto de obrigar o juiz a propor a conciliação (art. 846 e 850, CLT).
- A conciliação deve almejar a pacificação dos litigantes, a solução da lide sociológica – e não só a solução do litígio judicial.
- A conciliação pode abranger pretensões não postas em juízo, ou seja, que não foram formulados na inicial.
- Homologada a conciliação judicial, o processo é extinto com resolução do mérito, não podendo ser objeto de recurso.

- O juiz não está obrigado a homologar a conciliação (S. 418, TST), quando nitidamente prejudicial ao empregado ou quando for objeto de simulação das partes visando lesar terceiros.
- *Súmula nº 418 do TST*
- *MANDADO DE SEGURANÇA VISANDO À CONCESSÃO DE LIMINAR OU HOMOLOGAÇÃO DE ACORDO A concessão de liminar ou a homologação de acordo constituem faculdade do juiz, inexistindo direito líquido e certo tutelável pela via do mandado de segurança. (ex-Ojs da SBDI-2 nºs 120 – DJ 11.08.2003 – e 141 – DJ 04.05.2004)*

- HOMOLOGAÇÃO DE ACORDO EXTRAJUDICIAL
- Inovação Lei 13.467/2017 – Reforma Trabalhista:
- *CLT/Art. 652 – Compete às Varas do Trabalho:*
- *f) decidir quanto à homologação de acordo extrajudicial em matéria de competência da Justiça do Trabalho.*
- *Art. 855-B. O processo de homologação de acordo extrajudicial terá início por petição conjunta, sendo obrigatória a representação das partes por advogado.*
- *§ 1º As partes não poderão ser representadas por advogado comum.*
- *§ 2º Faculta-se ao trabalhador ser assistido pelo advogado do sindicato de sua categoria.*
- *Art. 855-D. No prazo de quinze dias a contar da distribuição da petição, o juiz analisará o acordo, designará audiência se entender necessário e proferirá sentença.*
- *Art. 855-E. A petição de homologação de acordo extrajudicial suspende o prazo prescricional da ação quanto aos direitos nela especificados.*
- *Parágrafo único. O prazo prescricional voltará a fluir no dia útil seguinte ao do trânsito em julgado da decisão que negar a homologação do acordo.*

- A IRRECORRIBILIDADE DO TERMO DE CONCILIAÇÃO
- *Art. 831 – A decisão será proferida depois de rejeitada pelas partes a proposta de conciliação.*

- *Parágrafo único. No caso de conciliação, o termo que for lavrado valerá como decisão irrecorrível, salvo para a Previdência Social quanto às contribuições que lhe forem devidas*
- *Súmula nº 259 do TST – TERMO DE CONCILIAÇÃO. AÇÃO RESCISÓRIA (mantida) – Res. 121/2003, DJ 19, 20 e 21.11.2003 – Só por ação rescisória é impugnável o termo de conciliação previsto no parágrafo único do art. 831 da CLT.*

- ACERCA DA CONTESTAÇÃO
- *CPC/Art. 336. Incumbe ao réu alegar, na contestação, toda a matéria de defesa, expondo as razões de fato e de direito com que impugna o pedido do autor e especificando as provas que pretende produzir.*
- Princípio da Impugnação Específica: O reclamado deverá impugnar, detalhadamente, os fatos apresentados na inicial, sob pena de eles serem presumidos verdadeiros. Veda a contestação por negativa geral, genérica.
- Princípio da Eventualidade: Também chamado princípio da concentração da defesa, segundo o qual o reclamado deverá apresentar todas as suas matérias de defesa naquele momento, sob pena de não poder alegá-los posteriormente, ante a preclusão consumativa.

- CONTESTAÇÃO e defesa processual
- São as chamadas preliminares de mérito e, de regra, são matérias das quais o juiz poderia conhecer de ofício.
- Levam à extinção do processo, sem resolução do mérito (art. 485, CPC).
- *CPC/Art. 337. Incumbe ao réu, antes de discutir o mérito, alegar:*
- *I – inexistência ou nulidade da citação;*
- *II – incompetência absoluta e relativa;*
- *III – incorreção do valor da causa;*
- *IV – inépcia da petição inicial;*
- *V – perempção;*
- *VI – litispendência;*

- *VII – coisa julgada;*
- *VIII – conexão;*
- *IX – incapacidade da parte, defeito de representação ou falta de autorização;*
- *X – convenção de arbitragem;**
- *XI – ausência de legitimidade ou de interesse processual;*
- *XII – falta de caução ou de outra prestação que a lei exige como preliminar;*
- *XIII – indevida concessão do benefício de gratuidade de justiça.*

- SOBRE INÉPCIA DA INICIAL
- *CPC/Art. 337 – § 1º Considera-se inepta a petição inicial quando:*
- *I – lhe faltar pedido ou causa de pedir;*
- *II – o pedido for indeterminado, ressalvadas as hipóteses legais em que se permite o pedido genérico;*
- *III – da narração dos fatos não decorrer logicamente a conclusão;*
- *IV – contiver pedidos incompatíveis entre si.*

- SOBRE LITISPENDÊNCIA E COISA JULGADA
- *CPC/ Art. 337 – § 1º Verifica-se a litispendência ou a coisa julgada quando se reproduz ação anteriormente ajuizada.*
- *§ 2º Uma ação é idêntica a outra quando possui as mesmas partes, a mesma causa de pedir e o mesmo pedido.*
- *§ 3º Há litispendência quando se repete ação que está em curso.*
- *§ 4º Há coisa julgada quando se repete ação que já foi decidida por decisão transitada em julgado.*

- SOBRE CONEXÃO E CONTINÊNCIA
- *CPC/Art. 55. Reputam-se conexas 2 (duas) ou mais ações quando lhes for comum o pedido ou a causa de pedir.*
- *§ 1º Os processos de ações conexas serão reunidos para decisão conjunta, salvo se um deles já houver sido sentenciado.*

- *Art. 56. Dá-se a continência entre 2 (duas) ou mais ações quando houver identidade quanto às partes e à causa de pedir, mas o pedido de uma, por ser mais amplo, abrange o das demais.*

- SOBRE PEREMPÇÃO
- *CLT Art. 731 – Aquele que, tendo apresentado ao distribuidor reclamação verbal, não se apresentar, no prazo estabelecido no parágrafo único do art. 786, à Junta ou Juízo para fazê-lo tomar por termo, incorrerá na pena de perda, pelo prazo de 6 (seis) meses, do direito de reclamar perante a Justiça do Trabalho.*
- *Art. 732 – Na mesma pena do artigo anterior incorrerá o reclamante que, por 2 (duas) vezes seguidas, der causa ao arquivamento de que trata o art. 844.*

- CONTESTAÇÃO e a defesa de mérito
- Defesas de mérito são dirigidas ao próprio direito material postulado pelo reclamante.
- O reclamado deve impugnar os fatos constitutivos ou aponta fatos impeditivos, modificativos ou extintivos do direito postulado.
- Prejudicial de mérito: defesa via da qual se argui prescrição ou decadência.
- Sobre Prescrição – Constituição Federal:
- *Art. 7º São direitos dos trabalhadores urbanos e rurais, além de outros que visem à melhoria de sua condição social:*
- *XXIX – ação, quanto aos créditos resultantes das relações de trabalho, com prazo prescricional de cinco anos para os trabalhadores urbanos e rurais, até o limite de dois anos após a extinção do contrato de trabalho;*
- Presente a prescrição, uma vez sendo a arguição dela acolhida, leva à extinção do processo (no tocante ao que estiver prescrito) com resolução do mérito, impedindo a análise da matéria de mérito propriamente dita.

- IMPORTANTE: ALEGAÇÃO DE COMPENSAÇÃO E DEDUÇÃO
- *CLT – Art. 767 – A compensação, ou retenção, só poderá ser argüida como matéria de defesa.*

- Reclamante e reclamado são, ao mesmo tempo, credor e devedor um do outro. Ex: aviso prévio compensado quando há pedido de demissão
- *Súmula nº 48 do TST – COMPENSAÇÃO - A compensação só poderá ser argüida com a contestação.*
- *Súmula nº 18 do TST – COMPENSAÇÃO - A compensação, na Justiça do Trabalho, está restrita a dívidas de natureza trabalhista.*

- RECONVENÇÃO
- Em determinadas situações, o réu aproveita o mesmo processo para, além de se defender, assumir uma posição ativa perante o autor, formulando pretensões que devam ser por este satisfeitas.
- Reconvenção nada mais é do que uma ação do réu, em face do autor, no mesmo processo.
- Reconvenção é demanda do réu contra o autor no mesmo processo em que está sendo demandado.
- *CPC – Art. 343. Na contestação, é lícito ao réu propor reconvenção para manifestar pretensão própria, conexa com a ação principal ou com o fundamento da defesa.*
- *CPC – Art. 55. Reputam-se conexas 2 (duas) ou mais ações quando lhes for comum o pedido ou a causa de pedir.*
- *§ 1º Proposta a reconvenção, o autor será intimado, na pessoa de seu advogado, para apresentar resposta no prazo de 15 (quinze) dias. (!?)*
- No processo do trabalho, caso o reclamado/reconvinte venha a apresentar reconvenção, ele o fará em audiência, de regra juntamente com a contestação. Os juízes designam nova audiência, de modo a que o reclamante/reconvindo possa combater o pedido formulado via reconvenção. A despeito de alguns juízes estabelecerem o prazo de 15 dias úteis para a apresentação dessa manifestação nos autos, creio que o reclamante/reconvindo deve ter assegurado o direito de fazê-lo até a audiência seguinte, posto que é essa a sistemática adotado no processo do trabalho.

- SOBRE A EXCEÇÃO DE SUSPEIÇÃO, IMPEDIMENTO E DE INCOMPETÊNCIA
- A exceção pode ser de suspeição, de impedimento ou de incompetência relativa (territorial/em razão do lugar).
- As exceções de impedimento e de suspeição buscam garantir ao jurisdicionado que a demanda será resolvida por um juiz imparcial.
- Na exceção de incompetência relativa, almeja um julgamento por um outro juízo.
- Nomenclatura dos envolvidos: Reclamado é o excipiente. O reclamante, o excepto.

- SUSPEIÇÃO DO JUIZ SEGUNDO A CLT

  CLT – Art. 801 – O juiz, presidente ou vogal, é obrigado a dar-se por suspeito, e pode ser recusado, por algum dos seguintes motivos, em relação à pessoa dos litigantes:

  a) inimizade pessoal;

  b) amizade íntima;

  c) parentesco por consangüinidade ou afinidade até o terceiro grau civil;

- *d) interesse particular na causa.*

- SUSPEIÇÃO DO JUIZ SEGUNDO O CPC (enumeração mais técnica e precisa do que a da CLT)
- *Art. 145. Há suspeição do juiz:*
- *I – amigo íntimo ou inimigo de qualquer das partes ou de seus advogados;*
- *II – que receber presentes de pessoas que tiverem interesse na causa antes ou depois de iniciado o processo, que aconselhar alguma das partes acerca do objeto da causa ou que subministrar meios para atender às despesas do litígio;*
- *III – quando qualquer das partes for sua credora ou devedora, de seu cônjuge ou companheiro ou de parentes destes, em linha reta até o terceiro grau, inclusive;*
- *IV – interessado no julgamento do processo em favor de qualquer das partes.*

- *§ 1° Poderá o juiz declarar-se suspeito por motivo de foro íntimo, sem necessidade de declarar suas razões.*
- *§ 2° Será ilegítima a alegação de suspeição quando:*
- *I – houver sido provocada por quem a alega;*
- *II – a parte que a alega houver praticado ato que signifique manifesta aceitação do arguido.*
- IMPEDIMENTOS DO JUIZ SEGUNDO O CPC
- *CPC – Art. 144. Há impedimento do juiz, sendo-lhe vedado exercer suas funções no processo:*
- *I – em que interveio como mandatário da parte, oficiou como perito, funcionou como membro do Ministério Público ou prestou depoimento como testemunha;*
- *II – de que conheceu em outro grau de jurisdição, tendo proferido decisão;*
- *III – quando nele estiver postulando, como defensor público, advogado ou membro do Ministério Público, seu cônjuge ou companheiro, ou qualquer parente, consanguíneo ou afim, em linha reta ou colateral, até o terceiro grau, inclusive;*
- *IV – quando for parte no processo ele próprio, seu cônjuge ou companheiro, ou parente, consanguíneo ou afim, em linha reta ou colateral, até o terceiro grau, inclusive;*
- *V – quando for sócio ou membro de direção ou de administração de pessoa jurídica parte no processo;*
- *VI – quando for herdeiro presuntivo, donatário ou empregador de qualquer das partes;*
- *VII – em que figure como parte instituição de ensino com a qual tenha relação de emprego ou decorrente de contrato de prestação de serviços;*
- *VIII – em que figure como parte cliente do escritório de advocacia de seu cônjuge, companheiro ou parente, consanguíneo ou afim, em linha reta ou colateral, até o terceiro grau, inclusive, mesmo que patrocinado por advogado de outro escritório;*
- *IX – quando promover ação contra a parte ou seu advogado.*

- DO PROCEDIMENTO DA EXECÇÃO DE SUSPEIÇÃO OU DE IMPEDIMENTO
- Compete ao TRT decidir acerca da exceção de impedimento ou de suspeição, salvo se o juiz se declarar impedido ou suspeito ante a exceção.
- *CPC – Art. 146. No prazo de 15 (quinze) dias, a contar do conhecimento do fato, a parte alegará o impedimento ou a suspeição, em petição específica dirigida ao juiz do processo, na qual indicará o fundamento da recusa, podendo instruí-la com documentos em que se fundar a alegação e com rol de testemunhas.*
- *§ 1º Se reconhecer o impedimento ou a suspeição ao receber a petição, o juiz ordenará imediatamente a remessa dos autos a seu substituto legal, caso contrário determinará a autuação em apartado da petição e, no prazo de 15 (quinze) dias, apresentará suas razões, acompanhadas de documentos e de rol de testemunhas, se houver, ordenando a remessa do incidente ao tribunal.*

- A EXCEÇÃO DE INCOMPETÊNCIA TERRITORIAL (EM RAZÃO DO LUGAR)
- *CLT/Art. 800. Apresentada exceção de incompetência territorial no prazo de cinco dias a contar da notificação, antes da audiência e <u>em peça que sinalize a existência desta exceção</u>, seguir-se-á o procedimento estabelecido neste artigo.*
- *§ 1º Protocolada a petição, será suspenso o processo e não se realizará a audiência a que se refere o art. 843 desta Consolidação até que se decida a exceção.*
- *§ 2º Os autos serão imediatamente conclusos ao juiz, que intimará o reclamante e, se existentes, os litisconsortes, para manifestação no prazo comum de cinco dias.*
- *§ 3º Se entender necessária a produção de prova oral, o juízo designará audiência, garantindo o direito de o excipiente e de suas testemunhas serem ouvidos, por carta precatória, no juízo que este houver indicado como competente.*
- *§ 4º Decidida a exceção de incompetência territorial, o processo retomará seu curso, com a designação de audiência, a apresentação de defesa e a instrução processual perante o juízo competente.*

- DAS PROVAS EM AUDIÊNCIA
- O INTERROGATÓRIO DAS PARTES E A CLT
- *Art. 848 – Terminada a defesa, seguir-se-á a instrução do processo, podendo o presidente, ex officio ou a requerimento de qualquer juiz temporário, interrogar os litigantes.*
- *§ 1º – Findo o interrogatório, poderá qualquer dos litigantes retirar-se, prosseguindo a instrução com o seu representante.*
- *§ 2º – Serão, a seguir, ouvidas as testemunhas, os peritos e os técnicos, se houver.*

- O DEPOIMENTO PESSOAL E O CPC SUBSIDIÁRIO
- *CPC/2015 – Art. 385. Cabe à parte requerer o depoimento pessoal da outra parte, a fim de que esta seja interrogada na audiência de instrução e julgamento, sem prejuízo do poder do juiz de ordená-lo de ofício.*
- *§ 1° Se a parte, pessoalmente intimada para prestar depoimento pessoal e advertida da pena de confesso, não comparecer ou, comparecendo, se recusar a depor, o juiz aplicar-lhe-á a pena.*
- *§ 2° É vedado a quem ainda não depôs assistir ao interrogatório da outra parte.*

- DA PROVA TESTEMUNHAL
- *CLT – Art. 845 – O reclamante e o reclamado comparecerão à audiência acompanhados das suas testemunhas, apresentando, nessa ocasião, as demais provas.*
- *CPC – Art. 443. O juiz indeferirá a inquirição de testemunhas sobre fatos:*
- *I – já provados por documento ou confissão da parte;*
- *II – que só por documento ou por exame pericial puderem ser provados.*
- O CPC prevê, no seu art. 459, que *"As perguntas serão formuladas pelas partes diretamente à testemunha, começando pela que a arrolou, não admitindo o juiz aquelas que puderem induzir a resposta, não tiverem relação com as questões de fato objeto da atividade probatória ou importarem repetição de outra já respondida.*

- A CLT tem regra própria acerca do tema:
- *Art. 820 – As partes e testemunhas serão inquiridas pelo juiz ou presidente, podendo ser reinquiridas,* por seu intermédio, *a requerimento dos vogais, das partes, seus representantes ou advogados*
- Observação importante:
- *CPC – Art. 459. § 1º O juiz poderá inquirir a testemunha tanto antes quanto depois da inquirição feita pelas partes.*

- NÚMERO DE TESTEMUNHAS:
- No máximo 3 (três) testemunhas, quando o processo for submetido ao rito ordinário.
- No máximo 2(duas), se no rito sumaríssimo.
- E no máximo 6 (seis), quando se tratar de processo de inquérito para apuração de falta grave de estável dirigente sindical.

- COMPARECIMENTO DE TESTEMUNHAS À AUDIÊNCIA E INCOMUINICABILIDADE
- *CLT – Art. 824 – O juiz ou presidente providenciará para que o depoimento de uma testemunha não seja ouvido pelas demais que tenham de depor no processo.*
- *Art. 825 – As testemunhas comparecerão a audiência <u>independentemente de notificação ou intimação</u>.*

- A TESTEMUNHA QUE NÃO COMPARECE À AUDIÊNCIA.
- Rito ordinário:
- *CLT/Art. 825, Parágrafo único – As que não comparecerem serão intimadas, ex officio ou a requerimento da parte, ficando sujeitas à condução coercitiva, além das penalidades do art. 730, caso, sem motivo justificado, não atendam à intimação.*
- Rito sumaríssimo:
- CLT/Art. 852-H. § 3º Só será deferida intimação de testemunha que, comprovadamente convidada, deixar de comparecer. Não comparecendo a testemunha intimada, o juiz poderá determinar sua imediata condução coercitiva.

- DEPOIMENTO DA TESTEMUNHA – CONTRADITA – INCAPACIDADE/IMPEDIMENTO/SUSPEIÇÃO
- *CLT – Art. 828 – Toda testemunha, antes de prestar o compromisso legal, será qualificada, indicando o nome, nacionalidade, profissão, idade, residência, e, quando empregada, o tempo de serviço prestado ao empregador, ficando sujeita, em caso de falsidade, às leis penais.*
- *Art. 829 – A testemunha que for parente até o terceiro grau civil, amigo íntimo ou inimigo de qualquer das partes, não prestará compromisso, e seu depoimento valerá como simples informação.*
- *CPC – Art. 457. Antes de depor, a testemunha será qualificada, declarará ou confirmará seus dados e informará se tem relações de parentesco com a parte ou interesse no objeto do processo.*
- *§ 1º É lícito à parte CONTRADITAR a testemunha, arguindo-lhe a incapacidade, o impedimento ou a suspeição, bem como, caso a testemunha negue os fatos que lhe são imputados, PROVAR a contradita com documentos ou com testemunhas, até 3 (três), apresentadas no ato e inquiridas em separado.*
- *§ 2º Sendo provados ou confessados os fatos a que se refere o § 1º, o juiz dispensará a testemunha ou lhe tomará o depoimento como informante*

- QUEM NÃO PODE DEPOR COMO TESTEMUNHA – CPC SUBSIDIÁRIO
- *CPC – Art. 447. Podem depor como testemunhas todas as pessoas, exceto as incapazes, impedidas ou suspeitas.*
- *§ 1º São incapazes:*
- *I – o interdito por enfermidade ou deficiência mental;*
- *II – o que, acometido por enfermidade ou retardamento mental, ao tempo em que ocorreram os fatos, não podia discerni-los, ou, ao tempo em que deve depor, não está habilitado a transmitir as percepções;*
- *III – o que tiver menos de 16 (dezesseis) anos;*
- *IV – o cego e o surdo, quando a ciência do fato depender dos sentidos que lhes faltam.*

- *§ 2º São impedidos:*
- *I – o cônjuge, o companheiro, o ascendente e o descendente em qualquer grau e o colateral, até o terceiro grau, de alguma das partes, por consanguinidade ou afinidade, salvo se o exigir o interesse público ou, tratando-se de causa relativa ao estado da pessoa, não se puder obter de outro modo a prova que o juiz repute necessária ao julgamento do mérito;*
- *II – o que é parte na causa;*
- *III – o que intervém em nome de uma parte, como o tutor, o representante legal da pessoa jurídica, o juiz, o advogado e outros que assistam ou tenham assistido as partes.*
- *§ 3º São suspeitos:*
- *I – o inimigo da parte ou o seu amigo íntimo;*
- *II – o que tiver interesse no litígio.*
- *§ 4º Sendo necessário, pode o juiz admitir o depoimento das testemunhas menores, impedidas ou suspeitas.*
- *§ 5º Os depoimentos referidos no § 4º serão prestados independentemente de compromisso, e o juiz lhes atribuirá o valor que possam merecer.*
- *Súmula nº 357 do TST*
- *TESTEMUNHA. AÇÃO CONTRA A MESMA RECLAMADA. SUSPEIÇÃO – Não torna suspeita a testemunha o simples fato de estar litigando ou de ter litigado contra o mesmo empregador. (Res. 121/2003, DJ 19, 20 e 21.11.2003).*

- A TESTEMUNHA – O COMPROMISSO DE DIZER A VERDADE.
- *CPC – Art. 458. Ao início da inquirição, a testemunha prestará o compromisso de dizer a verdade do que souber e lhe for perguntado.*
- *Parágrafo único. O juiz advertirá à testemunha que incorre em sanção penal quem faz afirmação falsa, cala ou oculta a verdade.*
- *CLT REFORMADA: Art. 793-D. Aplica-se a multa prevista no art. 793-C desta Consolidação à testemunha que intencionalmente alterar a verdade dos fatos ou omitir fatos essenciais ao julgamento da causa (superior a 1% e inferior a 10% do valor corrigido da causa)*

- SOBRE A DISTRIBUIÇÃO DO ÔNUS DA PROVA
- Teoria da Distribuição Estática do Ônus da Prova
- *CLT/Art. 818. O ônus da prova incumbe:*
- *I – ao reclamante, quanto ao fato constitutivo de seu direito;*
- *II – ao reclamado, quanto à existência de fato impeditivo, modificativo ou extintivo do direito do reclamante.*
- Teoria da Distribuição Dinâmica do Ônus da Prova
- *§ 1º Nos casos previstos em lei ou diante de peculiaridades da causa relacionadas à impossibilidade ou à excessiva dificuldade de cumprir o encargo nos termos deste artigo ou à maior facilidade de obtenção da prova do fato contrário, poderá o juízo atribuir o ônus da prova de modo diverso, desde que o faça por decisão fundamentada, caso em que deverá dar à parte a oportunidade de se desincumbir do ônus que lhe foi atribuído.*
- *§ 2º A decisão referida no § 1º deste artigo deverá ser proferida antes da abertura da instrução e, a requerimento da parte, implicará o adiamento da audiência e possibilitará provar os fatos por qualquer meio em direito admitido.*
- *§ 3º A decisão referida no § 1º deste artigo não pode gerar situação em que a desincumbência do encargo pela parte seja impossível ou excessivamente difícil*

- NÃO DEPENDEM DE PROVA
- *CPC – Art. 374. Não dependem de prova os fatos:*
- *I – notórios;*
- *II – afirmados por uma parte e confessados pela parte contrária;*
- *III – admitidos no processo como incontroversos;*

- PROVA DOCUMENTAL – DA OPORTUNIDADE DE JUNTADA DE DOCUMENTOS.
- A despeito de encontrarmos doutrina e jurisprudência admitindo a juntado de documentos fora dos limites temporais anunciados nos dispositivos legais adiante transcritos, recomendo ao leitor observá-los, não correndo risco de preclusão temporal.

- *CLT/ Art. 787 – A reclamação escrita deverá ser formulada em 2 (duas) vias e desde logo acompanhada dos documentos em que se fundar.*
- *CLT/Art. 845 – O reclamante e o reclamado comparecerão à audiência acompanhados das suas testemunhas, apresentando, nessa ocasião, as demais provas.*
- Exceções: documentos apresentados para fazer prova de fatos ocorridos depois dos articulados das partes (inicial e defesa), ou para contrapô-los aos que foram produzidos nos autos ou documentos formados, conhecidos ou acessíveis depois da juntada de inicial e defesa. CPC/Arts. 320 e 435 do CPC.

- PROVA TÉCNICA – PERÍCIA E CLT
- *Art. . 195 – A caracterização e a classificação da insalubridade e da periculosidade, segundo as normas do Ministério do Trabalho, far-se-ão através de perícia a cargo de Médico do Trabalho ou Engenheiro do Trabalho, registrados no Ministério do Trabalho.*
- *Art. 852-H, § 4º Somente quando a prova do fato o exigir, ou for legalmente imposta, será deferida prova técnica, incumbindo ao juiz, desde logo, fixar o prazo, o objeto da perícia e nomear perito.*
- A prova pericial é tratada nos artigos 852-H da CLT e 464 a 480 do CPC.
- A prova pericial será utilizada quando a comprovação do fato depender de conhecimento técnico.
- Ela consiste em exame, vistoria ou avaliação (espécies de prova pericial)
- O juiz designará um perito, o qual é considerado um auxiliar da Justiça.
- É permitido às partes indicar peritos assistentes técnicos.
- O juiz nomeará perito especializado no objeto da perícia e fixará de imediato o prazo para a entrega do laudo.
- Juiz e partes poderão formular quesitos, os quais serão respondidos pelo perito.
- O juiz indeferirá a perícia quando: a prova do fato não depender de conhecimento especial de técnico; for desnecessária em vista de outras provas produzidas; a verificação for impraticável.

- O laudo pericial deverá conter resposta conclusiva a todos os quesitos apresentados pelo juiz, pelas partes e pelo órgão do Ministério Público (se for parte ou custos legis).
- O juiz não fica adstrito ao laudo pericial:
- *CPC/Art 479 – O juiz apreciará a prova pericial de acordo com o disposto no art. 371, indicando na sentença os motivos que o levaram a considerar ou a deixar de considerar as conclusões do laudo, levando em conta o método utilizado pelo perito.*
- DA PROVA TÉCNICA SIMPLIFICADA
- *CPC/Art. 464 – De ofício ou a requerimento das partes, o juiz poderá, em substituição à perícia, determinar a produção de prova técnica simplificada, quando o ponto controvertido for de menor complexidade.*
- *§ 4º Durante a arguição, o especialista, que deverá ter formação acadêmica específica na área objeto de seu depoimento, poderá valer-se de qualquer recurso tecnológico de transmissão de sons e imagens com o fim de esclarecer os pontos controvertidos da causa.*
- Não resta dúvida que, no tocante ao tema em foco, o CPC é fonte subsidiária.

HONORÁRIOS PERICIAIS (Lei nº 13.467, de 2017)

CLT – Art. 790-B. A responsabilidade pelo pagamento dos honorários periciais é da parte sucumbente na pretensão objeto da perícia, ainda que beneficiária da justiça gratuita.

§ 1º Ao fixar o valor dos honorários periciais, o juízo deverá respeitar o limite máximo estabelecido pelo Conselho Superior da Justiça do Trabalho.

§ 3º O juízo não poderá exigir adiantamento de valores para realização de perícias.

§ 4º Somente no caso em que o beneficiário da justiça gratuita não tenha obtido em juízo créditos capazes de suportar a despesa referida no caput, ainda que em outro processo, a União responderá pelo encargo.

- SOBRE A INSPEÇÃO JUDICIAL
- A CLT é omissa a respeito. o CPC é subsidiário.

- *Art. 483/CPC – O juiz irá ao local onde se encontre a pessoa ou a coisa quando:*
- *I – julgar necessário para a melhor verificação ou interpretação dos fatos que deva observar;*
- *II – a coisa não puder ser apresentada em juízo sem consideráveis despesas ou graves dificuldades;*
- *III – determinar a reconstituição dos fatos.*
- Ao realizar a inspeção, o juiz poderá ser assistido por um ou mais peritos.
- E, concluída a diligência, o juiz mandará lavrar auto circunstanciado, mencionando nele tudo quanto for útil ao julgamento da causa.
- O auto poderá ser instruído com desenho, gráfico ou fotografia.

- RAZÕES FINAIS E ÚLTIMA PROPOSTA DE CONCILIAÇÃO
- *CLT/Art. 850 – Terminada a instrução, poderão as partes aduzir razões finais, em prazo não excedente de 10 (dez) minutos para cada uma. Em seguida, o juiz ou presidente renovará a proposta de conciliação, e não se realizando esta, será proferida a decisão.*
- Em que pese o dispositivo acima transcrito, é comum os juízes deferirem prazo para que as partes apresentem memoriais escritos, em substituição às razões finais verbais em audiência.

- DO REGISTRO DA AUDIÊNCIA EM ATA
- *CLT/ Art. 851 – Os tramites de instrução e julgamento da reclamação serão resumidos em ata, de que constará, na íntegra, a decisão.*

- DOS PRONUNCIAMENTOS DO JUIZ
- *CPC/ Art. 203. Os pronunciamentos do juiz consistirão em sentenças, decisões interlocutórias e despachos.*
- *§ 1° Ressalvadas as disposições expressas dos procedimentos especiais, sentença é o pronunciamento por meio do qual o juiz, com fundamento nos arts. 485 e 487(resolvendo ou não o mérito), põe fim à fase cognitiva do procedimento comum, bem como extingue a execução.*

- *§ 2º Decisão interlocutória é todo pronunciamento judicial* de natureza decisória *que não se enquadre no § 1º.*
- *§ 3º São despachos todos os demais pronunciamentos do juiz praticados no processo, de ofício ou a requerimento da parte.*
- *CPC/Art. 204. Acórdão é o julgamento colegiado proferido pelos tribunais.*

- REQUISITOS DA SENTENÇA – CLT
- *CLT/ Art. 832 – Da decisão deverão constar o nome das partes, o resumo do pedido e da defesa, a apreciação das provas, os fundamentos da decisão e a respectiva conclusão.*
- *§ 1º – Quando a decisão* concluir pela procedência do pedido, determinará o prazo e as condições para o seu cumprimento.
- § 2º – A decisão mencionará sempre as custas que devam ser pagas pela parte vencida.
- *CPC/Art. 489. São elementos essenciais da sentença:*
- *I – o relatório, que conterá os nomes das partes, a identificação do caso, com a suma do pedido e da contestação, e o registro das principais ocorrências havidas no andamento do processo;*
- *II – os fundamentos, em que o juiz analisará as questões de fato e de direito;*
- *III – o dispositivo, em que o juiz resolverá as questões principais que as partes lhe submeterem.*

- O RELATÓRIO E O RITO SUMARÍSSIMO –
- *CLT/Art. 852-I. A sentença mencionará os elementos de convicção do juízo, com resumo dos fatos relevantes ocorridos em audiência,* dispensado o relatório.

- ERROS MATERIAIS NA SENTENÇA: *CLT/Art. 833 – Existindo na decisão evidentes erros ou enganos de escrita, de datilografia ou de cálculo, poderão os mesmos, antes da execução, ser corrigidos, ex officio, ou a requerimento dos interessados ou da Procuradoria da Justiça do Trabalho.*

- COISA JULGADA
- Opera-se a coisa julgada quando não cabe mais recurso contra a sentença/acórdão.
- Coisa julgada:
- Formal – gera a imutabilidade da decisão dentro do processo. Todavia, permite o ajuizamento de nova ação para discutir o mesmo objeto do processo julgado. Ex: sentenças terminativas (sem resolução do mérito)
- Material – gera a imutabilidade interna e externa da decisão. Torna imutável o conteúdo da sentença no processo em que foi prolatada e em eventuais processos futuros. Impede nova discussão acerca do objeto do processo julgado. Ex: Sentenças definitivas (com resolução do mérito).

- POSSIBILIDADES DE ALTERAÇÃO DA SENTENÇA PELO JUIZ
- *CPC/ Art. 494. Publicada a sentença, o juiz só poderá alterá-la:*
- *I – para corrigir-lhe, de ofício ou a requerimento da parte, inexatidões materiais ou erros de cálculo;*
- *II – por meio de embargos de declaração.*
- Art. 897-A Caberão embargos de declaração da sentença ou acórdão, no prazo de cinco dias, devendo seu julgamento ocorrer na primeira audiência ou sessão subseqüente a sua apresentação, registrado na certidão, admitido efeito modificativo da decisão nos casos de omissão e contradição no julgado e manifesto equívoco no exame dos pressupostos extrínsecos do recurso.
- *§ 1° Os erros materiais poderão ser corrigidos de ofício ou a requerimento de qualquer das partes.*

Capítulo X

A LEI Nº 14.020/2020 (CONVERSÃO DA MP 936/2020): MEDIDAS TRABALHISTAS PARA O ENFRENTAMENTO DA CRISE GERADA PELA PANDEMIA DO NOVO CORONAVÍRUS

BREVE HISTÓRICO

Segundo o Escritório da OPAS e da OMS no Brasil, *"a Organização Mundial da Saúde (OMS) declarou, em 30 de janeiro de 2020, que o surto da doença causada pelo novo coronavírus (COVID-19) constitui uma Emergência de Saúde Pública de Importância Internacional – o mais alto nível de alerta da Organização, conforme previsto no Regulamento Sanitário Internacional"*.

Em 11 de março de 2020, a COVID-19 foi caracterizada pela OMS como uma pandemia. A mudança de classificação não se deveu, propriamente, à gravidade da doença, mas, sim, à disseminação geográfica rápida que o Covid-19 tinha apresentado.

No Brasil, o Congresso Nacional, via Decreto Legislativo nº 6, de 20/03/2020, reconheceu, para os fins do art. 65 da Lei Complementar nº 101/2000, a ocorrência do estado de calamidade pública.

A mesma Organização Mundial da Saúde, na segunda-feira (30.03.2020), reforçou que as medidas de isolamento social eram a melhor alternativa pra conter a propagação do vírus. E cobrou dos governos a garantia da renda e do bem-estar da população.

Diante desse cenário aterrador, em 01.04.2020 o Presidente Jair Messias Bolsonaro editou a Medida Provisória N° 936, a qual instituía o Programa Emergencial de Manutenção do Emprego e da Renda e dispunha sobre medidas trabalhistas complementares para enfrentamento do estado de calamidade pública reconhecido pelo Decreto Legislativo n° 6, de 20 de março de 2020, e da emergência de saúde pública de importância internacional decorrente do coronavírus (covid-19), de que tratava a Lei n° 13.979, de 6 de fevereiro de 2020, e dá outras providências.

Embora com veto parcial, motivado em alegação de inconstitucionalidade e contrariedade ao interesse público, a MP n° 936/20, terminou sendo convertida na Lei n° 14.020/2020.

O PROGRAMA EMERGENCIAL DE MANUTENÇÃO DO EMPREGO E DA RENDA

Destarte, consolidou-se a instituição do Programa Emergencial de Manutenção do Emprego e da Renda, com aplicação durante o estado de calamidade pública referido na MP n° 936 e na aludida lei, com os seguintes objetivos, segundo o seu art. 2°:

> *I – preservar o emprego e a renda;*
>
> *II – garantir a continuidade das atividades laborais e empresariais; e*
>
> *III – reduzir o impacto social decorrente das consequências do estado de calamidade pública e da emergência de saúde pública.*

Aludido programa emergencial de manutenção do emprego e da renda previa as seguintes medidas:

> *I – o pagamento do Benefício Emergencial de Preservação do Emprego e da Renda;*
>
> *II – a redução proporcional de jornada de trabalho e de salário; e*
>
> *III – a suspensão temporária do contrato de trabalho.*

Contudo, no âmbito da União, dos Estados, do Distrito Federal e dos Municípios, referidas medidas não foram estendidas aos órgãos da administração pública direta e indireta, às empresas públicas e às sociedades de economia mista, inclusive às suas subsidiárias, e aos organismos internacionais.

Também ficou assentado que ao Ministério da Economia competia coordenar, executar, monitorar e avaliar o Programa Emergencial de Manutenção do Emprego e da Renda e editar normas complementares necessárias à sua execução.

Ao referido ministério também foi imposto divulgar, semanalmente, por meio eletrônico, as informações detalhadas sobre os acordos firmados, com o número de empregados e empregadores beneficiados, bem como divulgará o quantitativo de demissões e admissões mensais realizados no país.

Antes prevista na MP nº 936, foi ratificada pela Lei nº 14.020/2020 a criação do Benefício Emergencial de Preservação do Emprego e da Renda, a ser pago nas seguintes hipóteses:

> *I – redução proporcional de jornada de trabalho e de salário; e*
>
> *II – suspensão temporária do contrato de trabalho.*

Importante ressaltar que o citado Benefício Emergencial de Preservação do Emprego e da Renda é custeado com recursos da União, consistindo no pagamento de prestação mensal, sendo devido a partir da data do início da redução da jornada de trabalho e do salário ou da suspensão temporária do contrato de trabalho, observadas as seguintes disposições do § 2º, do art. 5º, da lei enfocada:

> *I – o empregador informará ao Ministério da Economia a redução da jornada de trabalho e do salário ou a suspensão temporária do contrato de trabalho, no prazo de 10 (dez) dias, contado da data da celebração do acordo;*
>
> *II – a primeira parcela será paga no prazo de 30 (trinta) dias, contado da data da celebração do acordo, desde que a celebração do acordo seja informada no prazo a que se refere o inciso I deste parágrafo; e*
>
> *III – o Benefício Emergencial de Preservação do Emprego e da Renda será pago exclusivamente enquanto durar a redução da jornada de trabalho e do salário ou a suspensão temporária do contrato de trabalho.*

Caso a informação de que trata o inciso I acima não seja prestada no prazo previsto no referido dispositivo, o empregador ficará responsável pelo pagamento da remuneração no valor anterior à redução da jornada de trabalho e do salário ou à suspensão temporária do contrato de trabalho do empregado, inclusive dos respectivos encargos sociais e trabalhistas, até que a informação seja prestada.

A data de início do recebimento do Benefício Emergencial de Preservação do Emprego e da Renda será fixada na data em que a informação tenha sido efetivamente prestada e ele será devido pelo restante do período pactuado.

Se o empregador informar ao Ministério da Economia a redução da jornada de trabalho e do salário ou a suspensão temporária do contrato de trabalho no prazo de 10 (dez) dias, contado da data da celebração do acordo, a primeira parcela do benefício deverá ser paga no prazo de 30 (trinta) dias, contado da data em que a informação tiver sido efetivamente prestada.

Foi previsto que ato do Ministério da Economia disciplinaria a forma de transmissão das informações e das comunicações pelo empregador e a concessão e pagamento do Benefício Emergencial de Preservação do Emprego e da Renda.

Ao aludido ministério também competia o encargo de operacionalizado e pagar o referido benefício emergencial.

O valor do Benefício Emergencial de Preservação do Emprego e da Renda tem como base de cálculo o valor mensal do seguro-desemprego a que o empregado teria direito, nos termos do art. 5º da Lei nº 7.998, de 11 de janeiro de 1990, observadas as seguintes disposições:

> *I – na hipótese de redução de jornada de trabalho e de salário, será calculado aplicando-se sobre a base de cálculo o percentual da redução; e*
>
> *II – na hipótese de suspensão temporária do contrato de trabalho, terá valor mensal:*
>
> - *equivalente a 100% (cem por cento) do valor do seguro-desemprego a que o empregado teria direito, na hipótese prevista no caput do art. 8º desta Lei; ou*
> - *equivalente a 70% (setenta por cento) do valor do seguro-desemprego a que o empregado teria direito, na hipótese prevista no § 5º do art. 8º desta Lei.*

Importante ressaltar, todavia, que o recebimento do Benefício Emergencial de Preservação do Emprego e da Renda não impedirá a concessão e não alterará o valor do seguro-desemprego a que o empregado vier a ter direito, desde que cumpridos os requisitos previstos na Lei nº 7.998, de 11 de janeiro de 1990, no momento de eventual dispensa.

Também vale destacar que o Benefício Emergencial de Preservação do Emprego e da Renda será pago ao empregado independentemente do cumprimento de qualquer período aquisitivo; do período de vigência do seu vínculo empregatício e do número de salários recebidos.

Contudo, o benefício aqui enfocado não será devido ao empregado que esteja ocupando cargo ou emprego público ou cargo em comissão de livre nomeação e exoneração ou seja titular de mandato eletivo, muito menos ao empregado que se encontrar em gozo de:

- de benefício de prestação continuada do Regime Geral de Previdência Social ou dos regimes próprios de previdência social, ressalvado o disposto no parágrafo único do art. 124, da Lei nº 8.213, de 24 de julho de 1991;
- do seguro-desemprego, em qualquer de suas modalidades; e
- da bolsa de qualificação profissional de que trata o art. 2º-A, da Lei nº 7.998, de 11 de janeiro de 1990.

Detalhe igualmente importante é que o empregado com mais de um vínculo formal de emprego poderá receber cumulativamente um Benefício Emergencial de Preservação do Emprego e da Renda para cada vínculo com redução proporcional de jornada de trabalho e de salário ou com suspensão temporária do contrato de trabalho. Todavia, se um dos vínculos for da modalidade de contrato intermitente, deverá ser observado o valor previsto no caput e § 3º, do art. 18 da Lei nº 14.020/2020.

Ou seja, o empregado com contrato de trabalho intermitente faz jus ao benefício emergencial mensal no valor de R$ 600,00 (seiscentos reais), pelo período de 3 (três) meses, sendo que a existência de mais de um contrato de trabalho intermitente, nos termos do não gera direito à concessão de mais de um benefício emergencial mensal.

Nos casos em que o cálculo do benefício emergencial resultar em valores decimais, o valor a ser pago deverá ser arredondado para a unidade inteira imediatamente superior.

Quanto à redução proporcional de jornada de trabalho e de salário, a Lei ratificou a previsão da MP nº 936 segundo a qual, durante o estado de calamidade pública decorrente da pandemia do Covid-19, o empregador poderá acordar a redução proporcional de jornada de trabalho e de salário de seus empregados, acrescentando e explicitando que esse ajuste poderia ser de forma setorial, departamental, parcial ou na totalidade dos postos de trabalho, por até 90 (noventa) dias, prorrogáveis por prazo determinado em ato do Poder Executivo.

Aqui é imprescindível relembrar que, quando do advento da MP nº 936, a previsão de redução proporcional de jornada de trabalho e de salário por acordo individual escrito entre empregador e empregado gerou muitas críticas e polêmicas, fazendo brotar inúmeras "lives" em todos os cantos do país, nas quais anônimos e renomados juristas debateram sobre o tema, predominando o entendimento de que a MP, no tocante, afrontava o art. 7º da Constituição Federal.

De fato, aludido dispositivo da Carta Magna consagra a irredutibilidade do salário, salvo o disposto em convenção ou acordo coletivo. Ou seja, o constituinte não teria autorizado a redução de salário por mero ajuste individual entre patrão e empregado, mesmo quando reduzida proporcionalmente a jornada.

Todavia, o plenário do Supremo Tribunal Federal (STF) manteve a eficácia da citada regra da Medida Provisória nº 936/2020, independentemente da anuência dos sindicatos da categoria. Por maioria de votos, em julgamento realizado por videoconferência, no dia 17.04.2020. Ou seja, referendou a medida cautelar deferida pelo ministro Ricardo Lewandowski na Ação Direta de Inconstitucionalidade (ADI) 6363, ajuizada pelo partido Rede Sustentabilidade.

O portal do STF na internet destacou, na referida data e após o citado julgamento, que prevalecera a divergência aberta pelo ministro Alexandre de Moraes. Sua Excelência argumentou que, em razão do momento excepcional, a previsão de acordo individual seria razoável, pois garantiria uma renda mínima ao trabalhador e preservaria o vínculo de emprego ao fim da crise. Segundo ele, a exigência de atuação do sindicato, abrindo negociação coletiva ou não se manifestando no prazo legal, geraria insegurança jurídica e aumentaria o risco de desemprego.

Para o ministro, dizia o noticiário do STF, *"a regra não fere princípios constitucionais, pois não há conflito entre empregados e empregadores, mas uma convergência sobre a necessidade de manutenção da atividade empresarial e do emprego. Ele considera que, diante da excepcionalidade e da limitação temporal, a regra está em consonância com a proteção constitucional à dignidade do trabalho e à manutenção do emprego".* O ministro Alexandre de Moraes ainda teria destacado a proteção ao trabalhador que firmava acordo, enfatizando que, além da garantia do retorno ao salário normal após 90 dias, ele terá estabilidade por mais 90 dias.

Acompanharam o seu entendimento os ministros Roberto Barroso, Luiz Fux, Cármen Lúcia, Gilmar Mendes, Marco Aurélio e Dias Toffoli (presidente).

Para muitos juristas, teria prevalecido o entendimento de que o caso merecia um julgamento dentro da razoabilidade e da realidade imposta pela pandemia do novo coronavírus e que era importante reconhecer um Direito Constitucional de crise, já que a MP viera para preservar os empregos e a renda dos trabalhadores. A título de exemplo, transcrevo manifestação da advogada, especializada em Direito Trabalhista, Érika de Mello, ao portal Migalhas, impressão que sintetiza a opinião de muitos de seus colegas Brasil afora:

> *"Resultado em sentido contrário sacramentaria uma verdadeira catástrofe social, pois, diante da burocracia e insegurança, muitas empresas já estavam optando por demissões em massa para não ter que enfrentar o desgaste e os riscos da utilização das alternativas disponíveis. Com ponderações muito relevantes, a maioria dos Ministros fundamentou a validade do acordo individual nesse período, pela necessidade de flexibilizarmos mecanismos e procedimentos temporariamente, para assegurar outras garantias constitucionais não menos relevantes no momento de exceção que estamos enfrentando, inclusive os direitos humanos, tão tutelados nas relações de trabalho. A mesma Constituição que baseou a discussão da validade do acordo individual prevê, em seu art. 170, que 'A ordem econômica, fundada na valorização do trabalho humano e na livre iniciativa, tem por fim assegurar a todos existência digna, conforme os ditames da justiça social.'"*

Enfatizo, ademais, que, durante o período de redução proporcional de jornada de trabalho e de salário, a contribuição de que tratam o art. 28 da Emenda Constitucional nº 103, de 12 de novembro de 2019, poderá ser complementada na forma do art. 20 da Lei nº 14.020/2020.

DO PRAZO DE SUSPENSÃO TEMPORÁRIA DO CONTRATO DE TRABALHO E DA REDUÇÃO PROPORCIONAL DE JORNADA DE TRABALHO E DE SALÁRIO E SUA PRORROGAÇÃO

Também é interessante anotar que, segundo a Lei nº 14.020/2020, durante o estado de calamidade pública que a ensejou, o empregador poderá acordar a redução proporcional de jornada de trabalho e de salário de seus empregados, de forma setorial, departamental, parcial ou na totalidade dos postos de trabalho, por até 90 (noventa) dias, prorrogáveis por prazo determinado em ato do Poder Executivo, observados os seguintes requisitos:

> *I – preservação do valor do salário-hora de trabalho;*
>
> *II – pactuação, conforme o disposto nos arts. 11 e 12 desta Lei, por convenção coletiva de trabalho, acordo coletivo de trabalho ou acordo individual escrito entre empregador e empregado; e*
>
> *III – na hipótese de pactuação por acordo individual escrito, encaminhamento da proposta de acordo ao empregado com antecedência de, no mínimo, 2 (dois) dias corridos, e redução da jornada de trabalho e do salário exclusivamente nos seguintes percentuais:*
>
> - *25% (vinte e cinco por cento);*
> - *50% (cinquenta por cento);*
> - *70% (setenta por cento).*

Contudo, a jornada de trabalho e o salário pago anteriormente serão restabelecidos no prazo de 2 (dois) dias corridos, contado da:

> *I – cessação do estado de calamidade pública;*
>
> *II – data estabelecida como termo de encerramento do período de redução pactuado; ou*
>
> *III – data de comunicação do empregador que informe ao empregado sua decisão de antecipar o fim do período de redução pactuado.*

No que tange à suspensão temporária do contrato de trabalho, a Lei nº 14.020/2020 previa que, durante o estado de calamidade pública a que ela se refere, o empregador poderá acordar a suspensão temporária do contrato de trabalho de seus empregados, de forma setorial, departamental, parcial ou na totalidade dos postos de trabalho, pelo prazo máximo de 60 (sessenta) dias, fracionável em 2 (dois) períodos de até 30 (trinta) dias, podendo, contudo, ser prorrogado por prazo determinado em ato do Poder Executivo.

Com efeito, embora a MP nº 936/2020 e Lei nº 14.020/2020 estipulassem prazos limite para a duração dos ajustes visando à suspensão temporária do contrato de trabalho e à redução proporcional de jornada de trabalho e de salário, o certo é que a lei enfocada veio prevendo a possibilidade de prorrogação desses prazos, por ato do Poder Executivo.

Com a persistência do estado de calamidade pública vivenciado e com o objetivo de alargar aludidos prazos, o Presidente da República, Jair Messias

Bolsonaro, em 13 de Julho de 2020, baixou o Decreto nº 10.422/2020, o qual assim disciplinou:

> *Art. 2º O prazo máximo para celebrar acordo de redução proporcional da jornada de trabalho e de salário de que trata o caput do art. 7º da Lei nº 14.020, de 2020, fica acrescido de trinta dias, de modo a completar o total de cento e vinte dias.*
>
> *Art. 3º O prazo máximo para celebrar acordo de suspensão temporária do contrato de trabalho de que trata o caput do art. 8º da Lei nº 14.020, de 2020, fica acrescido de sessenta dias, de modo a completar o total de cento e vinte dias.*
>
> *Parágrafo único. A suspensão do contrato de trabalho poderá ser efetuada de forma fracionada, em períodos sucessivos ou intercalados, desde que esses períodos sejam iguais ou superiores a dez dias e que não seja excedido o prazo de cento de vinte dias de que trata o caput.*
>
> *Art. 4º O prazo máximo para celebrar acordo de redução proporcional de jornada e de salário e de suspensão temporária do contrato de trabalho, ainda que em períodos sucessivos ou intercalados, de que trata o art. 16 da Lei nº 14.020, de 2020, fica acrescido de trinta dias, de modo a completar o total de cento e vinte dias, respeitado o prazo máximo resultante da prorrogação de que trata o art. 3º.*
>
> *Art. 5º Os períodos de redução proporcional de jornada e de salário ou de suspensão temporária do contrato de trabalho utilizados até a data de publicação deste Decreto serão computados para fins de contagem dos limites máximos resultantes do acréscimo de prazos de que tratam os art. 2º, art. 3º e art. 4º.*
>
> *Art. 6º O empregado com contrato de trabalho intermitente, nos termos do disposto no § 3º do art. 443 da Consolidação das Leis do Trabalho, aprovada pelo Decreto-Lei nº 5.452, de 1º de maio de 1943, formalizado até a data de publicação da Medida Provisória nº 936, de 1º de abril de 2020, fará jus ao benefício emergencial mensal no valor de R$ 600,00 (seiscentos reais), pelo período adicional de um mês, contado da data de encerramento do período de três meses de que trata o art. 18 da Lei nº 14.020, de 2020.*
>
> *Art. 7º A concessão e o pagamento do benefício emergencial de preservação do emprego e da renda e do benefício emergencial mensal de que tratam, respectivamente, os art. 5º e art. 18 da Lei nº 14.020, de 2020, observadas as prorrogações de prazo previstas neste Decreto, ficam condicionados às disponibilidades orçamentárias.*

AINDA SOBRE A SUSPENSÃO DO CONTRATO DE TRABALHO NO PERÍODO DE CALAMIDADE PÚBLICA COVID-19

Segundo aludida Lei nº 14.020/2020, a suspensão temporária do contrato de trabalho poderia ser pactuada por convenção coletiva de trabalho, acordo coletivo de trabalho ou acordo individual escrito entre empregador e empregado, devendo a proposta de acordo, nesta última hipótese, ser encaminhada ao empregado com antecedência de, no mínimo, 2 (dois) dias corridos.

Durante o período de suspensão temporária do contrato de trabalho, o empregado fará jus a todos os benefícios concedidos pelo empregador aos seus empregados e ficará autorizado a contribuir para o Regime Geral de Previdência Social na qualidade de segurado facultativo.

Decorrido o período de suspensão temporária, o contrato de trabalho deverá ser restabelecido no prazo de 2 (dois) dias corridos, contado da cessação do estado de calamidade pública; da data estabelecida como termo de encerramento do período de suspensão pactuado ou da data de comunicação do empregador que informe ao empregado sua decisão de antecipar o fim do período de suspensão pactuado.

Se, durante o período de suspensão temporária do contrato de trabalho, o empregado mantiver as atividades de trabalho, ainda que parcialmente, por meio de teletrabalho, trabalho remoto ou trabalho a distância, ficará descaracterizada a suspensão temporária do contrato de trabalho, e o empregador estará sujeito ao pagamento imediato da remuneração e dos encargos sociais e trabalhistas referentes a todo o período; às penalidades previstas na legislação em vigor e às sanções previstas em convenção coletiva ou acordo coletivo de trabalho.

Entretanto, a empresa que tiver auferido, no ano-calendário de 2019, receita bruta superior a R$ 4.800.000,00 (quatro milhões e oitocentos mil reais) somente poderá suspender o contrato de trabalho de seus empregados mediante o pagamento de ajuda compensatória mensal no valor de 30% (trinta por cento) do valor do salário do empregado, durante o período de suspensão temporária do contrato de trabalho pactuado, observado o disposto no art. 9° da Lei n° 14.020/2020.

Segundo referido dispositivo legal, o Benefício Emergencial de Preservação do Emprego e da Renda poderá ser acumulado com o pagamento, pelo empregador, de ajuda compensatória mensal, em decorrência da redução proporcional de jornada de trabalho e de salário ou da suspensão temporária de contrato de trabalho. Contudo, a ajuda compensatória mensal de que trata o caput deste artigo:

> *I – deverá ter o valor definido em negociação coletiva ou no acordo individual escrito pactuado;*

II – terá natureza indenizatória;

III – não integrará a base de cálculo do imposto sobre a renda retido na fonte ou da declaração de ajuste anual do imposto sobre a renda da pessoa física do empregado;

IV – não integrará a base de cálculo da contribuição previdenciária e dos demais tributos incidentes sobre a folha de salários;

V – não integrará a base de cálculo do valor dos depósitos no Fundo de Garantia do Tempo de Serviço (FGTS), instituído pela Lei Complementar nº 150, de 1º de junho de 2015 e

VI – poderá ser considerada despesa operacional dedutível na determinação do lucro real e da base de cálculo da Contribuição Social sobre o Lucro Líquido (CSLL) das pessoas jurídicas tributadas pelo lucro real.

O disposto no item VI, retro, aplica-se às ajudas compensatórias mensais pagas a partir do mês de abril de 2020.

Vale ressaltar que, na hipótese de redução proporcional de jornada de trabalho e de salário, a ajuda compensatória aqui tratada não integrará o salário devido pelo empregador e observará o disposto no § 1° deste artigo.

Também convém destacar que a lei em foco adveio prevendo que, respeitado o limite temporal do estado de calamidade pública que a ensejara, o Poder Executivo poderia prorrogar o prazo máximo de suspensão temporária do contrato de trabalho nela previsto, na forma de regulamento.

Contudo, em 13 de Julho de 2020, foi publicado o Decreto n° 10.422, prorrogando os prazos para celebração de acordos de redução proporcional de jornada e de salário e de suspensão temporária do contrato de trabalho e para efetuar o pagamento dos benefícios emergenciais de que trata a Lei n° 14.020, de 6 de julho de 2020.

Com efeito, o prazo máximo para celebrar acordo de redução proporcional da jornada de trabalho e de salário de que trata o *caput* do art. 7° da Lei n° 14.020, de 2020, ficou acrescido de trinta dias, de modo a completar o total de cento e vinte dias.

Já o prazo máximo para celebrar acordo de suspensão temporária do contrato de trabalho, ficou acrescido de sessenta dias, de modo a completar o total de cento e vinte dias.

Aliás, a suspensão do contrato de trabalho passou a poder ser efetuada de forma fracionada, em períodos sucessivos ou intercalados, desde que esses períodos sejam iguais ou superiores a dez dias e que não seja excedido o prazo de cento de vinte dias retro mencionado.

O prazo máximo para celebrar acordo de redução proporcional de jornada e de salário e de suspensão temporária do contrato de trabalho, ainda que em períodos sucessivos ou intercalados, de que trata o art. 16 da Lei nº 14.020, de 2020, foi acrescido de trinta dias, de modo a completar o total de cento e vinte dias, respeitado o prazo máximo resultante da prorrogação de que trata o art. 3º da aludida lei.

Os períodos de redução proporcional de jornada e de salário ou de suspensão temporária do contrato de trabalho utilizados até a data de publicação do Decreto nº 10.422/2020 deverão ser computados para fins de contagem dos limites máximos resultantes do acréscimo de prazos acima mencionados.

O empregado com contrato de trabalho intermitente, formalizado até a data de publicação da Medida Provisória nº 936, de 1º de abril de 2020, passou a fazer jus ao benefício emergencial mensal no valor de R$ 600,00 (seiscentos reais), pelo período adicional de um mês, contado da data de encerramento do período de três meses de que trata o art. 18 da Lei nº 14.020/2020.

No entanto, o Decreto nº 10.422/2020, no seu art. 7º, também prevê que a concessão e o pagamento do benefício emergencial de preservação do emprego e da renda e do benefício emergencial mensal de que tratam, respectivamente, os arts. 5º e 18, da Lei nº 14.020, de 2020, observadas as prorrogações de prazo previstas neste Decreto, ficam condicionados às disponibilidades orçamentárias.

BENEFÍCIO EMERGENCIAL DE PRESERVAÇÃO DO EMPREGO E DA RENDA A GARANTIA DE EMPREGO

O art. 10, da Lei nº 14.020/2020, prevê uma garantia provisória no emprego ao empregado que receber o Benefício Emergencial de Preservação do Emprego e da Renda nos seguintes termos:

> *I – referida garantia vigorará durante o período acordado de redução da jornada de trabalho e do salário ou de suspensão temporária do contrato de trabalho;*
>
> *II – também terá vigência após o restabelecimento da jornada de trabalho e do salário, ou do encerramento da suspensão temporária do contrato*

> *de trabalho, por período equivalente ao acordado para a redução ou a suspensão; e*
>
> *III – no caso da empregada gestante, vigorará por período equivalente ao acordado para a redução da jornada de trabalho e do salário ou para a suspensão temporária do contrato de trabalho, contado a partir do término do período da garantia estabelecida na alínea "b" do inciso II do caput do art. 10 do Ato das Disposições Constitucionais Transitórias.*

Aliás, caso ocorra dispensa sem justa causa durante os citados períodos de garantia provisória de emprego, ela sujeitará o empregador ao pagamento, além das parcelas rescisórias previstas na legislação em vigor, de indenização no valor de:

> *I – 50% (cinquenta por cento) do salário a que o empregado teria direito no período de garantia provisória no emprego, na hipótese de redução de jornada de trabalho e de salário igual ou superior a 25% (vinte e cinco por cento) e inferior a 50% (cinquenta por cento);*
>
> *II – 75% (setenta e cinco por cento) do salário a que o empregado teria direito no período de garantia provisória no emprego, na hipótese de redução de jornada de trabalho e de salário igual ou superior a 50% (cinquenta por cento) e inferior a 70% (setenta por cento); ou*
>
> *III – 100% (cem por cento) do salário a que o empregado teria direito no período de garantia provisória no emprego, nas hipóteses de redução de jornada de trabalho e de salário em percentual igual ou superior a 70% (setenta por cento) ou de suspensão temporária do contrato de trabalho.*

Contudo, o disposto neste artigo não se aplica às hipóteses de pedido de demissão ou dispensa por justa causa do empregado.

ACERCA DO AJUSTE DE REDUÇÃO DE JORNADA E SALÁRIO E DE SUSPENSÃO DO CONTRATO POR NEGOCIAÇÃO COLETIVA

Segundo o art. 11, da Lei nº 14.020/2020, as medidas de redução proporcional de jornada de trabalho e de salário ou de suspensão temporária do contrato de trabalho de que trata esta Lei poderão ser celebradas por meio de negociação coletiva.

Importante ressaltar que a convenção coletiva ou o acordo coletivo de trabalho poderão estabelecer redução de jornada de trabalho e de salário em percentuais diversos dos previstos no inciso III do caput do art. 7º da lei ora em estudo. Nesse caso, o Benefício Emergencial de Preservação do Emprego e da Renda será devido nos seguintes termos:

> *I – sem percepção do Benefício Emergencial de Preservação do Emprego e da Renda para a redução de jornada e de salário inferior a 25% (vinte e cinco por cento);*
>
> *II – no valor de 25% (vinte e cinco por cento) sobre a base de cálculo prevista no art. 6º desta Lei para a redução de jornada e de salário igual ou superior a 25% (vinte e cinco por cento) e inferior a 50% (cinquenta por cento);*
>
> *III – no valor de 50% (cinquenta por cento) sobre a base de cálculo prevista no art. 6º desta Lei para a redução de jornada e de salário igual ou superior a 50% (cinquenta por cento) e inferior a 70% (setenta por cento); e*
>
> *IV – no valor de 70% (setenta por cento) sobre a base de cálculo prevista no art. 6º desta Lei para a redução de jornada e de salário igual ou superior a 70% (setenta por cento).*

As convenções coletivas ou os acordos coletivos de trabalho celebrados antes do advento da Lei nº 14.020/2020 poderiam ter sido renegociados para adequação de seus termos, no prazo de 10 (dez) dias corridos, contado da data de publicação desta Lei.

Já o art. 12, Lei nº 14.020/2020, prevê que as medidas relativas ao Programa Emergencial de Manutenção do Emprego e da Renda poderiam ser implementadas por meio de acordo individual escrito ou de negociação coletiva aos empregados visando atender aos empregados:

> *I – com salário igual ou inferior a R$ 2.090,00 (dois mil e noventa reais), na hipótese de o empregador ter auferido, no ano-calendário de 2019, receita bruta superior a R$ 4.800.000,00 (quatro milhões e oitocentos mil reais);*
>
> *II – com salário igual ou inferior a R$ 3.135,00 (três mil, cento e trinta e cinco reais), na hipótese de o empregador ter auferido, no ano-calendário de 2019, receita bruta igual ou inferior a R$ 4.800.000,00 (quatro milhões e oitocentos mil reais); ou*
>
> *III – portadores de diploma de nível superior e que percebam salário mensal igual ou superior a 2 (duas) vezes o limite máximo dos benefícios do Regime Geral de Previdência Social.*

Todavia, para os empregados não enquadrados nesses parâmetros, as medidas relativas ao Programa Emergencial de Manutenção do Emprego e da Renda somente poderiam ser estabelecidas por convenção coletiva ou acordo coletivo de trabalho, salvo nas seguintes hipóteses, nas quais a lei admitia a pactuação por acordo individual escrito:

> *I – ajuste de redução proporcional de jornada de trabalho e de salário de 25% (vinte e cinco por cento), prevista na alínea "a" do inciso III do caput do art. 7º desta Lei;*
>
> *II – ajuste de redução proporcional de jornada de trabalho e de salário ou suspensão temporária do contrato de trabalho quando do acordo não resultar diminuição do valor total recebido mensalmente pelo empregado, incluídos neste valor o Benefício Emergencial de Preservação do Emprego e da Renda, a ajuda compensatória mensal e, em caso de redução da jornada, o salário pago pelo empregador em razão das horas de trabalho.*

EMPREGADOS APOSENTADOS

A Lei nº 14.020/2020 também contempla a possibilidade de implementação das medidas de redução proporcional de jornada de trabalho e de salário ou suspensão temporária do contrato de trabalho em favor de empregados que, embora aposentados, ainda mantenham algum vínculo de emprego. Contudo, tal implantação só será admitida quando, além do enquadramento em alguma das hipóteses de autorização do acordo individual de trabalho nela previstas, houver o pagamento, pelo empregador, de ajuda compensatória mensal, observado o disposto no art. 9º da referida Lei e as seguintes condições:

> *I – o valor da ajuda compensatória mensal a que se refere este parágrafo deverá ser, no mínimo, equivalente ao do benefício que o empregado receberia se não houvesse a vedação prevista na alínea "a" do inciso II do § 2º, do art. 6º, da lei em foco;*
>
> *II – na hipótese de empresa que tiver auferido, no ano-calendário de 2019, receita bruta superior a R$ 4.800.000,00 (quatro milhões e oitocentos mil reais), o total pago a título de ajuda compensatória mensal deverá ser, no mínimo, igual à soma do valor previsto naquele dispositivo com o valor mínimo previsto no inciso I deste parágrafo.*

FORMALIZAÇÃO DOS AJUSTES INDIVIDUAIS E CONFLITO ENTRE AJUSTE INDIVIDUAL E COLETIVO

À vista do § 3º, do art. 12, da Lei nº 14.020/2020, os atos necessários à pactuação dos acordos individuais escritos poderão ser realizados por quaisquer meios físicos ou eletrônicos eficazes.

Já o seu § 4° estabelece que os acordos individuais de redução de jornada de trabalho e de salário ou de suspensão temporária do contrato de trabalho deverão ser comunicados, pelos empregadores, ao respectivo sindicato da categoria profissional, no prazo de até 10 (dez) dias corridos, contado da data de sua celebração.

Por sua vez, o § 5° prevê que, se, após a pactuação de acordo individual na forma deste artigo, houver a celebração de convenção coletiva ou acordo coletivo de trabalho com cláusulas conflitantes com as do acordo individual, deverão ser observadas as seguintes regras:

> *I – a aplicação das condições estabelecidas no acordo individual em relação ao período anterior ao da negociação coletiva;*
>
> *II – a partir da entrada em vigor da convenção coletiva ou do acordo coletivo de trabalho, a prevalência das condições estipuladas na negociação coletiva, naquilo em que conflitarem com as condições estipuladas no acordo individual.*

Porém, o § 6°, do mesmo art. 12, dispõe que, quando as condições do acordo individual forem mais favoráveis ao trabalhador, prevalecerão sobre a negociação coletiva.

FUNCIONAMENTO DOS SERVIÇOS PÚBLICOS E DAS ATIVIDADES ESSENCIAIS

A Lei n° 14.020/2020 também prevê que a redução proporcional de jornada de trabalho e de salário ou a suspensão temporária do contrato de trabalho, quando adotadas, deverão resguardar o exercício e o funcionamento dos serviços públicos e das atividades essenciais de que tratam a Lei n° 13.979, de 6 de fevereiro de 2020 (art. 13).

IRREGULARIDADES NA CELEBRAÇÃO DE ACORDOS DE REDUÇÃO PROPORCIONAL DE JORNADA DE TRABALHO E DE SALÁRIO OU DE SUSPENSÃO TEMPORÁRIA DO CONTRATO DE TRABALHO

As irregularidades constatadas pela Auditoria-Fiscal do Trabalho quanto aos acordos de redução proporcional de jornada de trabalho e de salário ou de suspensão temporária do contrato de trabalho de que trata esta Lei sujeitam os infratores à multa prevista no art. 25 da Lei n° 7.998, de 11 de janeiro de 1990. É o que está previsto no art. 14 da multicitada Lei nº 14.020/2020.

O processo de fiscalização, de notificação, de autuação e de imposição de multas decorrente desta Lei observará o disposto no Título VII da CLT, aprovada pelo Decreto-Lei nº 5.452, de 1º de maio de 1943, não se aplicando o critério da dupla visita.

CONTRATOS DE TRABALHO DE APRENDIZAGEM E AOS DE JORNADA PARCIAL

Consta no art. 15, da lei ora estudada, que o nela disposto se aplica, também, aos contratos de trabalho de aprendizagem e aos de jornada parcial.

O TEMPO MÁXIMO DE REDUÇÃO PROPORCIONAL DE JORNADA E DE SALÁRIO E DE SUSPENSÃO TEMPORÁRIA DO CONTRATO DE TRABALHO E O DECRETO Nº 14.022/2020

Art. 16. O tempo máximo de redução proporcional de jornada e de salário e de suspensão temporária do contrato de trabalho, ainda que sucessivos, não poderá ser superior a 90 (noventa) dias, respeitado o prazo máximo de que trata o art. 8º desta Lei, salvo se, por ato do Poder Executivo, for estabelecida prorrogação do tempo máximo dessas medidas ou dos prazos determinados para cada uma delas.

Parágrafo único. Respeitado o limite temporal do estado de calamidade pública de que trata o art. 1º desta Lei, o Poder Executivo poderá prorrogar o prazo máximo das medidas previstas no caput deste artigo, na forma do regulamento.

FATO DO PRÍNCIPE

Nos termos do art. 486 da CLT, o fato do príncipe encontra-se amparado na ocorrência da paralisação temporária ou definitiva do trabalho decorrente de ato de autoridade municipal, estadual ou federal.

O art. 486, da CLT, assim prevê: *No caso de paralisação temporária ou definitiva do trabalho, motivada por ato de autoridade municipal, estadual ou federal, ou pela promulgação de lei ou resolução que impossibilite a continuação da atividade, prevalecerá o pagamento da indenização, que ficará a cargo do governo responsável.*

Importante ressaltar que, no seu art. 29, a Lei nº 14.020/2020 trouxe taxativa previsão de que não se aplicaria o disposto no art. 486 da CLT na hipótese de paralisação ou suspensão de atividades empresariais determinada por ato de autoridade municipal, estadual ou federal para o enfrentamento do estado de calamidade pública reconhecido pelo Decreto Legislativo nº 6, de 20 de março de 2020, e da emergência de saúde pública de importância internacional decorrente do coronavírus, de que trata a Lei nº 13.979, de 6 de fevereiro de 2020.

ANOTAÇÕES FINAIS

A Lei nº 14.020/2020 prevê que, durante o estado de calamidade pública que a ensejou, fica vedada a dispensa sem justa causa do empregado pessoa com deficiência.

No tocante ao empregado com contrato de trabalho intermitente formalizado até a data de publicação da Medida Provisória nº 936, de 1º de abril de 2020, estabeleceu que ele faria jus ao benefício emergencial mensal no valor de R$ 600,00 (seiscentos reais), pelo período de 3 (três) meses. Todavia, a existência de mais de um contrato de trabalho intermitente não geraria direito à concessão de mais de um benefício emergencial mensal.

Aliás, referida lei também veio prevendo que, no caso de contrato intermitente, o benefício emergencial mensal não poderia ser acumulado com o pagamento de outro auxílio emergencial, devendo ser garantido o direito ao melhor benefício, sendo que, durante o período de recebimento do benefício emergencial mensal, o empregado com contrato de trabalho intermitente ficava autorizado a contribuir facultativamente para o Regime Geral de Previdência Social, na forma do art. 20 desta Lei.

Já no seu art. 22, a Lei nº 14.020/2020 facultou, à empregada gestante, inclusive a doméstica, participar do Programa Emergencial de Manutenção do Emprego e da Renda, observadas as condições nela estabelecidas. Assim, ocorrido o evento caracterizador do início do benefício de salário-maternidade, nos termos do art. 71, da Lei nº 8.213, de 24 de julho de 1991:

> *I – o empregador deverá efetuar a imediata comunicação ao Ministério da Economia, nos termos estabelecidos no ato de que trata o § 4º do art. 5º desta Lei;*
>
> *II – a aplicação das medidas de que trata o art. 3º desta Lei será interrompida; e*

> *III – o salário-maternidade será pago à empregada nos termos do art. 72 da Lei nº 8.213, de 24 de julho de 1991, e à empregada doméstica nos termos do inciso I do caput do art. 73 da referida Lei, considerando-se como remuneração integral ou último salário de contribuição os valores a que teriam direito sem a aplicação das medidas previstas nos incisos II e III do caput do art. 3º desta Lei.*

Também previu a citada lei que o estabelecido no seu art. 22 também se aplicava ao segurado ou segurada da Previdência Social que adotar ou obtiver guarda judicial para fins de adoção, observado o art. 71-A da Lei nº 8.213, de 24 de julho de 1991, devendo o salário-maternidade ser pago diretamente pela Previdência Social.

Previu, no entanto, no seu art. 23, que empregador e empregado poderiam, em comum acordo, optar pelo cancelamento de aviso prévio em curso e que, em caso de cancelamento do aviso prévio nos termos deste artigo, as partes poderiam adotar as medidas do Programa Emergencial de Manutenção do Emprego e da Renda.

No seu art. 25, a Lei nº 14.020/2020 estabeleceu que, durante a vigência do estado de calamidade pública, veria der garantida a opção pela repactuação das operações de empréstimos, de financiamentos, de cartões de crédito e de arrendamento mercantil concedidas por instituições financeiras e sociedades de arrendamento mercantil e contraídas com o desconto em folha de pagamento ou na remuneração disponível de que trata a Lei nº 10.820, de 17 de dezembro de 2003, nos termos e condições deste artigo, aos seguintes mutuários:

> *I – o empregado que sofrer redução proporcional de jornada de trabalho e de salário;*
>
> *II – o empregado que tiver a suspensão temporária do contrato de trabalho;*
>
> *III – o empregado que, por meio de laudo médico acompanhado de exame de testagem, comprovar a contaminação pelo novo coronavírus.*

Na hipótese de repactuação, haveria de ser garantido o direito à redução das prestações referidas no art. 1º, da Lei nº 10.820, de 17 de dezembro de 2003, na mesma proporção de sua redução salarial, para os mutuários de que trata o inciso I do caput deste artigo.

Também assegurado o prazo de carência de até 90 (noventa) dias, à escolha do mutuário.

As condições financeiras de juros, encargos remuneratórios e garantias, no entanto, deveriam ser mantidas, salvo no caso em que a instituição consignatária entendesse pertinente a diminuição de tais juros e demais encargos remuneratórios.

Por fim, acerca desse tema, ficou estabelecido que os empregados que forem dispensados até 31 de dezembro de 2020 e que tenham contratado operações de empréstimos, de financiamentos, de cartões de crédito e de arrendamento mercantil concedidas por instituições financeiras e sociedades de arrendamento mercantil e contraídas com o desconto em folha de pagamento ou na remuneração disponível de que trata a Lei nº 10.820, de 17 de dezembro de 2003, teriam direito à novação dessas operações para um contrato de empréstimo pessoal, com o mesmo saldo devedor anterior e as mesmas condições de taxa de juros, encargos remuneratórios e garantias originalmente pactuadas, acrescida de carência de até 120 (cento e vinte) dias.

EDITORA JusPODIVM
www.editorajuspodivm.com.br